Tom A. Rüsen (Hg.)

Theorie und Praxis der Unternehmerfamilie und des Familienunternehmens

Theory and Practice of Business Families and Family Businesses

Mit 23 Abbildungen und 2 Tabellen

Vandenhoeck & Ruprecht

Hinweis: Das Wittener Institut für Familienunternehmen (WIFU) bekennt sich zu einer genderneutralen Sprache. Sollte dieses Ziel in diesem Buch nicht vollständig erreicht werden, bittet das WIFU um wohlwollende Nachsicht.

Bibliografische Information der Deutschen Nationalbibliothek:
Die Deutsche Nationalbibliothek verzeichnet diese Publikation in der
Deutschen Nationalbibliografie; detaillierte bibliografische Daten sind
im Internet über https://dnb.de abrufbar.

© 2021, Vandenhoeck & Ruprecht GmbH & Co. KG, Theaterstraße 13, D-37073 Göttingen
Das Werk ist als Open-Access-Publikation im Sinne der Creative-Commons-Lizenz
BY-NC-ND International 4.0 (»Namensnennung – Nicht kommerziell – Keine Bearbeitung«)
unter dem DOI 10.13109/9783666454196 abzurufen. Um eine Kopie dieser Lizenz zu sehen,
besuchen Sie https://creativecommons.org/licenses/by-nc-nd/4.0/.
Alle Rechte vorbehalten. Das Werk und seine Teile sind urheberrechtlich geschützt.
Jede Verwertung in anderen als den durch diese Lizenz erlaubten Fällen
bedarf der vorherigen schriftlichen Einwilligung des Verlages.

Redaktion: Monika Nadler (WIFU)
Redaktionelle Mitarbeit: Kathrin Detaille (WIFU); Dr. Ruth Orenstrat (WIFU)

Umschlagabbildung: Björn von Schlippe

Satz: SchwabScantechnik, Göttingen
Druck und Bindung: ♻ Hubert & Co. BuchPartner, Göttingen
Printed in the EU

Vandenhoeck & Ruprecht Verlage | www.vandenhoeck-ruprecht-verlage.com

ISBN 978-3-525-45419-0

Inhalt

Vorwort 9

Foreword 11

Tom A. Rüsen
Einführung 12

Tom A. Rüsen
Introduction 17

Joe Astrachan und Claudia Binz Astrachan
Whatever Happened to Relevance? 21

Ethel Brundin
Zooming in Emotions in Family Firms 30

Andrea Calabrò
The Courage to Choose Wisely! Primogeniture, Birth Order, and
Leadership Succession in Family Firms 37

Thomas Clauß, Marc André Scheffler
Digitale Transformation von Familienunternehmen 44

Alberto Gimeno Sandig
Family Business Models: A Systemic Understanding of Family Business 51

Torsten Groth
Das Beziehungsmanagement als grundlegende Führungs- und
Beratungsaufgabe – Zehn systemische Gebote 63

Andreas Hack
Marke Familienunternehmen 72

Brun-Hagen Hennerkes
Streit als größter Wertvernichter im Familienunternehmen
Streitvermeidung und Streitbeseitigung als Kernaufgabe der Unternehmerfamilie ... 79

Anita von Hertel, Sarah Heiligensetzer, Adrian Thomas
Regenmantel und Thymian: Wertschätzung annehmen in Familienunternehmen – mit Mediationskompetenz und Feedback-AvS 87

Marcel Hülsbeck
Eigentümer als Manager des Familienunternehmens –
eine ökonomische Perspektive 96

Franz W. Kellermanns
Family Firm Conflict: Central Questions in Family Firm Research 103

Rainer Kirchdörfer
Familienunternehmen und Politik – eine komplizierte Liaison? 107

Heiko Kleve
Das Wesen der Unternehmerfamilie – Rekonstruktion eines sozialen Herstellungsprozesses 124

Hermut Kormann
Neurosentherapie oder Salutogenese – Die Behandlung der
Unternehmerfamilie in Forschung und Beratung 133

Jürgen Kriz
Zur handlungsmoderierenden Bedeutungsdynamik in Familienunternehmen 142

Peter May
Familienunternehmen als Wirtschaftsform 149

Torsten M. Pieper
The Importance of Family Cohesion for Long-term Family Business Survival 157

Markus Plate
Social Exchange in the Owning Family – Social Exchange Theory as a Theoretical Lens for Family Business Research 164

Reinhard Prügl, Dinah Spitzley, Natalie Rauschendorfer
Zehn Thesen zur nächsten Generation in deutschen Unternehmerfamilien 170

Sabine Rau, Renate Wolfram
Die Bedeutung der systemischen Perspektive für die Forschung zu Familienunternehmen 179

Tom A. Rüsen
Die letzten (noch unerforschten) Tabus der Unternehmerfamilie
Zur Wirksamkeit des AvS-Ansatzes in Theorie und Praxis 186

Christoph Schreiber
Güteverhandlung, Güterichterverfahren, Mediation
Konfliktbeilegung aus prozessrechtlicher Sicht 204

Sara Davis, Ruchi Nadkarni, Pramodita Sharma, James J. Chrisman
Transgenerational Succession in Family Firms: A Psychological Perspective 212

Fritz B. Simon
Ein weißer Fleck auf der Landkarte oder: Warum Familienunternehmen so lange nicht erforscht wurden 218

Andreas Steinhübel
Coaching in Übergangssituationen – Wie gelingt eine ganzheitliche Klärung zwischen Nachfolgern und Patriarchen? 226

Rudolf Wimmer
Über das Wesen des Familienunternehmens als eigenständige Unternehmensform 235

Dreiklang und Ausklang
Drei Stimmen aus Praxis und Forschung

Jörg Mittelsten Scheid
Arist von Schlippe: ein etwas anderes Denken 254

Hermann Frank
Arist von Schlippe: Wegbereiter und Leitfigur 256

Thomas Zellweger
Bleibende Schritte mit Arist von Schlippe 258

Anhang

Danksagung 262

Acknowledgments 263

Literaturangaben – References 264

Schriftenverzeichnis Arist von Schlippe – List of Publications of
Arist von Schlippe 288

Von Arist von Schlippe betreute wissenschaftliche Arbeiten –
Academic Works Supervised by Arist von Schlippe 301

Verzeichnis der Autorinnen und Autoren – List of Authors 309

Vorwort

Dieses Buch ist eine Festschrift für einen besonderen Menschen. Professor Doktor Arist von Schlippe hat in seiner Tätigkeit seit 2005 am Wittener Institut für Familienunternehmen (WIFU) an der Universität Witten/Herdecke vielfach gewirkt und vieles bewirkt.

Mit diesem Werk möchten wir ihn anlässlich seines 70. Geburtstages am 12. April 2021 ehren und aufzeigen, welche »Spuren« er in seinem akademischen Wirkungskreis in den letzten 15 Jahren hinterlassen hat. Denn Arist von Schlippe ist in der Forschergemeinschaft für den Bereich des Familienunternehmertums weithin bekannt, fachlich anerkannt und respektiert, aber mehr noch: als Mensch sehr geschätzt. Es verwundert daher nicht, dass es kurzerhand gelang, fast 40 nationale und internationale Kolleginnen und Kollegen aus der Forschung, der Beratung und dem Feld des Familienunternehmertums dafür zu gewinnen, einen besonderen Beitrag für dieses Werk zur Verfügung zu stellen. Das Außergewöhnliche an diesen Beiträgen ist die persönliche Note der Autoren, mit der sie sich auf das Wirken und Bewirken des Geehrten im Umfeld ihrer Arbeit bezogen haben. Alle Autorinnen und Autoren waren gebeten worden, in ihren Beitrag einfließen zu lassen, in welcher Form Arist von Schlippe ihre Arbeit in den letzten eineinhalb Jahrzehnten geprägt und bereichert hat. Es ist erstaunlich und sehr berührend, welche Rückmeldungen hier von den Beitragenden gegeben wurden. Dies wurde zum Teil durch die wissenschaftliche Form der Ehrerbietung über Zitationen, aber auch durch sehr persönliche Aussagen über ihn vorgenommen.

Dieses Werk ist somit in zweierlei Hinsicht bedeutsam: Zum einen bringt es führende Forscher und Berater und eine Stimme der Familienunternehmer in einem Buch zusammen und gibt fachlich interessierten Lesern und Leserinnen Aufschluss über eine Vielzahl wichtiger Perspektiven, Beratungserfahrungen und Forschungsergebnisse im Feld des Familienunternehmertums und der Unternehmerfamilien. Zum anderen erschließt sich für den Außenstehenden etwas über die besonderen Qualitäten des Menschen, den wir mit dieser Schrift anlässlich seines Jubiläums ehren wollen und mit dem ich das Vergnügen hatte, über mehr als

15 Jahre zusammenarbeiten zu dürfen, und mit dem ich persönlich durch eine tiefe Freundschaft verbunden bin.

Es bleibt zu hoffen, dass beide Aspekte dieses Buches eine starke Verbreitung erfahren und das hierin enthaltene Wissen bei dem geneigten Leser und der geneigten Leserin ebenfalls wirkt.

Witten, im Dezember 2020
Tom A. Rüsen

Foreword

This book is a *Festschrift* for a special person. Professor Doctor Arist von Schlippe has accomplished so much at the Witten Institute for Family Business (WIFU) at Witten/Herdecke University since 2005.

Through this work, we want to honour him on his 70th birthday on 12 April 2021 and show the mark he has left on his academic field over the last 15 years. Arist von Schlippe is widely recognised, renowned, and respected among family business researchers; more, he is greatly valued as a person. It is therefore unsurprising that close to 40 national and international colleagues from research, consultation, and the family business field were eager to contribute to this work. What is so special about these contributions is the authors' personal connections with the work and accomplishments of the person honoured here. All the contributing authors were asked how Arist von Schlippe had influenced and enriched their work over the last one and a half decades. The feedback is astonishing and moving, and was provided in the form of both academic recognition, through citations, and personal testimonies about Arist.

This work is therefore important in more than one way: it brings leading researchers, consultants, and a single voice of the owner of a family business together within one book. It is offering to the interested reader an insight into several important perspectives, consulting experiences, and research findings in the family business and business family field. It also helps explain to outsiders the special qualities of the person honoured by this work, with whom I had the pleasure of working for over 15 years and with whom I share a deep personal friendship.

I hope that both aspects of this book will be widely appreciated and that the knowledge contained therein may enlighten the interested reader.

Witten, December 2020
Tom A. Rüsen

Tom A. Rüsen

Einführung

»Im Bibliothekswesen herrscht der akademische Begriffsgebrauch vor, der als Festschrift gewöhnlich die einem Gelehrten gewidmete Sammlung von Aufsätzen ansieht. Die Beiträge zu dieser Art von Veröffentlichung werden meist von Schülern, Freunden oder Fachkollegen zu einem runden Geburtstag des Geehrten verfasst.«[1]

Dieser Logik folgend ist die Festschrift für Arist von Schlippe aufgebaut. Die von den Autorinnen und Autoren beigetragenen Kapitel geben dabei einen breitgefächerten Einblick in spezifische Fragestellungen im Kontext der Forschung und Beratung von Familienunternehmen. Nicht nur die Themen sind heterogen, sondern auch die Arbeitsfelder und Perspektiven ihrer Autoren. Es handelt sich somit um ein transdisziplinäres Werk, an dem Betriebswirte, Juristen, Psychologen und Soziologen mitgewirkt haben. Gleichzeitig werden theoretische und praktische Fragestellungen und Konzepte behandelt. Da diese Festschrift von freundschaftlich verbundenen Menschen für einen besonderen Menschen mit der Idee verfasst worden ist, diesem Menschen einen Ausdruck ihrer Wertschätzung entgegenzubringen, gestaltete es sich für den Herausgeber zunächst gar nicht so leicht, eine angemessene Reihung der Beiträge und somit eine Strukturierung des Buches zu finden. Sollten diese thematisch und nach einer fachlichen Passung erfolgen? Sollte es Teile geben, die z. B. psychologische, juristische und betriebswirtschaftliche Fragestellungen separat abhandeln? Oder ist eine Trennung praktischer und wissenschaftlicher Perspektiven angemessen? Vielleicht wäre es ja auch klug, die Artikel nach Abgabedatum zu sortieren?

Viele Möglichkeiten also, den Aufbau dieses Werks zu organisieren. Letztendlich ist der »rote Faden« dieses Buches die Verbindung zu dem mit dieser Festschrift geehrten Wissenschaftler und in der Praxis tätigen Therapeuten und Berater Arist von Schlippe. Vor diesem Hintergrund erschien es sinnvoll, die Reihung der Beiträge entlang des Nachnamens der Autoren und Autorinnen vorzunehmen. So

---

1 de.wikipedia.org/wiki/Festschrift; abgerufen am 19.10.2020.

fällt es der geneigten Leserschaft leicht, sich den Artikel entweder aufgrund des fachlichen Inhaltes oder aus Neugier über die persönliche Beziehung zu dem hier Geehrten vorzunehmen.

Den Auftakt geben *Claudia* und *Joe Astrachan* in ihrem Beitrag zu dem Verhältnis einer relevanten und rigorosen Forschung und damit zu der Frage, warum die Praxisrelevanz von Forschung notwendig ist. Beide verbindet eine langjährige Freundschaft mit Arist durch eine Vielzahl gemeinsamer Symposien sowie praxisbezogener Veranstaltungen. Sie sind in ihrer eigenen familialen Entwicklung eng mit dem hier Geehrten und dem WIFU insgesamt verbunden.

Ethel Brundin beschäftigt sich mit Fragestellungen zu Emotionen in Familienunternehmen und wie diese betrachtet werden können. Ethel und Arist verbindet eine mehrjährige Zusammenarbeit im Rahmen des STEP-Projekts[2].

Im Beitrag von *Andrea Calabrò* geht es um die Auswahl von Nachfolgern und die Rolle der Geburtsreihenfolge hierbei. Andrea war mehrere Jahre am WIFU als Professor tätig und motivierte Arist stets, sein Italienisch zu entwickeln und die italienische Essenskultur in Osnabrück zu etablieren.

Thomas Clauß beschäftigt sich mit Familienunternehmen im digitalen Transformationsprozess. Thomas gehört seit kurzem dem Team des WIFU an und arbeitet in diesem Rahmen mit Arist zusammen.

Alberto Gimeno setzt sich mit den mentalen Modellen von Familienunternehmen auseinander. Der Autor lernte Arist über das STEP-Projekt kennen und ist zu einem sehr engen Freund geworden. Unvergessen sind die vielen gemeinsamen Momente, u. a. Bootsfahrten mit gebrochenen Fingern, die Entwicklung der Mentalen Modelle 2.0 sowie das Länderspiel Deutschland – Argentinien, das wir 2010 gemeinsam im Rahmen eines Blockseminars zusammen anschauten.

Im folgenden Beitrag beschreibt *Torsten Groth* die zehn systemischen Gebote der Beratung von Familienunternehmen und Unternehmerfamilien. Torsten und Arist verbindet eine langjährige und durch Freundschaft geprägte Zusammenarbeit am WIFU, aus der eine Vielzahl gemeinsamer Publikationen hervorgegangen ist.

Um die Marke Familienunternehmen geht es im Beitrag von *Andreas Hack*. Der Autor und Arist sind seit knapp einem Jahrzehnt freundschaftlich verbunden, haben das Wittener Forschungskolloquium aus der Taufe gehoben und viele Doktoranden bei der Entwicklung ihrer Fragestellungen unterstützt.

Im Beitrag von *Brun-Hagen Hennerkes* steht der Streit in der Unternehmerfamilie im Fokus des Interesses. Den langjährigen Freund des WIFU verbindet einen regelmäßigen und durch hohe Wertschätzung geprägten Austausch mit Arist.

---

2 Successful Transgenerational Entrepreneurship Practice. Ein internationales Forschungsprojekt, an dem führende internationale Forschungseinrichtungen teilnehmen.

Anita von Hertel, Sarah Heiligensetzer und *Adrian Thomas* durchleuchten die Formen der Annahme von Feedback. Anita und Arist verbindet eine langjährige und durch Freundschaft geprägte Zusammenarbeit im Rahmen der Mediatorenausbildung.

Marcel Hülsbeck setzt sich aus einer ökonomischen Perspektive mit Eigentümern als Managern des Familienunternehmens auseinander. Der Autor hat diverse Texte mit Arist zusammen verfasst und 2017 die Funktion des Akademischen Direktors am WIFU direkt von ihm übernommen.

Franz Kellermanns beschäftigt sich mit zentralen Fragen in der Konfliktforschung. Er hat mit Arist zusammen die ersten internationalen Journal-Publikationen auf den Weg gebracht und steht seitdem mit ihm in freundschaftlichem Austausch.

Rainer Kirchdörfer behandelt ein brisantes Spannungsverhältnis, er fragt: Familienunternehmen und Politik – eine komplizierte Liaison? Rainer ist schon lange Jahre dem WIFU als Dozent und Freund verbunden und pflegt mit Arist vom ersten Tag seiner Tätigkeit an eine freundschaftliche und herzliche Beziehung.

Heiko Kleve, der derzeitige Akademische Direktor des WIFU, befasst sich mit dem Wesen der Unternehmerfamilie. Heiko hat 2017 die Nachfolge von Arist am WIFU angetreten, viele gemeinsame Überlegungen aufgegriffen, durch eigene Perspektiven weiterentwickelt und setzt somit das »systemische Erbe« in der Forschung zu Familienunternehmen und Unternehmerfamilien fort.

Im nächsten Beitrag kommt mit *Hermut Kormann* der »Patenonkel« des WIFU zu Wort und stellt Überlegungen an, wie mit Neurosen in der Unternehmerfamilie umzugehen ist. Hermut und Arist sind die »alten Haudegen«, die in freundschaftlicher Verbundenheit bei der gemeinsamen Arbeit mit jungen Doktoranden den Blick für die Praxis regelmäßig schärfen.

Mit *Jürgen Kriz* spricht der Doktor- und Habilitationsvater von Arist, er nimmt die handlungsmoderierenden Bedeutungsdynamiken in Familienunternehmen unter die Lupe. Von allen Co-Autoren dieses Werks verbindet ihn die längste wissenschaftliche Zusammenarbeit mit Arist, die in Osnabrück ihren Ausgangspunkt hatte.

Peter May beschreibt Familienunternehmen als Wirtschaftsform. Ein freundschaftlicher Austausch sowie die Arbeit in der Governance-Kommission für Familienunternehmen verbinden Peter und Arist.

Daran anschließend geht *Torsten Pieper* auf die Bedeutung des Zusammenhalts der Unternehmerfamilie ein. Über die Jahre haben sich Torsten und Arist immer wieder im Rahmen von Forschungskonferenzen und Fußnoten »getroffen« und ein freundschaftliches Verhältnis zueinander entwickelt.

Um die Interaktionsdynamiken innerhalb von Unternehmerfamilien dreht sich der Beitrag von *Markus Plate.* Markus ist einer von Arists ehemaligen wissenschaftlichen Mitarbeitern und Schülern, der Arist bereits in seiner Zeit in Osnabrück kennengelernt hat und der dem Forschungsfeld des Familienunternehmertums nach seiner Promotion in Witten verbunden geblieben ist. Aus ihrer bis heute andauernden Zusammenarbeit gingen einige Publikationen hervor.

Reinhard Prügl, Dinah Spitzley und *Natalie Rauschendorfer* beschreiben zehn Thesen zur nächsten Unternehmergeneration. Arist und Reinhard verbindet eine hohe gegenseitige Wertschätzung im Feld der Familienunternehmensforschung.

Einsatzmöglichkeiten der Systemtheorie im Forschungsfeld des Familienunternehmertums stehen im Mittelpunkt des von *Sabine Rau* und *Renate Wolfram* verfassten Beitrags. Zwischen Sabine und Arist besteht eine langjährige wertschätzende Verbindung, aus der gemeinsame Publikationen hervorgegangen sind.

Der nächste Beitrag untersucht Tabus in Unternehmerfamilien und skizziert neben hier denkbaren Themenfeldern auch einen Forschungsansatz, wie diese bearbeitet werden können. Als Autor dieses Kapitels und Herausgeber dieser Festschrift verbinden mich mehr als 15 Jahre Forschung, Beratung und eine wunderschöne Männerfreundschaft mit Arist.

Christoph Schreiber erörtert die Konfliktbeilegung aus prozessrechtlicher Sicht. Christoph ist seit 2017 am WIFU tätig und vertritt hier den Rechtsbereich mit einer großen Sympathie für die psychologischen Ansätze von Arist, mit dem er in freundschaftlichem Austausch steht.

Sara Davis, Ruchi Nadkarni, Pramodita Sharma und *James Chrisman* befassen sich mit der generationenübergreifenden Nachfolge in Familienunternehmen aus psychologischer Sicht. Pramodita und Arist kennen sich bereits seit den Anfängen seiner Tätigkeit in Witten. Die Ehrendoktorverleihung an Pramodita durch die Universität Witten/Herdecke stellte einen Höhepunkt der freundschaftlichen Beziehung von beiden dar.

Fritz Simon geht der Frage nach, warum Familienunternehmen relativ spät wissenschaftlich untersucht wurden und lange Zeit einen weißen Fleck auf der Forschungslandkarte darstellten. Fritz kann als Mitbegründer des WIFU, der explizit die psychologische Perspektive in den Gründungsjahren einbrachte, als Vorgänger von Arist angesehen werden.

Andreas Steinhübel wirft einen Blick auf das Coaching von Übergangssituationen und hier auf eine ganzheitliche Klärung zwischen Nachfolgenden und Patriarchen. Andreas hält seit seinem Studium in Osnabrück einen regelmäßigen Kontakt zu Arist, ist über eine gemeinsame Lehrtätigkeit an der Universität Witten/Herdecke mit ihm verbunden und steht in freundschaftlichem Austausch mit ihm.

Im letzten Beitrag schließlich geht der zweite Mitbegründer des WIFU, *Rudi Wimmer*, dem Wesen des Familienunternehmens auf den Grund. Rudi und Arist verbindet eine langjährige und herzliche Freundschaft, die über die vielen Zusammentreffen am und im Umfeld des WIFU kontinuierlich wuchs.

Zum Ausklang des Werks liefern zwei befreundete Forscher und ein befreundeter Familienunternehmer einen Dreiklang zum Wesen und Wirken von Arist von Schlippe. Dabei beginnt *Jörg Mittelsten Scheid*, langjähriges Oberhaupt des Familienunternehmens Vorwerk, als »Stimme der Familienunternehmer«. »Dr. Jörg« und Arist verbindet eine herzliche, sowohl von hoher Wertschätzung als auch von kritischen Diskursen geprägte persönliche Beziehung.

Daran anschließend geben *Hermann Frank* und *Thomas Zellweger* der Gemeinschaft der Forschenden im Bereich des Familienunternehmertums ihre Stimme und »richten« über Arist und seine Wirkung in der Forschergemeinschaft. Hermann, Thomas und Arist sind durch eine langjährige freundschaftliche Arbeitsbeziehung miteinander verbunden.

Im Anhang findet sich die beeindruckende Auflistung von Arists akademischen Leistungen. Die publizistische Bilanz seiner Arbeit umfasst zum November 2020: 29 Bücher, 92 Kapitelbeiträge, 136 wissenschaftliche und praxisorientierte Artikelbeiträge. Die Bandbreite seiner Wirkungsweise bei jungen Menschen am WIFU kann nur erahnt werden. Stellvertretend hierfür lassen sich die von ihm betreuten 63 Doktorarbeiten und Habilitationsprojekte sowie 116 Bachelor-, Master- und Diplomarbeiten aufführen.

Die Zahlen und die Statements in den Beiträgen sprechen für sich.

Wir freuen uns auf weiteren Zuwachs, lieber Arist!

Tom A. Rüsen

Introduction

»A *Festschrift* contains original contributions by the honoured academic's close colleagues, often including their former doctoral students. It is typically published on the occasion of the honouree's retirement, significant birthday, or other notable career anniversary.«[1]

The *Festschrift* for Arist von Schlippe is based on this definition. The chapters contributed by the authors offer a broad insight, covering a wide range of specific questions in the context of family business research and consulting. Not only are the topics heterogeneous, so also are the work fields and perspectives of their authors. This is, therefore, a cross-disciplinary work, with contributions from experts in business, management, law, psychology, and sociology, discussing both theoretical and practical questions and concepts. Since this *Festschrift* was written by friends wanting to express their appreciation for a special person, it was not easy at first for the editor to decide the most appropriate order of the contributions and, therefore, the structure of the book. Should the chapters be organised by topic and profession? Should, for example, psychological, legal, and business matters be treated separately? Or would it be better to categorise by practical or scientific perspective? Perhaps it would be wise to organise articles by their date of submission?

There were many ways to structure this work. In the end, the common theme of the book is the author's relationship with the scientist, therapist, and consultant honoured by this *Festschrift*, Arist von Schlippe. It, therefore, seemed practical to order the contributions by the author's surname. This makes it easy for interested readers to decide whether to read an article based on its research content or out of curiosity about the personal relationship with the person honoured.

Claudia and *Joe Astrachan's* contribution reflects the relationship of relevant and rigorous research and, therefore, the question of why practical relevance is necessary

---

[1] en.wikipedia.org/wiki/Festschrift; access on 12/20/2020.

for research. Both have long been friends of Arist and, through several joint symposiums, practical events, and their family development, have established a close relationship with him and WIFU.

Ethel Brundin addresses questions concerning emotions in family businesses and how these may be viewed. Ethel and Arist have collaborated on the STEP project over several years.

Andrea Calabrò writes about the courage to choose successors and the relevance of birth order. Andrea held a chair at WIFU for several years and motivated Arist to work on his Italian and to establish an Italian culinary culture in Osnabrück.

The contribution of *Thomas Clauß* discusses family businesses in the process of digital transformation. Thomas recently joined the WIFU team and has been working on this topic with Arist.

Alberto Gimeno examines the mental models of family businesses. Alberto met Arist through the STEP project and has since become a close friend, sharing many unforgettable moments: the boat trips with broken fingers, the development of Mental Models 2.0, the Germany–Argentina match in 2010, which we watched together as part of a block seminar.

Torsten Groth explains ten systemic commands when consulting family businesses and business families. Torsten and Arist have collaborated at WIFU for years as friends and have produced various joint publications.

Andreas Hack discusses the family business as a brand. He and Arist have been friends for nearly a decade; together they established the WIFU research colloquium and assisted many doctoral students with their theses.

The following chapter, written by *Brun-Hagen Hennerkes*, focuses on disputes within business families. This long-time friend of WIFU had regular exchanges with Arist, characterised by their mutual respect and appreciation.

Anita von Hertel, Sarah Heiligensetzer, and *Adrian Thomas* discuss forms of feedback acceptance. Anita and Arist have collaborated for years as friends and training mediators.

The next chapter examines family business owners and managers from an economic perspective. The author, *Marcel Hülsbeck,* has written various texts with Arist and succeeded him directly as Academic Director at WIFU in 2017.

Franz Kellermanns discusses the central questions of conflict research. Together with Franz Arist he produced his first international journal publications on family conflicts and has been his friend ever since.

Rainer Kirchdörfer looks at a controversial relationship while asking: family business and politics – a liaison? Rainer has been associated with WIFU as a lecturer and friend for many years and has maintained a friendly and cordial relationship with Arist from the first day on.

Heiko Kleve, the current Academic Director, examines the nature of the business family. Heiko joined WIFU in 2017 and took over its »systemic legacy« in family business and business family research. Together with Arist several research projects and articles were developed.

In the next chapter, we hear from *Hermut Kormann*, WIFU's »godfather«, on his ideas about how to handle neuroses in business families. Hermut and Arist are »old hands« who sharpen their views on practical applications as friends through their joint work with young doctoral candidates.

In the following contribution, we hear from *Jürgen Kriz*, Arist's doctoral supervisor, who discusses action-modifying dynamics of significance in family businesses. Of all the co-authors of this work, Jürgen has had the longest scientific collaboration with Arist, going back to his Osnabrück activities.

Peter May explains family businesses as a business form. Peter and Arist share-friendly exchanges and work together at the German Governance Commission for Family-owned Businesses.

Then, *Torsten Pieper* discusses the importance of cohesion in business families. Torsten and Arist frequently »met« at research conferences and in footnotes over the years and have become friends.

Markus Plate examines the dynamics of interaction within business families. Markus is a former research assistant and student of Arist; they first met in Osnabrück, and Markus remained committed to family business research after receiving his doctorate in Witten. They continue to collaborate today and have produced several joint publications.

Reinhard Prügl, Dinah Spitzley, and *Natalie Rauschendorfer* describe ten theses on the next generation of successors. Arist and Reinhard share a mutual appreciation for the field of family business research.

Sabine Rau and *Renate Wolfram* examine the possible applications of systems theory in family business research. Sabine and Arist have long had a mutual appreciation for each other that has produced joint publications.

The following contribution discusses taboos among business families and outlines a research approach for how these can be managed apart from the presumable topics. As the author of this chapter and the editor of this *Festschrift*, I have enjoyed over 15 years of research, consulting activities, and friendship with Arist.

Christoph Schreiber examines conflict resolution from a procedural law perspective. Christoph has been at WIFU since 2017 where he represents the legal department, with great sympathy for Arist's psychological approach, and has enjoyed many friendly exchanges with him.

Sara Davis, Ruchi Nadkarni, Pramodita Sharma, and *James Chrisman* and consider cross-generational succession in family businesses from a psychological perspective. Pramodita and Arist know each other from when he started his work in Witten. The honorary doctorate awarded to Pramodita by Witten/Herdecke University represented a high point of their friendship.

Fritz Simon investigates why family businesses have only been studied relatively recently and why they were for so long a blank patch on the research map. As a co-founder of WIFU, Fritz explicitly introduced the psychological perspective in the early years and could be considered Arist's predecessor.

Andreas Steinhübel examines coaching for transitional situations to find comprehensive resolutions between successors and patriarchs. Andreas has maintained regular contact with Arist since his studies in Osnabrück, teaches with him at Witten/Herdecke University, and has friendly exchanges with him.

In in the following part, WIFU's second co-founder, *Rudi Wimmer*, discusses the nature of the family business. Rudi and Arist have a long and close friendship which has continued to grow through the many meetings at and around WIFU.

Three additional contributions are provided in the conclusion of the *Festschrift*: as the »voice of family entrepreneurs«, *Jörg Mittelsten Scheid*, a longstanding patriarch of the family business Vorwerk, speaks about Arist von Schlippe and the influence of his work. »Dr. Jörg« and Arist have a close personal relationship, characterised by great appreciation and critical discussions.

Finally, *Hermann Frank* and *Thomas Zellweger* speak for the family business research community and evaluate Arist's impact on the research community. Hermann, Thomas, and Arist have long been co-workers and friends.

An impressive list of Arist's academic achievements is provided in the annexe. As of November 2020, he has published 29 books, 92 chapter contributions, and 136 contributions to scientific and practical articles. While the breadth of his influence on young people at the WIFU can only be estimated, the 63 doctoral theses and postdoctoral projects and 116 bachelor, master, and diploma theses he supervised may offer some indication.

The numbers and statements in these chapters speak for themselves.

We look forward to more, Arist!

Joe Astrachan und Claudia Binz Astrachan

Whatever Happened to Relevance?

Academia is driven by the idea of impact. In some fields, such as medicine or physics, impactful research leads to (often marketable) innovations such as new vaccines or technologies. Yet, other fields measure impact by how often an idea is cited in subsequent literature. And while accrediting bodies have recently issued calls to have better measures of research impact (Association to Advance Collegiate Schools of Business International, AACSB, 2012), in these citation and journal rank obsessed disciplines there is little to no effort made to determine whether highly academically cited ideas leave a mark in the »real world« outside the academic bubble.

What holds true for management science in general also applies to the family business field. Despite the fact that the field has been experiencing tremendous growth over the past 40 years, few studies have had a direct and easily measurable impact on family businesses and their owning families, as well as the community of advisors that assists them (Astrachan, 2009; Bird, Welsch, Astrachan, & Pistrui, 2002; Zahra & Sharma, 2004). This disconnect is unfortunate, given that many family business scholars are driven by the desire to positively impact the communities of practitioners through their work, while simultaneously striving to move the field forward.

This leads to a question that is both mundane and profound: What needs to change in order for us to make our research more impactful, or relevant?

1 The What and Why of Relevant Research

Assuming that impact is a fair measure for relevance, research must be at least scientifically or societally beneficial in order to qualify as relevant.[1]

The scientific value of a research contribution manifests, as indicated above, in the publication of results and theory in desirable outlets, which »*insist that papers*

---

[1] These dimensions are not mutually exclusive. Contributions of low scientific relevance can nonetheless be relevant to society (Shaw & Elger, 2013).

must make a contribution to theory« (Tourish, 2020, p. 3), leading researchers to »*[proliferate] theory in the quest for novelty*« (Empson, 2020, p. 227). For the most part, the field is expanding sideways – as opposed to moving forward – by means of an enormous wave of contributions that incrementally grow our body of knowledge, much of which »*can only be understood by those already on the inside of the debates it references*« (Tourish, 2020, p. 99).

Research has tremendous potential to inform, reform, and improve societies around the globe; that is, if we understand and meet these audiences' needs if we manage to translate our findings in a way that they become understandable to non-academics, and to then disseminate them effectively. We largely fall short in all these tasks. We often design and conduct our research with the objective of scientific publication in mind. This makes our research rigorous, but this rigidity also leads us to omit results and interpretations that might seem to weaken our findings so as to not harm our chances of publication. This tendency to report only positive findings disadvantages the practitioner communities as negative results often can be incredibly informative– even if they, at first glance, offer limited scientific value. What is more, writing for an academic audience is very different from writing for practitioners; and if for researching topics of immediate value to practitioners there is no funding nor much recognition or reward in terms of salary and promotion for the first, there surely is even less for crafting one's message for practitioners.

The fact is that: »*Despite the growing volume and apparent quality of evidence [...] practitioners seem to be resistant to using it*« (Green, 2008, p. i20). It seems as though they do not perceive research findings as beneficial to their practice, which may be related to the objectives we pursue through our research. Family business scholars may pursue a wide range of goals through research, ranging from wanting to identify obstacles or drivers of family business success and longevity, to advancing the field through theory development, to providing actionable advice to the practitioner community, all the way to a sole focus on furthering one's career. While all these goals are valid, not all foster relevant research outcomes.

For long-term sustainability and growth in the field, we need research to be relevant, i.e., beneficial to science and society. While in the short run research valued by other fields in management science can keep the field alive, in the long run, our research has to be valued outside of the academy; where students come from and are hired into, where sources of funding operate, and where those who influence public opinion reside. Relevant research can also move our field forward through meaningful theoretical advancement and inform the practice of those working in and with family businesses and business families, to ensure business continuity and family capacity. To the extent that we contribute to their health and prosperity, they will ask to hear more of our ideas, research, and advice.

Based on our understanding, relevant family business research:
- is designed to be at least ultimately *useful* to its practitioner constituents, as it advances and informs their thinking and decision-making;
- is *not inclined towards theorizing* (for the sake of theorizing) but embraces genuine theoretical advancements that deepen our understanding of the business and family system;
- *refrains from generalizing to the broader population* and making prescriptive recommendations without adequately considering the relevant business and family context;
- is *methodologically rigorous* without favoring statistical significance over pertinence.

2 The Struggle is Real: Three Essential Problems

Family businesses, business-owning families, and advisor communities have long been open about their struggles in following, much less understanding, academic theory-driven reasoning, and data-driven findings, leading them to perceive academics as removed from reality, and scientific findings as inapplicable to their reality (Bennis & O'Toole, 2005; DeNisi, 1994; Merchant, 2012; Mohrman & Lawler, 2012; Wright, Paroutis, & Blettner, 2013).

Next, we want to expand on some of our earlier thoughts on the disconnect between academia and practice, and the need for relevant research that benefits both. Here we identify three trends that hinder the development of research that offers more than marginal scientific or theoretical advancement and actual value to the practitioner community and policy makers.

2.1 Problem #1: The Significance and Generalization Obsession

Many researchers treat significance like the holy grail of truth and an end in itself. The assumption goes as follows: If something is statistically significant, it must be true, and that makes it relevant.[2] Yet – meaningful research goes beyond statistical significance, as significance alone does not make a finding relevant or meaningful (Sato, 2016).[3]

---

[2] This belief seems to persist even though we are all taught in our statistics classes that significance is the rejection of the null hypothesis and not direct proof in the correctness of a hypothesis nor any indicator of causality.

[3] Significance combined with the percentage of variance explained, however, exponentially increases the likelihood of getting published, which makes it an attractive currency in the realm of academic publications and is thus one of the many reasons that academics embrace significance.

Now, there is nothing wrong with significance. Significance basically tells us that a certain result is not simply due to chance (or luck!), but that in fact, that there is a real difference, and that there is an underlying factor of interest that caused the result. Significance, however, becomes problematic when it becomes our predominant measure of truth and worth. We must be careful as sometimes, and in our opinion too often, significant findings are wildly misinterpreted. At the statistical level, for example, when using OLS regression, too many times we see submissions to journals as well as published papers where the findings reach significance, yet the percentage of variance explained (e.g., r^2 or adjusted r^2) and other measures of effect size are negligible, thus throwing into doubt the relevance of the findings. If our study shows a highly significant relationship between two variables, but the predictor variable only explains 5 % of the outcome variable, can we really feel confident in providing prescriptive advice based on the significant relationship alone?[4]

In order to be able to make meaningful advances to our understanding of the family business system, and provide prescriptive advice to the practitioner community, we need to shift our focus from significance to variance explained. We encourage authors to embrace the process of discovery: Rather than upselling significant findings with no explanatory power, the field advances from speculating as to why a greater amount of the phenomenon under investigation was not explained by the independent variables explored (possibly instigating additional research aimed at exploring missing variables that play a stronger role at explaining the phenomenon at hand).

Another issue that we encounter frequently and one that is linked to the significant issue is that researchers, and even more so, editors, reviewers, and even journalists, are overly concerned with the desire to *generalize to a larger population* (what is more, in the family business context, we are often asked to generalize to non-family firms). This leads us to predict outcomes and effects to an entire population of family businesses, despite the fact that this will only hold true for a fraction of them. The field of family business is still too young and our subject of study too heterogenous to allow for generalizations beyond tightly defined populations.

We believe it to be prudent for researchers to follow the advice of Clayton Christensen (2005) who argues that theory is best built when starting with a very tightly defined group and expanding the groups to which it applies until a time when the theory is well-enough developed to apply to a broader population. Given the tremendous level of heterogeneity among both family businesses and business families,

---

[4] One possible explanation is that it makes the journal reviewer's job easier in that significance is an easy filter to reduce the level of work whereas including variance explained as a filter could result in too few papers being accepted.

and our limited understanding of the roots of said heterogeneity it seems reckless to generalize to a broader population. Everyone who has ever had candid conversations with business-owning families knows one thing: Just because something works for one family business or one business family, this does not mean that it works for another. Unless we gain a profound understanding of what drives heterogeneity on both the business and family level, we remain unable to provide sound prescriptive advice to either one.

2.2 Problem #2: The Fallacy of the Complete Causal Chain and the Black Box of the Owning Family

Even after four decades of research on family businesses and business families, the business-owning family largely remains a mystery. As a consequence, the family is often referred to as a black box (Campbell, Heriot, & Welsh, 2007; Strike, Michel, & Kammerlander, 2018), and accordingly, treated as such. And even though this is a giant roadblock to a deeper understanding of the family business system, as theoreticians, we happily go off the road, drive through the mud and work our way around it. So, how big a problem is it really?

Let us assume that a hypothetical study shows that family firms with higher family representation on the board outperform family firms that lack family members on the board. This is a classic example of what our dear friend and colleague Torsten Pieper, professor at UNC Charlotte, refers to as the fallacy of the complete causal chain. What he means by that is that we often overlook the precursors to what appear to be causal chains, precursors such as the dynamic processes that take place at the family level, such as the family's emotional commitment to the business, or their level of cohesion, that likely determine the observable outcomes and behaviors in the organizational domain, such as the willingness to have family representation on the board level to ensure shareholder representation.

Peering inside the so-called black box is made all the more difficult as family data are notoriously difficult to collect (Handler, 1989). Consequently, our data collection efforts fall short when it comes to the family and the relevant concepts are equally hard to operationalize. Instead, we rely on easily observable variables, often from easy to collect sources (e.g. listed companies) such as level of ownership or family representation in management or on the board (Bird et al., 2002; Brockhaus, 2004; Sharma, 2004), and treat them as independent variables, omitting the fact that they are likely the result, and not the cause, of underlying family processes (Chua, Chrisman, & Sharma, 1999; Ducassy & Prevot, 2010; Dyer, 2003).

The failure to account for and to systematically investigate the underlying sources of family heterogeneity, such as family values, level of cohesion, or family dynamics (Lansberg & Astrachan, 1994; Smyrnios et al., 2003; Zahra, 2012) likely limits our ability to understanding as to why some family business practices – and family businesses – fail where others succeed.[5]

2.3 Problem #3: Best Practice: Best Taken with a Grain of Salt

Both researchers and practitioners are familiar with the concept of *best practice*, which is often defined as a procedure that is generally accepted as being the most effective as it is widely adopted and the incorrect assumption that wide adoption of a practice is evidence of efficacy. It perhaps comes from, at least in part, a legal principle known as the Business Judgement Rule (Arsht, 1979). The rule holds that a manager or business leader reduces their personal liability by being able to demonstrate that they acted in a manner, in which others in their position would act. While this might limit legal liability, it may abrogate moral liability for stewardship of the system. Why? Perhaps for many reasons, not the least of which is that best practices or common practices are often devoid of context.

Let us take a look at family member employment policies, which define who can and cannot work in the company and let us assume that we conducted research on the topic. Our hypothetical study shows that family businesses with family CEOs (Chief Executive Officers) had a *significantly* better performance than those with non-family CEOs (of course, we controlled for firm age, size, industry, and other effects). In the Implications for Practice section, we would most certainly make the point that if a family business wanted to boost their performance, they should put a family member at the helm. Not acknowledging that this advice only works sometimes and that we don't know when it works and when it does not work could result in the advice's misapplication and subsequently cause damage to both family and firm.

Now, while some families thrive with restrictive employment policies that limit family employment, such a policy would however alienate family members and harm cohesion and trust in other families. Just because something works for one family – or many families – does not mean that it works for others. Much depends on the family's make-up, their willingness and ability to handle conflict, to communicate effectively, and on the functionality of their business-family interface. If we do not know under which circumstances a potential best practice works, it is a common practice. It becomes a best practice only once we can define the context under which it proves beneficial.

---

5 And, as indicated above, it limits our ability to meaningfully generalize to the broader population, or at least larger subsets of family businesses and business families.

Anecdotal evidence and best practice-based research have their merits, but as academics, we need to look beyond to determine which practices truly work, and when. This requires us to develop a deeper understanding, or even a theory about why they work, which allows us to make accurate assumptions upon which others can base prescriptive advice. Put more simply, best practices are best taken with a grain of salt: They can be very powerful, but only if they fit the specific needs, goals, and other contextual elements of the respective business and family. The gap between best practices and a more thorough understanding of cause and effect may be a rich zone for meaningful academic research, which can help explain *why* and *how* certain practices work (or do not!) in specific contexts.

3 Summary Thoughts

Institutional pressures to publish puts the (statistically!) average academic between a rock and hard place with respect to relevant research. Scholars who follow their desire to truly advance their chosen research field, face a potential lower level of academic output since it takes longer to produce non-incremental breakthroughs, and novel ideas that fly in the face of academic orthodoxy are rarely quickly accepted (as was the case with the family business field as a whole). Else, scholars can attempt to directly impact the communities of practitioners (or other stakeholders) by engaging in relevant – sometimes referred to as »practitioner oriented'« – research (Tourish, 2019), which top-tier journals likely will not publish. Both paths essentially end up stunting their academic careers. Or, academics can focus on producing statistically significant results (which may or may not have explanatory power) from which they generalize to a larger population (which may or may not be heterogeneous), and they will likely get published. A few may manage to achieve both output and relevance, but most (and particularly young academics) will get caught up in the rat race of the academic machine. Unreasonable publication and grant acquisition goals (to keep oneself on track for a tenured position), paired with full-time teaching loads (not to mention unpaid labors of love such as monthly journal reviews, free webinars for interest groups, or pro-bono conference chairing) leave academics exhausted and unable to stand against the institutional logics that allow publishing houses and universities to benefit from scholarly contributions.

The gap between the behaviors that academia encourages and rewards, and what the research field needs to grow and evolve hinders the advancement of both science and practice. What exacerbates this problem is that many scholars remain far removed from the realities of running a business or managing a multigenerational family, as most business schools typically do not reward interactions with the practitioner community (beyond data collection and the occasional fundraiser) or continuing education into areas outside of one's chosen specialty.

Perhaps we need more true collaboration among academia and practice, where practitioner input enriches our research focus and research design. And, as it turns out, providing meaningful and actionable research output is an important way to establish lasting, trust-based relationships and gain access to data. We also would benefit from a system that prioritizes substance over quantity, thus relieving pressure from the academic body to push out research, no matter what the contribution (though this will be harder to achieve).

Military strategist Col. John Boyd (ret.) was famously quoted with regard to relevance:

»*Tiger, one day you will come to a fork in the road and you're going to have to make a decision about which direction you want to go. If you go that way you can be somebody. You will have to make compromises and you will have to turn your back on your friends. But you will be a member of the club and you will get promoted and you will get good assignments. Or you can go that way and you can do something — something for your country and for your Air Force and for yourself. If you decide you want to do something, you may not get promoted and you may not get the good assignments and you certainly will not be a favorite of your superiors. But you won't have to compromise yourself. You will be true to your friends and to yourself. And your work might make a difference. To be somebody or to do something. In life there is often a roll call. That's when you will have to make a decision. To be or to do? Which way will you go?*« (Coram, 2002).

As we have come to learn, family businesses often have a long-term stewardship orientation that stresses collective advancement over individual gain. We implore scholars who study family business to adopt the same orientation for the advancement of the field and for the benefit of future generations of family business owners and all those who have come to rely on them.

4 Honoring a Great Thinker and Practitioner

The courage and humility to look at one's own body of work and that of a field and to be self-critical is a hallmark of maturity needed to conduct good science as it is to help others. A paragon of this, and one of our most important inspirations for helping family business owners on their personal and collective journeys, through direct assistance, teaching, and science, is our esteemed colleague, Arist von Schlippe. He is a deeply moral, intelligent, sensitive, perceptive, and convivial friend.

Arist's body of work has furthered the field in important ways. His views on dynamic systems and systems approach to therapy in business families allow those not familiar with the important ways in which family dynamics operate to look into the »black box« of family business. It helps experts and novices alike see more profoundly into the influences that developmental and relational dynamics have on a family and provides insight into how to untangle generations-old dysfunctional behavior patterns. Likewise, his work on communications, also following the work of Luhmann (e. g., Luhmann, 1984), allows one to see and work with the space between people and their communications; the place where the reality of relationships is constructed. Many a wonderful night have one or both of us spent with Arist enjoying whisky, exchanging war stories, and delving deeply into the mysteries of family and family business.

Arist's calm, measured approach to significant change serves as an inspiration not just to family business owners, but to educators as well. With Tom Rüsen, Arist built a research and educational program that exemplifies our view of relevant research; asking the families themselves what topics are relevant and engaging them throughout the research process. In that process, they built a cohesive research community and a powerhouse of doctoral education. The work they have stewarded on governance, family strategy, longevity, and the like have been integral to our own research. Arist has modeled effective management of the research/outreach center and university boundary. We hope he writes and publishes his lessons in this domain for all to benefit.

Thank you, Arist, for being an inspiration, colleague, and cherished friend.

Ethel Brundin

Zooming in Emotions in Family Firms

Introduction

The purpose of this essay is to provide an insight into why family businesses are imbued with emotions where interactions among family members make them especially »high« on emotions.

Emotions can lead to beautiful deeds, but they can also become very ugly, with devastating results. If we are to gain a better understanding of the role of emotions in family businesses, we would need to go into depth and zoom in behind the scene and under the surface. In fulfilling the purpose as outlined above, I will point at a couple of behavioral theories that help explain why the family firm is an emotional arena, namely social-psychological ownership and social-psychological contracts. I will also pay some attention to the communication of emotions on the micro-level and how they can be studied. First, however, a few words about, what is emotion?

Emotions are commonly defined as short term, affective reactions to a specific event that affects an individual's goal (Keltner & Haidt, 1999) and are a signal of how he or she will feel (Fineman, 2003). Emotions are often divided into primary and secondary emotions where examples of the former are joy, fear, anger, surprise, love, and sadness, also called basic emotions (Ekman, 1992). Secondary emotions develop over time in the social interaction (Kemper, 1987) and such emotions would be envy, pride, loyalty, affection, embarrassment, and guilt. Since family businesses are social arenas, secondary emotions are as important as primary emotions since secondary emotions evolve in the interaction *per se*, where other family members and actors, norms and experiences, memories, and the physical set-up (e.g. smell and paintings) play a significant role. The divide into primary and secondary emotions also means that emotions can be experienced within the individual family business member, i.e. be intra-individual, between the family members, i.e. being inter-individual, or as shared emotions among family members, i.e. being collective.

Further, in addition to being experienced, emotions can be displayed, disguised, and/or suppressed and this makes emotions into a complex web. This web is woven in a pattern where each individual family member interacts in the two systems of the family and the business where each individual has built up different emotion boundaries between the two, not always in agreement with the emotion boundaries of another family member (Brundin & Languilaire, 2012). For example, to one family member, it may be okay to express emotions as much at work as at home, however for another family member, it may be necessary to not display certain emotions at work, but okay in the family setting.

Behavioral Approaches as a Way to Zooming in Emotions

When we are interested in a family member's experience of an emotion, that is the intra-individual emotion, the psychological aspects of emotion are relevant. When we are interested in the interaction between family members, we would turn to sociological theories in order to understand how emotions can elevate into conflicts or having a soothing influence. In the following, I will convey a story, told by Nils, to show how the two approaches combined can provide an explanation of what happens: social-psychological ownership and social-psychological contracts. This is Nils' story:

When I was little, during my early school years, I used to accompany my dad to his office. It was so much fun! I used to sit in his office chair and draw pictures. Now and then some of the employees came by and said hello and things like »so here is our next boss« or »once this chair will be yours!« I really loved the atmosphere and all the kind people.

Already at an early age, we can discern how expectations are built up as an imagined contract where Nils believes he is given a promise to take over. Over the coming years, this may be reinforced by the parents who may say, »this business shall remain in the family for generations to come«; »can you come and work during your summer breaks to learn how it works«, and the like. By hearing this, the contract is fortified further. Nils continues:

Later, when I came into my teens, I basically never set foot there, I was not interested in the business. My younger brother decided to be trained to be a civil engineer, whereas I was not clear in my career choice. So, I started to study business management at the university with the idea to work with marketing or HRM. When I was about to write my master thesis, my father insisted that I should be part of a total re-organization of the marketing organization and write my thesis about this. I accepted, and during this period, I was treated like a VIP.

For Nils, the contract that he will take over seems more or less confirmed by his father's invitation, and he is convinced that he is the one who will take the firm into the next generations.

After the exam project, one thing led to another and suddenly, I ended up in the firm. I love this place, my work here, and to raise my kids in this beautiful part of Sweden. Now, after being here for almost twenty years, I have done lots of improvements, not only in relation to marketing but also as a member of the management team. Five years ago, my brother Erik also joined the business, after some hectic years in the capital and a couple of abroad assignments for his firm. He then met his wife and had two kids and wanted to achieve some »life quality«. He was given 20 % of the shares, the same lot that I have and started as a construction manager. He is not part of the management team, but on the board since a year back. When he entered, I felt a bit jealous for some reason. I felt threatened since my brother and father have had a special relationship since he was born »as a surprise«. Then I realized that I didn't have to worry; I was the oldest, I had worked the longest in the firm and I know the company the best. Today, my brother and I have a very good relationship and discuss the business and help each other.

Over the years, Nils has put in a lot of time, energy, and knowledge into the business. In doing so, he builds up a strong emotional attachment with the firm, as if it is »his« business (cf. Björnberg & Nicholson, 2012; Brundin Samuelsson, & Melin, 2014; Pierce, Kostova, & Dirks, 2001) even if it does not legally belong to him. Nils identifies with the firm and believes it is part of him.

What Nils is experiencing can be labelled social-psychological ownership. Literature on psychological ownership describes ownership as the »state in which individuals feel as though the target of ownership or a piece of it is ›theirs‹« (Pierce et al., 2001). At the heart of psychological ownership are feelings of possessiveness and the sense of being emotionally tied to a target (Pierce et al., 2001). The target may be tangible such as financial ownership of the business, however also intangible, such as the imagined financial ownership. Investing oneself into a target (the business), gaining control, and getting to know the target (the business) well are all part of building the extended self (Pierce et al., 2001) into a strong identification with the target (the business). And this is what Nils has been through. In the interaction with the business, Nils' »sense of identity, self-definitions, are established, maintained, reproduced, and transformed« (Dittmar, 1992, p. 86). The road to psychological ownership in Nils' case entails controlling the business, getting to know the business, and being involved in and having invested in the business. The higher the degree of control, knowledge, investments, and involvement, the stronger the feelings of ownership are (Pierce et al., 2001). Further, the related notion of socio-symbolic ownership (Nordqvist, 2016) emphasizes the social, interactive, and symbolic dimensions of ownership. As family business members interact, they ascribe meanings to things, issues, people, and situations what is also what Nils does. Over time, these ascribed meanings can give a thing or an individual a symbolic status that conveys institutionalized meanings that might not be »in« the very thing or person per se. From this perspective, ownership is understood as an inter-individual construct. In their daily interactions, family members, including Nils, create and recreate the meanings they ascribe to ownership of their business. Over time, the business comes to symbolize these socially negotiated meanings to Nils. Nils has thus developed social-psychological ownership over the years and his identification with the firm is strong.

Then, I attended a family business council meeting, where also my mother and the Chair of the board were present. We all knew that the succession issue would be brought up and therefore the Chair was present. My father expressed his happiness that both his sons were now part of the firm and that Erik had got to learn the business so well in such a short time and to such a high degree that he today actively contributes in the board meetings. He and your mother, he said, had been thinking a lot, and we believe that it's time to hand over the management of the business to the two of you. And they considered Erik to be the best option for the CEO, but they wanted to know what the two of us thought. It was a bomb! I tried to remain calm, especially since the Chair was present, even if I wanted to scream and rush out of the room. They must have seen me panicking, but no one said anything. Not even my brother, even if the two of us had discussed this and he took it for granted it would be me that took over as CEO. After a while, my father tried to explain their reasons to suggest Erik, but I couldn't hear a word of it; I was devastated. At that moment, even if I love my parents and brother, I hated all of them. Why Erik and not me?! How could they do this to me? I have given this firm all my life, and if my brother agrees with this, I might as well quit, or ... no, it's impossible, this is my whole world and I'm so proud of what I have accomplished here. It's worth fighting for.

In the above, we can see how the social-psychological ownership plays out. Nils feels that something that is »his«, is taken away from him, such as the business, the control of the business, and even his identity. Further, a contract is breached – from the early pre-school age up till now, Nils has believed that the firm would be his – he had in his imagination sealed a contract with his parents, from having accompanied his dad to the office, hearing »here is our next boss« and that »this business shall remain in the family for generations to come«; »come and work during your summer breaks to learn how it works«. Contracts are a normal way of organizing life and can be formal and informal. The informal, psychological contract is defined as an: »individual's beliefs, shaped by the organization, regarding terms of an exchange agreement between individuals and their organization« (Rousseau, 1995, p. 9), however, they are also formed between individuals as part of the interaction and communication (Guest, 1998) where words, actions, expectations, signals, symbols, and the like form informal contracts between people (Rousseau, 2004). It is assumed that parties will fulfill certain expectations, even if these are not espoused. When such expectations are not met, the individual who had the contract in his/her mind will experience a breach or violation of the contract (Zhao, Wayne, Glibkowski, & Bravo, 2007).

When Nils gets to know that it is decided that his brother may take over, not only is his social-psychological ownership questioned but also a breach of the social-psychological contract occurs. This naturally stirs up a lot of emotions – often contradictory ones. The feelings for the business are mixed with feelings of disappointment and betrayal, directed towards the family. The love for the parents is mixed with hatred. The joy of his company responsibilities is blurred with emotions of anxiety and fear for what will be instead. As an additional complexity, his warm feelings for his brother are mixed with envy – why him and not me? Emotions in family firms can be categorized as directed towards ownership, family, and business. They can be relationship- and other focused (Nils' love and hate towards parents and brother); business and self-focused (his envy towards the brother); ownership related (the pride over the business), affective based and ownership-related (the loyalty to the business) (Brundin & Härtel, 2013). In other words, since Nils is part of three different systems – family, business, and ownership, his emotions can to some degree be categorized in relation to these, even if it is at this point hard for Nils to sort them out.

In the literature, this mix of emotions is labeled emotional messiness (Brundin & Sharma, 2012): emotional messiness is the result of a family member's or family members' contradictory emotions following an emotionally charged situation or issue, involving the family member's or family members' social-psychological ownership and/or the breach of social-psychological contracts. Such emotional messiness may have positive or negative outcomes. For Nils' family, if someone takes the initiative to bring up the situation, a positive outcome can be that all Nils' expectations and felt emotions (as well as these of the others) are expressed and come up to the surface, and this provides the family the opportunity to go into depth with expectations and disappointments before the decision is made. This would strengthen the wellbeing of the family members and family cohesion and the quality of the decisions. If everything continues, without any measurements taken by anyone, the negative implications can be plenty. Besides a decreased commitment, for the individual family member, in this case, Nils, contradictory emotions may lead to emotional dissonance (Rafaeli & Sutton, 1987, 1989) if Nils suppresses or disguises his authentic emotions, with the risk of emotional exhaustion such as burn-outs (Grandey, 2003) as a result. Other long-term implications can be that Nils leaves the firm and that the business loses valuable human capital (Brundin & Sharma, 2012). On the family level, the family cohesion is jeopardized with possible future conflicts, that actually emanate from such a situation, as well as the loss of succession commitment (Brundin & Sharma, 2012).

From the above, we can also note that Nils' emotional boundaries between family and business are blurred (cf. Brundin & Languilaire, 2012). For example, for Nils, it does not seem okay to display and express emotions among his family, since the Chair is present. This indicates that he perceives it as a business setting. He may have drawn a line between expressing what is felt in the family setting with that of the business setting.

Suggestions How to Zoom in Emotions in the Family Business

My illustration has shown that behavioral approaches such as social-psychological ownership and social-psychological contracts are helpful in order to understand the emotional arena of family business. How, then, can researchers get even closer to the unknowable and elusive in order to understand more? I will suggest one approach and one method.

Collin's (1981) interaction ritual chain theory is a micro-sociological theory that can help researchers to come close to emotions since it helps to reveal »the empirical realities of social structures as patterns of repetitive micro-interaction« (Collins, 1981, p. 985). This theory is relevant in order to study the communication between family members, with a focus on emotions. Collins' interaction ritual chain theory (1990; 2014) stipulates that emotions regulate social interaction through emotional energy. This means that emotions do not only come through in expressed and displayed emotions or intra-individual processes but also that the body language communicates emotions. For example, a family member in a meeting who shows high emotional energy probably feels satisfaction, joy, and solidarity with the other family members, and is, thereby, at the center of attention and influence. A family member with low emotional energy would indicate negative emotions such as depression, lack of initiative, and low solidarity. This family member would be in the periphery in active decision-making experiencing feelings of alienation, thereby becoming less influential or even powerless. The interaction ritual chain also includes the dimensions of status and power. The status dimension is related to a recognized social identity and the belonging to a specific group that is assigned to a certain social value (Collins, 2014), i.e., who would be included or excluded from the family as well as the family business operations. The power dimension relates to the force that makes people into order givers in the interactions, i.e. these who are in charge and are forceful, whereas those who have less, or no, influence, are diminished into order takers, letting the order givers be in the front seat. These processes in conversations among family members or in meetings are very subtle. However, such interaction patterns provide us with a lot of information and followed over time in a range of interactions and meetings can point at how emotions can work as power energizers and status energizers (Brundin & Nordqvist, 2008) and make family business members more or less influential. It may explain why Nils felt run over at the family business council illustrated above. It may also disclose interactions of psychodynamic character, where the individual's behavior is rooted in emotions such as fear, shame, or guilt coupled to feelings of the individual's insecurity and previous experiences, even far back. Being aware of such processes, can in the end make family members themselves aware of the subtle micro-emotion processes that over time form unwarranted and unwanted patterns and provide tools to break these.

Methodologically, to study such micro-processes, researchers can take inspiration from the so-called zoom-in, zoom-out, and zoom-with method (Jarrett & Liu, 2018). This means that detailed interactions, such as in dialogues between family business members, in family meetings, in business and board meetings, and their behaviors are videotaped (zoomed in) to reproduce what is happening on the micro-level. Thereafter, the researcher takes a step back and analyzes the videotapes (zooming out). Finally, with the preliminary analysis at hand, the researcher starts a reflexive process together with the members of the interactions, individually and/or group-wise. Here they jointly analyze preliminary conclusions in order to link these to broader organizational processes and implications and to develop new theories (zooming with). In this way, with joined efforts, both the researcher and these involved embark on a learning journey. As Professor von Schlippe would have said: »because *communication* is key!«

Arist in My Heart

I met Professor von Schlippe through the STEP project (Successful Transgenerational Entrepreneurship Practices) in 2007. He very early on became Arist and a dear colleague. His background as a family therapist and his theoretical knowledge about emotions were impressive. However, it was mainly his long experience to actively work with families in business and all practical tools and pedagogical »tricks« that impressed on me and became a great source of inspiration. I especially remember when we worked together in a set of workshops in the STEP project. We together created short theater scenes (forum theater) about family emotions in the family business. We had so much fun! Arist relentlessly showed a joyful approach to a serious topic – the best way for families to understand the emotive side of the family business and to improve their emotion relationships. We all have a lot to thank Arist for!

Andrea Calabrò

The Courage to Choose Wisely! Primogeniture, Birth Order, and Leadership Succession in Family Firms

A family business journey always starts with the personal story of someone. A founder, a couple, a group of friends. My personal story starts from a small village in the South of Italy, a quite beautiful one, mountains, the Mediterranean Sea, olives, oranges, and many fishing boats. My grandfather owned one of those boats and was engaged with his entire family, his sons, in a daily fishing activity. The relationship was not probably that nice, not sure, I heard stories from my grandmother. Time passed and all sons and daughters got married. Interestingly, only one of the sons, my father, got children, all male. I am the firstborn and was named after my grandfather. Yes, exactly that, same name, and family name. Apparently not an important aspect but in some cultures still nowadays being the firstborn male child gives you the automatic right of being »the heir«, the one that will bring the family dynasty forward and guide it into the future.

One day around the age of seventeen, I was invited by both my grandparents to join their home and take a coffee. My grandfather told me: »You are named after me and you'll be the one who will take over. You see this house; it will be yours.« I was probably happy, not sure, but I did not put much attention to what was really happening. My grandfather was communicating his intentions to me and probably afterwards he shared this news with his children. Technically it meant that I was preferred as an heir over his own children and also over my cousins (all sisters of my father got children, but they had a different family name).

Different things happened in between, my grandfather died, I got what was promised to me and apparently, everyone looked happy and satisfied. There might have been rumors and gossiping going around within the extended family about why that choice had been made by my grandfather, but I never put attention on them as I was focusing on living my life.

It has been only several years later after my studies and coincidently with the beginning of my PhD thesis journey in Business Administration that I was confronted with a special type of organization: the family business. Businesses which are erroneously and commonly considered as being only small firms owned and managed by a family and where the hope is that the next generation will one day take over and keep running the business. I started studying this type of organization and getting more and more fascinated by them. I discovered that family businesses can be of all sizes and can be operating in any industry and that they can be managed differently.

The owning family can exercise its influence over the business in many ways and mostly by being involved in different parts of the organization. What I also learned is that the most critical event in the life cycle of a family business is »succession«, that is, handing over the business to the next generation of leaders. The more the structure of the family is complex the higher the risk that succession will be turbulent, and if not planned, managed, and communicated it could result in the dissolution of the firm. Culture, historical patterns, and types of legal systems influence succession heavily. Understanding how to properly prepare for succession through a succession plan, how to prepare heirs to be fit for the job, how to make sure what the next generations want to be or become are all key aspects that every family business needs to have in mind.

I started getting intrigued about why some family businesses choose a specific successor the way they do. Looking at cultural differences across countries I noticed that for family businesses despite differences in languages, history, habits, and business practices, choosing someone from the family was often a preferred choice. You can call this nepotism, nepotistic choices with all the dysfunctional connotation it can bring with. But are we sure that choosing the next leader of the family business within the next generation is always a dysfunctional nepotistic choice? In the end, belonging to the owning family gives an advantage in terms of tacit knowledge, experiences made during childhood, and emotional connections.

It is exactly when I started doing more research on family business succession and trying to understand why family businesses make certain types of choices that I reconnected back to my earlier young age experience with my own family. I immediately asked myself some questions. Why was my grandfather choosing me as his successor? Was being the only firstborn male nephew, named after him, the criterion which was used to choose me as a successor? Is it primogeniture, the social and historical norm, that was really applied to make this choice? Or were there other hidden reasons? And which are the consequences for the family businesses that blindly choose the next successor based on primogeniture?

In the next paragraphs, I'm going to reflect on those questions. Concluding reflections will follow including a tribute to Arist von Schlippe for his influence and impact on family business research and succession.

Primogeniture

Primogeniture (from Latin *primogenitus*) is the right, given by law, especially in the past, and nowadays mainly by custom through which the entire wealth of the family or part of it is given to the firstborn (usually male) child. The practice of primogeniture has a long history and has different roots and variety across cultures and legal systems. For example, in some countries at a certain point, it was prescribed by law that all legitimate children should get the same portion of the family assets. Nevertheless, when there was also a business it was still common practice to give it to only one of the heirs, typically the firstborn male child (Colli & Rose, 1999). Primogeniture is thus a mechanism that allows identifying quite early a potential heir, avoid any discussion and conflict around the choice as the other children would accept it as a generally used practice embedded in the historical, social, and business context. Whether, in the context of family firms, this is also a practice that generates value for the business has been recently investigated in the academic debate suggesting that a family business opting to make a succession choice based on primogeniture will most likely not make the right choice (Calabrò, Minichilli, Amore, & Brogi, 2018). However, a choice based on primogeniture is random and arbitrary. Indeed, we might not know if the firstborn son is the best in terms of competence, knowledge, and skill set. No one will ask him if he really wants to take over. What are the consequences on following primogeniture to select the next leader?

Succession Choices and Family Firm Performance

Succession is the most critical event in the life cycle of a family business. In long-lasting family businesses, this event is even more special as it happens at every generational shift. The learning that is transferred from one succession episode to the other could be of utmost importance to avoid fatal mistakes (Löhde, Calabrò, & Torchia, 2020). Succession can happen at different levels such as succession in ownership and/or management. The two do not necessarily overlap temporally; to have a good leadership succession it is also important that ownership is transferred to make sure that who is leading the business as next CEO has also enough voting rights to align the strategic direction of the family business with his/her vision.

It is mandatory to have good succession plans in place to make sure that the succession process can run smoothly. Even though in the last 20 years research and practice around family business succession have flourished, there are many family businesses which still completely lack a succession plan. This evidence is supported by the recent study realized by the STEP Project Global Consortium according to which 70 % of global family businesses do not have a formal succession plan (Calabrò & Valentino, 2019). The survey also shows that, despite the lack of a formal succession plan, 47 % of global family businesses have an emergency/contingency plan for unexpected events. However, such a plan is not enough to ensure the long-term sustainability of family firms.

When it comes to succession in leadership the choice is between internal (family) and external (non-family) candidates. This makes leadership succession in family firms different as it adds an emotional »familial« component that generally does not exists in other firms. Picking an external has the advantage of choosing from a larger pool of candidates with a certified skill set. On the contrary, choosing among internal candidates has the disadvantage of a pool of candidates that is much smaller and suboptimal. Are we sure that selecting someone from the owning family is a suboptimal choice? Belonging to the owning family indeed means to be exposed to the entrepreneurial culture and spirit of the firm since childhood that causes an imprinting effect on those family members. They have, in fact, acquired tacit knowledge, informal social capital, and emotional engagement which are hard-to-replicate resources for a non-family manager. Therefore, belonging to the owning-family has not to be a priori considered negative.

There are several good examples of family leadership succession which worked quite well. Family successors have been able to manage the firm, to learn and leverage on the history of the family business, and to continue the family legacy. Nevertheless, there are also many examples showing that family leadership succession was a fatal flaw for the family business which in some cases had to reconsider the choice and in others risked destroying it. Research also mainly points to the fact that inherited (family) succession within the family business is a liability and the best choice could be to professionalize the family firm and let it be run by a non-family leader (Pérez-González, 2006).

Recent studies are, however, showing that it is not always true that choosing a family member as the next leader is a priori a bad choice (Calabrò et al., 2018). This research argues that when family firms choose the next family leader based on historical and social norms such as primogeniture, the consequences of this choice can be detrimental to the survival of the family firm. More specifically, the family businesses which choose the firstborn child as the next family leader will experience a significant performance decline. On the contrary, family businesses that have the courage to break the primogeniture rule and choose the second or a later born child as the next leader will have a significant performance increase after succession. This research suggests the importance of family structure and characteristics in understanding family businesses' succession practice. The focus on the nuclear family and its structure in terms of the number of siblings and their birth order adds additional layers which help to move the debate forward. Furthermore, it also suggests that despite choosing a second or later born child as the next family successor can be still defined as a nepotistic choice, it could be also argued that the effect of this nepotistic choice does not necessarily have to be dysfunctional if nepotism is practiced the right way.

Birth Order

To advance the debate on family business succession it is thus of utmost importance to bring more family knowledge within the debate. Despite there are several studies which explore family business by looking at sister research fields like system theory (von Schlippe & Schweitzer, 2013), family science, family therapy, psychology, there is still room left to better take into account demographic characteristics of the family and its structure. An important and quite neglected aspect is the role of birth order with specific reference to siblings. It has been argued that family firms which are handed over to second or later-born children will outperform family firms which are instead handed over to firstborn children (following the primogeniture rule). One explanation is rooted in having the courage to disregard primogeniture and choose a subsequent child as the next leader.

But using an exogenous social norm to explain why firstborn children as successors are less successful than later-born is probably not enough. Indeed, there are other possible explanations which can be routed in the birth order theory (Sulloway, 2001). This theory suggested that individuals have different personality traits based on the birth position. Firstborn and later-born children have different personalities because they could interpret the same experience in a completely different way. Hence, birth order is a source of variation in sharing those experiences (or not). More specifically, firstborn children are usually the ones which have experienced a special and unique socialization with their parents. This is because they started interactions with their parents without having the interferences of other siblings. Eldest children, in fact, tend to have behaviors which are usually oriented towards pleasing their parents; they are more oriented to act by the rules set by the parents and will also unconsciously seek for parents' approval in choices they might have to make and action they might need to do. Second and later-borns instead would tend to overturn the rules set by the parents and would often prefer discontinuous behaviors, non-conforming with what has been done or chosen by the eldest sibling. Firstborn children are usually defined as achievers, conservative and risk-averse. On the other side, second and later born children are more creative, innovative, and risk tolerant.

Personality differences due to birth order can be also seen in family business succession. We suggested that family businesses handed over to firstborns will experience declining performance levels. In the light of the birth order argument, this is because when taking over the firm eldest children will try to preserve the status quo and not focus on radical innovations as they do not want to create discontinuity with what has been done by their parents (and unconsciously displease them). On the contrary, later-born children will be more prone to change the status quo and might be more willing to pursue new business and market opportunities even if it means creating discontinuity with their parents' work. They will be more prone to risk and favor innovative behavior within the firm that could explain why family firms that are handed over to later-born children will experience a performance increase after succession.

If birth order and personality differences of children are interesting explanations for how good succession choices can be made, it is also important to acknowledge that to have a successful succession it is also important that the entrepreneurial spirit is carried from one generation to the next. Succession processes are multi-staged; they include different actions, events, and mechanisms beginning way before heirs even enter the business. One of those mechanisms is to understand whether and to what extent it is possible to nurture transgenerational entrepreneurship in family businesses. Transgenerational entrepreneurship suggests that to achieve success across generations family businesses should leverage three dimensions to transfer entrepreneurial spirit: entrepreneurial orientation, familiness, and cultural contexts. Those dimensions will in turn have an impact on their financial, market, and social performance (Basco, Calabrò, & Campopiano, 2019). Research on this topic is promoted by the STEP Project Global Consortium[1] which is committed to collaboratively research transgenerational entrepreneurship in order to produce highly relevant, applied research which makes a tangible difference to business families and their stakeholders around the world.

Concluding Reflections and Tribute to Arist

Succession remains one of the most traumatic events in the life cycle of a family business and understanding how family dynamics and conflicts could be addressed and managed at best could make the difference for the survival of family businesses. The work realized by Arist von Schlippe through the lens of system theory has helped to better understand how family dynamics work and how understanding them can help

---

[1] www.thestepproject.org (access on 12/30/2020).

to address conflicts within the family and that can also have an important impact on how family businesses deal with succession. Arist von Schlippe with his work has contributed developing the theory of social systems as a framework for understanding family businesses, which turns to be especially useful during succession processes as this event can generate multiple conflictual dynamics.

Personally, I have learned a lot from Arist during my years as Chairholder at the Witten Institute for Family Business (WIFU) of the University of Witten/Herdecke. His care for family business and special connection with family business owners and managers has inspired me in trying to get a deeper eye on the phenomenon (the family business) I was investigating in my research and try to get always closer to the reality of facts.

What I also remember from my times in Witten was when Arist asked me to be his successor of the STEP Germany chapter and take the leadership of the team. I appreciated the offer and felt honored and I enjoyed the freedom I got in managing such a project without any specific monitoring role done by him. I learned that if you let go, you have to let it go fully! Linked to STEP and the time spent with Arist I remember our joint trip in Crete in 2012 during the STEP Project European Meeting. We had such a great time exchanging and discussing research, meeting colleagues and friends from all over Europe and spending some free time together. The best highlight of that trip was a car trip done with Arist where Peter (Rosa), Cady (Brush), and her husband were also joining. It was fun driving through Crete, visiting the Knossos Labyrinth, and enjoying nice food, wine, and good company.

Thomas Clauß, Marc André Scheffler

Digitale Transformation von Familienunternehmen

1 Die Relevanz der digitalen Transformation für Familienunternehmen

Aus der zunehmenden Digitalisierung folgen Herausforderungen und Anforderungen für Unternehmen, mit denen sie in der Vergangenheit nicht konfrontiert waren. Der rasante technologische Fortschritt sowie die wachsende Nachfrage nach individualisierten Produkten und Dienstleistungen lösen einen erheblichen Handlungsdruck auf Unternehmen vieler Branchen aus. Dies wird dadurch verstärkt, dass neue Marktakteure und Start-ups sich ergebende Chancen ergreifen und den Wettbewerbsdruck auf etablierte Akteure erhöhen. Somit wird die digitale Transformation zukünftig nicht mehr nur als strategische Option zur Generierung von Wettbewerbsvorteilen gelten, sondern wird zu einer Notwendigkeit, um die zukünftige Geschäftsfähigkeit sicherzustellen.

»Ich denke, die Digitalisierung von Geschäftsprozessen, aber auch vom Geschäftsmodell ist essenziell für das Überleben eines Unternehmens, wenn es schon eine lange Familiengeschichte hat. [...] Unsere zukünftigen Kunden werden eben nicht mehr auf allzu traditionelle Verkaufswege anspringen. Wenn wir diese Kunden erreichen wollen, ist eben auch unser Geschäftsmodell an die aktuelle Zeit anzupassen.« (Nachfolger der dritten Generation eines Familienunternehmens aus dem Luxusgütersektor)

Der digitale Transformationsprozess kann zu Kostenreduktionen und Umsatzsteigerungen führen, wodurch wiederum Wettbewerbsvorteile realisiert werden können (Verhoef et al., 2019). Unternehmen, die die digitale Transformation erfolgreich umsetzen, sind um 26 % profitabler als ihre durchschnittlichen Wettbewerber und erzielen um 9 % höhere Umsätze (Westerman, Bonnet u. McAfee, 2014).

Insbesondere Familienunternehmen und ihre traditionellen Geschäftsmodelle sind vom digitalen Wandel erheblich betroffen. Familienunternehmen sind für ihre eher risikoaverse, langfristige Orientierung bekannt (Block, 2010), welche häufig im Kontrast zu der erforderlichen Agilität und vorliegenden Unsicherheit digitaler Transformationsprojekte steht. Die Ausgestaltung der digitalen Transformation in Familienunternehmen hängt zudem nicht nur von der Orientierung und der Strategie des Unternehmens ab, sondern auch davon, wie die Unternehmerfamilie zu dieser steht (König, Kammerlander u. Enders, 2013). Unternehmerfamilien berücksichtigen in ihren Entscheidungen nicht nur ökonomische Faktoren, sondern auch sozioemotionale, familiär geprägte Werte (Gómez-Mejía, Haynes, Núñez-Nickel, Jacobson u. Moyano-Fuentes, 2007). Je stärker dabei der Einfluss der Familie auf das operative Geschäft ist, desto stärker übertragen sich familiäre Werte und Zielsetzungen auf das Unternehmen und prägen dessen strategische Entscheidungen (Wimmer, Domayer, Oswald u. Vater, 2018). Daraus folgt, dass Familienunternehmen die Bewertung digitaler Innovationen nicht allein auf ökonomischen Nutzen beschränken (Kammerlander u. Ganter, 2015). Häufig sollen in der digitalen Transformation traditionelle Wertvorstellungen und Identitäten erhalten bleiben, was disruptive Veränderungen des etablierten Geschäftsmodells erschwert.

2 Stufen digitaler Transformation

In der unternehmerischen Praxis werden jegliche Digitalisierungsaktivitäten häufig unter dem Label der digitalen Transformation zusammengefasst, obwohl diese sehr unterschiedlich ausfallen können. Aus wissenschaftlicher Sicht sollten die Begriffe »Digitalisierung« und »digitale Transformation« daher nicht synonym verstanden werden. Konkret lassen sich drei Stufen der digitalen Transformation voneinander abgrenzen (Verhoef et al., 2019), wie in Abbildung 1 gezeigt.

Die erste Stufe umfasst alle Maßnahmen, die mit der Digitalisierung der existierenden Infrastruktur mit dem Ziel der Kosteneinsparung in Verbindung gebracht werden können. Diese Stufe wird in der Regel mit dem englischen Begriff der *Digitization* beschrieben. Digitalisieren meint in dieser Ebene überwiegend das Elektrifizieren, also die Encodierung analoger Informationen in digitale Formate (Verhoef et al., 2019). In dieser Stufe findet die Digitalisierung von Arbeitsprozessen durch die Nutzung von Informationstechnologie statt (z. B. digitales Bestandsmanagement).

In der zweiten Stufe, der *Digitalization*, geht es nicht um die Digitalisierung der existierenden Prozesse, sondern um eine grundlegende Neugestaltung oder erhebliche Anreicherung dieser. Im Fokus liegen hier die Schnittpunkte zu den Kunden, zu Zulieferern und zu Distributoren, weswegen diese Ebene als Schnittstellendigitalisierung bezeichnet werden kann. Zudem werden in dieser Stufe die Digitalisierung von Produkten und Dienstleistungen bzw. die Implementation von digitalen

Abbildung 1: Stufen der digitalen Transformation (Verhoef et al., 2019)

Produkt- und Dienstleistungsinnovationen durchgeführt, um den Kundennutzen zu steigern (Verhoef et al., 2019).

Die dritte und höchste Ebene ist die der eigentlichen digitalen Transformation durch eine ganzheitliche Veränderung des Unternehmens und die Entwicklung eines digitalen Geschäftsmodells (Clauß u. Laudien, 2017; Verhoef et al., 2019). Die hier vorgenommenen Maßnahmen lösen grundsätzliche, ggf. disruptive Veränderungen bestehender Wertschöpfungsansätze aus und stellen unter Umständen die bestehende Geschäftslogik eines Unternehmens in Frage. Diese Phase verfolgt das Ziel der Generierung langfristiger Wettbewerbsvorteile oder der Reaktion auf akute Bedrohungen durch digitale Geschäftsmodelle neuer Wettbewerber (wie bspw. durch den Vorstoß von Unternehmen wie Nest oder Tado in den Smart Home Markt). Geschäftsmodelle sind dann digital, wenn Veränderungen digitaler Technologien mit fundamentalen Auswirkungen auf die Gestaltung von Wertschöpfungsaktivitäten sowie auf die generierten Einnahmen eines Unternehmens einhergehen. Im Kern liegen digitale Geschäftsmodelle vor, wenn deren Dimensionen (Wertschöpfung, Leistungsangebot und Ertragsmodell) entweder digitalisiert sind oder durch digitale Technologien in ihrer Form erst ermöglicht werden (Clauss, 2017). Dies bedeutet nicht zwangsläufig, dass technologische Veränderungen den Ursprung des Geschäftsmodells darstellen müssen, jedoch, dass die Möglichkeiten digitaler Technologien genutzt werden, um eine spezifische Geschäftsmodellkonfiguration (die sich ggf. grundlegend von einer analogen Lösung unterscheidet) umzusetzen.

3 Gestaltungsansätze zur digitalen Transformation in Familienunternehmen

Die Komplexität einer ganzheitlichen digitalen Transformation stellt für Unternehmen eine große Herausforderung dar. Daraus resultiert eine Reihe von Hemmnissen, die Unternehmen im Allgemeinen und Familienunternehmen im Speziellen von einer proaktiven digitalen Transformation abhalten. Allem voran lässt sich feststellen, dass etablierte Unternehmen, insbesondere in guten Konjunkturphasen, nur einen geringen Druck zur Veränderung wahrnehmen und sich eher auf das bestehende Geschäft fokussieren. Mit dem Auftreten der Covid-19-Pandemie wurde im Jahr 2020 nach jahrelangem Wachstum erstmals ein externer Schock wahrgenommen, der zahlreiche Familienunternehmen zu Digitalisierungsmaßnahmen gezwungen hat (Kraus et al., 2020). Neben der fehlenden Notwendigkeit zur Veränderung identifizieren Leyh und Bley (2016) IT-Sicherheit, Investitionskosten, rechtliche Unsicherheiten, geringes Know-how, fehlende digitale Infrastrukturen und fehlende Standards als wesentliche Hemmnisse gegen die digitale Transformation. Im Kontext von Familienunternehmen kommt hinzu, dass traditionelle, in der Unternehmenshistorie prägende Ansätze und teilweise auch Wertvorstellungen mit disruptiven Veränderungen häufig nicht vereinbar sind. Die starke emotionale Bedeutung der organisationalen und familiären Identität, transgenerationale Werte sowie stabile Stakeholder-Beziehungen verstärken die Tendenz zum Erhalt des Status quo und machen Familienunternehmen rigide gegenüber ganzheitlichen Veränderungen (Kammerlander u. Ganter, 2015).

Um eine digitale Transformation in Familienunternehmen erfolgreich anzustoßen, müssen zwei wesentliche Anforderungen adressiert werden, die sowohl organisationale als auch familiäre Aspekte umfassen: Digital Openness und Digital Readiness.

Digital Openness wird als ein zentraler Erfolgsfaktor für die Implementation der digitalen Transformation im Unternehmen angesehen (Rüsen u. Heider, 2018). Sie beschreibt das Ausmaß, in dem Unternehmerfamilien und Familienunternehmen zu umfassenden digitalen Veränderungen bereit sind. Sie kann auch als Begeisterung für das Thema, persönliche Aufgeschlossenheit gegenüber innovativen Ideen und Technologien und die Bereitschaft, solche im eigenen Unternehmen zu etablieren, verstanden werden (Bretschneider, Heider, Rüsen u. Hülsbeck, 2019). Digital Openness ist eng an Individuen und Entscheidungsträger in der Organisation geknüpft. Es wird allgemein davon ausgegangen, dass eine digitale Transformation von einem aktiven Commitment und mutigen Entscheidungen des Topmanagements abhängt (Chanias, Myers u. Hess, 2019; Doz u. Kosonen, 2010). Aufgrund des oft großen Einflusses der Familienmitglieder auf die strategischen Entscheidungen des Unternehmens wird die Digital Openness maßgeblich von den Präferenzstrukturen und der individuellen Wahrnehmung der Familienmitglieder geprägt (Kammerlander u. Ganter, 2015; Löhde, Campopiano, & Jiménez, 2020). Die Digital Openness ist in der Regel geringer, wenn die Führung von Älteren durchgeführt wird statt von jüngeren Menschen, die der Generation der Digital Natives angehören (Palfrey u. Gasser, 2011).

Auf organisationaler Ebene erfordert die Digital Openness, dass auch die Werte und Rollen der Mitarbeiter die digitale Transformation begünstigen. Zum einen erfordert dies, dass die Unternehmenskultur Veränderung und Flexibilität fördert und Fehler toleriert anstatt Effizienz und Geschwindigkeit in den Vordergrund zu stellen (Hock, Clauss u. Schulz, 2016). Zum anderen sollte die Geschäftsführung eine gemeinsame Vision des zukünftigen Unternehmens entwickeln und diese den Mitarbeitern klar kommunizieren, um Digitalisierungsaktivitäten einen übergeordneten Sinn zu stiften (Westerman et al., 2014). In diesem Zuge ist es ratsam, nicht nur eine unidirektionale Kommunikation vorzunehmen, sondern einen aktiven Dialog mit den Mitarbeitern auf allen Ebenen der Organisation zu führen. Da Mitarbeiter subjektiv oder objektiv von der Transformation betroffen sind, besteht sonst die Gefahr von Rigiditäten innerhalb der Organisation. Des Weiteren sollte das Unternehmen eine klare und ganzheitliche Digitalstrategie entwickeln (Chanias et al., 2019). Diese Strategie dient dazu, dem Thema Digitalisierung eine hohe Priorität einzuräumen und sicherzustellen, dass die verschiedenen Aktivitäten innerhalb des Unternehmens orchestriert und ohne Redundanzen stattfinden, um ein klares Ziel zu erreichen. Anderenfalls besteht das häufig zu beobachtende Risiko, dass viele losgelöste Einzelmaßnahmen gestartet werden, ohne dass eine klare Abstimmung von Verantwortlichkeiten, Rollen und Zielsetzungen vorgenommen wird (Kane, Palmer, Nguyen-Phillips, Kiron, u. Buckley, 2017). Zudem zeigt aktuelle Forschung, dass aufgrund der hohen Unsicherheit und Komplexität regelmäßige Reviews und Anpassungen der Digitalisierungsstrategie erforderlich sind (Chanias et al., 2019).

Um hier eine klare Rollenverteilung vorzunehmen und sicherzustellen, dass der digitalen Transformation der notwendige Stellenwert zukommt, bietet es sich an, verantwortliche Personen (sogenannte Digital Leaders oder Digital Champions) zu benennen (Bretschneider et al., 2019). Diese nehmen im Idealfall multiple Promotorenrollen ein, pflegen Beziehungen zu relevanten Stakeholdern und kommunizieren aktiv die Vision, koordinieren Prozesse und sind im Idealfall mit ausreichender Verantwortung ausgestattet, um Entscheidungen zu treffen und Ressourcen zuzuweisen. Aufgrund der strategischen Bedeutung der digitalen Transformation werden diese Rollen zunehmend im Top-Management als »Chief Digital Officers« besetzt (Singh u. Hess, 2017). Speziell für Familienunternehmen ist es hier unter Umständen interessant, Nachfolger, welche relevante digitale Kompetenzen jenseits des eigenen Unternehmens gewinnen konnten, in derartige Rollen hinein zu entwickeln (Bretschneider et al., 2019).

Neben der Digital Openness wird die Fähigkeit zur digitalen Transformation von Familienunternehmen durch deren Digital Readiness bestimmt. Diese umfasst das Ausmaß der vorliegenden Kompetenzen und Erfahrungen sowie die vorliegende technologische Reife zur digitalen Transformation (Rüsen u. Heider, 2018). Digitale Ressourcen umfassen die digitale technologische Ausstattung (z. B. IT-Technologie), den Grad der digitalen Entwicklung (bspw. digitale Sensorik in Produkten oder IoT-Integration) sowie die Kompetenz im Umgang mit digitalen Technologien.

Wenn die vorhandenen Kompetenzen nicht ausreichen, kann die digitale Transformation in der Regel nicht effektiv umgesetzt werden (Rüsen u. Heider, 2018), weshalb an dieser Stelle der Aufbau oder die Beschaffung relevanter Kompetenzen notwendig wird. Dies kann in begrenztem Umfang durch Schulungen und durch Personaleinstellungen erzielt werden. Da jedoch in der Regel einige wenige Digitalisierungsexperten für die digitale Transformation nicht ausreichen, werden häufig auch Partnerschaften mit externen Experten aufgebaut (Klus, Lohwasser, Holotiuk u. Moormann, 2019).

4 Die Bedeutung einer familienpsychologischen Perspektive

Die vorangegangenen Kapitel gaben einen primär betriebswirtschaftlichen Überblick über die Gestaltung digitaler Transformation in Familienunternehmen. Die Besonderheit von Familienunternehmen liegt jedoch im Zusammenspiel familiärer und unternehmerischer Aspekte. Diese Charakteristika, Potenziale, aber auch Paradoxien von Unternehmerfamilien können voranstehende Prozesse maßgeblich beeinflussen. Die digitale Transformation von Familienunternehmen sollte daher nicht mono-, sondern transdisziplinär betrachtet werden. Unter Berücksichtigung einiger wegweisender Erkenntnisse des Jubilars Arist von Schlippe eröffnet sich daher eine weitere bedeutsame Perspektive, um digitale Transformation in Familienunternehmen zu verstehen und zu managen.

Es wurde erwähnt, dass ein Top-Management-Commitment und eine hinreichende Digital Openness der beteiligten Akteure wesentlich für das Gelingen der digitalen Transformation sind. Um diese Aspekte in Familienunternehmen zu verstehen, ist es von Bedeutung, die psychologischen Prozesse der Familie – gerade beim Vorliegen unterschiedlicher und teilweise inkompatibler Sichtweisen – zu reflektieren. Z. B. sehen sich Unternehmerfamilien bei der Entscheidung der Nachfolgeregelung neben unternehmerischen auch mit familiären Gesichtspunkten konfrontiert (von Schlippe, 2012). Ein ungeregelt ablaufender Nachfolgeprozess ist eine typische Selbstgefährdung von Familienunternehmen (Wimmer et al., 2018). Darüber hinaus wirken eine Vielzahl von unbewussten, unausgesprochenen und impliziten Erwartungen der Beteiligten sowie Mentale Modelle auf den Prozess ein (von Schlippe, 2014). In dieses Spannungsfeld gelangen nun zusätzlich divergierende Digitalkompetenzen zwischen Parentalgeneration und Digital Natives. Eine Studie der Unternehmensberatung PricewaterhouseCoopers (Rasch, Koß u. King, 2015) zeigt, dass 83 % der »Älteren« die Digitalisierung als relevant empfinden, aber nur 27 % diese auch im eigenen Unternehmen umsetzen wollen. Ebenso sagen 40 % der nächsten Generation, dass sie frustriert sind, da sie mit ihren Ideen zur Digitalisierung bei der älteren Generation nicht ankommen (Wills, 2017). Bei der Übertragung der Entscheidungskompetenzen von einer Generation mit niedriger Digital Readiness zu der der Digital Natives können so paradoxe Anforderungen entstehen (von Schlippe, 2014; von Schlippe, Groth u. Rüsen, 2012). Die implizite paradoxe Aufforderung »Führe uns in die Zukunft (aber pfusch' nicht an meinem Lebenswerk herum)« kann bspw. Grundlage offener oder verdeckter Konflikte sein und so maßgeblich die digitale Transformation beeinflussen.

Zum Spannungsfeld von Familienpsychologie und digitaler Transformation in Familienunternehmen liegen bisher nur wenige Erkenntnisse vor. Wir gehen jedoch davon aus, dass die umfangreichen Forschungsbeiträge des Jubilars Arist von Schlippe auf diesem Gebiet eine wichtige Grundlage für eine intensivere Auseinandersetzung in zukünftiger Forschung sein werden. Wir danken ihm dafür, diese Tür für den wissenschaftlichen Nachwuchs aufgestoßen zu haben, und wünschen ihm von Herzen alles Gute!

Alberto Gimeno Sandig

Family Business Models: A Systemic Understanding of Family Business

The Genesis

The conceptual approach to the Family Business Models appeared forced by a compromise. In the year 2000, we collected data through a questionnaire with the promise to give feedback to the respondents.

Therefore we were confronted with two interrelated problems:

Problem 1: What kind of answer can we offer to those that filled the questionnaire? We had to decide what had to be taken into account when trying to understand a family business.

Problem 2: How could we know to what degree a family business is good or bad? We were confronted with the value judgement problem. Good or bad from what point of view, for whom, with what time expectancy? What point of view should prevail?

Solving these questions was not an obvious task. The solution came from a paper I had read years before. In this paper, physicist Jorge Wagensberg (2000) addressed the relationship between the complexity of an organism, its environment (uncertainty), its capacity for internal reorganization (anticipation capacity), and its capacity to modify its environment (sensitivity).

Wagensberg's equivalence can be presented in the following way (Fig. 1):

Figure 1: Adaptation of Wagensberg's Equivalence (Wagensberg, 2000)

According to Wagensberg, the above equation expressed the requisites for any living organism to survive. The condition for life is that the organism must have the capacity to establish a balance between its own internal complexity, the complexity of its environment, its capacity for adaptation, and its capacity to modify its environment.

Like in biology, survival for a family business also means being able to establish three delicate balances: between the complexity and uncertainty of the family, between the complexity of the business and its environment, and finally between the family business' structure created to interact with its environment and its capacity to absorb this complexity. This allows us to evaluate a family business according to how balanced it is on these three fronts.

Family and business tend to increase their complexity with the passage over time (Gimeno, 2004). In the family front, there tends to be an increase in the number of family members, more family cultures are incorporated (in-laws), the family bond weakens (brothers, cousins, second cousins, ...), there's more variety in competencies profiles, interests, personal situations, ... etc (Gimeno 2004). All this entails an increase in family complexity, that is the variety of situations that the family may have to deal with. Therefore, it becomes harder to anticipate how the family might behave which means an increase in uncertainty.

The same happens with the business. Time also increases business complexity, albeit much less than the family does (Gimeno, 2004). Business complexity is related to industry, size, level of internationalization, level of diversification, technology incorporated, knowledge of the staff, ... etc. of the business. The business complexity incorporates the external uncertainty of both the closer environment (industry, competitors, markets) and general environment (technological, geopolitical, social, ... etc.).

This approach differs from the dominant logic in the field of family business. The traditional approach argues that family businesses should have the capacity to anticipate future events and prepare themselves to deal with them through planning, protocols, and value statements.

This is a shooting approach but neglects the existence of certain levels of uncertainty, which makes the proposal attractive but unrealistic. Uncertain does not mean random, it does not mean that anything is possible. For example: I am 59 and it is impossible to know how my future is going to be. But I can easily anticipate the likelihood of different categories of my future. I do not know how my health will develop, but I can easily anticipate that it will not get better, only worse. From a career perspective, it is highly probable that I will continue to harvest from my past accomplishments and then my prospects decline. From the family perspective, it is quite likely that I have grandchildren and less likely that I divorce.

Therefore, if I prepare myself to be prepared for this kind of futures (eating healthy and doing some exercise, saving some money, supporting my kids, and reinforcing the bond with my wife), we can easily agree that I would be working in the right direction, although I do not know what the future will bring to me specifically. It is impossible to know details of exactly what will happen, but with a macro perspective, it is easy to know along which lines my life may develop.

Being 59 works as an indicator for me, allowing me to discard highly unlikely futures, for example starting a career as a surgeon (I am not a physician), acquiring a South African citizenship (very little connection to this beautiful country), or having two wives (no tradition of bigamy in Spain).

The same logic can be applied to a family business. Understanding family and business complexities help us distinguish and classify the futures from most likely to less likely and those which can be discarded.

Therefore, managing a family business will mean preparing the system to address what is quite likely to happen as well as preparing the system to address uncertainty, which are those events that we can understand from a macro perspective but we cannot anticipate specifically (like how many grandkids I might have). It also means not being distracted with almost impossible futures.

From Complexity Theory, we can borrow the concept of structure. The structure of a system is composed of the elements that create order within said system. We can apply it metaphorically to a family business and define that different levels of family and business complexity (which makes the family business' complexity profile) will require different structures of order.

The literature has developed a quite varied group of instruments to create order in a family business. These can create a taxonomy of five different categories: (I) related to the governance (institutionalization), (II) the various role games (role differentiation), (III) the way the company is managed (management practices), (IV) the relationships between individuals (communication), and (V) the succession of the present leaders (continuity).

More specifically these five categories refer to:

I. *Institutionalization:* the bodies and rules that frame the decision-making process. We use this concept instead of the more commonly used term »governance« because understanding governance from the institutional perspective allows a better understanding of its functions and development processes (DiMaggio & Powell, 1983).
II. *Role differentiation:* it is related to the capacity to differentiate the role (family member, owner, board member, manager), from the individual. An individual may either have several clearly differentiated roles or these may be entangled and confused.
III. *Management practices:* this category addresses the way the business is managed.
IV. *Communication:* focuses on the relationships between different individuals. Understanding human interactions in the domain of language (Luhmann, 1982) shed light on many aspects of the family business dynamic.
V. *Continuity:* it is related to understanding the capacity of the business to renew its managerial and entrepreneurial resources beyond the present leadership to sustain its competence in the future competitive landscape.

In order to operationalize the categories mentioned above, a wide group of family business' concrete management dimensions can be identified. We propose 15 specific family business management variables which can create order in the structure of relations between family and business.

- INSTITUTIONALIZATION
1. *Existence of Institutions:* to what extent are there different governance bodies and institutional rules (family constitution)?
2. *Family Council effectiveness:* to what extent is the Family Council (if it exists) fulfilling its function?
3. *Board of Directors effectiveness:* to what extent is the Board of Directors (if it exists) fulfilling its function?
4. *Executive Committee effectiveness:* to what extent is the Executive Committee (if it exists) fulfilling its function?

- ROLE DIFFERENTIATION
5. *Work Differentiation:* to what extent are the family members hired into management positions according to the logic of competence profile/company needs?
6. *Ownership Recognition:* to what extent is the role of the owners recognized in their rights?
7. *Family Accountability:* to what extent do the family members accept being required to fulfill management roles accepting being accountable to »third parties« (eg. COE, board, owners) external?

- MANAGEMENT PRACTICES
8. *Professionalization:* How developed are the company's management practices?
9. *Information Structuring:* to what extent are the flows of information inside the company structured?

- COMMUNICATION
10. *Management of Differences:* to what extent does the family have the capacity to create consensus among different individual characteristics, circumstances, or interests?
11. *Clarification of Rules:* to what extent is the family able to recognize the rules it is operating under? If they are explicit, they can be changed if necessary.

- CONTINUITY
12. *Entrepreneurial capability:* to what extent do the family and the business have entrepreneurial resources in the next generation?

13. *Non-CEO Dependence:* to what extent will the company suffer without the presence of the current leader?
14. *Succession planning:* to what extent has succession been planned from the administrative perspective (last will, taxes, bylaws, etc.).

All these dimensions cannot be understood in isolation, they are interrelated and form a structure that channels family-business relationships.

The conceptual hypothesis about the main interactions between these family-business management variables is the following (Fig. 2):

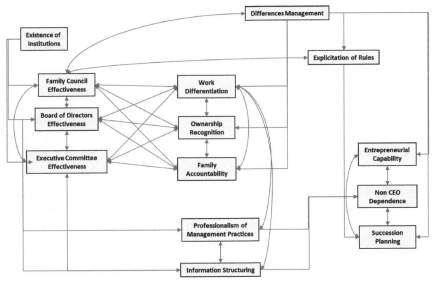

Figure 2: Interrelation between Family Business Management Variables

The structure must be different according to the family business' complexity profile. So, for example, a small family business company or a multinational family business will require a different level of functionality from their Board of Directors because they must address very different complexity levels.

Therefore, we can determine that the adequate structure will be a function of the family complexity and the business complexity, which composes the complexity profile of the family business.

Another question is what happens when the structure is too weak to deal with the complexity profile. In this case, again, we borrow a concept from Chaos Theory and use it in a metaphorical sense (Prigogine & _Stengers, 1984).

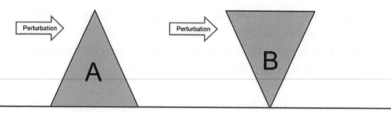

Figure 3: Stability vs. Equilibrium (Prigogine & Stengers, 1984)

Stability means the propensity of a system to lose equilibrium if it is perturbated. In Figure 3, system A is much more stable than system B, although they are both in equilibrium.

Applying this concept to our approach, we can conclude that the better fit between the complexity profile of the family business and its structure, the stabler the family business.

Problems in a family business tend to be associated with a disruption that the family business is not able to absorb (a difference in opinion, the disappearance of a specific person, a business incidence, a reduction of dividends, an inheritance, ...). These perturbations tend to act as a trigger, able to generate a chaotic situation if the family-business system is unstable. In highly unstable family businesses, these examples of perturbations may lead to personal conflicts, power fights, a conflict about strategy, mission, or cash. A stable enough family business will have sufficient resources to deal with the perturbation without becoming chaotic.

We can define family business management as a proper one when it brings the family business system to high levels of stability. We propose the term structural risk as the indicator of the level of stability of a family business. This stability is the result of the adequation of the structure of interrelation between family and business is adequate to the complexity profile of the family business (Fig. 4).

Mental Models

In an attempt to quantitatively validate the model, we were surprised with the fact that in some cases the model fit quite well, while in others it did not fit at all. Evidently, there was a factor that made the model fit in some cases and not in others. Some important dimensions were lacking.

After a qualitative comparison between the cases that fit the model and those that did not, we arrived at the conclusion that the missing variable was the mindset of the family or the dominant family alliance.

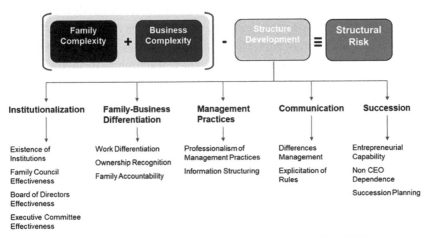

Figure 4: Family Business Management Formula (Gimeno, Baulenas, & Coma-Cros, 2010)

The difference between the real world and how we understand it has been raised by many thinkers in history. The difference between reality and our understanding of it is present since ancient times (the Talmud, Plato), the beginning of modernity (Spinoza) up until our days, which have seen it incorporated into a broad group of disciplines such as sociology, psychology, philosophy, and/or linguistics. Even the most empirical and objective activity, science, has been identified as subjected to scientist's interpretation (Kuhn, 1962; Berger & Luckmann, 1966).

Besides some important contributions (Schein 1990; Hofstede, 1993), management theory has played little attention to the interpretative aspects of reality. The clear exception are the marketing scholars who have understood the importance of intangibles (perceptions) in selling propositions. Therefore, it seems that the interpretative dimension is very important when human beings act in the role of consumers but not when they act in the role of members of an organization or, in our case, owners of a business. In this case, it appears that the cognitive structure of the human being changes and we act with full rationality.

Family business scholars have identified the difficulty of understanding the behavior of family business owners with the management framework, mainly based on Agency Theory. This difficulty was surpassed by introducing the concept of socio-emotional wealth as a hotchpotch that explains all behaviors that are not aligned with the maximization approach. In this approach, the behaviors of the owners would remain equally rational, but these would simply be fostering other goals considered as »socio-emotional«. The rationality of means and ends can be maintained, the only change is that rationality is in this case focused on different outcomes.

But, as explained before, introducing the dimension of the family perception of the family business opens new opportunities to understand their behavior. The mental framework of the family defines the range of possibilities of what is a meaningful family and a meaningful business. This means that the family members' mindset in relation to their family business could define specific configurations of meaningful profiles of business complexity and structures but not others. This would entail that some families would try to avoid some levels of family complexity (e.g. patriarchal family models vs. nuclear family models), business complexity (e.g. mission to conquer the world vs. mission to support the family's needs), or avoid some levels of structure (e.g. checks-and-balances vs. entrepreneurial structures).

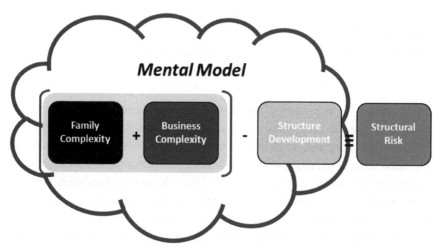

Figure 5: Family Business Formula and Mental Models

We identified six configurations, six different categories of family businesses, that are the result of how the mental framework blinds non-meaningful options and binds (Haidt, 2012) the family to certain complexity profiles and range of structures.

The six family businesses that we identify are: captain, emperor, family team, professional family, family corporation, and family investment group. Their characteristics are synthesized in the following table:

Table 1: Description of Family Business Models

CAPTAIN MODEL	Example: Most First-generation Small Businesses		
Mental Model	Family Complexity	Business Complexity	Structure
Someone must be the leader of the business and the family: the captain. Success is serving the development of the owner and their family.	Usually a nuclear family. The FB is a one-person show with some people who help him or her.	Low business complexity, because the goal is to support the development of the family, no to grow.	Quite low. The captain is the figure who single-handedly creates order in the system.
EMPEROR MODEL	Example: Many of the Great Business Founders (Henry Ford, Angus Thyssen, Theo Albrecht, Carlos Slim)		
Mental Model	Family Complexity	Business Complexity	Structure
Someone must be the leader of the business and the family: the emperor. Success means conquering (markets, geographies, competitors …).	Can be low or even medium. The emperor's leadership is able to create order in medium levels of complexity. It is very difficult for this model to integrate high levels of family complexity.	Medium to high. The goal is growth, and the emperor is a strong entrepreneurial person. He (very seldom she) is able to deal with a high level of business complexity.	Quite low. The emperor is the figure who creates order in the system. The rest of the family acts mainly as »the help«.
FAMILY TEAM MODEL	Example: Family Guesthouses, Medical Practices with Parent and Kid(s) Who Share a Profession, etc.		
Mental Model	Family Complexity	Business Complexity	Structure
The family works together to serve the common business, but the business is open to invite all family members to join. The family has an artisan approach to the business. They are proud of what they do.	Can be low to medium. The model can support some level of family complexity if the members are committed to the common task.	Low, because the focus is not the development of the business but the family members' implication in the specific activities (e. g. cooking, attending the shop, providing legal advice, giving health treatment …).	Quite low. There is recognition of leadership, but the order is mainly achieved through self-organization.

PROFESSIONAL FAMILY MODEL	Example: Business Directly Led by Family Members (Miele, Banco Santander, Heineken)		
Mental Model	**Family Complexity**	**Business Complexity**	**Structure**
The family leads a business managed in a professional way. The goal is to develop the business and the family members prepare themselves to do so professionally. The family accepts the checks and balances.	The family complexity is, usually, not very high. High levels of complexity tend to foster rivalry between family members related to who should be eligible to run the business.	The business complexity tends to be medium or high. The combination of family leadership and a professional approach fosters growth.	The structure can be quite developed. Different governance levels are possible, there are boundaries between individual and professional roles, professional internal dynamics… etc. The only main limitation of structural development is that the board supports the CEO but does not monitor him or her.

CORPORATION MODEL	Example: Many Old, Large Family Groups (Merck, PSA, Roche)		
Mental Model	**Family Complexity**	**Business Complexity**	**Structure**
The family is responsible for the development of the company, but the management is »outsourced« to high-level employees (CEO …). The family maintains control over the high-level decision making of the business.	This model can support all levels of family complexity. The family has no mental limits in the development of the structures.	The business complexity is medium, high, or very high. The business incorporates the best of both worlds, the family business, and the »corporate« world. Maintaining family control without managing the company requires achieving a certain size.	The structure is very developed. There are no mental limits to its development. Governance plays a special role, mainly at the family level to maintain family cohesion and unity of action. The emergence of social leadership is crucial.

FAMILY INVESTMENT GROUP	Example: Family Offices are the Main Configuration (Haniel, Wallenberg)		
Mental Model	**Family Complexity**	**Business Complexity**	**Structure**
The family owns assets and the members are investors. They are not responsible for the development of the companies they invest in, only for choosing the right investment.	This model can support all levels of family complexity. The family has no mental limits in the development of the structures. The family has wealth due to past entrepreneurial activity.	It can go from some small to medium-high. It can be composed of some family savings until a sophisticated management of high wealth. This high wealth can also be a very low complexity business if the management is outsourced (bank, multifamily office).	The structure can be very simple or have some level of sophistication. There are no mental limits, but in general, the decisions which must be made do not require highly developed structures.

Family Business Models: A Systemic Understanding of Family Business

None of the six family business models (typologies) described above are better than others. Each one guides the family business into a specific direction and has its particular requirements to be functional.

Table 2 shows the main condition of each model to be functional, according to our perspective.

Table 2: Models and Requirements for Success

Model	Main Requirements for Success
Captain	– No separation between ownership and management. – The people who are competent in doing the activity and managing the business must be the owners. Competent managers or craftspeople must own the business. They must be first professionals and then business owners, not the opposite.
Emperor	– The emperor must have the profile to lead the company successfully because his limitations will be the company's limitations. – The emperor must either have complete ownership of the business or the rest of the owners have to follow him (more usual than »her«) in a non-questionable way.
Family Team	– Family members should develop the knowledge and abilities to contribute to the family business. – The family members must put the common project above their personal interest. – Family members should enjoy working together.
Professional Family	– One or several family members should be prepared to lead the company in a professional way. – The relationship between the family members who work in the business should not be based on equality but on the recognition and acceptance of their differences in knowledge and competence. – Family members who work in the business should accept accountability in their performance. – Family members should enjoy working together. – The non-working owners should support the family members who work in the family business.
Family Corporation	– The CEO position is not a place of privilege or status, but a service addressed to employees who work for the family (business). – The family should develop competences to maintain the drivers and control of the company without managing it. – The family must learn to be »present« in the company without interfering in the space of the managers. – The family must create »attractors« beyond financial performance to maintain its members bound to the purpose of their business activity.
Family Investment Group	– The family must be able to incorporate the proper management capacities to work for them in managing their wealth. – The family members must be able to use the freedom that their wealth allows them to develop themselves as individuals and not passive consumers of indicators of status.

Understanding our own family business model can be useful for a business family to identify their own family strategy. Therefore, a family strategy will be a combination of three possible lines of action:
- Developing the structure and continuing with the existing model
- Changing the model
- Reducing complexity

Mental Models, Prof. von Schlippe and Me

I got to know my friend Prof. von Schlippe some years ago thanks to the STEP project. In the founding moments of this project Tim Habbershon, who at that time was in Babson College, had gathered a small group of family business scholars interested in studying the Successful Transgenerational Entrepreneurship Practice (STEP). These were small teams of junior and senior scholars representing some leading universities and business schools in the field.

My initial reaction during the first meetings was that the senior scholar from Witten was participating in an unusual way. He was not making statements, as many of us were, instead he was just asking questions to try to understand the phenomena we were discussing. He introduced himself as someone »new« to the field with very little knowledge. However, with his questions, he touched upon very relevant ideas and it became evident that he had profound knowledge about family-business dynamics.

It was also interesting to see that besides being one of the few knowledgeable and wise people in the group, he was initially not recognized as such, as he was asking questions that could not be answered easily from the predominant problem-solution-approach. His questions were different, more profound, and thus did not have simple answers.

Prof. von Schlippe and I established a good relationship early on, and with the years it became a beautiful friendship. We had many opportunities to discuss our main scholarly interests, families, and businesses but I also had had the opportunity to learn from him in many other domains. His curiosity and strong conceptual base aligned with his sensitivity and nobility of spirit is a gift to all the people that have the fortune to be around him. I am one of those fortunate ones.

Although he is not responsible for whatever you might dislike from this text, the concepts I have explained here are partially the results of many of our fruitful dialogues.

Torsten Groth

Das Beziehungsmanagement als grundlegende Führungs- und Beratungsaufgabe – Zehn systemische Gebote

Ausgangslage

In den vergangenen knapp zwei Jahrzehnten der Familienunternehmensforschung hat sich vor allem durch das Wirken einer »Wittener Schule« ein Ansatz etabliert, der sich mit Paradoxien in Familienunternehmen und Unternehmerfamilien beschäftigt. Diese resultieren aus dem Zusammenwirken von Familien- und Unternehmensrationalitäten, prägen damit das Erleben der Beteiligten, sind relevant in allen existenziellen Entscheidungen auf Unternehmens- wie Familienseite und damit auch eine wichtige Grundlage für die Beratung von Familienunternehmen wie Unternehmerfamilien. Diesen Paradoxieforschungen ist mittlerweile nur noch wenig hinzufügen.[1]

Anders sieht es aus, wenn man zurück zu den Theoriegrundlagen dieses Paradoxieansatzes geht. Sodann landet man nicht nur bei der öfters zitierten soziologischen Systemtheorie Luhmann'scher Prägung (Luhmann, 1984; 2000), sondern auch bei wichtigen Vordenkern wie Gregory Bateson (1981) oder auch Heinz von Foerster (1985) – um nur die bekanntesten zu nennen. Wie die Beratung von Familienunternehmen und Unternehmerfamilien von diesem Denken profitieren kann, ist Ziel und Inhalt der folgenden Überlegungen, die zum Zwecke der Handlungsanleitung in kurz erläuterten Geboten formuliert sind, und sich um Beziehungsfragen »drehen«.[2]

---

[1] Stellvertretend für eine Vielzahl zu nennender Veröffentlichungen mit einem starken Fokus auf Paradoxien in Familienunternehmen und Unternehmerfamilien siehe Simon, Wimmer u. Groth (2017); Simon (2012); von Schlippe et al. (2017); Rüsen u. Heider (2020); mit Fokus auf Beratung siehe von Schlippe u. Groth (2006); Plate u. Groth (2007), Groth u. Rüsen (2015), Kleve (2020).

[2] Diese Form der Darstellung findet sich auch in: Groth (2019); die Gebote sind nachhaltig inspiriert worden durch mehr als 15 Jahre der engen Zusammenarbeit mit Arist von Schlippe und Fritz B. Simon sowie zuletzt in der Konkretisierung für die Praxis durch Diskussionen mit Andreas Dethleffsen. Die Inhalte haben sich zudem geformt in meiner beraterischen Begleitung von Unternehmerfamilien, an denen neben Arist von Schlippe oft auch Tom Rüsen beteiligt war. Ihnen allen sei an dieser Stelle gedankt.

1 Denke systemisch und auch systemtheoretisch!

»Systemisch« zu denken, heißt zunächst und sehr vereinfachend, Dinge im Zusammenhang, mithin in ihrer Vernetztheit zu sehen. Das Motto der Systemik lautet: Zirkularität statt Linearität. Typische, vom systemischen Denken inspirierte Fragen können sein: Wie sind Familie und Unternehmen existenziell miteinander verknüpft? Wie kann der Faktor »Familiness« ein Unternehmen positiv beeinflussen und zugleich eine Unternehmerfamilie an den Herausforderungen der Eigentümerführung wachsen (Klett, 2007)? Oder auch: Wie sorgt das Eigentum für Entscheidungsnotwendigkeiten, die unter Familienmitgliedern alte Konflikte immer wieder aufbrechen lassen? Und gleich daneben steht ein systemtheoretisches Denken (Luhmann, 1984; Simon, 2018), das sich mit Differenzen auseinandersetzt, das Systemrationalitäten hervorhebt und z. B. die Frage stellt, wie sich familiäre und unternehmerische Erwartungen trotz widersprüchlicher Forderungen verbinden lassen (Groth u. von Schlippe, 2012; von Schlippe, Groth u. Rüsen, 2017). Insofern kann man unter Rückgriff auf beide Denktraditionen formulieren: Verbinde das Getrennte und trenne das Verbundene!

Egal, wie man es nimmt, der Mehrwert der genannten systemischen und auch systemtheoretischen Denkrichtungen besteht darin, sich von den Beobachtungsverhältnissen zu distanzieren, in denen sich die Beteiligten nachvollziehbar befinden. Systemdenken lädt ein zur Beobachtung 2. Ordnung: Wie eine Beobachtung von der Tribüne aus, ermöglicht es Überblicke, welches Spiel auf dem Spielfeld gespielt wird, welche Regeln gelten und welche Taktiken angewendet werden.

2 Betrachte Beziehungsfragen als Überlebensfragen!

Das Beziehungsmanagement wird oftmals verkürzt fokussiert auf das soziale Miteinander von Einzelpersonen. Angemessener wäre es, wenn man den Beziehungsblick verknüpft mit Fragen der Kopplung (und Entkopplungen) von sozialen Einheiten. Erweitert man den Fokus auf diese Weise, so kommen im Beziehungsmanagement hochrelevante Überlebensfragen in den Blick. Erinnert sei vor allem an den Grundlagentext »Kulturberührung und Schismogenese« (Bateson, 1981, S. 99 ff.). Hier entwickelt Bateson eine generelle Theorie der Beziehung auf der Basis eigener anthropologischer Forschungen in Papua-Neuguinea mit der Frage, wie sich einzelne Stämme in ihren Überlebenskämpfen zueinander verhalten. Eine solche Beziehungssicht lässt sich auf das Verhältnis von Unternehmen, Führungsgremien, Abteilungen, Teams oder eben auch auf das Verhältnis der Eigentümerfamilie zum Unternehmen (mitsamt den Beiratsgremien) anwenden. Mit deren Beziehung zueinander, dies zeigen vielen Forschungen zur Langlebigkeit von Familienunternehmen (Simon, Wimmer u. Groth, 2017; von Schlippe et al., 2017), ist die Frage der Entscheidungsfähigkeit und damit des langfristigen Überlebens aufs Engste verknüpft.

3 Bedenke: Beziehung geht nicht allein und entwickelt eine eigene Qualität!

Von einem weiteren großen systemtheoretischen Vordenker, George Spencer-Brown, gibt es ein Buch mit dem Titel »Dieses Spiel geht nur zu zweit« (1971/1994). Aus diesem Titel lässt sich das ABC jeder Beziehung ableiten. Wie benannt, braucht es für jede Beziehung mindestens zwei Akteure A und B. A und B könnten nun für vieles stehen, für eine dyadische Beziehung, vielleicht für das Verhältnis von Vorgesetztem zu Untergebenem, Kollegin zu Kollegen etc. Wie in Gebot 2 erwähnt, wird der Mehrwert größer, wenn man sich von Personensichten löst und unter A und B das Verhältnis von Organisation(seinheit)en zueinander versteht. Eine Fülle an Konstellationen ist hier denkbar: das Verhältnis eines Tochterunternehmens zur Konzernmutter, das Verhältnis eines Teams zur übergeordneten Organisationseinheit, das Verhältnis eines Bereichs zu einem anderen Bereich oder eben auch das einer Familie zum Unternehmen, einer Familie zum Familienrat, eines Gesellschafterrats zum Unternehmen oder eines Family-Investors zum Start-up. Immerfort gilt der Spencer-Brown-Titel: »Dieses Spiel geht nur zu zweit«.

Entscheidend ist, wenn wir es, wie erwähnt, mit »Beidseitigem« zu tun haben, denn dann folgt daraus eine zirkuläre Konstruktion von etwas Drittem mit einer eigenen, emergenten Qualität. Damit wären wir beim C des kleinen ABC der systemischen Beziehungslehre. Letzteres wird oft, vor allem in konflikthaften Situationen, von den Beteiligten übersehen. Sie beginnen Beziehungen einseitig zu definieren, was sich z. B. in (zumeist vergeblichen) Disziplinierungsversuchen von Gesellschaftern oder Geschäftsführern äußert. Übersehen wird, dass alles Agieren des einen Beziehungspartners in der ABC-Sicht nur ein verändertes Beziehungsangebot ist, das durch die Reaktion der anderen Seite eine vielleicht andere Qualität der Beziehung erzeugt, aber sicher nicht 1:1 das, was intendiert wurde, oft sogar dessen Gegenteil.

4 Beachte rekursive Beobachtungen und das dadurch entstehende Muster!

Wenn eine Beziehung beidseitig definiert wird, dann kann (und sollte) man gerade in der Beratung von Familienunternehmen und Unternehmerfamilien die Beziehungen auch aus den jeweiligen Perspektiven der Beteiligten anschauen (lassen):
1. Wie ist Verhältnis von A zu B (aus Sicht von A) und
2. das Verhältnis von B zu A (aus Sicht von B)?

Unter Hinzuziehung z. B. zirkulärer Fragetechniken (Simon u. Rech-Simon, 1999) könnte man erfragen, was die Familie vermutet, wie das Unternehmen auf sie blickt, oder auch, was das Unternehmen vermutet, wie die Familie auf es blickt. Allein mit dieser Arbeit an und mit rekursiven Beobachtungen kann für viel Klärung gesorgt werden.

Ein noch größerer Gewinn liegt jedoch darin, die Sicht von A und B auf das Muster, das sich infolge ihrer Beobachtungen und Handlungen ergibt (wir haben oben von C gesprochen), zu richten. Im Fokus steht folglich:
3. C oder das Muster, das aus A und B entsteht!

Jede Beziehung lässt sich gemäß dieser Leitlinie erforschen: Wie definiert A das Verhältnis zu B; wie B zu A und welches Muster C ergibt sich aus diesen beidseitigen Konstrukten? Das heißt, das, was als »eigentliche« Beziehung entsteht, ist die Nebenfolge einzelner Beobachtungen und darum nicht im Aufmerksamkeitsfokus. Gelingt es in der Beratung, dass Vertreter zweier (Konflikt-)Parteien erkennen, wie und durch welche konkreten Beobachtungen, Kommunikationen oder auch Handlungen sie gemeinsam ein oft dysfunktionales Muster erschaffen, bedarf es oft keiner weiteren »großen« Beratungshinweise. Die Beteiligten werden erkennen, was sie unterlassen müssen ...

5 Sorge für die Einbeziehung der relevanten Akteure!

Mit dieser systemisch-konstruktivistischen Theorieanlage wird auch deutlich, wie gering der Erfolg externer Expertenlösungen einzuschätzen ist, wenn Familien- und Unternehmensdynamiken gekoppelt sind. Externe Strategien werden oft gemäß der Beziehung der Beteiligten, also gemäß einem problematischen Muster, verarbeitet – und nicht selten führt dies eher zu Eskalationen. Folglich ist es im Beratungsprozess ratsam, alle relevanten Personen oder auch Parteien angemessen einzubeziehen. Die finale Rückbindung vieler Beratungsprojekte an ein geändertes Gesellschaftsrecht erzwingt stärker als in sonstigen Organisationsberatungsprojekten, dass ein

Prozess der Lösungsfindung schon vom Start weg dafür sorgt, dass am Ende alle Beteiligten bereit sind, eine Lösung mitzutragen.

Das »Einbeziehen« beider Seiten bzw. aller relevanten Akteure kann als notwendige Basis für die Beratungsarbeit an Beziehungen gesehen werden. Hinreichend wird dies erst, wenn der Zweck einer Beziehung in den Blick genommen wird. Beziehungen funktionieren generell, wenn es eine grundsätzliche beidseitige »Bejahung« gibt (alles andere wäre Folter, Gewalt, Sklaverei). Dies führt praktisch zur Frage, welchen Nutzen die Beteiligten in der Beziehungserhaltung sehen. Selbst Beziehungen, die von einer Seite als unbefriedigend erlebt werden (man denke z. B. an Gesellschafter, die immerfort ihren Unmut äußern), werden immer auch Anteile eines »Ja« aufweisen. Ein oftmals passender Beginn jeder Form der Beratung von Familienunternehmen und Unternehmerfamilien besteht darin, ein Grundverständnis bei den Beteiligten zu erwirken, dass sie weiterhin an der Aufrechterhaltung der Beziehung interessiert sind, was im Umkehrschluss bedeutet, weiter an der Zukunft als Familienunternehmen oder der Mitgliedschaft in der Unternehmerfamilie zu arbeiten ...

6 Vermeide Machtspiele!

Die Machtthematik gehört sicher zu den großen Tabubereichen in der Beratung. Darum auch hier zunächst ein paar grundlegende Überlegungen: Machtausübung in einer Beziehung heißt, die Möglichkeit zu haben, direkt das Verhalten des Gegenübers bestimmen zu können. Wenn es jedoch, wie gezeigt wurde, für eine Beziehung die beidseitige »Bejahung« braucht, wenn Beziehungen zirkulär konstruiert sind, dann zeigt sich allein hierin, dass Macht kaum, bzw. nur im Extremfall, einseitig ausgeübt werden kann. Das Ausüben von Macht hat immer auch einen Preis. Wer z. B. Macht über andere Gesellschafter haben möchte oder über die Geschäftsführung, muss immer damit rechnen, dass die Gegenseite ebenfalls »mit aller Macht« dagegenhält. Und hier zeigt sich oft die Machtlosigkeit des Machtausübenden: Die Geschäftsführung hat vielfältige Möglichkeiten der Eigentümerfamilie Informationen vorzuenthalten oder auch hochrelevante Entscheidungen an ihr vorbei zu treffen; ein Gesellschafter hat – mit dem Gesellschaftsrecht im Rücken – im Gegenzug vielfältige Möglichkeiten, mit Zustimmungsverweigerung bei zukünftig wichtigen Entscheidungen zu drohen; nahe Verwandte haben im Laufe der Zeit so viel (unangenehmes) Wissen über den Machtausübenden angehäuft, das besser nicht veröffentlicht werden sollte ...

Insofern ist die Machtkommunikation per se riskant und im Prinzip nur bei Entscheidungen ratsam, die das Ende der Beziehung einkalkulieren: Dem Geschäftsführer wird mit Kündigung gedroht und ein anderer steht schon zur Verfügung, oder einem widerborstigen Gesellschafter wird mit einer Gesellschafterausschlussklage gedroht und diese hat Aussicht auf Erfolg etc.

Machtdrohungen sind im beraterischen Kontext als Ultima Ratio zu verstehen, deren Funktion hauptsächlich darin besteht, ein Spielfeld zu rahmen, auf dem man sich besser miteinander einigt, damit die Macht nicht wirklich zum Einsatz kommt.

7 Betrachte Macht unter dem Gesichtspunkt der Austauschbarkeit!

Generell ist es hilfreich, Machtverhältnisse in ihrem Funktionieren unter dem Gesichtspunkt der (Konstruktion der gegenseitigen) Austauschbarkeit zu betrachten (Groth, 2019, S. 90 f.). Macht hat in einer Beziehung derjenige, der sich im Verhältnis zum anderen als weniger austauschbar empfindet. Vor diesem Hintergrund wird deutlich, dass Formalität (z. B. Hierarchie) allein nicht ausreicht, um eine Beziehung zu bestimmen. Ein Beispiel: Auch wenn in Familienunternehmen in der Regel der Beirat formell über den Geschäftsführer bestimmt, ist dieser selten als der Mächtigere anzusehen, sofern der Geschäftsführer mit seiner Kenntnis des Unternehmens, der Kunden, der Branche etc. kaum als kurzfristig ersetzbar angesehen wird. Zugleich ist es für einen Geschäftsführer auch nicht ratsam, sich mit Verweis auf seine Kompetenzen und Kenntnisse über den Beirat zu stellen und diesem seine eigenen Strategien überzustülpen oder auch Extra-Bezahlungen abzuringen. Beziehungen sind, allgemein wie auch mit Blick auf Machtaspekte, als Aushandlungs- und Abwägungsprozesse zu betrachten und zu gestalten. In der Beratung gerade von Unternehmerfamilien wird immer wieder deutlich, dass relevante Akteure wenig austauschbar sind. Dies führt einerseits zu Machtlosigkeiten von Entscheidungsgremien oder auch zu mächtigen Positionen einzelner Akteure. Wie man es auch dreht, auffällige Verhaltensweisen einzelner Familiengesellschafter sind eher zu dulden als in klassischen Anstellungsverhältnissen …

Alle Beispiele zeigen, dass Beziehungen selten eindimensional zu betrachten sind. Mal ist der Beirat dominant, mal der Geschäftsführer, mal ein Gremium, mal ein Einzelgesellschafter. Beziehungen werden somit zu heterogenen (Macht-)Feldern; sie gleichen eher einem Milieu oder auch einem Netzwerk denn einer Verbindungslinie, mit der in vielen Darstellungen eine Beziehung zwischen zwei Akteuren symbolisiert wird. Immerfort finden sich mehrere Dimensionen, unter denen eine Beziehung zu bewerten ist und auch von den Partnern bewertet wird. Entscheidend ist hier die eingangs erwähnte Beobachterabhängigkeit. Beratung kann z. B. über die Thematisierung der Mehrdimensionalität, über Visualisierungen der

Macht- und Beziehungsgeflechte oder auch über das hypothetische Durchspielen von Aktionen mitsamt den Folgen auf vielfältige Weisen tätig werden und dafür sorgen, dass eher balancierte Kompromisslösungen gefunden werden als eindeutige, klare Regelungen.

8 Achte auf die Kontenführung der Beteiligten!

Das Themenfeld Mehrdimensionalität von Macht und insgesamt die Beobachterabhängigkeit führt zu ganz praktischen Überlegungen, auf welchen Aspekt hin Beziehungspartner und -beteiligte die Beziehungsqualität verdichten. Hier bietet es sich in der Beratung an, das Konzept der »Kontenführung« (Simon u. Conecta, 1992) heranzuziehen. Generell nehmen in Beziehungen Vergleichsprozesse des Gebens und Nehmens eine besondere Rolle ein. Es finden Abwägungs- und Verrechnungsprozesse statt, ob beide Pole gut balanciert sind. Geraten Geben und Nehmen oder auch Aufwand und Ertrag aus der Balance, ist dies zumeist der Beginn von Erosionsprozessen in der Beziehung. Besonders unter nahen Verwandten werden unter selektivem Rückgriff auf vergangene Ereignisse sogenannte Plus- bzw. auch Minuskonten geführt, die den Beziehungsalltag prägen: »Wer hat wem die Schaufel im Sandkasten geklaut?« (von Schlippe, 2014, S. 68). Für die Beratung relevant ist daher die Frage nach dem »Kontenstand« und den Möglichkeiten eines »Kontenausgleichs«. Zu beachten sind hierbei zum einen die »Währungen«, in denen verrechnet wird, und auch der Zeitbezug. Oftmals werden Nachfolge- oder Besetzungsentscheidungen erst möglich, nachdem alte, zum Teil schon über mehrere Generationen bestehende Ungerechtigkeiten zur Sprache kommen und in einen Ausgleich überführt werden (»Dein Vater blieb damals nur Geschäftsführer, weil meine Mutter sein Fehlverhalten immerfort gedeckt hat.«). Zum Ausgleich ist noch hinzuzufügen, dass Dank und Anerkennung meist die höchste Ausgleichswirkung haben.

9 Achte auf Symmetrie oder Asymmetrie (und sorge für Komplementarität)!

Das Thema der Beziehungsklärung macht noch einen kleinen Schlenker zu grundsätzlich unterschiedlichen Typen von Beziehungen notwendig. Hierzu kann die auf Gregory Bateson zurückgehende Grundüberlegung herangezogen werden, dass eine Beziehung eigentlich nur zwei Formen annehmen kann (Bateson, 1981, S. 99 ff.). Sie ist entweder von Symmetrie geprägt, basiert also auf Gleichheitsannahmen, oder von Asymmetrie, basiert mithin auf der Prämisse der Ungleichheit. Mit diesen beiden Beziehungsformen kann ein Großteil als existenziell erlebter Probleme in Unternehmerfamilien erfasst werden. Unter nahen Verwandten, im Familienkontext und damit auch oftmals unter den Eigentümern wird eine auf Gleichheit beruhende Beziehungsgestaltung und Entscheidungsfindung erwartet: Alle sollen gleichbehandelt werden. Das Treffen von weitreichenden Unternehmens- und Besetzungsentscheidungen zwingt die Beteiligten jedoch in Asymmetrien: Wer tritt die Nachfolge an, und wer nicht? Wer wird in ein Gremium gewählt? Die Gleichzeitigkeit von symmetrischen und asymmetrischen Beziehungsformen führt unweigerlich in Paradoxien. Hier zeigen sich die »beiden Seiten der Unternehmerfamilie« (von Schlippe et al., 2017).

Das Ziel der Beratung gerade von Unternehmerfamilien sollte darin liegen, Komplementarität zu erzeugen. Unter Komplementarität versteht man eine Beziehungsqualität, in der die Unterschiedlichkeit von den Beteiligten als brauchbar erlebt wird – man ergänzt sich. Jede Seite weiß, was sie von der jeweils anderen hat. Bei der hohen Relevanz der Frage, wie die Beteiligten die Beziehung definieren, ist es in der Beratung angezeigt, die zumeist impliziten Erwartungen an die Grundform der Beziehung in die Kommunikation zu bringen. Ist dieser Rahmen geklärt, ist eine wichtige Voraussetzung geschaffen, dass auch die heiklen Entscheidungen getroffen werden können.

10 Erzeuge Reziprozität und Vertrauen!

Abschließend noch ein kurzer Hinweis zum übergeordneten Ziel einer Beratung, die den Beziehungsaspekt voranstellt. Wenn alle Beteiligten mehrfach die Erfahrung gemacht haben, dass die Unterschiedlichkeit nützlich ist, dass beide Seiten »etwas voneinander haben«, dass zu bestimmten Gelegenheiten Macht nicht einseitig ausgenutzt wird etc., dann stellt sich automatisch Vertrauen und so etwas wie »generalisierte Reziprozität« ein. Dies hat den Vorteil, dass nicht im Kleinen verrechnet wird und auch kurzfristige »Ungerechtigkeiten« ausgehalten werden. Man spricht dann von einer »stabilen Beziehung«.

Vom Hoffen zum Vertrauen

Die genannten zehn Gebote geben sicher nur einen Teilbereich der Beratung von Familienunternehmen und Unternehmerfamilien wieder, aber einen wichtigen! Beziehungsgestaltung heißt immer, gemeinsame Arbeit an einer mehrdimensionalen, beidseitig konstruierten, zirkulär gebauten Überlebenseinheit. In der Zusammenarbeit (also auch: in der Beziehung) mit Arist von Schlippe habe ich gelernt und erlebt, wie wichtig es ist, in der Beratung dafür zu sorgen, dass die Beteiligten zu einer Außensicht auf sich und ihren gemeinsam erzeugten »paradoxen Alltag« (von Schlippe u. von Schlippe, 2012) gelangen: »Adlerhorst«, »reflektierende Positionen«, »Erwartungskarussell«, »Sichtbarmachen von Paradoxien« ... – viele Kernelemente meiner Beratungsarbeit und auch Inhalte in meinen Seminaren sind durch das Wirken von Arist von Schlippe geprägt, so auch die Kernbotschaft dieser zehn Gebote. Wer nicht auf Beziehungsaspekte schaut, muss hoffen, dass die Beteiligten immer wieder intuitiv (oder mit Hilfe von Autoritätspersonen in der Familie) Mittel und Wege finden, das erwartbar konflikthafte Miteinander in Unternehmerfamilien und Familienunternehmen einigermaßen brauchbar zu gestalten; wer hingegen die Beziehung bewusst in den Blick nimmt, kann darauf vertrauen, dass die Beteiligten einen lernenden Zugang zur aktiven Gestaltung ihres Miteinanders bekommen.

Andreas Hack

Marke Familienunternehmen

Einige einführende Worte

Das Lebenswerk Arist von Schlippes ist stark mit seinem Engagement für systemische (Familien-)Therapie und Intervention verbunden. Hier zählt er unwidersprochen zu den wichtigsten Forschern und Praxisbegleitern weltweit. Aus dem Blickwinkel der Systemtheorie heraus interessierte er sich zunehmend für die Unternehmerfamilie. Seine wichtigen Abhandlungen nutzen die Systemtheorie zum besseren Verständnis der Reibungspunkte, Konflikte und Konfliktlösungsmöglichkeiten in Familienunternehmen und deren Unternehmerfamilien.

Interessanterweise ist aber ein anderes seiner Werke der Spitzenreiter der Familienunternehmensforschung mit über 100 Zitationen geworden. Es handelt sich um den Artikel »The Family Business Brand: An Enquiry into the Construction of the Image of Family Businesses«, den er 2011 mit seinen Ko-Autoren Alexander Krappe und Lazaros Goutas im Journal of Family Business Management veröffentlichte. Meines Erachtens ist dieser Artikel ein wichtiger Ausgangspunkt für ein völlig neues Gebiet innerhalb der Familienunternehmensforschung, nämlich dem der »Marke« Familienunternehmen.

Auf den folgenden Seiten möchte ich aufzeigen, wie dieser Artikel zum Family Business Brand meine persönlichen Forschungsbemühungen beeinflusste, welche Denkrichtungen er in der Gemeinschaft der Familienunternehmensforschenden in Bewegung setzte und wie ausdifferenziert sich die Forschungslandschaft zum Family Business Brand mittlerweile zeigt. Abschließend werde ich kurz darauf eingehen, dass wichtige zukünftige Fragen zur Marke des Familienunternehmens wiederum nur beantwortet werden können, wenn wichtige Antworten zur Identität des Familienunternehmens und der Unternehmerfamilie vorliegen. Und wie es der »Zufall« so will, genau hier bieten die anderen Werke Arist von Schlippes ideale Ausgangspunkte.

Der markentechnische Urknall oder: Wie alles begann

Ausgehend von der Beobachtung, dass sich Familienunternehmen oft als besonders nachhaltig, regional verankert und sozial engagiert sehen, gingen Arist von Schlippe und Kollegen (in Krappe et al., 2011) der Frage nach, wie Familienunternehmen denn von außen wahrgenommen werden. Und ob man überhaupt von einer allgemein akzeptierten Familienunternehmensmarke sprechen kann?

Aus theoretischer Sicht argumentierten die Autoren, dass eine Familienunternehmensmarke dann bestehe, wenn die eigene Identität und die externe Wahrnehmung dieser in Einklang sind. Dieser identitätsorientierte Zugang ist deshalb interessant, weil jedes Familienunternehmen eine eigene Identität entwickelt und nach außen kommuniziert. Somit dürfte streng genommen nicht von der Familienunternehmensmarke, sondern von individuellen Familienunternehmensmarken gesprochen werden (also der Marke Dr. Oetker oder der Marke Haniel).

Ein weiterer theoretischer Argumentationsstrang nutzte die soziologischen Überlegungen zur »Marke als Mythos«, der als Mechanismus zur Sinnvermittlung verstanden wird. Die Marke Familienunternehmen wird also insbesondere durch die Mythen, die in der Bedeutung des Wortes »Familie« liegen, beeinflusst. Somit wäre der individuelle Einfluss eines spezifischen Familienunternehmens weniger wichtig für die Markenbildung als die stereotype Zuweisung aufgrund des mythologischen Verständnisses der Familie.

Ob es eine in der Allgemeinheit verankerte Familienunternehmensmarke gibt oder ob jedes Familienunternehmen aufgrund seiner individuellen Identität und des daraus resultierenden Verhaltens eine eigene Marke darstellt, kann also nur empirisch überprüft werden. Diesen Schritt wagten die Autoren in ihrer Arbeit erstmals und spannten einen dreidimensionalen semantischen Raum auf, in dem die typischen Attribute, mit denen Familienunternehmen in Verbindung gebracht werden, verortet werden konnten.

Insgesamt zeigten sich fünf große »Resonanzräume«, die gut mit den eher positiven Attributen Nachhaltigkeit und Innovation sowie den eher negativ konnotierten Attributen Stagnation, Ausbeutung und Effektivität beschrieben werden konnten.

Von besonderem Interesse ist nun die Verortung von Familienunternehmen in diesem semantischen Raum (siehe Abbildung 1). Wir erkennen, dass die Unternehmensgröße neben der Familieneigentümerschaft einen Einfluss zu haben scheint. Die Haupterkenntnis ist aber die folgende: Die Probanden wurden neben der Wahrnehmung von Familienunternehmen zudem gebeten, ein optimales Unternehmen hinsichtlich ihrer persönlichen Wertevorstellungen zu verorten. Hier zeigte sich, dass gerade kleine und mittlere Familienunternehmen diesen optimalen Wertevorstellungen sehr nahekommen.

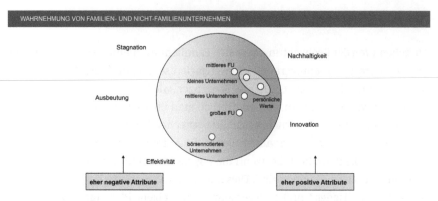

Abbildung 1: Verortung von Familienunternehmen im semantischen Raum (Krappe et al., 2011)

Es kann nicht ausreichend gewürdigt werden, welchen wichtigen Anstoß diese Erkenntnisse für die Weiterentwicklung der Familienunternehmensforschung bieten. Familienunternehmen werden also stereotype Eigenschaften zugesprochen, obwohl es sich doch um ein solch breites Konglomerat verschiedener Unternehmen handelt. Kann in dieser Erkenntnis der Schlüssel zu der empirisch oftmals behaupteten besseren Leistungskraft von Familienunternehmen im Vergleich zu Nicht-Familienunternehmen liegen? Mein persönliches Forschungsinteresse war nicht nur geweckt, ich erkannte die großartige Chance, wichtige Fragen der Familienunternehmensforschung neu zu durchdenken.

Meine Lernreise: Von Arbeitgebern, Apfelsäften und Religiosität

Wie gesagt, die Ausführungen von Arist von Schlippe und Kollegen befeuerten meine Neugierde, ob nicht die Marke Familienunternehmen eine Auswirkung auf die Verhaltensweisen von wichtigen Stakeholder-Gruppen von Familienunternehmen haben könnte. Und ob dadurch möglicherweise Hinweise auf Leistungsunterschiede zwischen Familien- und Nicht-Familienunternehmen zu finden seien, die in der Forschungsliteratur oft belegt, aber meist nur durch unternehmensinterne Aspekte wie spezifische Governance (Carney, 2005) oder spezifische Ausstattung mit wettbewerbsfähigeren Ressourcen (Habbershon u. Williams, 1999) begründet wurden.

Mein erstes Augenmerk richtete sich auf Vorteile auf dem Arbeitsmarkt. Mit meinen Kollegen Hauswald, Kellermanns und Patzelt (Hauswald, Hack, Kellermanns u. Patzelt, 2016) wollten wir erkunden, ob ein stärkerer Einfluss einer Unternehmerfamilie auf ein Unternehmen einen positiven Effekt auf die Arbeitgeberattraktivität haben könnte. Unsere Hypothesen basierten auf den ersten Erkenntnissen der Studie um Krappe et al. (2011), die einen deutlichen Hinweis auf das Vorliegen eines Person-Organization-Fit-Mechanismus gab. Die Person-Organization-Fit-Theorie besagt, dass eine hohe wahrgenommene Kongruenz zu wichtigen Verhaltenseinflüssen führen kann, wie bspw. einer höheren Arbeitszufriedenheit bei bestehenden Mitarbeitenden oder eben einer höheren Attraktivität und damit einer höheren Arbeitsintention für Arbeit Suchende (Bretz u. Judge, 1994). Damit müsste die Attraktivität eines Unternehmens für Arbeit Suchende steigen, wenn eine Unternehmerfamilie einen deutlich stärkeren Einfluss auf das Unternehmen ausübt.

Methodisch führten wir eine Reihe von Conjoint-Experimenten mit 175 Arbeit Suchenden durch, in denen wir den Einfluss der Unternehmerfamilie auf das Unternehmen systematisch variierten. Das Ergebnis war beeindruckend stabil und eindeutig: Je stärker der Familieneinfluss, desto attraktiver wurde das Unternehmen als Arbeitgeber wahrgenommen. Die grundlegenden Überlegungen zur Marke Familienunternehmen führen also wirklich zu positiven Verhaltensänderungen externer Stakeholder.

Eine zweite Frage, die sich uns stellte, war, ob dieser positive Einfluss generell gilt oder nur unter bestimmten Kontextbedingungen und für bestimmte Individuen. Eine Variation des Experiments zeigte, dass insbesondere in unsicheren makroökonomischen Wirtschaftslagen der Markenvorteil eines Familienunternehmens besonders zutage tritt. Das Gleiche gilt, je stärker ein Arbeit Suchender durch traditionelle Wertevorstellungen und »Self-Transcendence« geprägt ist.

Wir konnten also zeigen, dass die Marke Familienunternehmen durchaus verhaltensbeeinflussend sein kann. Doch gilt dies auch für Stakeholder-Gruppen, die in keinem engen Abhängigkeitsverhältnis zum Unternehmen stehen, sondern durch einmalige (oder mehrmalige kurze) Interaktionen geprägt sind? Unsere nächste Analysegruppe sollte daher eher lose Verbindungen zum Unternehmen zeigen. Welche Gruppe bietet sich da besser an als Privatkunden? Wir entwarfen also ein Experiment, um zu analysieren, ob sich die Kundenzufriedenheit beim Konsum eines identischen Produkts unterscheidet, je nachdem, ob dieses von einem Familien- oder von einem Nicht-Familienunternehmen produziert wurde.

Um das Experiment ein wenig realitätsnäher zu gestalten, entwarfen Schellong, Malär, Kraiczy und ich (in Schellong, Kraiczy, Malär u. Hack, 2019) eine neutrale Apfelsaftflasche, füllten diese mit naturtrübem Apfelsaft und verköstigten diesen an öffentlichen Sportfesten. Die Probanden sollten lediglich das Produktbeiblatt lesen und danach ihr Wohlbefinden beim Konsum angeben. Im Produktbeiblatt wurde kurz erwähnt, dass der Apfelsaft von einem Familien- bzw. Nicht-Familienunternehmen produziert wurde. Neben diesem grundsätzlichen Einfluss waren wir aber vor allem daran interessiert zu verstehen, warum sich die Marke Familienunternehmen möglicherweise positiv auf das Wohlbefinden von Konsumenten auswirkt.

Wir befragten die Probanden daher zusätzlich, wie stark sich das Unternehmen wohl für Nachhaltigkeitszwecke engagiert, wie z. B. die Umwelt, soziale Belange ihrer Mitarbeitenden oder soziale Zwecke der Gesellschaft. Es handelte sich ausschließlich um die persönlich wahrgenommene Meinung der Konsumenten. Bis auf den Apfelsaft und das Produktbeiblatt, in dem sich keine Hinweise zur Nachhaltigkeitsverantwortung des Unternehmens befanden, wurden keine weiteren Informationen verteilt.

Auch bei diesem Experiment waren wir überrascht, wie stabil die empirischen Ergebnisse ausfielen. Die Marke Familienunternehmen induzierte wirklich die stark positive Wahrnehmung bei den Konsumenten, dass es sich um ein nachhaltig engagiertes Unternehmen handeln müsse. Zudem, und dies weist wieder einmal auf eine positive Wirkung bei verschiedenen Stakeholder-Gruppen hin, wurde das Wohlbefinden beim Konsum des Produkts durch diese verbesserte Nachhaltigkeitswahrnehmung deutlich gesteigert.

Wir waren uns also recht sicher, dass es – wie von Krappe et al. (2011) untersucht – die Marke Familienunternehmen wirklich gibt und diese tatsächlich positive Auswirkungen auf das Verhalten externer Stakeholder hat. In einem aktuellen Experiment wollten wir nun tiefer verstehen, ob das Wechselspiel mehrerer »Marken« einen Einfluss auf das Stakeholder-Verhalten ausüben kann. Konkret wollten wir erkunden, ob es Marken gibt, die von der Marke Familienunternehmen positiv unterstützt werden.

Zunächst erscheint es vielleicht abwegig, aber von Bieberstein, Crede, Essl und ich (von Bieberstein, Crede, Essl u. Hack, 2020) entschieden uns für die Marke »Religiosität«. Uns war aufgefallen, dass viele Unternehmerfamilien ihre religiöse Ausrichtung transparent in die Öffentlichkeit tragen (z. B. Victorinox, C&A). Zudem zeigt die Literatur, dass solchen Unternehmen ähnliche Werte zugesprochen werden wie Familienunternehmen, und zwar sozial, ethisch, vertrauensvoll (Power, 2017). Diese Ähnlichkeit in der zugrunde liegenden Wertebeschreibung müsste dazu führen, dass die Marke Familienunternehmen durch die Marke Religiosität Unterstützung erfährt und damit die Unsicherheit von Stakeholdern senkt, ob Familienunternehmen denn wirklich vertrauenswürdiger, sozialer oder ethischer handeln als andere Unternehmen.

Als Methode verständigten wir uns auf ein streng ökonomisch-experimentelles Spiel. In einem Experimentallabor spielten Studierende zusammen mit echten Managern (familienintern sowie familienextern) ein sogenanntes »lying game« (Gneezy, Rockenbach u. Serra-Garcia, 2013). In diesem konnten die Teilnehmer echtes Geld verdienen, und zwar umso mehr, je stärker sie den Spielpartner belogen. Unsere Hypothese lautete, dass die Probanden deutlich weniger lügen (auch wenn dies mit finanziellen Vorteilen verbunden wäre), wenn sie mit einem Familienunternehmensmanager oder einem religiös geprägten Manager spielen. Die geringste Wahrscheinlichkeit zu lügen müsste dann auftreten, wenn der Manager zugleich religiös ist und einer Unternehmerfamilie entstammt.

Auch hier waren die Ergebnisse eindeutig: Die Wahrscheinlichkeit zu lügen sinkt deutlich, wenn die Probanden mit einem Familien- versus Nicht-Familienunternehmensmanager spielten. Gleiche Verhaltensänderungen zeigten sich, wenn man mit einem religiösen versus weniger religiösen Manager spielte. Der deutlichste Einfluss auf das Wohlverhalten zeigte sich aber bei religiösen Familienunternehmensmanagern. Verschiedene, sich synergetisch verstärkende Marken können somit einen deutlichen Verhaltenseinfluss bei Stakeholdern auslösen. Und dies auch dann, wenn es um »richtiges« Geld geht.

Meine eigene Forschungsreise ist hiermit nicht zu Ende. Aktuell beschäftigen wir uns u. a. mit Fragen des Vertrauens in Nachhaltigkeitsaktivitäten von Familienunternehmen oder mit den Reaktionen von Stakeholdern, wenn diese von einem Familienunternehmen enttäuscht werden.

Vom Erwachsenwerden eines Forschungsfelds

Während ich bisher meine persönliche Lernreise anhand einiger ausgewählter Beispiel beschrieb, so inspirierten die ersten Studien zur Marke Familienunternehmen, und insbesondere die von Krappe et al. (2011), viele weitere Forscherinnen und Forscher, ähnliche Lernreisen anzutreten. Im Verlauf von nur wenigen Jahren differenzierte sich das Forschungsfeld stark aus und erreichte eine verblüffende Entwicklungsreife. Dies ist nicht zuletzt daran abzulesen, dass mittlerweile wichtige Überblicksartikel in führenden internationalen Zeitschriften zum Thema veröffentlich werden (z. B. Andreini, Bettinelli, Pedeliento u. Apa, 2019; Astrachan, Botero, Astrachan u. Prügl, 2018; Sageder, Mitter u. Feldbauer-Durstmüller, 2018).

Einen sehr schönen Überblick bieten Astrachan et al. (2018). Eine wichtige Erkenntnis der strukturierten Literaturarbeit ist, dass sich alle Fragen der Markenforschung in Familienunternehmen im Kern aus der Identität als Familienunternehmen ableiten. Daher muss immer auch die elementare Frage beantwortet werden, wer das Familienunternehmen ist, also welche Werte, Ziele, SEW[1]-Orientierung und Einstellungen dem Handeln des Familienunternehmens zugrunde liegen.

Auch wenn das Forschungsfeld zur Marke Familienunternehmen erwachsen wird, so ist es noch lange nicht erwachsen. Vielleicht befindet es sich gerade in der pubertären Phase. Viele wichtige und kritische Fragen sind noch nicht annähernd

---

1 Socio-emotional wealth.

geklärt und daher eröffnen sich zukünftigen Forscherinnen und Forschern vielfältige Erkundungsräume. Gerade das Verständnis der zentralen Stellung der Identität des Familienunternehmens bedarf weiterer intensiver Forschungsbemühungen.

Und hier schließt sich der Kreis zu den Arbeiten von Arist von Schlippe. Einige wichtige Forschungsprojekte fokussieren gerade auf die Identität des Familienunternehmens und der dahinterliegenden Unternehmerfamilie. Seien es seine Arbeiten zur »Familiness« (Weismeier-Sammer, Frank u. von Schlippe, 2013), zur Wertevermittlung über Geschichten (Zwack et al., 2016) oder seine vielfältigen Arbeiten zu Konflikten und den sich daraus ergebenden Problemstellungen für die familiäre Selbstbestimmung (Grossmann u. von Schlippe, 2015), alle dringen zum Kern der Identität vor.

Von zukünftiger weitreichender Bedeutung für das Verständnis von Identität könnten aber noch ganz andere Arbeiten von Arist von Schlippe werden. Der Begriff der Identität als Ausgangspunkt für die Familienunternehmensmarke suggeriert eine einfache und einheitliche Bestimmung derselben. In der Realität zeichnen sich Familienunternehmen und Unternehmerfamilie aber durch immanente Paradoxie-Zustände aus, die erst nach komplexen Aushandlungsprozessen zu einer sich manifestierenden Identität führen können. Ein besserer Blick auf das Paradoxie-Management in Familienunternehmen, also das Ausbalancieren von Paradoxien, könnte hier hilfreiche Ideen liefern (von Schlippe, 2007).

Ein abschließendes persönliches Wort der Bewunderung

Wissenschaftlich bin ich nun fast ein Jahrzehnt mit dem Werk Arist von Schlippes verbunden. Nicht nur ist es immer wieder ein Genuss, seine Werke zu studieren, auch sprachlich macht es große Freude, sich auf seine Ausführungen einzulassen – insbesondere wenn diese mit rhetorischer Vollkommenheit und viel Wortwitz mündlich dargeboten werden.

Besonders betonen möchte ich aber etwas anderes: Auch wenn sich unser Methodenspektrum, unsere inhaltliche Ausrichtung und zum Teil unser wissenschaftstheoretisches Verständnis unterscheiden, Arist blieb immer offen für andere Denkrichtungen und war und ist stets ein kreativer Ideengeber, kritischer Hinterfrager und wohlwollender Unterstützer. Diese wissenschaftliche Vielseitigkeit macht ihn so beeindruckend. Und mittlerweile nicht nur das, ich freue mich, ihm auch freundschaftlich verbunden zu sein.

Brun-Hagen Hennerkes

Streit als größter Wertvernichter im Familienunternehmen

Streitvermeidung und Streitbeseitigung als Kernaufgabe der Unternehmerfamilie

1 Einführung

»Streit« als Thema eines Festschriftbeitrags für einen geschätzten Kollegen – die Wahl eines solchen Titels mag auf den ersten Blick unpassend erscheinen. Doch wer den Jubilar kennt, weiß, dass ihm die Beschäftigung mit den Ursachen für Konflikte und deren Auswirkungen sowie die Suche nach Möglichkeiten zur Streitvermeidung und Streitbeseitigung in Unternehmerfamilien zentrale Anliegen sind. So bin ich gern auf den Vorschlag des Herausgebers eingegangen und habe das – auf den zweiten Blick also umso passendere – Thema aufgegriffen. Dabei bin ich mir bewusst, dass ich »Eulen nach Athen trage«, wenn ich für Arist von Schlippe über Konflikte und Konfliktlösungen schreibe.

Immer wieder habe ich in meinen Publikationen, in meinen Vorträgen und in meiner Tätigkeit als Hochschullehrer darauf hingewiesen, dass »Streit der größte Wertvernichter im Familienunternehmen ist«. Denn allzu oft musste ich erleben, wie Streit unter Gesellschaftern vormals blühende Unternehmen in den Ruin getrieben hat. Dabei gefährdet Streit nicht nur Vermögenswerte: Der gesamte Familienzusammenhalt, der Ideenreichtum, das Wertefundament und damit die Basis eines jeden Familienunternehmens können durch Streit für immer zerstört werden.

Den Jubilar und mich verbindet seit vielen Jahren ein intensiver und fruchtbarer Gedankenaustausch zu dieser Problematik. Uns eint das Ziel, durch Streitvermeidung und Streitbeseitigung Kontinuität und Nachhaltigkeit im Familienunternehmen zu sichern und zu fördern. Wer von Kontinuität spricht, läuft Gefahr, missverstanden zu werden. Kontinuität im eigentlichen Sinne bedeutet kein einfaches »Weiter so« auf den gewohnten Wegen; Kontinuität versteht sich vielmehr als eine verantwortliche, weitsichtige und langfristig innovative Lösung, innerhalb derer ein unternehmerisches und familiäres Modell der Streitvermeidung und der Streitbeilegung einen geradezu essenziellen Bestandteil bildet. Dieses Erfordernis der Inhaberfamilie eines Unternehmens aufzuzeigen, war und ist sowohl dem Jubilar als auch mir besonders wichtig. Arist von Schlippe weist in seinem Praxisleitfaden zutreffend darauf hin, dass dem Thema Konfliktprävention in Unternehmerfamilien bisher eine relativ geringe Bedeutung eingeräumt worden ist und sich Unternehmerfamilien oftmals der »Konsensfiktion« hingeben, dass man sich als Familie am Ende doch werde einigen können.

2 Konfliktursachen in Unternehmerfamilien

Unternehmen und Familie sind die beiden Systeme, die die Grundlage eines jeden Familienunternehmens bilden. Es sind zwei Systeme, die sich im Idealfall komplementär ergänzen, im schlimmsten Fall jedoch »unversöhnlich« aufeinanderprallen, was zu Dissonanzen, zu Misstrauen, zu Streit und damit bisweilen zum Ende eines Familienunternehmens führen kann. In der Erforschung dieser beiden Sozialsysteme und ihres wechselseitigen Verhältnisses hat Arist von Schlippe Pionierarbeit geleistet. Er beschreibt dieses Verhältnis als eine einzigartige Verbindung zweier sozialer Systeme, die unterschiedlicher kaum sein könnten. Denn im Gegensatz zum System »Unternehmen« ist das System »Familie« kein rationales Gebilde. Nichts ist hier planbar, nichts berechenbar. Emotionen bestimmen das Miteinander. Entscheidungen werden nicht primär nach logischen Erwägungen getroffen, manchmal laufen sie der Logik sogar zuwider. Die schwierigen Situationen, die an der Schnittstelle von Unternehmen und Familie auftreten können, hat Arist von Schlippe als Paradoxien beschrieben. Solche Paradoxien entstehen, wenn man gleichzeitig zwei einander widersprechende Erwartungen erfüllen soll. Und allzu oft ergeben sich derartige Kollisionen von Erwartungen aus dem ganz spezifischen Spannungsfeld, das sich im Zusammenspiel von Unternehmerfamilie und Familienunternehmen bildet. In der Vergangenheit wurden derartige Konflikte häufig ignoriert und nach dem Motto unter den Tisch gekehrt, »es werde sich alles wieder einrenken« und »es dürfe bloß nichts nach draußen dringen«. So blieben Konflikte ungelöst und schwelten weiter, an Tabus wurde nicht gerüttelt. In die Öffentlichkeit gerieten derartige Verwerfungen allenfalls, wenn der Rechtsweg beschritten wurde. Doch die Einschaltung von Anwälten und Gerichten – so lehrt die Erfahrung – bedeutet in der Regel das endgültige Aus von Konsens und gemeinsamem Handeln.

Als geradezu idealtypisch für die Entstehung und Eskalation von Konflikten möchte ich einen Fall schildern, der mich vor vielen Jahren intensiv beschäftigt hat, den ich aber selbstverständlich hinreichend verfremdet habe: Ein Geschwisterpaar hatte in jahrzehntelanger gemeinsamer Arbeit aus dem elterlichen Handwerksbetrieb ein erfolgreiches Maschinenbau-Unternehmen aufgebaut. Die Brüder ergänzten sich in ihrer unterschiedlichen Qualifikation – der eine als Kaufmann, der andere als Ingenieur – hervorragend. Beide hatten bereits die 60er-Schwelle überschritten, als einer von ihnen nach dem Tod seiner Ehefrau eine neue Beziehung zu einer deutlich jüngeren Frau einging, die als Marketingleiterin einer Tochtergesellschaft arbeitete. Schon dies führte zu ersten Spannungen – sowohl innerfamiliär als auch im Unternehmen. Die Geburt eines gemeinsamen Sohnes, vom Unternehmer und seiner neuen Partnerin rundum verwöhnt, erwies sich – wie zu erwarten war – nicht als deeskalierend. Die Folge war, dass die beiden Brüder sich Zug um Zug voneinander entfremdeten. Schon bald setzte in der Unternehmerfamilie ein Kleinkrieg ein, in dem insbesondere die Kinder aus erster Ehe wie auch die neue Lebensgefährtin mit äußerst scharfer Munition schossen. Die zerstörerische Wirkung griff erwartungsgemäß bald auf das Unternehmen über, konnte doch in den Führungsetagen niemandem verborgen bleiben, dass nach jahrzehntelangem harmonischem Zusammenwirken der beiden Brüder an die Stelle von Eintracht zunächst Eiseskälte und schließlich ein offener Konflikt getreten war. Im Beisein leitender Mitarbeiter sprachen sie schlecht übereinander. Am Ende verkehrten die Brüder nur noch per Aktenvermerk miteinander. Der Höhepunkt war erreicht, als sie sich in den – hinter ihrem Rücken im Betrieb kursierenden – Mitteilungen mit »Sie« ansprachen.

Inzwischen hat sich in vielen Unternehmerfamilien ein Wandel vollzogen. Man geht mit Konflikten offener um, man schämt sich nicht mehr, innerhalb des Gesellschafterkreises divergierender Ansicht zu sein, und trägt Meinungsunterschiede sachlicher aus. Es setzt sich zunehmend die von Arist von Schlippe treffend formulierte Erkenntnis durch, dass Konfliktfreiheit in Unternehmerfamilien weniger die Regel als vielmehr die erklärungsbedürftige Ausnahme darstellt. Wünschenswert wäre indes, dass im Umgang mit solchen Konflikten künftig noch professioneller vorgegangen wird. Ein Anliegen, für dessen Umsetzung der Jubilar ganz maßgebliche Grundlagen und Handlungsanleitungen erarbeitet und bereitgestellt hat. Ich denke dabei insbesondere an seine pointierten und praxisorientierten »Merksätze« in dem bereits angesprochenen Praxisleitfaden.

3 Streitvermeidung

Ein Film Arist von Schlippes trägt den einprägsamen Titel »Bevor das Kind in den Brunnen fällt«. Darin zeigt er anhand dramatischer Fallkonstellationen auf, wie und warum Konflikte in Unternehmerfamilien entstehen. Der Film ist ein Plädoyer für ein präventives Vorgehen. Denn Streit zu vermeiden, bevor er überhaupt ausbricht, und aktives Konfliktmanagement zu betreiben, bevor ein Streit eskaliert, ist der klügste Weg, den eine Unternehmerfamilie einschlagen kann. Ein guter Berater wird die von ihm betreute Inhaberfamilie stets animieren, in diesem Sinne vorsorglich tätig zu werden. Es gibt hierzu eine Fülle wissenschaftlicher Lösungsansätze, zu denen Arist von Schlippe Wesentliches beigetragen hat.

Wer Streit dauerhaft vermeiden will, muss dessen Ursachen kennen. In meiner Tätigkeit fiel mir immer wieder auf, dass Streit in Unternehmerfamilien häufig auf eine bzw. mehrere der nachstehenden drei Ursachen zurückzuführen ist: Entweder setzen die Familienmitglieder unterschiedliche Prioritäten oder eines bzw. ein Teil der Familienmitglieder fühlt sich – in der Gegenwart oder in der Vergangenheit – ungerecht behandelt. Die dritte Ursache bilden Missverständnisse infolge mangelnder, verspäteter oder auch falscher Informationen. Diese Problematik führt insbesondere dann zu größeren Problemen, wenn Kommunikation nicht oder nicht mehr stattfindet. Die Bekämpfung der genannten Ursachen setzt große Menschenkenntnis und viel Fingerspitzengefühl voraus.

In meiner Beratungspraxis hat sich als Instrument der Streitvermeidung besonders die Familienverfassung oder Familiencharta bewährt, die als grundlegender Wertekonsens von allen Familienmitgliedern akzeptiert und getragen werden muss.

Nach der Verständigung auf eine solche Familienverfassung werden die einzelnen Streitpotenziale eruiert und soweit möglich entschärft. Solche Streitpotenziale können bspw. Leistungen des Unternehmens sein, die die private Sphäre eines Gesellschafters betreffen. Es können Fragen der Vergütung des geschäftsführenden Gesellschafters oder Nebenleistungen sein, es kann die Rolle der Ehefrau genauso sein wie die Handhabung der Firmenwagenregelung etc. Solche Störquellen müssen konsequent ausgeschaltet werden. Es lohnt sich nicht, für derartige »Randthemen« den Gesellschafterfrieden und die Zukunft des Unternehmens aufs Spiel zu setzen. Im dritten Schritt der Streitvermeidung wird eine qualifizierte und gleichmäßige Information aller Familienmitglieder sichergestellt. Hierzu haben sich insbesondere sogenannte Familientage bewährt. Diese finden unabhängig von den Gesellschafterversammlungen statt. An ihnen nehmen nicht nur alle Familiengesellschafter, sondern sämtliche Kinder, meist auch die angeheirateten Schwiegerkinder teil. Es bedarf allerdings eines großen Fingerspitzengefühls, um treffsicher zu bestimmen, worüber, durch wen und in welcher Weise auf diesen Treffen informiert wird.

4 Familienverfassung

Bereits vor Jahren habe ich das soeben erwähnte Instrument der Familienverfassung als Mittel der Streitvermeidung ins Gespräch gebracht und sie mit den Hausgesetzen des Adels verglichen. Die Familienverfassung ist aus juristischer Sicht zunächst eine Absichtserklärung ohne unmittelbare rechtliche Wirkung. Sie beeinflusst allerdings über den vereinbarten Werte- und Verhaltenskodex mittelbar auch die Auslegung des Gesellschaftsvertrages. Die Familienverfassung wird dann durch den Gesellschaftsvertrag in konkrete und verbindliche Vertragsnormen umgesetzt. Die Familienverfassung bildet sozusagen das Fundament, auf dem der Gesellschaftsvertrag und die weiteren Verträge der Unternehmerfamilie – soweit diese Bezug zum Familienunternehmen haben – aufgebaut werden.

Sinn und Zweck einer Familienverfassung erschließen sich anhand eines Zitats aus der »Familiencharta« einer bedeutenden deutschen Unternehmerfamilie:

»*In großem Respekt vor der Leistung und dem Einsatz der vorangegangenen Generationen unserer Unternehmerfamilie wollen wir die uns mitgegebenen ideellen Werte bewahren und die finanziellen Werte vermehren. Wir stellen uns gern dieser verantwortungsvollen und gleichzeitig erfüllenden Lebensaufgabe. Diese Familiencharta soll uns und den uns nachfolgenden Generationen helfen, diese Verbundenheit und die daraus resultierenden Chancen und Verpflichtungen gegenüber dem Unternehmen und der Familie stets im Auge zu behalten. Sie soll dazu beitragen, den Zusammenhalt innerhalb der gesamten Familie nach innen zu festigen und nach außen zu dokumentieren. Wir wollen jetzt und für die Zukunft unternehmerisch eine gemeinsame Linie verfolgen, unser Familienunternehmen bewahren und dieses in der Familie zusammenhalten und weiterführen. Hierzu wollen wir respektvoll und fair miteinander umgehen und in Geschlossenheit handeln. Unsere Familiencharta ist im Sinne eines offenen und in der Generationenfolge fortzuschreibenden ethischen Leitbildes zu verstehen. Dies bedeutet, dass wir unsere Familiencharta bei Bedarf um neue Prinzipien und Grundlagen erweitern und an geänderte Verhältnisse anpassen wollen. Das unternehmerische Werk unserer Gründer und Vorväter kann nur erfolgreich fortgeführt werden, wenn sich die nachfolgenden Generationen – trotz Verschiedenheit der Persönlichkeiten, Ideen und Visionen – in langfristiger Denkweise, Kontinuität des Handelns, Unabhängigkeit ihrer Entscheidungen und im Bewusstsein der unserer Unternehmerfamilie eigenen Traditionen den in dieser Familiencharta zusammengefassten Regeln und Prinzipien unserer Familie unterordnen.*«

Welche konkreten Regelungen in einer Familienverfassung getroffen werden sollen, lässt sich nicht pauschal sagen. Dafür sind die möglichen Zielvorstellungen der einzelnen Familien und deren Rangordnung zu unterschiedlich. Einen besonderen inhaltlichen Schwerpunkt bildet in der Regel die Beschreibung der grundlegenden Werte der Familie und der persönlichen Zielsetzungen der Familienmitglieder sowie des Stellenwerts des Unternehmens im Rahmen des gesamten Familienvermögens. Häufiger Regelungsgegenstand von Familienverfassungen sind auch die grundlegenden Zielgrößen für das Unternehmen, die Eckpfeiler der rechtlichen und organisatorischen Struktur des Unternehmens, die Rechte und Pflichten der Familienmitglieder untereinander sowie grundsätzliche Aussagen über den Kauf und Verkauf von einzelnen Betrieben und über den Verkauf des Familienunternehmens im Ganzen. Auch die finanzielle Ausstattung und kursorische Anforderungsprofile bezüglich der künftig im Unternehmen tätigen Gesellschafter sowie Verfahrensvorschriften bezüglich der Auswahl künftiger Organmitglieder aus der Familie, die Rechtsstellung der angeheirateten Ehepartner und die Informationsrechte der Familie können in Familienverfassungen niedergelegt werden. Schließlich bietet es sich an, Regelungen zur Durchführung von Familientagen und zur Bestimmung eines für alle (formell) verantwortlichen Familiensprechers in die Familienverfassung aufzunehmen. Von besonderer Bedeutung ist es, eine verfahrensmäßige Regelung zur Schlichtung von Streitigkeiten innerhalb der Unternehmerfamilie zu treffen. Selbstverständlich kann jede Familie ihre individuellen Vorstellungen und Absichten im Hinblick auf das Verhältnis von Familie zum Unternehmen in der Familienverfassung festschreiben.

5 Streitbeseitigung

Ich habe im Laufe meines Berufslebens manch heftigen Streit miterlebt. Streit zwischen Geschwistern, Streit im Eltern-Kind-Verhältnis oder Konflikte zwischen Gesellschaftern und Fremdmanagern waren immer wieder an der Tagesordnung. Ist der Streit im Familienunternehmen einmal ausgebrochen, sollte zunächst versucht werden, eine Einigung der Konfliktparteien aus eigener Kraft oder unter Vermittlung durch eine neutrale Person, bspw. durch den Beiratsvorsitzenden oder einen unternehmerischen Freund, herbeizuführen.

Wer als Streitschlichter oder Moderator in einer Unternehmerfamilie wirken will, muss den Gesellschaftern auf Augenhöhe begegnen können. Keinesfalls darf der Schlichter in ein Abhängigkeitsverhältnis geraten. Von essenzieller Bedeutung sind fundierte Kenntnisse über die Interna des betreuten Unternehmens. Auch die Grundsätze der Finanzierung, der Produkte und Märkte, der Personalplanung und des Investitionsbedarfs müssen einem Berater vertraut sein, um wirkungsvoll als Schlichter auftreten zu können und als solcher akzeptiert zu werden. Dies erfordert einerseits bei diesem ein entsprechend breites fachliches Know-how, andererseits auch die Bereitschaft des Unternehmers, die erforderlichen Informationen überhaupt preiszugeben. In den letzten Jahren hat man hierzu auch das Mediationsverfahren entwickelt. Hierbei wird ein Mediator, also ein neutraler Dritter, der sich berufsmäßig mit Streitbeseitigung befasst, hinzugezogen. Der Mediator verfügt allerdings über keine Entscheidungsmacht. Das Mediationsverfahren hat sich in Deutschland noch nicht wirklich durchgesetzt, es findet jedoch zunehmend Verbreitung. In vielen Fällen kommt es – nach dem Scheitern von Einigungsversuchen ohne professionelle Hilfe – zum Beschreiten des öffentlichen Rechtswegs oder der Anrufung eines Schiedsgerichts.

Ein Verfahren vor einem staatlichen Gericht kann sich über mehrere Jahre hinziehen, insbesondere wenn es über mehrere Instanzen geführt wird. Wird dagegen ein Schiedsgericht angerufen, so entscheidet dieses anstelle der staatlichen Gerichte endgültig. Eine weitere Möglichkeit ist der Abschluss einer Schiedsgutachtervereinbarung dergestalt, dass der Gutachter lediglich bestimmte Tatsachen verbindlich für die Parteien feststellt. Schiedsgutachterverträge haben ihren Schwerprunkt bei Wert-, Preis- und Schadensfeststellungen, z. B. bei der Frage nach der Höhe von Abfindungsansprüchen oder Entnahmen. Auch die Feststellungen des Schiedsgutachters sind in der Regel endgültig. Sie können durch ein staatliches Gericht lediglich auf offenbare Unrichtigkeit oder grobe Unbilligkeit hin überprüft werden.

Die Vorteile der Schiedsgerichtsbarkeit im Vergleich zum staatlichen Zivilprozess liegen insbesondere darin, dass ein schiedsgerichtliches Verfahren in der Regel flexibler und schneller vonstattengeht, des Weiteren in der Vertraulichkeit des Verfahrens (staatliche Prozesse sind dagegen stets öffentlich). Bei Streitigkeiten mit internationalem Bezug bietet ein Schiedsgerichtsverfahren ebenfalls Vorteile. Auch können die Parteien das Schiedsgericht so zusammenstellen, dass es die Herkunft der Streitparteien abbildet, was erfahrungsgemäß die erhoffte Befriedungsfunktion maßgeblich erhöht. Ein weiterer Vorteil ist, dass Schiedssprüche im Gegensatz zu staatlichen Urteilen fast weltweit vollstreckt werden können. Mehr als 150 Staaten – darunter alle wichtigen Wirtschaftsnationen – haben sich in der New Yorker Konvention verpflichtet, ausländische Schiedssprüche grundsätzlich anzuerkennen und in ihrem Land durchzusetzen.

6 Einige Worte zu Arist von Schlippe

Mein Beitrag wäre unvollständig, würde ich nicht noch etwas näher auf das wissenschaftlich und praktisch überaus fruchtbare und zugleich freundschaftliche Verhältnis eingehen, das mich mit Arist von Schlippe seit Langem verbindet. Arist von Schlippe und mir gemeinsam ist ein tiefes Interesse für die familiären Bezüge und die daraus resultierenden Herausforderungen rund um das Familienunternehmen, also für den »Faktor Mensch«, der im Familienunternehmen im Mittelpunkt steht. Stets ist der Dialog mit Arist von Schlippe spannend, interessant und wertvoll. Man kann Arist von Schlippe mit Fug und Recht als *den* Pionier in der Erforschung komplexer familiärer Strukturen in Unternehmerfamilien bezeichnen. Als Psychologe untersucht er wissenschaftlich genau die Bereiche, die sich mir in meiner Beratungspraxis als die eigentlichen Ursachen aller – später mit juristischen Mitteln zu regelnden – Konfliktsachverhalte erwiesen.

Arist von Schlippe ist ein überaus produktiver Autor zahlreicher Veröffentlichungen, die trotz des anspruchsvollen wissenschaftlichen Sujets stets verständlich sind und sich durch ihren Praxisbezug auszeichnen. So prägt er als Mitherausgeber auch die Zeitschrift »Familienunternehmen und Stiftungen« (FuS). Ihm gelingt es in unnachahmlicher Weise, fachliche Kompetenz mit Originalität und seinen Sachverstand mit Menschlichkeit zu verbinden. Seine Verdienste um die Konfliktforschung in Unternehmerfamilien sind bleibend.

Dass zwischen uns beiden »die Chemie stimmt«, hat über das fachliche Interesse hinausgehende Gründe: Uns verbindet nicht nur unsere westfälische Heimat, uns verbindet auch die Offenheit der Sprache sowie die Angewohnheit, lieber gleich den Finger in die Wunde zu legen, statt lange um den heißen Brei herumzureden. Nicht zuletzt verfügen wir beide als Familienväter aus eigenem Erleben über einen Blick für die Beziehungsgefüge innerhalb einer Familie, für innerfamiliäre Spannungen und Konfliktpotenziale.

Mit meinen herzlichsten Glückwünschen zum 70. Geburtstag rufe ich Arist von Schlippe zu:

Ad multos annos, lieber Arist!

Anita von Hertel, Sarah Heiligensetzer, Adrian Thomas

Regenmantel und Thymian: Wertschätzung annehmen in Familienunternehmen – mit Mediationskompetenz und Feedback-AvS

Dies ist die (fast[1]) wahre Geschichte vom Familienunternehmer vierter Generation, der beinahe keiner geworden wäre: Wirtschaftsmediation in einem Familienunternehmen. Nachdem Otto in mehreren aufeinander folgenden Jahren seinem Schwiegersohn Jo folgenlos mitgeteilt hatte »Im nächsten Jahr, wenn du dann wie ein Unternehmer denken wirst, wirst du Geschäftsführer«, wurde die Stimmung eisig. Jo dachte: »Unternehmer sein heißt, Meister der Zahlen zu sein. Das hatte er im Studium gelernt. Also werde ich die Zahlen noch genauer untersuchen. Ich denke wie ein Unternehmer.« Jo fühlte sich wie Prinz Charles. Die Krone lag direkt vor seiner Nase. Aber niemand setzte sie ihm auf. Otto hingegen fand die Zahlenkompetenz des Juniors hervorragend. Das aber konnte er nicht verständlich machen. Am Anfang hatte Otto versucht, dem Schwiegersohn seine Freude an dessen Kompetenz zurückzumelden. Aber Jo wischte jede einzelne positive Rückmeldung von Otto immer sofort weg. »Ach nein ... so gut bin ich doch gar nicht ...« Irgendwann merkte Otto, es ist aussichtslos. Seine Worte kamen nicht an. Und das wenige, was Otto gern anders gehabt hätte, konnte er (noch) nicht benennen, weil er es selbst noch nicht genau zuordnen, geschweige denn ausdrücken konnte. Es war noch ein dumpfes Gefühl. So blieb – verständlicherweise – sein Feedback aus. Irgendwann scherzte Jo, mit einer Prise Bitterkeit in der Stimme: »Wollen wir wieder einen April-April-Übergabe-Plan machen?« Otto fand den Scherz nicht lustig.

Die wertschätzenden Worte waren wie an einem Regenmantel abgeperlt. Die Bitterkeit hingegen tropfte durch und wirkte. So entstanden immer mehr zerstörische Unstimmigkeiten. Was Otto nach wie vor wirklich hervorragend fand, durfte er nicht sagen. Und was er gern anders gehabt hätte, konnte er nicht benennen. Jo sagte einmal, er könne ja das Unternehmen und vielleicht das Land verlassen. Otto empfand dies als bedrohlich. Und Drohungen mochte er noch nie. Otto fühlte sich verletzt. Er konnte die drei Kreise Familie, Unternehmen und Eigentum für sich sonst immer gut trennen und unterscheiden. Jetzt verschwammen alle drei zu einer unangenehmen Kugel im

---

1   Zusammengesetzt aus mehreren wahren Geschichten und anonymisiert.

Bauch. In der emotionalen Aufladung gelang es Otto noch weniger, die multikausalen Ursachen für sein Zögern aus einer Metaperspektive betrachten und zuordnen zu können. In einem mediativen Vorgespräch – spazierengehend[2] mit dem Mediationskompass[3]-Auftragskarussell (Abbildung 1)[4] – fand er die Zusammenhänge heraus.

Abbildung 1: Auftragskarussell

Jo spazierte um die Außenalster und »erschritt« sich die Felder auf der SELF-Seite und der OTHER-Seite mit dem Mediationskompass. So kam er dem Konfliktkern auf die Spur. Auf der SELF-Seite tauchten vor allem zwei innere Anteile auf. Die innere Stimme seines eigenen Vaters spornte ihn an, wie er es aus der Meisterschaftszeit als Jugendlicher gewöhnt war: »Gib alles. Besiege ALLE!« Die innere Stimme seines Schwiegervaters spornte ihn etwas anders an: »Mach' alles richtig. Sei wie ich.«

Bis zu diesem Moment hatte Jo die Außendienstler mit der inneren Stimme seines eigenen Wettkampf-Vaters geführt. Er hatte ihnen immer zu hohe Ziele gesteckt

---

2 Umfangreiche Literaturliste zur Forschung über den Nutzen des Spazierengehens ist erhältlich bei: assistenz@vonhertel.de
3 Von Hertel (2016). Lieber Arist, danke für die Idee, den Mediationskompass, den wir zuerst nur in unserer Mediationspraxis verwendet haben, allgemein zugänglich zu machen.
4 Von Schlippe (2006, 2014) sowie von Schlippe u. Jansen (2020).

und sie scharf angefasst. Jetzt merkte Jo, dass diese Strategie für ihn als kleinen Jungen in Wettkampf-Situationen mit sportlicher Höchstleistung am Stufenbarren gut war. Denn sie hatte in ihm eine besondere Art von WUT-Energie und Power ausgelöst. Tatsächlich hatte Jo all seine Medaillen und Pokale im Sport so erreicht.

In den Gesprächen mit dem Außendienst aber war dieser Impuls nicht zielführend. Jo führte auf der SELF-Seite des Mediationskompasses einen imaginierten Dialog mit seinem inneren Vater. Er hörte den Ansporn. Und er antwortete dieser inneren Stimme im Kontext Außendienst: »Ich nehme diesen Auftrag so nicht an. Ich werde stattdessen freundlich sprechen und individuellen Support anbieten.« Kaum hatte er das ausgesprochen, fühlte er sich wie von einer Last befreit.

In diesem Moment entdeckte Jo noch etwas Zweites, womit er nicht gerechnet hatte. Auch seinen Schwiegervater Otto empfand er als eine Art »Wettbewerber«. Er entdeckte einen konkurrierenden Anteil in sich, der Otto zeigen wollte: »Ich bin besser als du. Der wahre Könner und Sieger bin ich!« Als Auftrag pointiert formulierte er: »Sei besser als alle! Sei auch besser als dein Schwiegervater! Und zeig es allen!« Die innere Antwort auf diesen Auftrag lautete: »Diesen Auftrag nehme ich so nicht an. Ich werde mein Bestes geben. Und ich werde meinem Vorgänger mit Achtung, auf Augenhöhe und in Dankbarkeit begegnen.« Der Ehrgeiz des Übertrumpfens war neuem Respekt gewichen.

Für Jo als Leistungssportler gab es früher nur eine einzige Frage: »Gewinne ich die Goldmedaille oder der Gegner?« Dass eine Unternehmensübergabe kein Medaillenkampf war, machte ein warmes Gefühl, das vom Bauch in alle Richtungen strömte. Er hielt beim Spazierengehen inne und stellte sich – mit Blick auf Außenalster und blühende Mandelbäume – auf den OTHER-Platz im auf die Wiese gelegten Mediationskompass als Schwiegervater Otto. Jetzt fühlte es sich auch auf dem OTHER-Platz zum ersten Mal gut an. Er freute sich auf das Mediationsgespräch mit Otto.

Die Mediation nach dem Mediationskompass-Spaziergang

Nach dieser Vorbereitung war die anschließende gemeinsame Mediation mit Otto und Jo sehr bewegend. Otto sagte später: »Ich habe gemerkt, dass Jo mich jetzt wirklich verstehen wollte.« Beide entdeckten, dass der Schwiegervater die scharfen Töne nicht nur dem Außendienst gegenüber wahrgenommen hatte. Jo hatte sich auch – ohne dies eigentlich zu wollen – Otto gegenüber wie beim Stufenbarren-Wettkampf verhalten. Damit hatte der langjährige Unternehmer sich von dem Jüngeren wie »weggebissen« gefühlt, ohne dass er dies bisher so hätte benennen können.

Jo entdeckte an Otto verschiedenen Qualitäten, die dem »alten Hasen« als wenig Worte machenden Ingenieur bis zu diesem Zeitpunkt nicht explizit bewusst waren: Vor allem Ottos Haltung, die von Wertschätzung, Respekt und Augenhöhe allen Mitarbeiter*innen gegenüber geprägt ist, faszinierte Jo. Aber er wusste nicht, wie er diese Faszination ausdrücken könnte. Feedback zu geben oder anzunehmen hatte Jo bis zu diesem Moment nicht gelernt. Er kannte nur verschiedene Formen der Abwehr von Feedback. Wirklich alle Menschen in seiner Familie und im Freundeskreis wehrten positives Feedback ab. Als Otto seine Anerkennung darüber ausdrückte, wie gut und zuverlässig Jo sämtliche Zahlen im Griff habe, meinte Jo wegwerfend: Ja – nun – äh – also neulich sei ihm die Kostenstelle der Steuerberatungskosten für Mai durchgerutscht ... Als Jo über Ottos herzliche, vertrauensvolle und weitblickende Mitarbeiterführung sprach, zeigte sich spiegelbildlich ein ähnliches Bild. »Das ist doch nichts Besonderes ...« In der Mediation sagte Jo – so seine Worte – zum ersten Mal im Leben: »Dieses Feedback höre ich. Ich ahne, Otto, was es für dich bedeutet. Ich kann auch glauben, dass du es ernst meinst. Bitte gib mir etwas Zeit. Ich möchte lernen, es anzunehmen.«

Der Unternehmensübergang ist inzwischen vollzogen. Otto geht mittlerweile mit allen Familienmitgliedern spazieren – oft mit Mediationskompass. Alle reden viel mehr über die Dinge, die sie bewegen, als in den letzten Jahren. Nur ein Problem hatten sie in der Mediation noch nicht lösen können: Für das Annehmen all der wunderbaren Feedbacks gab es bisher für sie keine Vorbilder. Diese Lücke hat Arist von Schlippe nun geschlossen.

Feedback-Annahme in vier Stufen à la Arist von Schlippe = Feedback-AvS

Können Menschen Feedback annehmen? Und – schlimmer noch – können Artgenoss*innen der Gattung Homo sapiens sapiens beruflich oder privat wertschätzendes, authentisches, ehrliches, positives Feedback von anderen annehmen? Ist es theoretisch und praktisch möglich, Feedback solcher Art anzunehmen, ohne
- vor Scham im Boden zu versinken,
- Angst zu haben, als arrogant wahrgenommen zu werden,
- oder in andere emotionale Strudel zu geraten?

Kann Feedback ein sich selbst reflektierendes Spiegelbild erschaffen helfen, zu dem Menschen innerlich und äußerlich »Ja« sagen können? Kann also durch das, was jemand als Feedback kommuniziert, und durch das, was bei Feedback-Empfänger*innen ankommt und wie es ankommt, eine neue Sicht der Spiegelbild-Empfänger*innen auf sich selbst entstehen? Und – wenn ja – ist diese neue Sicht anschließend sinnvoll kommunizierbar? Kann so ein gemeinsamer Blick auf Qualitäten entstehen?

Häufig misslingt dieser gemeinsame Blick. Schauen wir uns drei zufällige Klassiker aus drei zufälligen Kategorien an: Backen, Bücher, Businessmediation.

Backen

Feedbacker*in: »Oh – du hast heute wieder vorzüglich gebacken. Deine Gemüse-Quiche schmeckt einfach köstlich: diese aromatischen Tomaten, die Geschmacksexplosion von Olive und frischen Frühlingszwiebeln mit einem Hauch von Minze ...«

Empfänger*in: »Äh – naja – also – nein – eigentlich fehlt da noch Thymian, aber leider ...«

Abbildung 2: Eigentlich fehlt da noch Thymian

Buch

Feedbacker*in: »Was für ein guter Text. Ich bin von deiner Klarheit, der Verständlichkeit, von den lebendigen, stimmigen Geschichten und dem durchschimmernden Humor, der eine Finesse hat, die nie plump wirkt, sehr angetan ...«

Empfänger*in: (errötend): »Nun, das letzte Kapitel hätte eigentlich besser werden sollen, aber dann ...«

Businessmediation

Feedbacker*in: »... Was für eine brillante Intervention in unserer Mediation ... Warum haben wir Sie nicht schon vor x Jahren kennengelernt ...?«

Empfänger*in: »Ach – das hätte doch jeder gekonnt ...«

Und da stehen sie nun, die Heerscharen von Feedbacker*innen, ohne Thymian im Mund, die an dem Kommentar zu ihrem Feedback neu zu kauen haben. Eben noch schmeckte das Backwerk wie ein goldener Sommerabend in der Provence. Mit Lavendelduft. Die saftigen Genüsse an Zunge und Gaumen waren cool. Und plötzlich sirrt dieser eigentlich nicht fehlende Thymiangeschmack wie eine ungebetene Störung durch die Luft. Die Irritation erfasst regelmäßig beide: Unser*e Feedback-Empfänger*in ist mit fehlendem Thymian beschäftigt – und kann das Feedback nicht genießen.

Und auch der nächste Quiche-Biss verändert sich. Für die eben noch glückliche Feedbacker*in verliert der goldene Geschmacks-Sommerabend oft mehr als nur einen Hauch von seinem Zauber.

Wir alle wissen es: Es kann in sämtlichen Lebensbereichen geschehen ...

Feedbacker*in: »Dein Vortrag hat mir sehr gut gefallen. Ich mochte besonders xyz ...«

Und wieder lässt die Person, die das Feedback empfangen könnte, die Worte und ihre Bedeutung nicht an sich heran. Für manche fühlt sich nicht angenommenes Feedback wie ungebetener Regen auf einer gelben Friesenjacke an – oder wie ein verschmähtes, liebevoll verpacktes Geschenk, das auf dem Müllabladeplatz der Zeit statt auf dem Gabentisch der Glücksgefühle landet.

Drei Ursachen für das »Wegwerf-Müllhalden-Dasein« authentischer Wertschätzung

Auch wenn dieser Beitrag den Schwerpunkt nicht in Ursachen und Wirkprinzipien hat, die für das Ablehnungs-Phänomen positivem Feedback gegenüber verantwortlich sein können, wollen wir diese kurz beleuchten, weil wir wissen, dass es nützlich ist. Wer typische Faktoren kennt und beginnt, persönliche plausible Intentionen (von Hertel, 2013, S. 205f.) des eigenen bisherigen Verhaltens zu verstehen, kann neues, erwünschtes Verhalten auf stimmige Weise in das eigene Repertoire integrieren. Denn darum geht es vor allem: Wer neue Wege dafür ebnet, wertschätzendes Feedback aus dem Wegwerf-Müllhalden-Dasein zu befreien, stärkt alle handelnden Personen – nicht nur in Familienunternehmen.

Faktor 1

Self-Other-Diskrepanz, insbesondere mit (einseitigem) Weiterentwicklungsfokus:
Wenn (selbstkritische) Selbstwahrnehmung und (positive) Fremdwahrnehmung als nicht übereinstimmend wahrgenommen werden, kann es Menschen schwerfallen, sich über die positive Fremdwahrnehmung zu freuen. Insbesondere Menschen, die sehr daran interessiert sind, sich weiterzuentwickeln und zu lernen, können Informationen zu dem, was sie gut können, oft weniger leicht annehmen als Entwicklungsfelder (VandeWalle, 2003).

Faktor 2a

(Öffentliche) Aufmerksamkeit – allgemein: Für viele Menschen ist (öffentliche) Aufmerksamkeit – ganz allgemein – mit einem Gefühl von Verlegenheit verbunden. Dabei kann es unerheblich sein, ob es sich bei dem Grund für die Aufmerksamkeit um Erfolg oder Misserfolg handelt. Allein schon das »Herausgehoben-Sein«, die Tatsache, dass alle Augen auf die Person gerichtet sind, führt zu einem Unwohlsein-Gefühl. Um diesem zu entgehen, versuchen Menschen, schnell etwas zu entgegnen, in der Hoffnung, dass der Erfolg dann in nicht mehr ganz so »besonderem« Licht erscheinen möge (Littlefield, 2012). Sprichwörter wie »Hochmut kommt vor dem Fall« gehören zu diesem Mindset.

Faktor 2b

(Öffentliche) Aufmerksamkeit – kontextualisiert: Werden Menschen besonders positiv hervorgehoben, kann es geschehen, dass die Sorge entsteht, in Gegenwart anderer Menschen konkret erklären zu müssen, weshalb es zu genau dieser Aufmerksamkeit kommt und genauer »unter die Lupe« genommen zu werden (Sedikides, Herbst, Hardin, u. Dardis, 2002).

Faktor 3

Mangelnde Vorbilder: Eine der Ursachen besteht darin, ob und wenn ja, welche Vorbilder wir für das Annehmen von Feedback kennen. Wir alle sind immer auch ein (als Vorbild wirksames) Beispiel für den Umgang mit Feedback, von dem andere Menschen lernen können (so von Roermund et al., 2013). Im Umfeld vieler Menschen, mit denen wir gearbeitet haben, kommt die glückliche, positive, freudige Annahme von Feedback – ohne Regenmantel – fast nicht vor.

Abbildung 3: Wertschätzung mit Regenschirm

Und deshalb brauchen wir – zusätzlich zur beschwichtigenden, ablehnenden oder verschämt wegschauenden *Nicht*-Annahme von Feedback – eine ganz andere Form der Feedback-Annahme. Wir brauchen die gelingende, bejahende, annehmende Feedback-Annahme als eine Wahlmöglichkeit.

Und dafür brauchen wir Vorbilder: Menschen, die diese Qualität haben und die wir schätzen. Und wir brauchen Muster. Wir brauchen Worte und Sätze, die uns stimmig erscheinen, und die wir sagen könnten. Denn nur wer weiß, wie es denn ginge, wenn er/sie es denn wollte, kann wählen. Denn, wer den beschwichtigend-abwehrenden Feedback-Regenmantel auszieht, braucht dann neue Worte.

Und das schönste Muster, das wir bisher erlebt haben, ereignete sich an einem Sommertag 2020. An diesem Tag – es war der 18. Juni und damit der Internationale Tag der Mediation – erhielt Arist von Schlippe den WinWin-Innovationspreis, Win-Winno, DACH, Deutschland, Austria, Schweiz. Hunderte von Menschen machten die Preisverleihung mit Vortrag zu einem riesigen Fest. Zwölf Weggefährt*innen würdigten den großen Systemiker für sein Wirken. Sie alle gaben ganz persönliches Feedback, wie der mediative Vordenker ihr Leben durch seine Publikationen, seine Kommunikation und seine Interaktionen verändert, bewegt und begleitet hat – und wie er ihre »limbischen Taschenrechner« (von Hertel, 2006, S. 28) mit vielen fachlichen und persönlichen Pluszeichen gefüllt hat. Diese zwölf Würdigungen gehörten zu den wertschätzendsten Feedbacks, die sich denken lassen.

Besonders schön und bewegend für uns drei Autor*innen war die Reaktion auf dieses Feedback. Der Gewürdigte hätte theoretisch – wie viele andere in ähnlichen Situationen – sagen können: »Ja, ja ... nun ... Also. Äh. Hmmm ... Ja. Ihr müsst wissen, sooo toll bin ich ja nun wirklich gar nicht ... und außerdem habe ich ja hier und da auch ...«

Nichts davon geschah. Arist unterteilte seinen Dank in vier Stufen – und sagte sinngemäß (von uns gekürzt).

Stufe 1: Danke für diese wertschätzenden Worte, Sie vermitteln mir ein gutes Gefühl wie eine (besondere) Massage.

Stufe 2: Und das ist für mich deshalb so angenehm, weil genau die Aspekte, die ihr würdigt, mir immer ein ganz besonderes Anliegen waren und sind.

Stufe 3: Und ich bedanke mich bei Virginia Satir und vielen anderen Großen, von denen ich lernen durfte, für das, was ich von ihnen lernen und übernehmen konnte.

Stufe 4: Und gleichzeitig ist es richtig, mich zu würdigen, denn ich habe etwas ganz Eigenes daraus gemacht.

Wir sprachen mit Arist nach der Preisverleihung darüber – und gemeinsam wurde uns klar, dass der große Systemiker dieses »**A**nnahme-**i**n-**v**ier-**S**tufen-Muster« im Augenblick der Preisverleihung erstmalig so verwendet und erfunden hatte.

Wir unterrichten die AvS-Feedback-Annahme seitdem in der Mediationsausbildung. Und wir stellen fest, wie sehr Frauen und Männer auf neue Weise über sich selbst hinauswachsen, wenn sie nach einem Feedback mit diesen vier Stufen, persönlich angepasst auf ihr eigenes Leben, antworten.

Abbildung 4: Danke

Das Feedback der Zukunft: Impulse für Otto, Jo & Co

Es genügt nicht, wenn viele Ottos und Jos dieser Welt wissen, welche Schäden entstehen, wenn wir wertschätzendes Feedback an unseren Regenmänteln abperlen lassen. Solange die Antwort auf authentische, von Herzen kommende und passende Wertschätzung noch lautet »eigentlich fehlt da noch Thymian«, fehlt da etwas ganz anderes als Thymian.

Zusätzlich zum Wissen, *dass* es wichtig ist, wertschätzendes Feedback anzunehmen, ist es notwendig, dass wir wissen, *wie* es geht, wenn wir es wollen. Weil Familie, Unternehmen und Kapital in Familienunternehmen so eng verwoben sind wie sonst nirgends, ist dieses Wissen insbesondere in Familienunternehmen so entscheidend. Mit dem Wissen, *dass* und *wie* wir wertschätzendes Feedback angemessen annehmen können, tun wir viel für unsere Unternehmen und für die Kultur in der Familie, für die Feedback-Geber*innen – und auch für uns selbst.

Wir werden Jo und Otto demnächst sehen. Vielleicht klingt ihre AvS-Feedback-Annahme dann so:
1. Danke, Otto, deine Worte wirken auf mich wie ... es folgt eine Metapher.
2. Das ist für mich besonders angenehm, weil genau die Qualitäten, die du mir zurückmeldest, mir ein Herzensanliegen sind. Es folgen genau die genannten Qualitäten, ggf. detailliert.
3. Ich danke meinen Vordenkern, von denen ich es gelernt habe, insbesondere ...
4. Und es ist gleichzeitig richtig, mich zu würdigen, denn ich habe daraus etwas ganz Eigenes gemacht. Ich nehme es gern an, lieber Otto, und ich freue mich darüber.

Vielen Dank, lieber Arist, für so vieles! Und hier und heute ganz herzlichen Dank für deine Art, Feedback anzunehmen und die Feedback-AvS-Struktur für Menschen in Feedback-Situationen am Internationalen Tag der Mediation – ohne Regenmantel und Thymian – erfunden zu haben.

Marcel Hülsbeck

Eigentümer als Manager des Familienunternehmens – eine ökonomische Perspektive

»Die Beschränkung auf Eigentümer im Management führt zu Entscheidungen, welche die Organisation in ihrem Überlebenskampf benachteiligt.« (Fama u. Jensen, 1983)

»Der Patriarch als Familien- und Gesellschaftervertreter und dann auch noch als Geschäftsführer versammelt die vielfältigen Spannungen des Gesamtsystems in sich und trägt sie innerlich aus.« (von Schlippe, 2014)

Diese beiden einführenden Zitate, eines aus einem der grundlegenden ökonomischen Artikel zum Zusammenhang (oder der Trennung) von Eigentum und Kontrolle, das andere von Arist von Schlippe, als dem in diesem Band Geehrten und Protagonisten der Wittener Theorie der Unternehmerfamilie höchstselbst, illustrieren die (vermeintliche?) Dissonanz der ökonomischen und systemischen Perspektive auf das Thema. Auch wenn Ökonomie und Systemtheorie in ihren Schlussfolgerungen nicht ganz so weit auseinanderliegen, wie gern gemutmaßt wird, lässt sich doch ein grundlegender Unterschied beider Betrachtungsweisen festhalten. Der Ökonom fragt ausschließlich nach der Effizienz der gefundenen Lösung, der Systemiker fragt zuallererst nach der Nützlichkeit einer Lösung. Nun soll weder Arist noch seinen Kollegen durch das obige Zitat unterstellt werden, sie hielten das Patriarchentum in Familienunternehmen für die nützlichste Lösung, ganz im Gegenteil ist es ihm und den anderen Protagonisten der Wittener Theorie der Unternehmerfamilie immer ein Anliegen gewesen, die Multiperspektivität und Polykontextualität des doppelten Systems von Unternehmerfamilie und Familienunternehmen zu betonen und an den nicht immer ganz einfachen Grenzziehungen und Unterscheidungen klarzumachen, dass vereinfachende Annahmen selten zu nützlichen Lösungen führen. Der folgende Beitrag kann und will – schon aufgrund der gebotenen Kürze – keinen Versuch unternehmen, die systemische und ökonomische Perspektive zu kombinieren. Stattdessen dekliniert er einige grundlegende ökonomische Erklärungsmuster dafür durch, wann und unter welchen Umständen es effizient sein kann, den Eigentümern das Management ihres Familienunternehmens zu überlassen, und wo das möglicherweise nicht ganz so nützlich ist.

Eigentümer als Risikoübernehmer

Was Eigentum eigentlich ist, wird im täglichen Leben – auch in Familienunternehmen und Unternehmerfamilien – wohl selten hinterfragt. Die Frage nach dem, was »meines« und was »deines« ist, erscheint durch Gesellschaftsverträge, Vererbung etc. zunächst einmal eindeutig geklärt. So hält sich auch das BGB im entsprechenden Abschnitt selbst nicht lange mit der Definition von Eigentum auf, sondern definiert stattdessen die Befugnisse des Eigentümers: »*Der Eigentümer einer Sache kann, soweit nicht das Gesetz oder Rechte Dritter entgegenstehen, mit der Sache nach Belieben verfahren und andere von jeder Einwirkung ausschließen*« (§ 903 BGB). Eine weitere Suche nach juristischen Definitionen ergibt dann schnell, dass eine einheitliche Begriffsbestimmung von Eigentum in dieser Weise nicht existiert, sondern sich Eigentum als ein »Bündel von Rechten« an einer bestimmten Sache darstellt (Siegrist u. Sugarman, 1999, S. 11 f.). Dieses Bündel von Rechten umfasst u. a. Besitz, Verwendung, Nutzung, Ertrag, Kapitalwert und auch die Abwendung von Schaden von der Sache selbst (Johnson, 2007). Aus juristischer Sicht erscheint die Sache also klar: Wer der Eigentümer einer Sache ist, der »managt« sie auch.

Die Ökonomie kommt zunächst zu ähnlichen Ergebnissen wie die Juristerei. Auch in dieser Perspektive besteht Eigentum aus einem Bündel an sogenannten Verfügungsrechten über eine Sache bzw. über eine ökonomische Ressource. Die Ökonomie stellt sich nun aber insbesondere die Frage, wer denn nun dieses Bündel an Rechten an einer solchen ökonomischen Ressource ausüben sollte. So könnte der Eigentümer eines Unternehmens alle diese Rechte selbst ausüben, indem er im Unternehmen alle (relevanten) Entscheidungen allein trifft, er selbst also als, im Zweifelsfall alleiniger, Manager auftritt. Er könnte aber auch alle Entscheidungen an angestellte Manager abtreten. Mit dieser Übertragung von Entscheidungen an ein angestelltes Management müsste er allerdings auch einen Großteil seiner Verfügungsrechte mit an diese Manager übertragen. Der Eigentümer würde von dem o. g. Rechtebündel nur die Rechte behalten, deren verbundene Risiken nicht, oder nur unter extrem hohem Aufwand, in einem Vertrag mit dem externen Management spezifizierbar wären (Grossman u. Hart, 1986). So darf bspw. ein angestellter Geschäftsführer gewisse Investitionsentscheidungen selbst treffen, aber nicht ohne Wissen des Eigentümers ganze Unternehmensteile veräußern.

Trennt man also aus dieser Perspektive die Begriffe Eigentum und Management konsequent, so trägt der Eigentümer alle Risiken und Unsicherheiten des Unternehmens, welche sich nicht durch spezifische Verträge auf das Management abwälzen lassen. Im Gegenzug darf der Eigentümer über die Einkünfte des Unternehmens nach Abzug entstehender Kosten frei verfügen. Der Eigentümer wird also dafür entlohnt, dass er die unspezifischen Risiken und Umweltunsicherheiten seines Unternehmens trägt, während der Manager, der nur spezifische Risiken übernimmt, im Rahmen seines Arbeitsvertrages aus den Einnahmen des Unternehmens entlohnt wird. Dies ist insofern bedeutend, als dass die Mehrzahl der Eigentümer, welche ihr Unternehmen selbst managen, ihren Unternehmerlohn eben nicht in diese beiden Komponenten trennen. Dies wird aber zunehmend von größerer Bedeutung, wenn mit der Evolution des Unternehmens entweder mehrere Familieneigentümer im Management sind oder ein Teil der Familieneigentümer sich ausschließlich auf die Eigentümerrolle zurückzieht. So sollten – rein ökonomisch betrachtet – nur Familienmitglieder Eigentümer werden, welche die entstehenden Risiken auch tragen können oder wollen, diese Eigenschaft ist aber nur schwer feststellbar. Andererseits muss nicht jedes managende Familienmitglied Eigentumsanteile erhalten, wenn es denn marktüblich entlohnt wird (Fama u. Jensen, 1983). Obwohl es solche Modelle in der Praxis gibt, sind sie doch selten von Erfolg gekrönt, da diese rein ökonomische Logik mit der familialen Logik der Gleichbehandlung im Widerspruch steht (siehe dazu von Schlippe et al., 2017, S. 165 ff.).

Management heißt Entscheidungen treffen und kontrollieren

Nach dieser notwendigen und noch relativ einfachen Unterscheidung in Eigentum als Übernahme unspezifischer Risiken und Management als Delegation spezifischer Verfügungsrechte, stehen wir vor der nächsten Herausforderung: zu klären, was dieses Management denn nun ist. Die erste, intuitive Reaktion, dass ein Manager Entscheidungen über die Verwendung der ihm anvertrauten ökonomischen Ressourcen, also in unserem Fall über ein Familienunternehmen trifft, ist zwar richtig, greift aber dennoch zu kurz. Vielmehr müssen solche Entscheidungen vorbereitet, mögliche Alternativen gegeneinander abgewogen, umgesetzt und kontrolliert werden. Management ist also ein komplexer Prozess, welcher aus einer ganzen Reihe von Schritten besteht, welche die o. g. Verfügungsrechte in unterschiedlicher Weise betreffen (Fama u. Jensen, 1983; Hülsbeck, 2020). So ist die Entwicklung möglicher alternativer Verwendungsmöglichkeiten von Ressourcen, z. B. Sammlung verschiedener Ideen für Digitalisierungsprojekte im Unternehmen, zunächst erst einmal insofern konsequenzlos, als dass es »nur« Arbeitszeiten und Humankapital im Rahmen der Ideenentwicklung bindet. Die darauffolgende notwendige Entscheidung darüber, welche dieser Ideen umgesetzt wird, bindet dann aber die Ressourcen des Unternehmens an dieses eine Projekt und ist daher von deutlich größerer Tragweite. Spätestens hier wäre zu berücksichtigen, dass alle bedeutenden und zukünftigen Projekte in einem Unternehmen stark unsicherheitsbehaftet sind, und dass diese Unsicherheiten als unspezifische Risiken letztendlich vom Eigentümer getragen werden.

In einem dritten Schritt muss das ausgewählte Projekt dann umgesetzt werden, auch hier ist einsichtig, dass die im vorhergehenden Schritt getroffene Entscheidung über den Ressourceneinsatz die Tragweite dieses Schritts stark determiniert und dass aufgrund des gemeinsam entwickelten Verständnisses durch eine gelungene Umsetzung des Projekts – entsprechende Planung und Kompetenz der Verantwortungsträger vorausgesetzt – wieder nur spezifische Risiken entstehen, welche entsprechend gut delegierbar sind. Dies soll allerdings nicht darüber hinwegtäuschen, dass in einem letzten Schritt kontrolliert werden muss, ob die umsetzenden Manager denn auch verantwortungsvoll mit den Ressourcen umgegangen sind. Über die vier geschilderten Stufen von Projektidee über -entscheidung und -umsetzung bis hin zur Kontrolle wird deutlich, dass jede dieser Stufen unterschiedlich gut vom Eigentümer zum Manager delegierbar ist. Die Schritte eins und drei sind sehr gut delegierbar, da sie entweder wenig in die Verfügungsrechte der Eigentümer eingreifen (Schritt 1: Entwicklung alternativer Projektideen) oder aber so gut definierbar sind (Schritt 3: Projektumsetzung), dass die entstehenden Risiken vertraglich an die betroffenen Manager übertragbar sind. Die Auswahl eines bestimmten Projekts (Schritt 2) hingegen ist hoch unsicherheitsbehaftet, da nicht alle möglichen alternativen Entscheidungen bzw. Einflussfaktoren auf dieses Projekt bekannt sind. Die Kontrolle des Ressourceneinsatzes und Projekterfolgs ist ebenso schwer delegierbar, da angestellte Manager ggf. kein Interesse daran haben, Unzulänglichkeiten in der Projektumsetzung zu offenbaren, da sie ja eben nicht das unternehmerische Risiko tragen. Die Schritte eins und drei in diesem Prozess sind also eher dem zuzurechnen, was wir landläufig als Management verstehen, während die Schritte zwei und vier eine unternehmerische Aufgabe darstellen. Diese analytische Trennung ist dabei in der Praxis nicht trivial, wo sich verschiedene Ebenen in Unternehmerfamilien und Familienunternehmen zumindest kommunikativ überlagern. Neben dem im vorhergehenden Abschnitt schon angesprochenen Konflikt zwischen familiärer Bindung und ökonomischer Rationalität gesellt sich hier noch die Differenz von Entscheidungs-Kommunikation einer Familie, welche ihr Unternehmen managt, und der Eigentums-Kommunikation derselben Familie, welche als Eigentümer ihre Ressourcen optimal eingesetzt sehen möchte (von Schlippe, 2013, S. 13 ff.).

Eigentümer und Manager in nichtkomplexen Unternehmen

Diese basale Unterscheidung in die Funktionen Eigentum vs. Management sowie die Aufgliederung des Managementprozesses selbst zeigen bereits, dass die Frage nach der gemeinsamen oder getrennten Wahrnehmung dieser Rollen schnell kompliziert werden kann. Der einfachste Ausweg, der auch in Familienunternehmen gern traditionell gewählt wird, ist, dass in Unternehmen mit nur einem oder sehr wenigen Eigentümern eben diese auch die Managementfunktionen wahrnehmen. Dies entspräche den Mentalen Modellen des Patriarchen oder der operativ tätigen Eigentümerfamilie (Rüsen, von Schlippe u. Gimeno, 2013). Wohl wissend, dass bestimmte Managementfunktionen eben nur schwer delegierbar sind, bzw. dass die Spezifizierung bestimmter Managementaufgaben und die Überwachung und Kontrolle eines externen Managements nur mit teilweise hohem Aufwand und damit einhergehenden Kosten realisierbar sind, können Familieneigentümer unter bestimmten Umständen auf eine Trennung der Eigentümer- und Managementrolle verzichten. Die erste Voraussetzung wäre, dass sich das Familienunternehmen einer Umwelt gegenübersieht, die es ermöglicht, dass einer (z. B. der Patriarch) oder wenige (z. B. eine unternehmerische Kernfamilie) gemeinsam alle notwendigen Kompetenzen auf sich vereinen, um so ein Unternehmen führen zu können. Eine weitere Voraussetzung wäre, dass sich in der kleinen Familie langfristig, d. h. auch in den folgenden Generationen, immer wieder Mitglieder finden, welche bereit sind, das unternehmerische Risiko alleine zu tragen, bzw. es auf sehr wenige Schultern zu verteilen. Daraus ergibt sich zwangsläufig als dritte Voraussetzung, dass ein Übergang von Eigentumsanteilen an einem solchen Familienunternehmen nur zwischen Mitgliedern stattfinden kann, welche sich auch dazu bereit erklären, operativ im Unternehmen tätig zu werden.

Eine solche Regelung limitiert allerdings die Handlungsmöglichkeiten des Unternehmens und der Familie gleichzeitig. Das Unternehmen müsste, um langfristig eine nichtkomplexe Organisation zu bleiben, auf Wachstum und Diversifikation bewusst verzichten und gleichzeitig eine Nischenstrategie verfolgen. Parallel müsste auf familiärer Seite ein Anwachsen des Gesellschafterkreises, sei es durch Familienplanung oder Vererbungspraktiken, vermieden werden. Beides ist langfristig dazu geeignet, den Fortbestand des Unternehmens, z. B. durch Wegfall der Nische oder ständiges Ausbezahlen passiver Gesellschafter, zu gefährden. Darüber hinaus führt eine solche Strategie durch eine suboptimale Risikoverteilung zu einer zusätzlichen Gefahr für das Unternehmen. Ist das Eigentum und damit das unternehmerische Risiko auf eine oder wenige Schultern verteilt, führt dies dazu, dass diese wenigen Eigentümer-Manager eine Präferenz dafür entwickeln, vermeintlich sicherere und risikoärmere Entscheidungen zu bevorzugen und damit notwendige, aber risikobehaftete Entscheidungen (z. B. Digitalisierungsprojekte) nicht anzugehen oder zu verschleppen (Fama u. Jensen, 1983). Dies bedeutet, dass eine optimale Streuung von Risiken auf die Eigentümer nur erfolgen kann, wenn der Eigentümerkreis wächst, auch wenn dies auf Kosten der Entscheidungsqualität geht. Je größer und komplexer eine Organisation also wird, desto verteilter sollte auch das Risiko sein. Die oft vorgebrachte Argumentation, dass dem Kronprinzen der Löwenanteil des Unternehmens zu übertragen sei, um ihm notwendigen Handlungsspielraum zu geben (von Schlippe, 2014, S. 79 f.), wird also mit risikoaversem Verhalten erkauft.

Eigentümer und Manager in komplexen Unternehmen

In komplexen Organisationen, d. h. in Unternehmen, die sich einer komplexen oder komplexer werdenden Umwelt gegenübersehen, ergibt es also zunächst einmal Sinn, das Risiko der Eigentümerschaft auf einen größeren Eigentümerkreis zu verteilen. Dies betrifft vor allem, aber nicht nur, große oder schnell wachsende Familienunternehmen. Es gibt in der Tat auch kleinere Familienunternehmen (z. B. im Hochtechnologiebereich), welche sich immenser Komplexität gegenübersehen. Dies gilt insbesondere für Deutschland mit seiner spezifischen Industriestruktur hoch innovativer mittelständischer Unternehmen (Heider, Gerken, van Dinther u. Hülsbeck, 2020).

Die Logik hinter dieser Risikoverteilung liegt darin, dass mit steigender Komplexität auch das vom Eigentümer zu tragende Risiko überproportional steigt. Können die Eigentümer nun das Risiko nicht unter sich aufteilen, werden sie versuchen, das Risiko auf den Markt zu überwälzen, in dem sie das Unternehmen diversifizieren. Übermäßige Diversifikation führt allerdings in der Regel zu sinkenden Renditen, was in letzter Konsequenz das Unternehmen schwächen kann (Fama u. Jensen, 1983). Auf familiärer Seite kann es mit einer Abwendung vom oder zumindest relativen Abwertung des Kern- und Herkunftsgeschäfts zu einer sinkenden Bindung und Identifikation der Eigentümer kommen.

Mit einem stetig wachsenden Kreis aus Gesellschaftern nimmt – unabhängig von der Komplexität des Unternehmens – einerseits der Kommunikations- und Koordinationsbedarf zwischen den Eigentümern zu, andererseits wird es immer unwahrscheinlicher, dass für alle Eigentümer eine Managementposition gefunden werden kann, sei es aufgrund der Unternehmensgröße, sei es aufgrund von Qualifikation oder Interesse der Gesellschafter. Spätestens hier kommt es zu einer wichtigen Bifurkation. Zum einen sind nicht mehr alle Familieneigentümer im Management des Unternehmens tätig und damit von der Entwicklung und Umsetzung neuer Projekte (die Schritte eins und drei des Managementprozesses) ausgeschlossen, zum anderen dürfte es ab einer gewissen Größe des Gesellschafterkreises ineffizient werden, die Schritte zwei und vier (Auswahl und Kontrolle von Projekten) gemeinschaftlich im Gesellschafterkreis zu treffen. Stattdessen wird die Eigentümerfamilie diese Rolle an ausgewählte Mitglieder der Familie delegieren müssen, welche weiterhin operativ im Unternehmen mitarbeiten, oder die Familie durch ein Aufsichtsgremium vertreten lassen. Es kommt also zu einer Trennung der Management- und Eigentümeraufgaben bei gleichzeitiger Delegation der Eigentümeraufgaben an eine Subgruppe der Eigentümer. Diese Form der Arbeitsteilung erlaubt es der Eigentümerfamilie schließlich auch, die notwendige Kontrolle des Unternehmens in und durch Kontrollgremien auszuüben, wenn es keine operativ tätigen Familienmitglieder mehr gibt (Audretsch, Hülsbeck u. Lehmann, 2013). Die »unmögliche Verbindung von Familie und Unternehmen« (von Schlippe et al., 2017, S. 72 ff.) und die ihr zugrunde liegende Ausdifferenzierung unterschiedlicher Erwartungskontexte findet hier ihr ökonomisches Pendant.

Von der Kontrakt- zur Systemtheorie in Familienunternehmen

Während die Ökonomie jegliche Organisation, und damit eben auch Familienunternehmen, ausschließlich als ein Geflecht von Verträgen betrachtet und damit auf die Verteilung von Verfügungsrechten abzielt, versteht die systemtheoretische Wittener Theorie der Unternehmerfamilie diese Organisationsform als ein Geflecht von Kommunikationen, welches über die reine Entscheidungs-Kommunikation (ökonomische Sichtweise) auch die Bindungs-Kommunikation in der Familie mit einbezieht. Sie thematisiert damit etwa Aspekte der Gerechtigkeit und Zugehörigkeit in Familie und Unternehmen. Sie stellt die wichtige Frage nach der Legitimierung und Legitimität von Entscheidungen in einer Unternehmensform, welche eben nicht ein abstrakter Marktteilnehmer ist, sondern ein Identität stiftendes gesellschaftliches Element. Arist von Schlippe hat mit dieser erweiterten Sichtweise nicht nur mir, sondern einer ganzen Generation von Familienunternehmensforschern die Augen für die Polykontextualität des Phänomens Familienunternehmen geöffnet. Dafür, und für vieles andere, was an dieser Stelle leider keinen Platz mehr hatte, danke ich Dir, lieber Arist, ganz herzlich.

Franz W. Kellermanns

Family Firm Conflict: Central Questions in Family Firm Research

From its inception as a research area, conflict has been a central topic in the family firm literature (e.g., Dyer, 1986; Lee & Rogoff, 1996). Family firms are likely to experience more conflict than other organizational forms (Lee & Rogoff, 1996) since they must coordinate various sources of influence (ownership, business, family) (Tagiuri & Davis, 1992), which may have conflicting goal systems (see also Williams, Pieper, Kellermanns, & Astrachan, 2019). Most of the literature, however, has focused more directly on conflict that originates from the family element, such as sibling rivalry (Gersick, Davis, Hampton, & Lansberg, 1997), asymmetrical altruism (Schulze, Lubatkin, & Dino, 2003; Schulze, Lubatkin, Dino, & Buchholtz, 2001), and succession (De Massis, Chua, & Chrisman, 2008). This conflict, which is mostly characterized as negative and is commonly referred to as relationship conflict, is highly detrimental to performance (Jehn, 1995, 1997).

Negative Conflict

Negative conflict in family firms has sparked interest not only in the academic community, but also in the popular press, as these »family wars« hold interest for the general public (Gordon & Nicholson, 2008). Relationship conflict, which leads to negative emotions such as frustration and anger, can generate animosity, negatively affect processes, and, ultimately, result in negative performance consequences for the organization (Eddleston & Kellermanns, 2007). Also, recent research has introduced status conflict (Bendersky & Hays, 2012) as an additional specific type of conflict, which is generally viewed as having negative outcomes (Pai & Bendersky, 2020). While status conflict would intuitively seem to be commonplace in family firms, this topic has not received much empirical attention (for a recent dissertation see Paskewitz, 2015), although it is also related to negative outcomes and likely has the potential to turn into relationship conflict.

Positive Conflict

Not all conflict, however, is necessarily detrimental to performance (Amason, 1996; Jehn, 1995, 1997). In addition to relationship conflict, research has also identified task conflict and process conflict. Kellermanns and Eddleston (2004) were the first to introduce a more fine-grained treatment of conflict to the family firm literature by suggesting that task (cognitive) conflict and process conflict can have positive performance implications for family firms. While the majority of empirical research has focused on negative outcomes (for a recent reviews see Frank, Kessler, Nosé, & Suchy, 2011; McKee, Madden, Kellermanns, & Eddleston, 2014; Qui & Freel, 2020), empirical evidence of the positive effects of certain types of conflict exists (Eddleston, Otondo, & Kellermanns, 2008). Task conflict generally refers to the open and free exchange of ideas, while process conflict details the discussion of individual responsibility for tasks. Both should lead to better decision making, implementation, and, ultimately, family firm performance (Kellermanns & Eddleston, 2004).

Conflict Management

Along with the different types of conflict, conflict management must be considered when studying family firms. Yet, this topic has received only scant treatment in the literature (see Sorenson (1999) for a description of conflict management techniques). The description of conflict management in family firms (e. g., von Schlippe & Kellermanns, 2017; Wachter & Kellermanns, 2018) has drawn heavily from the general literature on conflict management (e. g., De Dreu, 1997; Thomas, 1992). Generally, conflict management processes such as avoiding, contending, compromising, collaborating, and third party interventions are examined (e. g., McKee et al., 2014). Interestingly, not only is the empirical literature on conflict management sparse, the literature on mediation as an intervention to settle disputes in family firms is virtually unexplored (in particular, not empirically) in family firm literature (for a descriptive treatment see Kellermanns, von Schlippe, Mähler, & Mähler 2018). More work needs to be done so that trusted advisors of family firms have a better scientific knowledge base to draw on. The value of conflict management is not in question; indeed, strict rules on conflict management should be part of any governance codex for family firms to prevent the escalation of conflict and the potential destruction of the firm.

Future Research Opportunities

I would be remiss if I did not briefly highlight a few future research opportunities in the family firm conflict realm. First, more research on status conflict is needed, since that may be the source of much relationship conflict. Both status and relationship conflict might be exacerbated by the »location« of the family member in the business system. Is the family member active in the firm or not? Did the family member retire but still possesses decision-making authority? Furthermore, gender and gender role expectation may play a key moderating role, which is likely further complicated by generational influences. Indeed, as family firm conflict is the result of a complex web of variables, statistical tools capturing two- or even three-way interactions may fall short of capturing this complexity. Accordingly, adopting novel statistical tools (e. g., latent profile analysis) (Stanley, Kellermanns, & Zellweger, 2017) or qualitative research (Nordqvist, Hall, & Melin, 2009) seem particularly fruitful.

Furthermore, the focus in the family firm conflict literature, as well as in the wider field of family firm research, is on family members rather than non-family members or interactions with non-family members. Investigating conflict in these areas could heighten our understanding of the turnover intentions of non-family members and further extend our knowledge of transgenerational succession intentions of family members and the ability to attract non-family members for leadership positions in family firms (see also Hauswald, Hack, Kellermanns, & Patzelt, 2016; Hoon, Hack, & Kellermanns, 2019).

While the unfolding of conflict and its management is an interesting research area in family firms, the avoidance of negative conflict and the encouragement of positive conflict also deserve further study. This can include studying the antecedents of these conflicts with a specific focus on family firm elements or creating a culture of constructive confrontation (Burgelman, 2002; McKee et al., 2014), where an open exchange of information is encouraged and the creation and sharing of ideas is fostered, while relationship conflict is avoided.

Arist von Schlippe

It may seem odd to say that conflict brought us together, but that is how I initially connected with Professor Arist von Schlippe. Although a German national, I am mostly located in the United States, with an affiliation at WHU (Otto Beisheim School of Management), and have tried to stay informed about research on family firms in Germany. The University of Witten/Herdecke and, in particular, Arist von Schlippe are among the pioneers in this field; both are considered as beacons of family firm research in the world. When I was still an assistant professor, I contacted Professor von Schlippe and we have been co-authors since 2008. He is what I generally describe as a scholar and a gentleman, a kind and friendly man who took the time to meet with a young scholar. He has a wide and impressive knowledge base, something which one rarely finds today as younger scholars (often for good reason) tend to be extremely narrow and focused in their research areas.

In the literature, Arist was ahead of his time on research topics. His work on paradoxes in family firms was groundbreaking (e. g., von Schlippe, 2007) and has not only shaped my thinking about family businesses, but has influenced the field and many authors (Berent & Uhlaner, 2012; Erdogan, Rondi, & De Massis, 2020) to this day. I hope that Arist will continue to enrich the field of family firm research through his scholarship and guide young scholars for many years to come. I hope that current and future scholars will find this *liber amicorum* helpful on their scientific journey.

Rainer Kirchdörfer

Familienunternehmen und Politik – eine komplizierte Liaison?

1 Das Familienunternehmen in der politischen Rhetorik

1.1

Familienunternehmen, Familienbetrieb, Mittelstand, KMU und viele weitere im politischen Raum kursierende Begriffe versuchen, den Wesensgehalt eines bestimmten Typus von Unternehmen zu erfassen. Dabei verhalten sich die soeben genannten Unternehmensformen wie sich teilweise überschneidende Kreise. Weder ist ein Familienunternehmen zwingend ein kleines oder mittleres Unternehmen, noch ist jedes kleine oder mittlere Unternehmen ein Familienunternehmen und »Familienunternehmen« ist auch kein Synonym für Mittelstand. Der einzige normativ klar definierte Begriff in diesem Zusammenhang ist der des KMU[1] und die einzige sinnvolle Typisierung in diesem eher verwirrenden Kaleidoskop von Unternehmenstypen, die auch etwas über die spezifischen Eigenschaften und Probleme einer Unternehmenskategorie aussagt und damit geeignet wäre, als Tatbestand politischer Handlungsempfehlungen und normativer Regelungen herangezogen zu werden[2], ist die nach dem Charakter einer Gesellschaft als Familien-Unternehmen[3].

Als ich vor 35 Jahren begann, mich mit den Spezifika von Unternehmen in Familienhand näher auseinanderzusetzen, war der Begriff »Familienunternehmen« in Ökonomie, Politik und Recht praktisch nicht eingeführt. Es verwundert daher nicht, dass es auch kaum ernstzunehmende Forschung zu den Besonderheiten

---

1 KMU sind gemäß der EU-Empfehlung 2003/361/EG dadurch gekennzeichnet, dass sie weniger als 250 Mitarbeiter beschäftigen und entweder einen Jahresumsatz von höchstens 50 Millionen Euro oder eine Bilanzsumme von höchstens 43 Millionen Euro haben; das IfM Bonn rechnet für seine erkenntnisleitenden Zwecke Unternehmen mit unter 500 Beschäftigten noch zu den mittleren Unternehmen.
2 Selbstverständlich müsste sich die Definition des »Familienunternehmens« jeweils am Gesetzeszweck orientieren.
3 Zum Diskussionsstand und den unterschiedlichen Definitionsansätzen vgl. Kirchdörfer, 2011, S. 32.

dieses Unternehmenstyps gab.⁴ Arist von Schlippe hat den systemischen Ansatz in der (Er-)Forschung von Familienunternehmen in den letzten Jahren in vielfältiger Weise fortentwickelt und in seinem wissenschaftlichen Œuvre deutlich gemacht, warum gerade Familienunternehmen für einen speziellen Unternehmenstypus stehen. Er hat die Spezifika der beiden das Familienunternehmen prägenden Lebensbereiche, Familie und Unternehmen, systematisch herausgearbeitet und ihre Interdependenzen untersucht. Weder der Begriff des Mittelstands noch der des KMU vermag das abzubilden, was Familienunternehmen wirklich ausmacht. Diese Erkenntnis ist nicht neu, es ist aber bis heute noch nicht hinreichend gelungen, sie in der praktischen Politik und deren Rhetorik zu verankern.

Familienunternehmen sind politisch »en vogue«. Seit der Überwindung der Wirtschaftskrise vor zehn Jahren hat sich das deutsche Familienunternehmen auch international zur Marke entwickelt und es gilt mehr und mehr als Synonym erfolgreichen, nachhaltigen und sozial kompetenten Unternehmertums. Exemplarisch hierfür sind Aussagen der Bundeskanzlerin und der Präsidentin der Europäischen Kommission.⁵

Angela Merkel forderte in Berlin vor 300 Inhabern großer Familienunternehmen, Politik und Wirtschaft müssten die Bedingungen dafür schaffen, dass in Deutschland investiert und produziert wird »und das geht ohne starke Familienunternehmen nicht [...] Familienunternehmen sind keine Organisationsform, sondern eine Haltung«.

Ursula von der Leyen äußerte in ihrer Antrittsrede vor dem Europäischen Parlament: »Wir sollten nie vergessen, dass wettbewerbsfähige Nachhaltigkeit schon immer das Herzstück unserer sozialen Marktwirtschaft war. Wir haben sie nur anders genannt. Denken Sie an die vielen Familienbetriebe in unserer Union [...] Sie wurden gegründet, um Bestand zu haben, um an die nächste Generation übergeben zu werden und um der Belegschaft ein faires Auskommen zu sichern«.⁶

Solche und ähnlich überschwängliche Bekenntnisse zur positiven Rolle von Familienunternehmen für den Wohlstand und zur weltweit einmaligen unternehmerischen Landschaft von Familienunternehmen in Deutschland sind Legion.

---

4   Die juristische Forschung hierzu steht auch heute noch ziemlich am Anfang, die betriebswirtschaftliche Forschung ist deutlich weiter; vgl. Holler, 2019, S. 880 ff., S. 931 ff.
5   Angela Merkel anlässlich des Tages des deutschen Familienunternehmens am 15. Juni 2012 in Berlin und Ursula von der Leyen in ihrer Rede vor dem Plenum des Europäischen Parlaments am 27. November 2019 in Straßburg.
6   Es fällt auf, dass Ursula von der Leyen (wohl) bewusst den Begriff »Familien*betrieb*« verwendet, um zu betonen, dass sie hier eher kleinere Unternehmen anspricht. So übrigens auch der gegenwärtige Koalitionsvertrag, der den Begriff »Familienbetrieb« in folgendem Kontext verwendet: »Die Teilhabe von Frauen im ländlichen Raum soll gerade auch bei kleinen Familienbetrieben in den Blick genommen werden.«

Die Politik verwendet den Begriff »Familienunternehmen« aber leider nicht dazu, mit seinem Inhalt besondere politische Forderungen zu verknüpfen oder daraus gesetzliche Rechtsfolgen abzuleiten. Es geht im Wesentlichen nur darum, dem Zuhörer bzw. dem (potenziellen) Wähler zu gefallen. Das wird besonders deutlich, wenn man die Entwicklung der Rahmenbedingungen für Familienunternehmen in Deutschland und einige verbindliche oder quasi verbindliche politische Reglements betrachtet.

In den letzten 15 Jahren haben sich die Rahmenbedingungen für Familienunternehmen im Vergleich von 21 Industrienationen derart verschlechtert, dass Deutschland von Rang 9 auf Platz 17 abgerutscht ist.[7] Auch werden Familienunternehmen im derzeit geltenden Koalitionsvertrag, der mit dem vollmundigen Titel »Ein neuer Aufbruch für Europa. Eine neue Dynamik für Deutschland. Ein neuer Zusammenhalt für unser Land« überschrieben ist, nur ein einziges Mal erwähnt, und dies auch noch als Untergruppe zum Oberbegriff »Mittelstand« – in einem Atemzug mit Selbstständigen, freien Berufen und dem Handwerk. Der nächste Absatz des Koalitionsvertrages belegt ebenfalls Unkenntnis der Politik. Es heißt dort: »Viele kleine und mittlere Unternehmen sind weltweit Innovationsführer. Das zeigen die ca. 2.000 deutschen Hidden Champions mit ihrer Spitzenstellung auf bestimmten Technologiefeldern.« Es sind aber gerade nicht die kleinen und mittleren Unternehmen, welche die weltweit einmalige Anzahl der Hidden Champions stellen; in der Kategorie der KMU findet sich vielmehr nur ein geringer Anteil hiervon. Die Hidden Champions sind demgegenüber vor allem im Bereich der großen Familienunternehmen zu finden (Simon, 2012).

Obwohl die Politik den Typus Familienunternehmen nach alledem rhetorisch aufgenommen hat, wird daran weder im Grundlagenprogramm der Koalitionsarbeit, dem Koalitionsvertrag, noch in der politischen Tagesarbeit ein konkretes Arbeitsprogramm geknüpft. Besonders erwähnenswert ist dies vor allem deshalb, weil sowohl Koalitionsvertrag als auch Regierungsprogramm der CDU/CSU für 2017 bis 2021 für andere Lebensbereiche und gesellschaftliche Wirklichkeiten bis ins letzte Detail politische Zielsetzungen und Vorhaben benennen.

1.2

Auch in den Gesetzestexten, dem rechtsverbindlichen Ergebnis politischer Arbeit, ist der Begriff »Familienunternehmen« nicht gegenwärtig. Lediglich der Terminus »Familiengesellschaft« kommt im Gesetzeswortlaut ein einziges Mal vor, und zwar im Gesetz über die Drittelbeteiligung der Arbeitnehmer im Aufsichtsrat. Selbst in

---

[7] Studie der Stiftung Familienunternehmen »Länderindex Familienunternehmen«, 8. Auflage 2021, abrufbar unter www.familienunternehmen.de (Zugriff am 18.01.2021).

den Stichwortverzeichnissen bekannter Gesetzeskommentare zum Gesellschaftsrecht und in den Inhaltsverzeichnissen der großen deutschen Gesetzessammlungen sucht man den Begriff »Familienunternehmen« fast vergeblich. Man sollte erwarten, dass wenigstens die Kommentierungen zum Erbschaftsteuergesetz, das bei der Bewertung von Gesellschaftsanteilen an einige Spezifika von Familienunternehmen anknüpft, den Begriff im Sachregister führen. Weitgehend Fehlanzeige![8]

1.3

Die Besonderheit des Familienunternehmens liegt nicht in seiner Unternehmensgröße (KMU) und auch nicht in seiner spezifischen Tätigkeit (Handwerk) oder seiner soziologischen Einstufung (Mittelstand). Sie liegt auch nicht im Alter eines Unternehmens, nicht in der Anzahl seiner Gesellschafter und auch nicht in der Frage der Kapitalmarktzulassung. Das Spezifische am Familienunternehmen ist vielmehr, dass (das System) Familie und (das System) Unternehmen, wie es Arist von Schlippe ausdrücken würde, in ganz besonderer Weise miteinander verknüpft sind. Diese einmalige Verbindung zwischen den an sich kaum kompatiblen Systemen Familie und Unternehmen ist Gegenstand einer Vielzahl von Fachpublikationen unseres Jubilars. Leider wird diesen wissenschaftlichen Erkenntnissen in Politik und Gesetzgebung bisher zu wenig Aufmerksamkeit geschenkt. Man ist bis heute nicht bereit oder versteht zu wenig davon, um an den Kern dessen, was Familienunternehmen und deren Beitrag zu unserem ökonomischen Wohlstand (im Speziellen) und für unsere Gesellschaft (im Allgemeinen) ausmacht, politische Folgen zu knüpfen. Man spricht von Familienunternehmen, orientiert sich in der politischen Arbeit trotzdem an völlig anderen Kriterien, insbesondere (nur) an der Unternehmensgröße, ohne dass Letzteres eine tiefere Begründung finden würde. Ein Beispiel hierfür sind nicht nur die vielen Äußerungen politischer Amtsträger, die von »Familienunternehmen« sprechen, im gleichen Atemzug inhaltlich aber wieder auf Handwerk, Start-up-Unternehmen oder auf ähnliche Kategorien ausweichen. Exemplarisch hierfür sind auch die sogenannten KMU-Tests: Im Rahmen der Rechtsetzung bzw. der Gesetzesfolgenabschätzung gibt es auf deutscher und auch auf EU-Ebene einen sogenannten »KMU-Test«, der eine Einschätzung der Folgen einer Gesetzesinitiative für kleine und mittlere Unternehmen verlangt. Auch hier wird also wieder an die Unternehmensgröße angeknüpft. Einen Familienunternehmens-Test gibt es nicht. Selbst das Bundesverfassungsgericht konnte sich in seinem berühmten Urteil zur Erbschaftsteuer von 2014 (BVerfGE 138, 136 ff.) nicht von einer Größen-

---

8   Siehe z. B. Meincke, Hannes u. Holtz, 2018. Dabei gibt es durchaus auch Versuche, ein eigenständiges Recht der Familienunternehmen zu etablieren; vgl. hierzu Holler, 2019, S. 880 ff., S. 931 ff.

betrachtung frei machen und hielt kleinere und mittlere (Familien-)Unternehmen erbschaftsteuerlich für weitergehend förderungswürdig als große. Letztendlich sind im politischen Umfeld Familienunternehmen als Gegenstand von spezifischen Maßnahmen erst dann relevant, wenn sie gleichzeitig zum Kreis der kleineren und mittleren Unternehmen gehören.

1.4

Abseits der von Arist von Schlippe wissenschaftlich bearbeiteten psychologischen und systemischen Seite zeigen sich die besonderen Herausforderungen der Verknüpfung von Familie und Unternehmen im Familienunternehmen ganz deutlich auch auf der politisch-legislativen Ebene. Vier Bereiche sollen kurz herausgegriffen werden:
– Der Bereich der Steuerpolitik, weil dort z. B. die völlig unterschiedliche Besteuerungssystematik von Personengesellschaften und Kapitalgesellschaften gerade im Familienunternehmen besonders hart aufeinandertreffen und zu nur schwer zu rechtfertigenden Steuerunterschieden führen. Hinzu kommt, dass das Steuerrecht in besonderer Weise auf persönliche (Freiheits-Grund-)Rechte der Familienmitglieder von Familiengesellschaften einwirkt. Man denke nur an die Wegzugsbesteuerung, die es Gesellschaftern von Familienkapitalgesellschaften oft unmöglich macht, ihren Wohnsitz ins Ausland zu verlegen. Die besondere Betroffenheit von Familienunternehmen zeigt sich auch im Erbschaft- und Schenkungsteuerrecht, denn die im Familienunternehmen gebundenen Werte sind in aller Regel für die Gesellschafter – anders als bei sonstigem Vermögen – nicht verfügbar, weil die Gewinne zum Großteil nicht ausgeschüttet, sondern im Familienunternehmen investiert werden und die Gesellschaftsanteile aufgrund gesellschaftsvertraglicher Bestimmungen zum Schutz des Familienunternehmens nicht verfügbar, also nicht zu Geld zu machen sind. Wenn die besondere Familienunternehmenslandschaft, die wir in Deutschland haben, politisch – wie jedenfalls derzeit (noch) der Fall – von allen Parteien gewollt und befördert wird und wenn man zu Recht vor amerikanischen Verhältnissen zurückschreckt, dann muss man aus dieser besonderen Verknüpfung zwischen Familie und Unternehmen auch für das Steuerrecht Folgen ziehen. Wie die Studie »Familienunternehmen in Deutschland und den USA seit der Industrialisierung«[9] mit aller Klarheit gezeigt hat, ist die Entwicklung, besser gesagt der Niedergang, der Familienunternehmen in den USA ganz wesent-

---

9 Studie der Stiftung Familienunternehmen, 2020, abrufbar unter www.familienunternehmen.de (Zugriff am 18.01.2021).

- lich auf die dort geltende hohe Substanzsteuerbelastung in Form der Erbschaftsteuer zurückzuführen.
- Der zweite Bereich an der Schnittstelle zwischen Familie und Unternehmen, dem die Politik besondere Aufmerksamkeit schenken sollte, sind Fragen der Publizität und des Datenschutzes. Hier prallen das Interesse der Öffentlichkeit an unternehmensbezogenen Informationen mit dem gegensätzlichen Interesse der Unternehmerfamilie an Geheimhaltung (Datenschutz) ihrer persönlichen Daten aufeinander. Während sich die Politik im privaten Bereich in der Regel auf die Seite des Datenschutzes stellt, verlässt sie diese Linie, wenn es um persönliche Daten von Unternehmerfamilien geht. Hierfür exemplarisch sind die Regeln des Transparenzregisters.[10]
- Die besondere Verknüpfung zwischen Familie und Unternehmen zeigt sich weiter immer dann, wenn Familienunternehmen bewertet werden müssen. Hier geht es bspw. um die Bewertung eines Anteils an einem Familienunternehmen im Rahmen der Berechnung von Pflichtteilsansprüchen oder um den Wert eines Familienunternehmens im Zusammenhang mit eherechtlichen Zugewinnausgleichsforderungen oder um den Wert eines Familienunternehmens als Bemessungsgrundlage steuerlicher Normen, insbesondere weiterer (potenzieller) Substanzsteuern. In all diesen Fällen stellt sich vor allem die Frage, inwieweit Beschränkungen der Zulässigkeit eines Verkaufs von Gesellschaftsanteilen und/oder Beschränkungen bei Gewinnentnahmen, welche in Gesellschaftsverträgen enthalten sind, den Wert eines Gesellschaftsanteils beeinflussen. Eigentlich sollte es unmittelbar einleuchten, dass der Wert eines 10 %-igen Gesellschaftsanteils insbesondere dann nicht 10 % des Werts des Gesamtunternehmens sein kann, wenn der mit 10 % beteiligte Gesellschafter weder Gewinnausschüttungen durchsetzen noch ohne Zustimmung der anderen Gesellschafter über seinen Anteil verfügen, diesen also weder veräußern noch belasten kann. Ganz anders aber die Finanzverwaltung und die bisherige Rechtsprechung. Darüber hinaus sollte einleuchten, dass die bei einem eventuellen späteren Verkauf eines Gesellschaftsanteils anfallende Veräußerungsgewinnbesteuerung den Wert des Anteils selbst heute schon mindert.
- Last, but not least treffen Familie und Unternehmen in der Politik ganz eng aufeinander, wenn es um Fragen der elterlichen Sorge, des Vormundschafts- oder des Betreuungsrechts geht. Klar ist, dass die elterliche Sorge für minderjährige Kinder beiden Eltern zusammen zusteht. Wenn auch nur ein Elternteil von der

---

10 Vgl. Studien der Stiftung Familienunternehmen »Aspekte der Unternehmenstransparenz« (2009) und »Publizitätspflichten von Familienunternehmen« (2018), abrufbar unter www.familienunternehmen.de (Zugriff am 18.01.2021).

Vertretung des Kindes gesetzlich ausgeschlossen ist, trifft dieses Vertretungsverbot sofort auch den anderen Elternteil. Wenn nun ein Elternteil und das Kind gemeinsam Gesellschafter eines Familienunternehmens sind oder das Kind gerade Gesellschafter der Familiengesellschaft werden soll, bestehen ungelöste Fragen im Bereich des Selbstkontrahierungsverbotes. Auch ist nicht ausreichend klar geregelt, zu welchen Rechtsgeschäften die Eltern der Genehmigung des Familiengerichts bedürfen. Hier verweist das Recht der elterlichen Sorge auf das Vormundschaftsrecht und dieses regelt völlig unzureichend, welche Rechtsakte für das Kind im Bereich des Familienunternehmens einer gerichtlichen Genehmigung bedürfen. Auch hier sollte der Gesetzgeber längst klarstellende Regelungen zum Schutz von Familienunternehmen getroffen haben.[11] Er hätte jetzt im Rahmen der anstehenden Reform des Vormundschafts- und Betreuungsrechts die Chance, die Beteiligung Minderjähriger oder betreuungsbedürftiger Volljähriger als Gesellschafter von (Familien-)Unternehmen einer besonderen gesetzlichen Regelung zuzuführen.

2 Die politische Erkenntnis in von Schlippes »Erkenntnistheorie des Witzes«

2.1

Wer glaubt, Arist von Schlippes Arbeiten wären unpolitisch, der irrt. Als mir Arist von Schlippe kürzlich sein neues Buch »Mehr als Unsinn« schenkte, fiel mir sofort auf, dass alle Kapitel und Cartoons auch einen starken politischen Bezug aufweisen (könnten). Schon im ersten Teil »Reframing« führt er uns »im Spiel mit dem Rahmen« vor Augen, welche starke Bedeutung der Rahmen des Geschehens hat, wenn es um das Erleben und das Verständnis von Wirklichkeit geht. »Es ist der jeweilige Rahmen, der einem Ereignis, einem Verhalten o. Ä. Sinn verleiht.« Reframing ist – so lehrt uns Arist von Schlippe – auch ein wichtiges Prinzip der systemischen Therapie und Beratung: Es wird immer wieder darauf geblickt, mit welchem Frame, mit welchem Rahmen, das beschrieben wird, was beklagt wird (von Schlippe u. von Schlippe, 2020, S. 17).

---

11 Studie der Stiftung Familienunternehmen »Minderjährigkeit und Betreuung bei Familiengesellschaften« (2020), abrufbar unter www.familienunternehmen.de (Zugriff am 18.01.2021).

Framing ist gleichzeitig auch ein wichtiges Prinzip der politischen Kommunikation. Weil »ein Ereignis je nachdem, in welchen Kontext man es stellt, anders erlebt werden kann« (S. 18), versucht man es in der Politik auch immer offensiver mit Framing. Anstelle nachhaltiger faktenbasierter Sachdebatten erleben pseudofaktische Diskussionen ihren Höhepunkt. Die in die Enge getriebene Koalition versucht mit aufpolierten Gesetzesnamen, die einen positiven Rahmen setzen sollen, kontroverse Gesetzesvorhaben in ein positives Licht zu rücken. Gesetzestitel wie das »Starke-Familien-Gesetz«, das »Gute-Kita-Gesetz« oder die »Respekt-Rente« sollen für positive Resonanz sorgen.

Solche Euphemismen sind alarmierend, weil nicht der Inhalt, sondern die Verpackung zum entscheidenden Kriterium in der öffentlichen Argumentation wird. Schon in der Wortkombination »Respekt-Rente« ist der Rahmen Mittel der Irreführung. Die gesetzliche Rente ergibt sich aus Beiträgen und Versicherungsjahren. Will die Regierung das ändern, muss sie eine neue Sozialleistung einführen und sollte dies dann auch so nennen. Das wäre übrigens eine, die es heute schon gibt: Die Grundsicherung im Alter ist geltendes Recht. Nur sieht sie eben eine Bedürfnisprüfung vor. Und die Bezeichnung »Gute-Kita-Gesetz« legt den Umkehrschluss nahe, dass auf der Grundlage der bisherigen Gesetze überwiegend schlechte Kinderbetreuungsangebote bestanden hätten.

2.2

Ein weiteres Beispiel für Arist von Schlippes Nähe zur Politik zeigen seine Erörterungen zur »Differenz der Erwartungen« (von Schlippe u. von Schlippe, 2020, S. 72 ff.).

Die im Cartoon (Abbildung 1) aufgezeigten unterschiedlichen Erwartungshaltungen im Rahmen der Unternehmensnachfolge waren in der Diskussion um das neue Erbschaftsteuerrecht vielfach Gegenstand politischer Betrachtung. Die Befürworter einer begünstigten Vererbung von unternehmerischem Vermögen verbanden dies mit dem Argument und auch mit der Erwartungshaltung, dass der Unternehmensnachfolger die ersparte Erbschaftsteuer zum Wohle des Unternehmens und damit – über die Schaffung von Arbeitsplätzen – auch zum Allgemeinwohl einsetzen werde. Die politische Gegenargumentation hielt und hält solche Erwartungen für illusorisch. Sie stellt das Bild eines Familienunternehmers in den Vordergrund, der ohne eigene Arbeitsleistung ein Unternehmen als Nachfolger erhalten hat und geradezu klischeehaft die ersparte Erbschaftsteuer in Saus und Braus verlebt. Wäre letzteres Bild für die Mehrheit der Unternehmensnachfolger im Familienunternehmen zutreffend, dann müsste man sich in der Tat die Frage stellen, ob die Weitergabe von Familienunternehmen innerhalb der Familie wirklich begünstigungswürdig ist. Um die Antwort auf diese Frage wissenschaftlich zu

Abbildung 1: Die Differenz der Erwartungen

belegen, untersucht die Stiftung Familienunternehmen die Einstellungen, Werte und Zukunftspläne der nächsten Unternehmergeneration bereits seit 2010. Diese Studie liegt nunmehr in 5. Auflage vor und zeigt eindeutig, dass das Bild des verschwenderischen Unternehmensnachfolgers falsch ist.[12]

Selbstverständlich kann man nicht ausschließen, dass das vererbte Familienunternehmen in manchen Fällen auch versilbert und der Erlös bisweilen verprasst wird. Deshalb ist es auch nachvollziehbar, wenn das Bundesverfassungsgericht in seinem bereits erwähnten Erbschaftsteuerurteil[13] klar herausgearbeitet hat, dass die Verschonung des Betriebsvermögens grundsätzlich verfassungskonform ist, dass aber »durch begleitende gesetzliche Regelungen hinreichend sichergestellt (sein muss), dass mit der Verschonung das angestrebte Förderziel auch tatsächlich erreicht wird«. Leider darf nur bei kleinen und mittleren Unternehmen eine Gefährdung derselben durch eine Belastung mit Erbschaftsteuer unterstellt werden; bei großen Unternehmen bedarf diese Gefährdungslage vielmehr einer besonderen

---

12 Studie der Stiftung Familienunternehmen »Deutschlands nächste Unternehmergeneration – Eine empirische Untersuchung der Einstellungen, Werte und Zukunftspläne«, 5. Auflage 2020, abrufbar unter www.familienunternehmen.de (Zugriff am 18.01.2021).
13 BVerfGE 138, 136 ff.

Begründung.[14] In Ausfüllung des Urteils des Bundesverfassungsgerichts hat der Gesetzgeber sodann dafür Sorge getragen, dass die Verschonung bei der Erbschaftsteuer nur dann greift, wenn sich die im gezeigten Cartoon dargestellte Erwartungshaltung des Vaters (und des Gesetzgebers) realisiert.

3 Die Bedeutung der Familienunternehmen in Deutschland

Um der Politik die besondere Situation von Familienunternehmen und deren Bedeutung mit wissenschaftlichen Methoden vor Augen zu führen, hat die Stiftung Familienunternehmen eine Vielzahl von Studien zum volkswirtschaftlichen und gesellschaftlichen Beitrag der Familienunternehmen in Deutschland herausgegeben.[15] Alle diese Studien belegen, dass die Unternehmensform des Familienunternehmens, die in den Untersuchungen durch den besonderen Einfluss der Familie auf ein Unternehmen definiert wird, deutlich positive Auswirkungen auf unsere Gesellschaft und unseren Wohlstand hat.

Solche evidenzbasierten Erkenntnisse in den politischen Raum zu tragen und politische Fehlentscheidungen zu verhindern, welche zu einer irreversiblen Schädigung unserer deutschen Familienunternehmenslandschaft führen, ist eine Generationenaufgabe. Wie wir nicht zuletzt in England sehen, ist die Vernichtung bestimmter ökonomischer Strukturen, dort des industriellen Sektors, schnell geschehen, ein Wiederaufbau gelingt kaum.

3.1

Über 90 % der Unternehmen in Deutschland werden von Familien kontrolliert; der überwiegende Teil davon sind eigentümergeführte Familienunternehmen. Dies spiegelt sich auch in der Beschäftigung wider: 58 % aller in der Privatwirtschaft Beschäftigten sind in Familienunternehmen tätig (siehe Abbildung 2). In den Jahren 2009 bis 2018 war das jährliche Beschäftigungswachstum bei Familienunternehmen mit ca. 6 % doppelt so hoch wie bei Nicht-Familienunternehmen mit ca. 3 %.[16]

Die Bedeutung der Familienunternehmen geht weit über eine rein quantitative Dominanz hinaus. Das Denken in Generationen impliziert eine besondere Art der Unternehmensführung und macht die Bedeutung von Familienunternehmen so ein-

---

14 Vgl. zu dieser u. E. falschen Unterscheidung zwischen »groß und klein« bereits oben unter 1.3.
15 www.familienunternehmen.de (Zugriff am 18.01.2021).
16 Studie der Stiftung Familienunternehmen »Die volkswirtschaftliche Bedeutung der Familienunternehmen«, 5. Auflage, 2020, abrufbar unter www.familienunternehmen.de (Zugriff am 18.01.2021).

zigartig gegenüber anderen Unternehmenstypen. Auch dies hat Arist von Schlippe in seinen Arbeiten mehrfach untersucht.

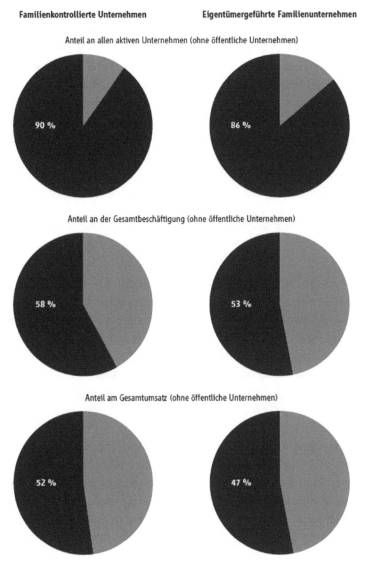

Abbildung 2: Gewicht der Familienunternehmen in der deutschen Wirtschaft (Quelle: Stiftung Familienunternehmen)

3.2

Familienunternehmen sind krisenresistenter als Nicht-Familienunternehmen. Im Gegensatz zu Managern von Publikumsgesellschaften im Streubesitz investieren Familienunternehmer ihr eigenes Geld. Schon deshalb sind die langfristigen Wirkungen ihres Handelns für sie entscheidend. Sie planen krisenfester und sichern aufgrund ihres Nachhaltigkeitsdenkens, ihres Verantwortungsbewusstseins und ihrer regionalen Verwurzelung Beschäftigung auch in Krisenzeiten. Verdeutlicht wird das auch durch einen Vergleich der Eigenkapitalausstattung. Während die Eigenkapitalquote aller Unternehmen (über 50 Millionen Euro Umsatz) laut Angaben der Deutschen Bundesbank für das Jahr 2016 31,9 % betrug, übertrafen die TOP-500-Familienunternehmen im Mittelwert mit knapp 42 % diese Quote deutlich.[17] Damit zeigt sich insgesamt eine gute, überdurchschnittliche Eigenkapitaldecke der Familienunternehmen, was zu einer robusteren Krisenresistenz beiträgt.

3.3

Familienunternehmen sehen sich in der gesellschaftlichen Verantwortung und übernehmen diese aktiv. Während dies in der Vergangenheit »im Stillen« geschah, wird inzwischen auch bei Familienunternehmen immer häufiger »tue Gutes ...« ergänzt durch »... und sprich darüber«. Die Aktivitäten von Familienunternehmen sind dabei vor allem lokal und regional ausgeprägt. Bei etwa der Hälfte der Unternehmen ist eine Ausweitung des Engagements beabsichtigt.[18]

3.4

Familienunternehmen prägen nicht nur den Wirtschaftsstandort Deutschland, sondern sind auch für das Steueraufkommen in Deutschland von höchster Bedeutung. Familienunternehmen entrichten in Summe rund die Hälfte der Unternehmenssteuern. In den Jahren 2010 bis 2018 waren dies im Schnitt ca. 67 Milliarden Euro pro Jahr, was rund 48 % des gesamten Aufkommens der Unternehmenssteuern in Deutschland entspricht.[19] Seit 2014 liegen die inländischen

---

[17] Studie der Stiftung Familienunternehmen »Die volkswirtschaftliche Bedeutung der Familienunternehmen«, 5. Auflage 2019, abrufbar unter www.familienunternehmen.de (Zugriff am 18.01.2021).
[18] Studie der Stiftung Familienunternehmen »Das gesellschaftliche Engagement von Familienunternehmen«, 2020, abrufbar unter www.familienunternehmen.de (Zugriff am 18.01.2021).
[19] Studie der Stiftung Familienunternehmen »Der Beitrag der Familienunternehmen zum Steueraufkommen in Deutschland«, 2020, abrufbar unter www.familienunternehmen.de (Zugriff am 18.01.2021).

Unternehmenssteuerzahlungen der TOP-500-Familienunternehmen sogar über den Steuerzahlungen der 27 nicht-familienkontrollierten DAX-Unternehmen. Die Unternehmenssteuerzahlungen steigen sowohl bei den TOP-500-Familienunternehmen als bei den DAX-27, jedoch verläuft der Anstieg bei den Familienunternehmen deutlicher (Abbildung 3). Ihre Bedeutung als Steuerzahler wächst also kontinuierlich.

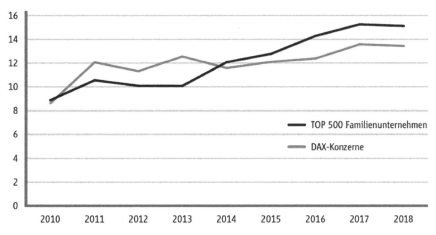

Abbildung 3: Unternehmenssteuerzahlungen (Quelle: Stiftung Familienunternehmen)

Die implizite Steuerbelastung der großen TOP-500-Familienunternehmen auf Unternehmensebene wird auf knapp 28 % geschätzt, unter Berücksichtigung der Steuern auf Gesellschafterebene errechnet sich eine durchschnittliche Belastung von fast 38 %. Dies zeigt, dass deutlich mehr als ein Drittel der Unternehmenserträge in Form von Steuern an den Staat weitergegeben werden. Dabei zeigen sich Unterschiede, ob es sich um Personen- oder Kapitalgesellschaften handelt. Die Steuerbelastung bei den Personengesellschaften liegt bei gut 41 % des Unternehmensertrags, bei den Kapitalgesellschaften bei knapp 36 %: jeweils deutlich über dem Vergleichswert für die DAX-27 Unternehmen von 26,5 %.

	ohne ESt der Gesellschafter bzw. AbgSt auf Dividenden	mit ESt der Gesellschafter bzw. AbgSt auf Dividenden
	in Prozent	
TOP 500 Familienunternehmen	27,81	37,77
Kapitalgesellschaften	29,48	35,51
Personengesellschaften	25,06	41,49
27 nicht-familienkontrollierte DAX-Konzerne	24,30	26,46

Anmerkung: Durchschnitt über den gesamten Beobachtungszeitraum 2010-2018.

Abbildung 4: Steuerbelastungsvergleich (Quelle: Stiftung Familienunternehmen)

3.5

In den ländlichen Räumen sind über die Hälfte der ansässigen Unternehmen selbst dann noch Familienunternehmen, wenn man nur diejenigen mit über 50 Mitarbeitern betrachtet. Dort arbeiten rund 2,5 Millionen Beschäftigte von insgesamt 5,7 Millionen in den ländlichen Räumen Beschäftigten (Abbildung 5). Studien zeigen, dass eine positive wirtschaftliche Entwicklung mit einem hohen Anteil an Familienunternehmen in Zusammenhang steht.[20] Vor allem auch im Ausbildungsbereich spielen Familienunternehmen im ländlichen Raum eine wichtige Rolle. So fällt der Fortzug junger Menschen deutlich geringer aus, wenn der Anteil an Familienunternehmen höher ist. Familienunternehmen stellen für die Attraktivität ländlicher Räume einen zentralen Faktor dar.

Raumtypen	Anteil der Familienunternehmen
Agglomerationen	45,4 %
Verstädterte Räume	48,1 %
Hochverdichtete ländliche Räume	52,5 %
Verdichtete ländliche Räume	54,6 %
Geringverdichtete ländliche Räume	54,1 %
Insgesamt	50,6 %

Gewichteter Mittelwert je Raumtyp.

Abbildung 5: Anteil an Familienunternehmen nach Raumtypen (Quelle: Stiftung Familienunternehmen)

---

20 Studie der Stiftung Familienunternehmen »Die Bedeutung der Familienunternehmen für ländliche Räume«, 2020, abrufbar unter www.familienunternehmen.de (Zugriff am 18.01.2021).

3.6

Der Anteil der familienkontrollierten Unternehmen in Ostdeutschland liegt bei 92 %, 89 % sind eigentümergeführt. Diese Werte liegen sogar leicht über den Quoten in den westlichen Bundesländern. Die altindustriellen ostdeutschen Branchen, Textilindustrie und Bergbau, haben jedoch ihre volkswirtschaftliche Bedeutung weitgehend verloren und auch große Teile des traditionellen Maschinenbaus und der Konsumgüterindustrie mussten tiefe Einschnitte hinnehmen. Dies spiegelt sich in der geringen Zahl von ostdeutschen Familienunternehmen in den TOP 500 wider. Unter den ganz großen Familienunternehmen ist Ostdeutschland unterrepräsentiert. Die allmähliche Reindustrialisierung der ostdeutschen Bundesländer wird wiederum überwiegend von mittelständischen Familienunternehmen getragen und wirkt positiv auf die Entwicklung des Arbeitsmarktes.[21]

3.7

Im »Länderindex Familienunternehmen«[22] (Abbildung 6) veröffentlicht die Stiftung Familienunternehmen regelmäßig aktuelle Daten zur Bewertung des Standorts Deutschland und stellt diese zum Vergleich den entsprechenden Daten von 20 weiteren wichtigen Industriestaaten gegenüber. Die in die Bewertung einbezogenen Standortkriterien sind »Steuern«, »Arbeitskosten, Produktivität, Humankapital«, »Regulierung«, »Finanzierung«, »Infrastruktur und Institutionen« und »Energie«.

Deutschland befindet sich im aktuellen Länderindex auf Rang 17 und hat sich gegenüber der letzten Vergleichsrechnung für 2018 wieder um drei Plätze verschlechtert. Spitzenreiter sind die USA und das Vereinigte Königreich.

---

[21] Studien der Stiftung Familienunternehmen »Die Entwicklung der Familienunternehmen in den neuen Bundesländern«, 2019 und »Industrielle Familienunternehmen in Ostdeutschland«, 2019, abrufbar unter www.familienunternehmen.de (Zugriff am 18.01.2021).
[22] Aktuell 8. Auflage 2020, abrufbar unter www.familienunternehmen.de.

Land	Punktwert 2020	Rang 2020	Punktwert 2018	Rang 2018
USA	64,19	1	64,15	2
Ver. Königreich	61,33	2	65,93	1
Niederlande	61,00	3	63,90	3
Kanada	60,49	4	62,76	4
Dänemark	60,42	5	59,36	7
Schweiz	60,25	6	61,55	5
Schweden	58,63	7	60,54	6
Irland	58,48	8	57,53	9
Österreich	57,58	9	56,61	10
Finnland	57,13	10	58,40	8
Tschechien	56,38	11	55,92	11
Polen	51,97	12	53,39	12
Belgien	51,94	13	51,89	13
Ungarn	50,83	14	50,39	15
Portugal	50,11	15	48,73	16
Slowakei	49,65	16	48,63	17
Deutschland	**49,36**	**17**	**50,97**	**14**
Frankreich	46,17	18	45,84	20
Spanien	45,25	19	45,92	19
Japan	45,18	20	47,78	18
Italien	37,88	21	37,76	21

Abbildung 6: Länderindex Familienunternehmen, 2020 (Quelle: Stiftung Familienunternehmen)

4 Und am Ende trat plötzlich der Schluss ein ... wusste schon Karl Valentin

Familienunternehmen sind schwer zu definieren, schwer zu erklären und schwer zu verstehen, aber sie sind für unseren Wohlstand essenziell. Arist von Schlippe hat dies nicht nur erkannt, er hat sich vielmehr um deren Definition, Erklärung und Verständnis verdient gemacht. Auch ich selbst habe in vielfältiger Weise aus seinen Erkenntnissen und aus unseren vielen Diskussionen großen Nutzen in der praktischen Arbeit gezogen. Besonders im Umgang mit Konflikten in Unternehmerfamilien und der Entwicklung von Lösungsansätzen erscheint mir mittlerweile eine Beratungstätigkeit, die nicht die Besonderheiten und auch die Konfliktherde im Auge behält, die Arist von Schlippe in den beiden Lebenswelten Familie und Unternehmen herausgearbeitet hat, geradezu als unverantwortlich. Insoweit kann ich Arist von Schlippe nur dafür danken, dass er es stets verstanden hat, seine wissenschaftlichen Erkenntnisse so aufzubereiten und zu kommunizieren, dass sie in der Realität der Familienunternehmen unmittelbar berücksichtigt werden können und – wie man vielfältig beobachten kann – auch berücksichtigt werden. Es wäre wünschenswert, wenn auch die politischen Entscheidungsträger bei ihrer Arbeit die wissenschaftlichen Grundlagenerkenntnisse zum Familienunternehmen deutlich stärker beachten würden.

Heiko Kleve

Das Wesen der Unternehmerfamilie – Rekonstruktion eines sozialen Herstellungsprozesses

Ausgangspunkte

Wesensfragen sind fundamental und ontologisch. Das heißt, dass sie das fokussieren, was wirklich und tatsächlich eine Seinsqualität hat. Wenn wir also danach fragen, was das »Wesentliche« von etwas ist, dann setzen wir voraus, dass etwas *ist*, dass es also Realität hat. Außerdem gehen wir davon aus, dass es in seinem Kern, in seinem Innersten etwas Besonderes gibt, etwas, das wir als solches zu erkennen trachten, eben das Wesen. Kurt Eberhard (1999) liefert mit seiner Darstellung der Grundprobleme der Erkenntnis- und Wissenschaftstheorie zwei Bedeutungslinien, die den Wesensbegriff klären: *Zum einen* wird »Wesen« als »die Gesamtheit der Eigenschaften eines Phänomens« (Eberhard, 1999, S. 88) verstanden, »die relativ zeitstabil sind (Invarianz) und die es von anderen Phänomenen unterscheidet (Spezifität); *zum anderen* können wir das ›Wesen‹ als »Gesamtheit der nicht direkt sichtbaren, inneren Wirkfaktoren eines Phänomens [ansehen], die sein Erscheinungsbild bestimmen und nach außen wirken« (S. 88).

In dieser Weise wollen wir uns im Folgenden mit dem Wesen der Unternehmerfamilie befassen, also fragen, was die »Eigenschaften« dieser Familienform sind und durch welche »inneren Wirkfaktoren« diese hervorgebracht werden. Diesbezüglich werden wir eine konstruktivistische Perspektive einnehmen, d. h., dass wir davon ausgehen, dass wir die Unternehmerfamilie nicht einfach voraussetzen können als etwas, was es einfach so gibt. Vielmehr werden wir nach den Prozessen suchen, die dazu führen, dass diese Familie als soziales Phänomen mit ihrem »Wesen« und ihren »Wesensmerkmalen« entsteht. Im Sinne des sozialen bzw. soziologischen Konstruktivismus prüfen wir die These, dass Unternehmerfamilien erst durch bestimmtes Handeln und Kommunizieren hervorgebracht werden. Damit nehmen wir eine Perspektive ein, die – modisch gesprochen – auf das *Doing Business Family* blickt.

Als die maßgebliche Referenz für die Rekonstruktion dieses sozialen Herstellungsprozesses dienen uns Arbeiten von Arist von Schlippe. Durch diese Publikationen können wir lernen und tiefer verstehen, was das »Wesen« von Unternehmerfamilien ausmacht, und dass sich dieses nicht einfach so in der Welt vorfinden lässt, sondern immer wieder aktiv erschaffen wird, und zwar durch die Mitglieder dieser Familien, aber auch durch Forscher und Berater, die Unternehmerfamilien in einer bestimmten Weise beobachten, mithin beschreiben, erklären und bewerten.

Als Ausgangspunkt dieser Beobachtungen wähle ich das klassische Drei-Kreis-Modell der Familienunternehmensforschung, das auch in den Arbeiten von Arist von Schlippe als Grundlage dient, um es systemtheoretisch zu erweitern bzw. zu korrigieren (paradigmatisch dazu insbesondere von Schlippe, 2013, 2014; von Schlippe et al., 2017). Diese Erweiterung und Korrektur läuft darauf hinaus, eine Unterscheidung zwischen der Familie des Familienunternehmens und der Unternehmerfamilie einzuführen, die zeigt, wie das sozial konstruiert wird, was wir als das Wesen der Unternehmerfamilie bezeichnen könnten, nämlich eine systemische Autonomie dieser besonderen formal organisierten Familienform.

Das klassische Drei-Kreis-Modell

Das klassische Drei-Kreis-Modell begleitet die Beschäftigung mit Familienunternehmen bereits seit einigen Jahrzehnten (grundsätzlich dazu Tagiuri u. Davis, 1996). Es macht deutlich, dass wir diese Unternehmensform und damit ebenso Unternehmerfamilien nur verstehen können, wenn wir konstatieren, dass sie von drei unterschiedlichen, aber miteinander verbundenen Systemen geprägt werden: von einer Familie, von Eigentumsbeziehungen der Familienmitglieder am Unternehmen und vom Unternehmen selbst. Mit diesem Modell können wir insbesondere rollentheoretisch betrachten, von welchen Systemen die relevanten Personen in Anspruch genommen werden und welche Rollen sie dadurch zugleich innehaben. Im Schnittpunkt der drei Kreise sind die Eigentümer angesiedelt, die zu einer Familie gehören und zugleich im Unternehmen operativ tätig sind. Hierbei handelt sich also um Akteure, die von drei Rollenpositionen in Anspruch genommen werden: Sie sind *erstens* Familienmitglieder, *zweitens* Eigentümer und *drittens* Unternehmensmitarbeiter. Diese drei Rollen kommen in Familienunternehmen in unterschiedlichen Kombinationen oder auch separiert voneinander vor (siehe Abbildung 1).

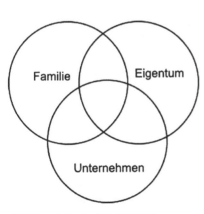

Abbildung 1: Das Drei-Kreis-Modell

Besonders aufschlussreich ist das Modell, wenn wir uns – wie Arist von Schlippe (2014) – für Konflikte interessieren. Dann können wir nämlich verstehen, dass diese in Familienunternehmen und Unternehmerfamilien häufig etwas mit Intra- und Interrollenproblemen zu tun haben. So könnte eine Unternehmerin sich bspw. innerlich gespalten fühlen zwischen den Erwartungen, die aus ihrer Familie, dem familiären Eigentümerkreis und dem Unternehmen an sie adressiert werden. Bspw. möchte sie es ihrem Vater recht machen, der noch maßgeblich als Gesellschafter agiert und bestimmte unternehmerische Vorstellungen hat, die aus ihrer Sicht für die heutige, stark von der Digitalisierung geprägte Zeit nicht mehr passend erscheinen. Sie pendelt in dieser Tochter-Vater-Beziehung zwischen unterschiedlichen sozialen Rollenbeziehungen hin und her: Als Tochter, die ihren Vater liebt, möchte sie diesen nicht aufregen und seine Erwartungen erfüllen. Als Unternehmerin sieht sie die Notwendigkeit, den Einfluss dieses Gesellschafters auf die Entwicklung des Unternehmens stark zu begrenzen. Und auch als Eigentümerin ist sie der Meinung, dass die Ideen ihres Vaters im Gesellschafterkreis kritisiert werden müssten. Was soll sie nun tun? Wie kann sie sich richtig verhalten?

Hier scheinen sogenannte pragmatische Paradoxien in der Kommunikation auf. Das heißt, dass sich die Unternehmerin hinsichtlich ihres Verhaltens gegenüber dem Vater nicht »richtig« verhalten kann oder anders gesagt: Was sie bezüglich des einen Systems, etwa bezüglich der Familie bzw. des Vater-Tochter-Verhältnisses als »richtig« empfindet, erscheint ihr hinsichtlich der anderen relevanten Systeme, Unternehmen und Eigentümerkreis, als »falsch«. Für von Schlippe lassen sich pragmatische Paradoxien in Familienunternehmen und Unternehmerfamilien nicht lösen. Aber sie können bewusst gemacht, reflektiert, explizit ins Gespräch geholt werden. Damit wird ein klassisches Prinzip von Beratung und Therapie genutzt, das bekanntlich bereits Sigmund Freud als »Bewusstmachen« postuliert hat: Das, was bisher im Unbewussten verborgen war, wird ans Licht des Bewusstseins geholt und kann sodann besprochen werden. Damit verliert das bisher Verdeckte bestenfalls seine destruktive Kraft und ermöglicht Klärungsprozesse.

Dieses Prinzip gilt auch, wenn es zu sogenannten »schrägen Anschlüssen« kommt, die von Schlippe (2013) dann konstatieren würde, wenn sich bspw. Tochter und Vater in ihrer Auseinandersetzung jeweils in unterschiedlichen Rollen sehen: Der Vater könnte etwa meinen, dass er seine Tochter als Unternehmerin anspricht, dass er daher mit dieser sachlich harte Auseinandersetzungen führe. Die Tochter jedoch sieht nicht den alten und erfahrenen Gesellschafter, mit dem sie einen herausfordernden Disput zu Unternehmensfragen austragen kann, sondern den Vater, den sie nicht erregen und verärgern möchte. Hier vermischen sich Rollenbeziehungen. Die Differenzierung dieser Verquickung, also das Trennen des Vermengten, kann wiederum Bewusstheit und Klarheit schaffen, sodass sich die Beziehungen der Beteiligten entspannen können.

Neben diesen stark personenorientierten Phänomenen, die uns durch das Drei-Kreis-Modell verdeutlicht werden, lassen sich durch dieses Konzept auch die gegenseitigen institutionellen Prägungen verstehen, die Familienunternehmen und Unternehmerfamilien kennzeichnen. So können wir bei Familienunternehmen eine familiäre Einfärbung erkennen, eine sogenannte *Familiness* (etwa Frank, Lueger, Nosé u. Suchy, 2010), d. h., dass Familienunternehmen zwar formale Organisationen sind, sie aber Züge von Familiensystemen zeigen, z. B. eine ausgesprochen starke Orientierung an Personen statt an Rollen und Funktionen sowie eine hohe soziomoralische Bindung des Personals untereinander und an das Unternehmen. Analoges gilt für Unternehmerfamilien; diese sind unternehmerisch geprägt, sie lassen sich mit dem Begriff der *Enterpriseness* (Frank et al., 2019) bewerten. Demnach sind diese Familien nicht nur unternehmerisch tätig, sondern strukturieren sich ebenfalls mit Mechanismen, die für Familien untypisch, aber typisch für Unternehmen als formale Organisationen sind. So entwickeln sie Strategien, formalisieren ihre Entscheidungen und schaffen dafür Gremien. Dies bringt eine Beobachtung in den Blick, die von Schlippe et al. (2017) »die beiden Seiten der Unternehmerfamilie« nennen.

Die beiden Seiten der Unternehmerfamilie

Der soziale Herstellungsprozess der Unternehmerfamilie, und zwar als eine Familie, die unternehmerisches Eigentum besitzt, das sie erfolgreich an ihre Folgegenerationen weitergeben will, wird mit dem Konzept der »beiden Seiten der Unternehmerfamilie« (von Schlippe et al., 2017) besonders augenscheinlich. Anhand ihres Forschungsprojekts »Familienstrategie über Generationen« haben Arist von Schlippe, Torsten Groth und Tom Rüsen über drei Jahre mehrgenerationale deutsche Unternehmerfamilien mit einem zeitaufwendigen Aktionsforschungskonzept untersucht. Ergebnis ihrer Studie ist, dass erfolgreiche Unternehmerfamilien permanent zwischen zwei sozialen Logiken hin- und herpendeln, und zwar zwischen der Logik einer Familie und der Logik einer formal organisierten Unternehmerfamilie.

Eine Familie kann als ein soziales System verstanden werden, das seine Mitglieder in ganzheitlicher Weise einbezieht, alle Persönlichkeitsanteile inkludiert und über starke emotionale Bindungen zusammengehalten wird (grundsätzlich dazu Luhmann 1990; weiterführend dazu auch Kleve u. Köllner,

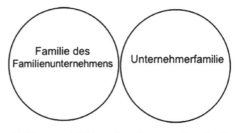

Abbildung 2: Die beiden Seiten der Unternehmerfamilie

2019). Zudem ist die Zugehörigkeit zu Familien über biologische Verwandtschaft determiniert und kann nicht negiert werden. In Familien werden wir hineingeboren, und zwar ohne die Möglichkeit, dieses Verwandtschaftsverhältnis wieder zu verlassen. Wir können uns zwar räumlich von unseren Familien trennen, aber die biologische Zugehörigkeit zu diesem System lässt sich damit nicht beenden. Anders ist es in einer formalen Organisation, etwa in einer in dieser Weise geprägten Unternehmerfamilie. Diese bezieht ihre Mitglieder über Rollen und Funktionen ein, insbesondere als miteinander verwandte Eigentümer, die bezüglich des Unternehmens Entscheidungsverantwortung tragen. Die Mitgliedschaft in der Unternehmerfamilie ist somit an bestimmte Zugehörigkeitskriterien gebunden. So sind etwa Minderjährige oder Senioren selbstverständlich Mitglieder der Familie, aber ob sie neben den gegenwärtigen aktiven Eigentümern auch zur Unternehmerfamilie gezählt werden, ist abhängig von familienstrategischen Entscheidungsprozessen, die entweder explizit getroffen werden oder sich durch das alltägliche Handeln ungeplant ergeben, etwa dadurch, dass bei Entscheidungen einige Familienmitglieder gefragt werden (etwa die aktiven und aktuellen Eigentümer) und andere eben nicht (z. B. Kinder, Jugendliche, Senioren oder Ehepartner). Während es in der Familie um bindungsorientierte Kommunikation geht, so vollzieht sich die Kommunikation der Unternehmerfamilie mithin über Entscheidungen, die bezüglich des Unternehmens zu treffen sind.

Die paradoxe Aufgabe von Unternehmerfamilien ist daher vergleichbar mit einem Vexierbild, das zwei unterschiedliche Betrachtungsweisen enthält, die sich zwar ergänzen, aber dennoch jeweils ausschließen: die Parallelität von Familien- und Organisationslogik zu akzeptieren und je nach Kontext mal die eine, mal die andere Logik zu bedienen.

Von Schlippe et al. (2017) vertreten die interessante Auffassung, dass Unternehmerfamilien, um Familien, also bindungsorientierte Systeme, bleiben zu können, ihre Familiarität zugunsten von formaler Organisation und Professionalität partiell und temporär aufgeben müssen, also hinsichtlich bestimmter zeitlicher, sachlicher und sozialer Kontexte, z. B. wenn sie unternehmensbezogene Entscheidungen zu treffen und entsprechende Verantwortung zu tragen haben. Zugleich ist diesen Familien jedoch wichtig, wieder in eine Familienlogik überzugehen, wenn sie in zwangloser Kommunikation klassische Familienthemen, wie etwa Partnerschaften, Schwangerschaften, Geburten oder andere private Ereignisse besprechen oder saisonale Feste feiern. Auch hier haben wir wieder die Figur eines Vexier- bzw. Kippbildes, das je nach Perspektive mal die eine, mal die andere Gestalt annimmt. Ob und wie sich die Gestalten entweder der Familie oder der formal organisierten Unternehmerfamilie jeweils ergeben, hängt von der Art und Weise des Handelns und Kommunizierens der Familienmitglieder ab. Diese stellen den jeweils geltenden sozialen Kontext her, sie betreiben entweder das *Doing Family* oder das *Doing Business Family.*

Halten wir fest: Wenn eine Familie erfolgreich und über viele Generationen als Eigentümerkreis ein wachsendes Unternehmen führt, dann verlässt sie sich nicht nur auf die Logik von Familiensystemen, sondern ergänzt diese durch eine formale Organisationslogik. Genau diese Doppelgesichtigkeit bringt das hervor, was wir schließlich die Unternehmerfamilie als soziales System nennen können.

Die Unternehmerfamilie als soziales System

Wie sieht nun der aktive Prozess des Handelns und Kommunizierens aus, der die Unternehmerfamilie als eigenständiges soziale System hervorbringt, das sich abhebt von der Familie des Familienunternehmens, dem Eigentümerkreis und dem Unternehmen?

Auch um diese Frage zu beantworten, können wir auf die Arbeiten von Arist von Schlippe zurückgreifen, und zwar erneut auf das paradigmatische Werk »Die beiden Seiten der Unternehmerfamilie« (von Schlippe et al., 2017). Dort wird zwar die

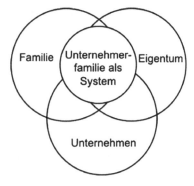

Abbildung 3: Die Unternehmerfamilie als (eigenständiges) System

Unternehmerfamilie nicht in dieser konsequenten Form, wie ich dies hier andeute (ausführlicher dazu demnächst Kleve, 2021; früher dazu bereits Danner, 2018), als separates soziales System verstanden, das sich abhebt von der Familie des Familienunternehmens, dem Eigentümerkreis und dem Unternehmen. Aber es wird der Prozess veranschaulicht, der letztlich zu dieser systemischen Neubildung führt, nämlich die Familienstrategieentwicklung.

Unternehmerfamilien, die über mehrere Generationen erfolgreich ihr Familienunternehmen führen, haben sich implizit oder explizit mindestens mit zwölf thematischen Fragestellungen befasst und diese mit jeweils für sie passenden Strategieentscheidungen beantwortet (von Schlippe et al., 2017, 229 ff.). Diese Themen- bzw. Fragefelder sind im Detail:

1. *Bekenntnis zum Familienunternehmen:* Unter welchen Bedingungen wollen wir unser Familienunternehmen in die nächsten Generationen tragen? Was wären Anlässe, unser unternehmerisches Engagement zu beenden bzw. das Unternehmen zu verkaufen?

2. *Definition von Familie:* Wie differenzieren wir zwischen Familie und Unternehmerfamilie? Wer gehört jeweils dazu, wer nicht?
3. *Werte und Ziele für Unternehmen und Familie:* Welche sozio-moralischen und ethischen Leitbilder sowie langfristigen Ausrichtungen sind uns wichtig?
4. *Rolle und Funktion von Mitgliedern der Familie im Unternehmen:* In welcher Weise engagieren wir uns im Unternehmen, als operativ Tätige oder als aktive Gesellschafter in Aufsichtsgremien?
5. *Rolle und Funktion von Familienmitgliedern als Gesellschafter:* Welche Aktivitäten erwarten wir von den Eigentümern in der Unternehmerfamilie?
6. *Installation von Gremien:* Durch welche formal organisierten Strukturen sichern wir die Entscheidungsfähigkeit für Unternehmen und Familie?
7. *Information, Kommunikation und Verhalten:* Wie halten wir die Gesellschafter bzw. die Unternehmerfamilie über das Unternehmen und die Familie informiert? Welche Verhaltensweisen unserer Gesellschafter erwarten wir in der Öffentlichkeit, welche Handlungen tolerieren wir nicht?
8. *Konfliktbewältigung/Krisenprävention:* Wie gehen wir mit Streit im Gesellschafterkreis bzw. in der Unternehmerfamilie um? Welche präventiven und welche kurativen Maßnahmen führen wir dafür ein?
9. *Ausschüttungspolitik/Vermögensstrategie:* Wie organisieren wir die Ausschüttungen an die Gesellschafter und in welcher Weise unterstützen wir diese bei einem nachhaltigen Vermögensmanagement?
10. *Vorhandenes Familienmanagementsystem:* In welcher Weise institutionalisieren und professionalisieren wir alle Aktivitäten, die dem Zusammenhalt der Unternehmerfamilie dienen?
11. *Aufbau von Gesellschafterkompetenz:* Wie bilden wir unsere nachfolgenden Gesellschafter aus und sorgen dafür, dass sie ihrer Verantwortung als Eigentümer kompetent nachkommen können?
12. *Regeln zur Einhaltung und Veränderung der Regeln:* In welchen zeitlichen Intervallen wollen wir die Regeln unserer Unternehmerfamilie überprüfen und ggf. modifizieren?

Letztlich ist es die Arbeit an diesen Fragen und die gemeinsame Suche nach passenden Antworten, die die Unternehmerfamilie als soziales System hervorbringt. Ein solches System kann als eine formale Organisation verstanden werden, weil es über seine Zugehörigkeitsregeln, seine internen Gremienstrukturen und diesbezüglich geltenden Regeln Entscheidungen trifft, die verändert werden können. Die Mitgliedschaft in der Unternehmerfamilie versteht sich damit – im Gegensatz zur Familienmitgliedschaft – nicht von selbst; sie muss über entsprechende formale Bedingungen definiert werden. Wie oben bereits ausgeführt: Mitglieder der Familie sind alle, die in diese hineingeboren wurden. Die Unternehmerfamilie jedoch differenziert sich davon, weil etwa nur die Eigentümer und die Nachfolger ab 18 Jahren als Mitglieder gelten. In einigen Unternehmerfamilien werden auch die Ehepartner als zur Unternehmerfamilie zugehörig anerkannt. Aber, wie gesagt, diese Zugehörigkeit muss entschieden werden. Und solche Entscheidungen werden durch formale Prozesse strukturiert, etwa durch Abstimmungen im Kreis der Gesellschafter.

Wenn wir schließlich die Unternehmerfamilie soziologisch zu fassen versuchen, dann könnten wir dies funktionalistisch realisieren, mithin fragen, was die Funktion der Unternehmerfamilie ist, wie es also kommt, dass sich eine solche Familie überhaupt als eigenständiges System ausdifferenziert. Als Antwort darauf können wir formulieren, dass insbesondere die paradoxen Herausforderungen von Familienunternehmen und Unternehmerfamilien, die mit dem Drei-Kreis-Modell und den beiden Seiten der Unternehmerfamilie deutlich werden, eine separate Systemneubildung notwendig machen (Danner, 2018; Kleve, 2021). Die Unternehmerfamilie als soziales System befreit sich von den Paradoxien, weil sie ihre Kommunikationen von jenen der Familie und des Unternehmens separiert und ganz auf eine eigenständige formale Organisation ihrer Entscheidungen setzt. Dass freilich die beteiligten Individuen immer noch widersprüchliche Erwartungen spüren, weil sie zugleich Mitglieder der Familie, der Unternehmerfamilie und vielleicht sogar des Unternehmens sind, steht auf einem anderen Blatt.

Fazit und Würdigung

Das Wesen der Unternehmerfamilie verstehen wir als einen sozialen Herstellungsprozess eines separaten sozialen Systems. Dieses System bildet sich im Zuge der Verkoppelung von Familienunternehmensfamilie, Eigentümerkreis und Unternehmen heraus, und zwar mit der Funktion, die Entscheidungsfindung der Unternehmerfamilie für das Unternehmen von nicht relevanten Zumutungen, etwa aus der Familie, und damit einhergehenden Paradoxien zu entlasten. Arist von Schlippe kommt das Verdienst zu, dass er die Wittener Systemtheorie des Familienunternehmens, die von Fritz B. Simon und Rudolf Wimmer begründet wurde (dazu etwa Simon, 2012; Wimmer et al., 2018), konsequent in Richtung einer Systemtheorie der Unternehmerfamilie weiterentwickelt hat.

Was mich dabei besonders beeindruckt, sind die Erkenntnisquellen, die Arist von Schlippe nutzt, um die Theorieentwicklung zu betreiben. So setzt er nicht auf klassische, d.h. distanzierte Forschung, die die Wissenschaftler und deren Untersuchungssubjekte strikt voneinander zu trennen versucht. Im Gegenteil: Er geht zwei alternative Wege, und zwar *zum einen* den Weg der Aktionsforschung und *zum anderen* sieht er sich auch in seiner Praxis als Berater und Therapeut von Unternehmerfamilien in einer forschenden Haltung. Erst durch diese Art der Forschung, die die Nähe zu den untersuchten Subjekten nicht scheut, die selbst tief ins Feld eintaucht, kann kognitiv, emotional und handlungsbezogen das sichtbar werden, was den Alltag und die Lebenswirklichkeit der Mitglieder von Unternehmerfamilien ausmacht. Deshalb haben die theoretischen Entwicklungen, die hier angesichts der Arbeiten von Arist von Schlippe präsentiert wurden, das Potenzial, das Wesen der Unternehmerfamilie nicht nur zu postulieren, sondern zu zeigen, wie es im alltäglichen Tun der relevanten Akteure allererst entsteht sowie durch deren Handeln und Kommunizieren anhaltend neu hervorgebracht wird.

Hermut Kormann

Neurosentherapie oder Salutogenese – Die Behandlung der Unternehmerfamilie in Forschung und Beratung

1 Fehlsichtigkeit der Forschung?

Prominente Juristen in der Familienunternehmensberatung halten Streit in der Familie für den größten Wertvernichter bei diesem Unternehmenstypus (Hennerkes u. Kirchdörfer, 2015, S. 62 ff.). Diese Einschätzung ist nach empirischer Evidenz höchst diskussionsbedürftig.[1] Sie mag aber der subjektiven Wahrnehmung eines gesellschaftsrechtlichen Beraters entsprechen. Vermutlich entfällt ein großer Anteil der Arbeit eines juristischen Beraters, ebenso wie der Arbeit eines Familientherapeuten, auf die Versuche der Streitschlichtung – oder auf die Begrenzung der Folgeschäden. Weder Anwalt noch Therapeut werden aufgesucht, wenn die Familie in Harmonie zusammenwirkt, sondern dann, wenn die Konfliktgewitter krachen. Also halten, wenn diese Befriedung nicht gelang, Anwälte und Therapeuten Konflikte für den vorherrschenden Kontaktmodus zwischen Gesellschaftern. Dies gilt es korrigierend, dämpfend, idealerweise heilend zu bearbeiten. Diese problemlösende Arbeit können wir der Pathogenese zuordnen.

Die Pathogenese beschäftigt sich mit den Krankheiten der Menschen, wie sie entstehen und wie sie behandelt werden können. Und wie man von der Abrechnung der Krankenscheine weiß, haben fast alle Menschen eine Krankheit – nur eben eine unterschiedliche. In diesem Zusammenhang ist natürlich an den Einleitungssatz von Tolstois »Anna Karenina« zu erinnern, wonach jede unglückliche Familie auf ihre eigene Art unglücklich ist. Gerade diese Vermutung der Fürstin relativiert die Forschung, indem sie einige Standard-Pathologien allen Unternehmerfamilien zutraut.

---

[1] Vgl. zur weitaus größeren Bedeutung falscher Strategien Seibold, Lantelme u. Kormann, 2019, 102 ff.

2 Kleine Systematik der Pathologie der Familienunternehmen

Der erste Ansatz der Wissenschaft verlangt, die Vielfalt der Erscheinungen des Untersuchungsgegenstands klassifizierend oder zumindest typologisierend zu ordnen. In der psychotherapeutischen Praxis ist das schon deshalb erforderlich, um die Behandlung einem anerkannten, erstattungsfähigen Krankheitsbild zuzuordnen[2] (Dies ist aber bei der Behandlung vermögender Unternehmerfamilien eher ohne Belang). Wir übergehen die Alltagserscheinungen des ADHS (Aufmerksamkeitsdefizit- und Hyperaktivitätsstörung) bei Unternehmern oder des chronischen Aufmerksamkeitsdefizits bei nichttätigen Gesellschaftern. Zweckmäßig erscheint es, drei Quellen und Einzugsbereiche der Neurosen zu trennen:

- *Psychopathische Störungen der Unternehmensleiter – natürlich auch der geschäftsführenden Gesellschafter:* Unter dem Sammelbegriff »Management Derailment« werden diese zunehmend tiefer erforscht.[3] Werden diese Veranlagungen bei Nicht-Familien-Geschäftsführern rechtzeitig erkannt, wird das Problem durch Trennung gelöst. Bei geschäftsführenden Gesellschaftern führt es meist zur Katastrophe und ist dann auch der weiteren Untersuchung entzogen. Wir klammern diesen Bereich also aus.
- *Störungen bei den Gesellschaftern, die nicht geschäftsführend tätig, aber als Eigentümer mitspracheberechtigt sind:* In den Beziehungen zwischen nichttätigen, aber mitspracheberechtigten Gesellschaftern und den Unternehmen haben wir wiederum zwei große typologische Verwerfungsarten:
  - sachliche Meinungsverschiedenheiten und Konflikte
  - neurotische Störungen
- *Störungen, die die Mitglieder der Unternehmerfamilie unter sich pflegen.*

Es können hier die Konfliktpotenziale ausgeklammert werden, die sich aus unterschiedlichen Einschätzungen einer geschäftlich relevanten Lage oder deren Folgebeurteilung ergeben mögen. Ebenso bleiben die Konfliktpotenziale aus unterschiedlichen sachlichen Interessen unberücksichtigt. All diese Fragen sollten vorzugsweise durch Aufklärung der Sachfragen und das mühselige Erarbeiten von Kompromissen gelöst werden und nicht durch therapeutische oder medikamentöse Neurosenbehandlung. Es bleiben aber dennoch genügend, sachlich nicht zu bearbeitende Störungen übrig:

---

2 Vgl. DSM-5 von 2013: Diagnostic and Statistical Manual of Mental Disorders, siehe Falkal u. Döpfner (2014).
3 Zur Übersicht vgl. Meyer u. Zucker (1989) sowie Kaplan, Klebanov u. Sorensen (2012).

a) Die Ängstlichkeitsneurose

Ein Unternehmer muss Furcht vor großen, existenzbedrohenden Gefahren haben, sonst hütet er sich nicht davor und wird untergehen. Er darf aber nicht vor jedem Risiko ängstlich zurückschrecken. Nicht aktiv im Unternehmen tätige Gesellschafter, die keinerlei eigene berufliche Erfahrung in wirtschaftsbezogenen Tätigkeiten haben, können bzgl. wirtschaftlicher Herausforderungen sehr ängstlich sein. Sie können mit dieser Ängstlichkeit der Geschäftsführung das Leben schwer machen.

Geschäftsführungen versuchen, solche Gesellschafter auf verschiedene Weise ruhigzustellen:
- hohe Eigenkapitalausstattung (aus vorhergehender Gewinnthesaurierung), hohe Liquiditätspositionen,
- absolute Dividendenstabilität,
- aber auch: Verzicht auf Wagemut und Präferenz für die Fortschreibung des bisher erfolgreichen Geschäftsmodells – bis es dann irgendwann obsolet ist.

b) Die Übervorteilungsneurose des Prinzipals

Die Trennung von Eigentum und Geschäftsführungsvollmacht führt zu der Prinzipal-Agent-Dichotomie. Vergreift sich dann der Prinzipal an betriebswirtschaftlicher Literatur der Neuen Institutionenökonomie, kann er den fleißig arbeitenden Agenten mit größtem Misstrauen begegnen. Leider sind die Agenten manchmal auch so blöd und schummeln tatsächlich bei der Spesenabrechnung.

Aufopferungsvolle Selbstausbeutung der Geschäftsführer und asketische Lebensführung im Sichtbereich der Gesellschafter (daher Wohnsitz an einem entfernteren Ort) kann zumindest einen dämpfenden Effekt haben.

c) Die illusionäre Leistungsanforderung

Wir alle kennen die Eigentümer, die mit Charme und hohen Bezügen professionelle Führungskräfte von hoher Reputation für ihr Unternehmen gewinnen. Von ihnen erwarten sie dann die Geniestreiche oder Wunder, die sie selbst in ihrer Jugend erbracht zu haben glauben. Wenn sich diese Leistungswunder nach dem ersten Jahr immer noch nicht zeigen, wird der Personalberater gerufen, um nun endlich den neuen, genialen Anwärter zu finden. Diese Pathologie finden wir nicht nur bei dem früher tatsächlich erfolgreichen Unternehmer, sondern auch bei dem Alleinerben, der überhaupt nie beruflich oder unternehmerisch tätig war. Mangels Erprobung der eigenen Leistungsfähigkeit kann diese Person natürlich auch keine realistische Leistungsvorstellung von Dritten haben.

Um den Erben ein realistisches Bild von Erfolgsmöglichkeiten zu verschaffen, sollte man ihnen außerhalb des Unternehmens ein Finanzanlagevermögen geben, mit dessen Verwaltung sie lernen, wie selten es ist, Bill Gates' Erfolg nachzuvollziehen.

Ansonsten führt diese Psychose dazu, dass immer weniger qualifizierte Führungskräfte an einer so heißen Position interessiert sind und irgendwann eine manifeste Unternehmenskrise zu bearbeiten sein wird.

d) Benachteiligungs- bzw. Unfairness-Neurose

Diese Störung äußert sich darin, dass der von ihr Befallene immer meint: »Ich erhalte weniger, als mir eigentlich zusteht.« Diese Neurose tritt häufiger bei Minderheitsgesellschaftern auf. Die Mehrheitsgesellschafter könnten dieser Neurose relativ einfach begegnen, indem sie den Geringsten unter den Gesellschaftern ebenso respektvoll behandeln wie einen Mehrheitsgesellschafter.[4]

e) Neidneurose

Hier ist die Blickrichtung nicht auf den eigenen Nachteil, sondern auf die unberechtigten Vorteile der anderen gerichtet.

Leider führen manche Regelungen in den Gesellschafterverträgen dazu, dass die vermögensmäßig besser gestellten Gesellschafter im Laufe der Generationen ihre Position immer weiter ausbauen und die Neidkomplexe dadurch auch noch verstärkt werden.

f) Familieninterne Neuroseprozesse

Es gibt auch Konflikte, die Familienmitglieder untereinander pflegen und die gar nichts mit dem Familienunternehmen hier und heute zu tun haben. Da geht es um die Fortsetzung der Rivalität der Geschwister, um die Anerkennung durch die Eltern. Oder es geht um die rein emotionale Ablehnung insbesondere von eingeheirateten Mitgliedern. Da geht es vielleicht um die Vergeltung von der in der vorhergehenden Generation erfahrenen Unbill. Der Themenbereich erscheint übererforscht. Allerdings ist die Evidenz zu nachhaltig erfolgreichen Behandlungsansätzen unklar.

g) Begrenzungen der Pathogenese

Die Behandlung der pathologischen Störungen setzt erst dann ein, wenn sich die Symptome zu manifesten Verhaltensauffälligkeiten auswachsen. Da bedarf es dann schon scharfer Arzneien, um eine Besserung zu erzielen. Angesichts des breiten Spektrums pathologischer Störungen kann eine geheilte Neurose gerade von der nächsten, neuen abgelöst werden. Es besteht also ein Bedarf, das Problem der Pathologien von Grund auf anzugehen.

---

[4] Diese Norm wurde von Dr. Jürgen Behrend, vormals geschäftsführender Gesellschafter der Hella GmbH & Co. KGaA, in einem Gespräch mit dem Verfasser formuliert.

3 Konzept der Salutogenese

Geht man auf die Kongresse, auf denen sich Familienunternehmer treffen – allen voran der Kongress des Wittener Instituts für Familienunternehmen (WIFU) –, so findet man eigentlich nur aufgeräumte, zuversichtlich dreinblickende Vertreter der Gattung Familienunternehmer. Natürlich wissen wir, worauf dieser vitale Eindruck von den Konferenzen und Veranstaltungen des Trägerkreises zurückzuführen ist: Das Survival-Bias liegt darin, dass die Notleidenden die Trägergebühren nicht bezahlen und die Griesgrämigen auf keine Veranstaltungen gehen. Von dieser Einsicht ausgehend können wir nun fragen: Was ist zu tun, damit möglichst viele Familienunternehmen froh gelaunt und vital als Träger dem WIFU beitreten – oder auch dem FIF, dem Friedrichshafener Institut für Familienunternehmen, im Süden. In jedem Fall wäre es schon wegen der volkswirtschaftlichen Bedeutung dieser Gattung wünschenswert, sie von vornherein gesund zu erhalten und nicht nur ihre Krankheiten zu behandeln. Wenn denn der Satz aus »Anna Karenina« zutreffend ist, dann müsste es doch möglich sein, diese gemeinsamen Merkmale »glücklicher Familien« herauszudestillieren. Und wenn man dieses Gesundheitsmuster hat, sollte es doch auch möglich sein, ein Erziehungs- und Trainingsprogramm zu entwerfen.

Dies führt uns zu dem Ansatz der Salutogenese, die auf den Soziologen Aaron Antonovsky (1923–1994) zurückgeht (Antonovsky, 1987; Antonovsky u. Franke, 1997). Aaron Antonovsky entdeckte bei Frauen, die die existenziellen Bedrohungen der Konzentrationslager überlebt hatten, den erstaunlichen Befund, dass etwa ein Drittel von ihnen wieder ein normales Leben aufbauen konnte. Aus dieser Erfahrung entwickelte Antonovsky das Konzept, dass sich die Mehrheit der Bevölkerung wahrscheinlich in einem pathologischen Zustand befindet, wobei dies nur die »falsche« Seite in einem Kontinuum aus einer Mischung von Krankheit und Gesundheit darstellt, der jeder Lebende unterworfen ist. Die Pathologie sorgt sich um die Ursachen und den Verlauf der Krankheit; die Salutogenese sorgt sich darum, wie Gesundheit entwickelt und gestärkt werden kann. Das Phänomen der Salutogenese würde heute auch unter dem Schlüsselbegriff der »Resilienz« verortet.

Nach der Konzeption der Salutogenese richten wir unseren Blick darauf, welches die tragenden Säulen für die Langlebigkeit eines Familienunternehmens sein können. Ich stelle vier Vermutungen auf, die ein solches Forschungsprogramm prägen könnten. Dabei wird zugleich eine gewisse Reihenfolge in der Gewichtung des Forschungsprogramms und in den Maximen zur gesunden Lebensführung etabliert.
– *Der Erfolg des Unternehmens* ist sicherzustellen.
– *Trennungsfaktoren und ähnliche Pathologien* sind zu vermeiden oder abzuschotten.
– *Kohärenz* ist durch Bindungsfaktoren und durch Gesellschafterkompetenz zu entwickeln.

- *Kontinuierliches Fitnessprogramm* erhält die Gesundheit und stärkt die Widerstandskraft gegen Störungen.

3.1 Sicherstellung des Erfolgs des Unternehmens

Dies ist die Konkretisierung der Lebensweisheiten wie »Ohne Moos nix los!« oder humanistisch fundiert: *Mens sana* (der Familie) *in corpore sano* (des Unternehmens). Dieser Punkt hat Priorität. Erstens ist dies der Bereich, in dem der Autor dieser Überlegungen einen gewissen Kompetenzvorteil gegenüber Arist von Schlippe hat, der in den nachfolgenden Disziplinen in der Bewertung weit vorne liegt. Sodann passt hier das Zitat von Reinhard Zinkann, dass der »Erfolg des Unternehmens ein guter Leim für den Zusammenhalt der Unternehmerfamilie ist.«[5] Schließlich ergibt sich die Priorität dieser Zielsetzung aus dem Umkehrschluss: Ein notleidendes Familienunternehmen endet früher oder später sowieso als Unternehmen und es ist fast ausgeschlossen, dass auf diesem Weg die Harmonie und der Zusammenhalt in der Familie nicht beeinträchtigt wird.

Im Konzept der Salutogenese spielen die generalisierten Widerstandsressourcen eine tragende Rolle. Diese können in allen Arten von Störungen wirksam werden. Ein gesundes Selbstbewusstsein, Intelligenz und finanzielle Mittel sind solche generalisierten Ressourcen, die bei der Bewältigung von Schwierigkeiten hilfreich sind. In den Bereichen des menschlichen Lebens, in denen Störungen unser Leben unmittelbar gefährden können, wie z. B. beim Fliegen in Flugzeugen oder beim Klettern im 7. Grad, haben Verantwortliche Konzepte der redundanten Sicherung entworfen. Die erste Stufe sind die beherrschten Prozesse, die für jede Art von Qualität Voraussetzung sind. Sollten diese versagen, greift die Kontrolle der Prozesse – vorzüglich durch das Vier-Augen-Prinzip. Und dann gibt es noch die Fail-Safe-Sicherung, die einen Mindestschutz ermöglicht, wenn alle vorgelagerten Sicherungen versagen, wenn also »alles« schiefgeht. Die Diversifikation der Geschäftstätigkeit oder des Vermögens auf mehrere voneinander unabhängige Aktivitätsfelder wäre z. B. ein solches Fail-Safe-Konzept.

3.2 Vermeidung von Trennungsfaktoren und ähnlichen Pathologien

Wer lange gesund leben möchte, braucht eine gesunde Grundkonstitution. Das reicht aber nicht. Er oder sie muss sich zudem eines gesunden Lebenswandels befleißigen. Es herrscht Einigkeit darüber, was dafür *vermieden* werden sollte: Über-

---

5   Diese Maxime hat Herr Zinkann verschiedentlich in Interviews formuliert, vgl. z. B. Handelsblatt (2009), S 30 f.

gewicht, Rauchen, Abusus von Alkohol und Bewegungsarmut. Unterschiedlich sind allerdings die Vorschriften, was man positiv tun sollte, um gesund zu bleiben: Vitamin C oder doch nur D, Zink oder Aspirin, Trennkost oder gemischte Kost. Angesichts der inkompatiblen Empfehlungen ist es ratsam, sich an nur *ein* Lehrbuch zu halten.

In der Forschung zu Familienunternehmen ist es anders. Hier besteht Einvernehmen, was die Familien positiv tun sollten: Langfristig orientiert sein, was immer das auch konkret bedeuten mag; Werte und Visionen haben; eine gute Nachfolge vorbereiten, wie auch immer; vor allem einen Senior haben, der loslassen kann. Hingegen besteht noch keine abgesicherte Evidenz in der Forschung, was Familienunternehmen *nicht* tun sollten, um langfristig bestehen zu können. Das fängt damit an, dass die Beschränkung der Anzahl der Gesellschafter auf einen der »das Sagen« hat ein weithin verfolgtes, aber auch umstrittenes Konzept ist. Ebenso wird die Organisation nach Stämmen in der Wissenschaft fast einhellig abgelehnt, nichtsdestoweniger in Gesellschaftsverträgen weisungsgemäß immer wieder verankert.[6] Gilt »Stick to the Knitting« oder doch Ambidextrie – das Wandern über die Branchengrenzen hinweg?

»Das Ziel des Lebens ist nicht das Glück, sondern das Überleben« (Quelle: unbekannt). Demnach wäre das Mindest-Ziel für das Familienunternehmen, zu verhindern, »dass sich der ganze Laden auflöst«. Es wäre also schon etwas gewonnen, wenn die Einflüsse, die mit hoher Wahrscheinlichkeit zur Zerrüttung der Eigentümerfamilie führen, verhindert oder zumindest nachhaltig abgeblockt würden.

Arist von Schlippe arbeitet mit mir gerade an einer Beschreibung der Entwicklungen, die mit hoher Gewissheit zur Zerrüttung führen. Durch ein *argumentum e contrario* wäre dann abzuleiten, welche Gegengifte vorrätig gehalten werden müssen. (Aus einer solchen Trennungsverhütungslehre könnte sich ja eine Art Notfalltherapie entwickeln, die dann auch Kassenpatienten unter den Familienunternehmen, die sich das volle Programm für die Entwicklung der Familienstrategie nicht leisten können oder wollen, zur Verfügung stünde.) Zum Beispiel resultieren Konflikte aus Kommunikation. Daher wäre die Einstellung der Kommunikation ein Lösungsansatz. In der Tat wird von Konstellationen berichtet, in denen die verfeindeten Gesellschafter seit Jahren nicht mehr miteinander sprechen. Gleichwohl vereinnahmen sie – freudlos – die satten Gewinnausschüttungen. Dann gibt es noch die Möglichkeit, dass die Neurosen von der Umwelt als unveränderlich hin-

---

6 Vgl. hierzu die Dissertation von Ammer (2017). Ammer folgt natürlich der herrschenden Meinung des Verfassers, die die Stammesorganisation einfach für schlecht hält; er will nur diese üble Konstruktion, so gut es eben geht, verbessern. Der Doktorvater Arist von Schlippe interpretiert diese Arbeit so, dass man den Protagonisten des Stammesprinzips ein gewisses Verständnis entgegenbringen könne, weil es doch Fälle gibt, in denen diese falsche Konstruktion erträglich gemacht würde. Dies ist ein Beispiel dafür, dass Arist von Schlippe gegenüber menschlichen Verirrungen noch ein großes menschliches Verständnis zeigt.

genommen werden. Da jede Neurose ja auch ein Versuch ist, mit den Widrigkeiten des Lebens zurechtzukommen, erfüllt sie einen Zweck. Lässt man dem Neurotiker allerdings freien Lauf, kann es sein, dass der Neurotiker sich wohlfühlt und dafür die Personen seiner Umgebung krank werden. Der richtige Ansatz ist die Prävention. Lasst uns alle nach einem friedvollen Leben in Gesundheit streben.

Im Notfall gehört es allerdings auch zur Salutogenese, chronische Krankheitsherde chirurgisch zu entfernen bzw. einzelne Träger ansteckender Krankheiten zu isolieren.

3.3 Kohärenz

Die Entwicklung von Kohärenz (SOC: Sense of Coherence) ist ein zentraler Begriff in dem Konstrukt der Salutogenese. Sie beruht auf drei breiten Kategorien von kognitiven und emotionalen Kompetenzen:
- Verstehbarkeit der eigenen Person und ihrer Umwelt *(comprehensibility)*;
- Gefühl der Bedeutsamkeit oder Sinnhaftigkeit *(meaningfulness)*;
- Handhabbarkeit und Bewältigbarkeit der Aufgabenstellungen *(manageability)*.

Genau um diese Qualitäten in der Haltung der Gesellschafter gegenüber dem Unternehmen geht es uns in der Forschung zu und Beratung von Familienunternehmen. Statt von Kohärenz sprechen wir aber meist von »cohesion« (Pieper) bzw. von »Zusammenhalt« (Kormann). Die *comprehensibility* setzt voraus, dass ich mich als Gesellschafter eines Unternehmens wohlfühle. Ich verstehe Wirtschaft und meine Rolle dabei. Man muss zumindest sagen können: »I follow what I mean.« Bei der *meaningfulness* spielt der materielle Nutzen durch die freigiebige Bereitstellung von Firmenautos oder durch satte Dividendenausschüttungen eine Rolle. Es wird aber auch auf stark emotionale Erlebnisse abgehoben, wie die Präsentation der Firmengeschichte an heiligen Orten oder die intensive Beziehungskommunikation, wie sie sich vorzüglich bei gemeinsamen Reisen entwickelt. Von besonderer Bedeutung ist die *manageability*, wofür das Konstrukt der Gesellschafterkompetenz als Voraussetzung etabliert wird.

Arist von Schlippe ist natürlich durch seine berufliche Sozialisierung die Sequenz von Therapiesitzungen über einen längeren Zeitraum hinweg gewohnt. Er scheut sich daher nicht, ein Programm zur Entwicklung von einer Familienstrategie zu propagieren, für die zwölf Sitzungen erforderlich sind. Diese Dauer ist bedingt dadurch, dass er ein Konzept der invarianten Intervention strikt ablehnt (vulgo: Lösung von der Stange oder »one size fits all«).[7] Vielmehr zeigt uns sein Lehrgebäude ein Bemühen,

---

7   Zur Kritik am Ansatz der »invarianten Intervention« nach dem »Mailänder Modell« von Palazzoli, Prata et al. siehe von Schlippe u. Schweitzer, 2012, S. 52 f.

vielfältige Differenzierungen in Typen begreifbar zu machen. Verschiedene »Mentale Modelle« verorten auch noch eher deviante Verhaltensweisen (von Schlippe et al., 2017, S. 192 ff.), und wenn das Verhalten der Akteure völlig unverständlich wird, muss es sich um eine der typischen Paradoxien handeln, die Familienunternehmen geradezu auszuzeichnen scheinen (S. 86 ff., 112 ff.).

3.4 Kontinuierliches Fitnessprogramm

Nun sind wir heute im Verständnis, welche Voraussetzungen für Gesundheit zu schaffen sind, schon deutlich weiter. Fitnessprogramme weisen uns den Weg. Das Wichtigste bei diesen Programmen ist die Kontinuität. Konkret könnte man mit dem vollen Programm zur Familienstrategie starten. Das belegt schon einmal die freien Wochenenden von zwei Jahren. Dann gilt es die Nachfolge in der Anteilsübertragung zu planen und steuerlich zu optimieren: weitere drei Jahre. So gerüstet, kann man sich endlich der Unternehmensentwicklung zuwenden. Denn es gilt – siehe oben – unbedingt zu verhindern, dass alle Aktivitäten der Gesellschafter auf die Familienbelange ausgerichtet sind und gleichzeitig – fast unbemerkt – das Unternehmen vor sich hin kümmert.

4 Schlussbetrachtung

Der Umgang mit der Vielfalt der Familienunternehmen führt in der Forschung stellenweise zu einer gewissen Permissivität. Da alles vorkommt, hält man auch vieles für vertretbar. Darunter gibt es aber auch ganz schlechte Eigenschaften, die der Unternehmensentwicklung abträglich sind oder den Zusammenhalt der Familie gefährden.

Arist von Schlippe hat durch seine Hinwendung zu jedem Einzelnen, der mit ihm im Gespräch ist und der vielleicht seiner therapierenden Intervention bedarf, ein großes Verständnis für die Vielfalt menschlicher Verirrungen. Der systemische Ansatz ist ja von den Grundlagen her »nicht direktiv« und eher Hilfe zur Selbsthilfe. Durch seine genuine Menschlichkeit fühlt sich jeder Gesprächspartner von ihm verstanden. Manche interpretieren dies zugleich als Billigung ihrer Vorstellungen. Dem ist aber nicht so. Es zeichnet ihn durchaus die sanfte Hartnäckigkeit des Wissenschaftlers und auch des guten Beraters aus. Da dies nun noch durch die milde Betrachtungsweise und Weisheit des Alters veredelt wird, sind ihm viele Jahre weiterhin fruchtbaren Wirkens zu wünschen.

Jürgen Kriz

Zur handlungsmoderierenden Bedeutungsdynamik in Familienunternehmen

In einer kürzlich erschienenen Arbeit haben Rüsen, von Schlippe und Groth (2019) vier »Mentale Modelle von Familienunternehmen« beschrieben. Unter »Mentalen Modellen« werden grundlegende Bilder darüber verstanden, wie die Akteure in Unternehmerfamilien sich und ihre Verbindung zum Familienunternehmen sehen und die in beträchtlichem Ausmaß ihr Erleben und ihre Handlungen mitbestimmen. Die Autoren unterscheiden dabei:

a) *Die patriarchale Logik* mit der Grundidee: Einer muss es machen. Der Patriarch ist der Anführer. »Er muss es ja wissen!« Zentrales Merkmal dieser (häufig) Gründerunternehmen ist eine personenorientierte Entscheidungsfindung wie auch Verantwortungsübernahme.

b) *Die Logik der operativ tätigen Familie* mit der Grundidee: Als Team sind wir unschlagbar. Die Firma hat Vorrang vor privaten Interessen. Ohne Familienmitglieder in der Geschäftsführung sind wir kein Familienunternehmen mehr. Zentrales Merkmal dieser (häufig) bereits in zweiter oder älterer Generation befindlichen Unternehmen ist der gemeinsame familiäre Zusammenhalt als wichtiger Faktor des Erfolgs.

c) *Die Logik der aktiven Eigentümerfamilie* mit der Grundidee: »Wir holen uns professionelles Management ins Unternehmen.« – »Wir steuern, aber wir führen nicht operativ.« Zentrales Merkmal dieser häufig großen, auch börsennotierten Familienunternehmen ist die Entkoppelung von Entscheidungsbefugnis und konkreter Mitarbeit im Unternehmen: Erstere wird durch die Vertretung der Familie in Aufsichts- und Kontrollgremien gewährleistet. Eine Mitarbeit von Familienmitgliedern direkt im Unternehmen ist nicht erforderlich.

d) *Die Logik der Investorenfamilie* mit der Grundidee: »Wir managen und maximieren unser unternehmerisches Vermögen gemeinsam.« Zentrales Merkmal dieser Unternehmen, die (meist) ohne Bindung an das Herkunftsunternehmen operieren, ist, dass die Optimierung der Rendite des Familienvermögens im Zentrum steht. Positionen im Unternehmen oder in Gremien sind hingegen nicht von Bedeutung.

Zu allen vier Mentalen Modellen beschreiben die Autoren jeweils die spezifischen Herausforderungen und arbeiten die familienstrategischen Ziele heraus.

Es ist klar, dass es sich bei diesen vier Mentalen Modellen um prototypische Kategorien handelt, mit denen zunächst Beobachter – allen voran Forscher und Berater – die überaus große Vielfalt realer Strukturen von Familienunternehmen ordnen, um sich in dieser Komplexität leichter zurechtzufinden. Die Idee hinter diesen Mentalen Modellen ist allerdings, dass es nicht nur eine Ordnung der Phänomene in der Welt der Beobachter, sondern auch in der Welt der Akteure – also der Familienmitglieder in diesen Unternehmen – selbst ist. Allerdings liegen diesen weitgehend keine reflexiv-expliziten Beobachtungen zugrunde, d. h., sie können bei den Akteuren überwiegend nicht deklarativ-narrativ abgerufen werden. Vielmehr betonen auch die Autoren, dass es sich um (prototypische) Modellvorstellungen handle, »auf das sich die Unternehmerfamilie (meist unbewusst) geeinigt hat« (Rüsen et al. 2019, S. 5). Es geht »um das kommunizierte, erlebte und vorgelebte Selbstverständnis als Unternehmerfamilie. Ein Mentales Modell vereinfacht die komplexen, familienstrategischen Sachverhalte, mit denen sich eine Familie beschäftigen muss. Es dient den Mitgliedern als die wesentliche Denklogik, mit der die unternehmerische und familiäre Wirklichkeit betrachtet wird. Konkret handelt es sich um unhinterfragt vereinfachende, wertgeladene Richtigkeitsvorstellungen der Unternehmerfamilie« (S. 5).

Bedeutungsfelder und Sinnattraktoren

Aus Sicht der Personzentrierten Systemtheorie (Kriz, 2017) sind diese Mentalen Modelle als Sinnattraktoren unter dem Einfluss von Bedeutungsfeldern zu verstehen. Ein »Sinnattraktor« ist die (temporäre) Struktur einer reduzierenden und stabilisierenden Dynamik von bedeutungsgenerierenden Prozessen (Wahrnehmen, Interpretieren, Verstehen) und den damit zusammenhängenden Entscheidungs- und Handlungsprozessen. Bedeutungsfelder sind die – aus vielfältigen Quellen stammenden – (sinn-)strukturierenden Wirkungskräfte (bzw. Operatoren) in dieser Dynamik.

Auf den ersten Blick mag diese Beschreibung so erscheinen, als würde lediglich ein Begriff (Mentales Modell) durch zwei andere (Sinnattraktor und Bedeutungsfeld) ersetzt – um nicht zu sagen: verkompliziert. Der Vorteil wird aber sofort deutlich, wenn wir danach fragen, woher bei einer bestimmten Unternehmerfamilie denn das Mentale Modell stammt, wie dieses konkret und im Detail aussieht, wie es sich entwickelt hat und welche spezifischen Veränderungspotenziale somit vorhanden sind. Ginge es lediglich um solche Modellvorstellungen, auf welche sich die Unternehmerfamilie mehr oder weniger unbewusst geeinigt hat – läge also die gesamte Urheberschaft bei den Familienmitgliedern – dann gäbe es so viele »gemeinsame Mentale Modelle«, wie es Familienunternehmen gibt. Das ist natürlich – im Detail – auch korrekt, weil keine zwei Familienunternehmen identische Mentale Modelle haben. Aber diese große Heterogenität würde sich schwerlich zu wenigen »Grundmodellen« ordnen bzw. klassifizieren lassen. Vielmehr ist zu beachten, dass die »Einigungsdynamik« in der Familie bereits unter dem Einfluss übergreifender, kulturell-gesellschaftlicher Vorstellungen über »Familienunternehmen« stattfindet. Diese haben sich im Laufe der gesellschaftlichen Entwicklung in einer typisch systemtheoretischen Zirkularität *bottom up* aus den bedeutungsgebenden Dynamiken der vielen Familienunternehmen (und weiterer Bedeutungsfelder) gebildet und wirken nun aktuell (quasi als gesellschaftliche Leitideen in diesem Sektor) auf die sinnattrahierenden Prozesse einer spezifischen Unternehmerfamilie zurück. Mit anderen Worten: Die vier von den Autoren beschriebenen Mentalen Modelle gibt es als relevante Prototypen nur deshalb, weil die oben zitierten »unhinterfragt vereinfachende[n], wertgeladene[n] Richtigkeitsvorstellungen der Unternehmerfamilie« sich in ihrer Entstehungs- und Stabilisierungsdynamik immer schon unter dem starken Einfluss entsprechender kultureller Bedeutungsfelder abspielen.

Allerdings ist aus Sicht der Personzentrierten Systemtheorie nicht nur die zirkuläre Dynamik zwischen gesellschaftlich-kulturellen und interpersonellen (hier besonders: familiären) Prozessen bedeutsam, sondern auch deren (synergetische) Verknüpfung mit der psychischen Prozessebene. Denn letztlich müssen alle Sinnprozesse stets durch das Nadelöhr personaler Verstehensdynamik gehen. Gleichzeitig muss dabei aber auch etwas »Gemeinsames« entstehen, auf das man sich hinreichend konfliktarm beziehen kann, ohne die Unterschiede ständig problematisieren oder neu aushandeln zu müssen. Es sind spezifische, geteilte Bedeutungsfelder, die in der Literatur als »shared mental models« diskutiert werden (Cannon-Bowers, Salas u. Converse, 1993). Diese entstehen aus Sicht der Personzentrierten Systemtheorie über Synlogisation, wie im Folgenden kurz beschrieben werden soll (nach Kriz, 2011, 2017).

»Rosebud«

Die weitgehend im Unternehmen mittätigen Familienmitglieder sitzen anlässlich des 60. Geburtstags des Juniorchefs Peter zusammen. Auch dessen zwei Jahre älterer, gleichberechtigter Bruder Paul ist dabei. Eben hat der Cousin – Abteilungsleiter und Sohn der Schwester des verstorbenen Seniorchefs – eine flammende Rede gehalten und das kooperative, faire Klima im Unternehmen gewürdigt. Jeder wendet sich wieder dem Essen und den Getränken zu, als Peter sein halbvolles Glas ergreift, kurz Paul zuprostet und »Rosebud« sagt. Paul stutzt, lächelt dann, und bei beiden wird das Lächeln für einen Moment zu einem Strahlen. Dann wenden sie sich wieder der Runde zu.

Weder die restlichen Familienmitglieder noch wir wissen genauer, was hier los war. Offenbar verweist das Wort »Rosebud« auf irgendetwas. Aber zunächst ist unverständlich, worum es hier geht. Allerdings scheinen Peter und Paul sich zu verstehen – wohl durchaus im doppelten Sinne: Beide wissen augenscheinlich, was gemeint sein soll, und sind froh über das Glück gegenseitiger Verständigung.

Prototypisch an dieser Szene ist, dass »Rosebud« zur Privatsprache der beiden gehört – ein Wort, dessen Bedeutung von beiden exklusiv verstanden wird und diese Exklusivität auch dann teilweise behält, wenn die beiden die anderen am Tisch »aufklären«. So könnten sie der etwas verwirrten Runde mit-teilen (!), dass »Rosebud« sich auf das Schlüsselwort im Film »Citizen Kane« bezieht. Vor mehr als 40 Jahren hatte sie der Seniorchef mit ins Kino zu diesem Film genommen. So etwas kam selten vor. Und noch beeindruckender war, dass ihr Vater hinterher mit ihnen Essen ging und sie ausführlich über diesen Film diskutierten. Im Film geht es um den Aufstieg und Fall des (fiktiven) Unternehmers Kane, der seine Ideale auf der Jagd nach Erfolg und Geld verrät und am Ende seines Lebens einsam und verbittert ist. »Rosebud«, der Name seines Schlittens aus der Kindheit, steht symbolisch für diese (noch) nicht verratenen Ideale. Der Vater hatte ihnen eindringlich erklärt, wie wichtig er als Mensch und Unternehmer die Einhaltung von Fairness und den Interessenausgleich gegenüber Mitarbeitern und Kunden nehme. »Beide sind unser höchstes Gut!« hatte er betont – und in diesem Sinne hatten sie gemeinsam das Unternehmen in der Folgezeit weiter ausgebaut.

Doch obwohl wir (und die Runde) nun wissen, worum es geht: Wie weit teilen wir wirklich die inneren Bilder und deren Bedeutung, die diesen beiden bei dem Wort »Rosebud« kommen? Wohl nur sehr rudimentär. Selbst wenn dies durch die Aufforderung: »Ach, erzählt doch mal genauer!« weiter bereichert werden könnte. Nur diese beiden waren an dem Abend mit dem Senior zusammen, haben gemeinsam den Film gesehen, miteinander gespeist und dabei zentrale Aspekte der Unternehmensführung diskutiert. Sie können uns nun noch so viel mitteilen: *Dieses* abendliche Erlebnis haben nur *sie* miteinander geteilt.

Doch was haben Peter und Paul eigentlich wirklich »geteilt«? Die Flasche Wein, ggf. das Essen, den Raum im Restaurant, die Nähe des Vaters. Aber schon von einem »miteinander geteilten Erlebnis« zu sprechen, ist recht bedenklich. Aus einer biosemiotischen Perspektive, welche auch für die Personzentrierte Systemtheorie wichtig ist, haben die beiden den Abend zwar in derselben Umgebung, aber jeder in seiner eigenen Wahrnehmungswelt miteinander verbracht. Daher sind Vorbehalte gegenüber einer zu objektivistischen Sichtweise angebracht, die automatisch die abstrakte Beobachter- und Beschreibungsperspektive als »die« Realität unterstellt. Trotz der Teilhabe an der Intersubjektivität kultureller Symbolwelten, zu denen z. B. auch Mentale Modelle über Familienunternehmen gehören, bleiben es *zwei*, im Detail sogar recht *unterschiedliche Erlebnisse*, die hier zeitlich und räumlich zugleich stattfinden.

Synlogisation

Andererseits – und dies richtet nun der Fokus auf das Gemeinsame – dürfen wir zu Recht davon ausgehen, dass die Vorstellungen von Peter und Paul ähnlicher sind als bei den anderen Geburtstagsgästen. Denn auch wenn jeder der beiden den Filmabend »Rosebud« im Detail anders erlebt hat, bieten Filmhandlung, Wein, Essen, Lokal und der Vater genügend viel an Übereinstimmendem, das weit mehr ist als räumlich-zeitliche Teilhabe. Vor allem können sie gemeinsam sagen: »*Wir* haben diesen Wein getrunken, den Abend mit dem Vater genossen, wichtige Leitlinien unseres Unternehmens diskutiert.«

Sobald Peter und Paul anfangen zu berichten, beginnen auch die anderen Personen am Tisch Assoziationen und Affekte zu »Rosebud« zu generieren. Aufgrund eigener Erfahrungen kann sich jeder einen solchen Filmabend mit dem Vater vorstellen. Zudem gab es viele Gelegenheiten, bei denen sie vom Chef, Peter und Paul sowie etlichen anderen von den Umgangs-»Regeln« in diesem Unternehmen gehört haben. Viele der Familienmitglieder haben gar zu deren Entwicklung in vielen konkreten Situationen und in unterschiedlichen Konstellationen beigetragen. Und auch das heutige Erzählen von »Rosebud« und das sich daran anschließende Gespräch trägt zur weiteren Stabilisierung und Klärung der Regeln bei.

Um diese gemeinsamen Erzeugungs- und/oder Abstimmungsprozesse von Bedeutung überhaupt zu thematisieren, bedarf es eines Begriffs. Üblicherweise findet man in der Literatur die Aussage, dass die Bedeutungen »synchronisiert« werden. Doch dies ist in der Regel unzutreffend – bedeutet doch »Synchronisation« die *zeitliche* Koordination von Vorgängen: So synchronisieren zwei Menschen ihre Bewegungen, wenn sie gemeinsam tanzen. Bei der geschilderten Abstimmung von Bedeutung spielt Zeit allerdings keine oder nur eine untergeordnete Rolle. Dies wird sofort deutlich, wenn man sich zwei Menschen vorstellt, die einen Brief- oder Mailkontakt beginnen: Unabhängig von der zeitlichen Struktur – zwischen zwei Briefen können Wochen liegen – werden vor allem Bedeutungen miteinander abgestimmt: »Was genau meinst du, wenn du ›X‹ schreibst?«, »Was bedeutet dir ›Y‹ wirklich?« usw. Analog zu »Synchronisation«, das sich aus den beiden Wortteilen »syn« (= zusammen) und »chronos« (= Zeit) zusammensetzt, bietet sich als Begriff für die Koordination von Bedeutungen »*Synlogisation*« (logos = Sinn) an. Das entsprechende Verb heißt dann »synlogisieren«. Und was dabei entsteht, ist ein *gemeinsames* »Bedeutungsfeld«. Kern ist eine zirkuläre Dynamik, in der Bottom-up-Elemente (Wörter, Sätze, Hinweise etc.) ein Feld (bzw. Attraktor oder Gestalt) erzeugen, das *top down* die weitere Dynamik im Sinne dieses Feldes beeinflusst (genauer z. B. in Kriz, 2017). Auch wenn zunächst in einer Interaktion wenig klar wäre, was der/die jeweils anderen mit manchen Begriffen, Aussagen, Sprachbildern etc. genau verbinden, wird in der zirkulären Dynamik eben beiden eine zunehmend gemeinsame Bedeutung synlogisiert. Dies aber geschieht stets unter dem Einfluss weiterer Bedeutungsfelder, z. B. gesellschaftlich-kultureller Herkunft.

Gemeinsame Bedeutungsfelder dienen vor allem der Pragmatik der Verständigung. Es geht üblicherweise nicht um völlige Übereinstimmung in allen Details – etwa im Sinne von Begriffsdefinitionen eines Wörterbuchs. Synlogisation hat daher auch kein festes »Endprodukt« als festgeschriebene Bedeutung, sondern unterliegt den weiteren fließenden Bedeutungsprozessen in der Alltagswelt. Es reicht solange und soweit man sich verständigen kann (d. h., gegenseitig verstanden fühlt in dem, was man jeweils »mit-teilen« möchte).

Der Vorteil des Konzepts der Synlogisation und der Bedeutungsfelder besteht darin, dass sich Bedeutungen aus unterschiedlichen Systemprozessen überlappen können und nicht im Sinne der Mengenlehre *entweder* dem einen *oder* dem anderen Kontext zugeordnet werden müssen. So ist es bspw. bei Handlungen oder gar Entscheidungen häufig so, dass der Mensch von unterschiedlichen Bildern und Motiven beeinflusst wird – je nachdem, welchen Bedeutungskontext er gerade damit verbindet. Auch die Veränderung solcher Bedeutungsfelder in Form von dann Ordnungs-Ordnungs-Übergängen lässt sich gut im Rahmen der Personzentrierten Systemtheorie beschreiben. Essenziell sind hierbei Entwicklungsaufgaben durch veränderte Umgebungsbedingungen, an die sich das System adaptieren muss (genauer in Kriz, 2017).

Bedeutungsdynamik im Werk von Arist von Schlippe

Nicht nur in den anfangs zitierten Ausarbeitungen der Mentalen Modelle von Familienunternehmen hat sich Arist von Schlippe mit der Thematik unterschiedlicher Bedeutungsgebung durch die Mitglieder eines Familienunternehmens auseinandergesetzt. Vielmehr durchzieht diese Fragestellung mehr oder weniger explizit ausgewiesen einen großen Teil seines umfangreichen Œuvres. Dies wird bspw. bei der Betrachtung des Zusammenwirkens unterschiedlicher Anforderungen und Bedeutungen der Personen entwickelt – je nachdem, wie weit sie sich (in ihrer jeweiligen Selbstdefinition) als Familienmitglied, als Gesellschafter oder als Unternehmer verstehen und dies zur Grundlage ihres situativen Handelns machen (z. B. von Schlippe u. Groth, 2019). Mindestens ebenso zentral ist die Frage der unterschiedlichen Bedeutungsgebung in seinen Arbeiten zum »Erwartungskarussell« (z. B. von Schlippe u. Jansen, 2020), ein Konzept und eine damit verbundene Vorgehensweise, die er konsequent aus dem eher therapeutisch ausgerichteten »Auftragskarussell« (von Schlippe, 2014) entwickelt und für die Arbeit mit Familienunternehmen fruchtbar gemacht hat.

Dies sind aber nur zwei typische Beispiele dafür, welche glückliche Fügung darin bestand, dass der Lehrstuhl »Führung und Dynamik von Familienunternehmen« am Wittener Institut für Familienunternehmen (WIFU) der Universität Witten/Herdecke vor eineinhalb Jahrzehnten von Arist von Schlippe übernommen wurde – also von jemandem, der sich bereits durch zahlreiche Werke im Bereich der systemischen Familientherapie ein hohes Renommee erworben hatte. Denn die zuvor bei der Analyse und Erforschung von Familiendynamiken erworbenen Kompetenzen und die daraus resultierenden praktischen Fähigkeiten in deren Umsetzung und Realisierung im Rahmen zahlreicher therapeutisch-beraterischer Kontexte und Programme konnte er nun im Hinblick auf die Probleme von Familienunternehmen und Organisationen einbringen und voll entfalten.

Nicht nur während eines Vierteljahrhunderts gemeinsamer Arbeit am Psychologischen Institut der Universität Osnabrück, sondern auch in der Zeit danach waren wir in regem Austausch – auch wenn wir nur ein Dutzend gemeinsamer Publikationen verfasst haben. Ich bin stolz und glücklich, einen so überaus erfolgreichen Wissenschaftler und Autor zahlreicher Bücher im Zuge seiner Promotion und Habilitation begleitet zu haben. Zu Recht kann Arist von Schlippe voller Zufriedenheit auf ein umfangreiches und fruchtbares Lebenswerk anlässlich seines 70. Geburtstages zurückblicken – und es kann zweifellos davon ausgegangen werden, dass er diesen erfolgreichen und kreativen Weg auch noch viele Jahre fortsetzen wird, indem er die Szene der Analyse und Beratung von Familienunternehmen weiterhin mit seinen Ideen und Vorschlägen bereichert.

Mit den Gratulationen zu seinem 70. Geburtstag und dem Rückblick auf bisher Erreichtes darf also der Blick auf eine hoffentlich noch weitere lange fruchtbare Phase seines Schaffens und Wirkens gerichtet werden – zu der ihm gute Gesundheit und ein erbaulicher sozialer Kontext im Kreise vieler eng verbundener Menschen gewünscht sei.

Peter May

Familienunternehmen als Wirtschaftsform

Begriff und Abgrenzung zu anderen Wirtschaftsformen

Weil Familienunternehmen nicht die einzige Form sind, in der Menschen ihr Wirtschaften organisieren, beginnt jede Beschäftigung mit Familienunternehmen mit der Frage, was ein Unternehmen zu einem Familienunternehmen macht. Wirkliche Klarheit darüber besteht bis heute nicht; die Wissenschaft hat – wie so oft – unterschiedliche Definitionen hervorgebracht. Am erfolgversprechendsten erscheint mir eine Abgrenzung nach der Art der Inhaberschaft. Diese ist bei Familienunternehmen durch drei einfache Merkmale gekennzeichnet: Sie ist (1) dominant, (2) familiär und (3) generationenübergreifend angelegt. Diese drei simplen Abgrenzungsmerkmale erlauben nicht nur klare Zuordnungen, sondern auch saubere Abgrenzungen zu anderen wichtigen Formen menschlichen Wirtschaftens.

Der dominante Charakter der Inhaberschaft unterscheidet die Familienunternehmen von allen Organisationsformen, deren Inhaberschaft fragmentiert und weniger machtvoll ausgestaltet ist, allen voran von den Publikumsgesellschaften an den Kapitalmärkten. Durch die familiäre Verbundenheit der Inhaber unterscheiden sich die Familienunternehmen zudem von allen Organisationsformen, deren Inhaber sich als Einzelunternehmer, Genossen oder reine Kapitalinvestoren verstehen und ebenso von Unternehmen im Besitz der öffentlichen Hand.

Da Unternehmen immer auch den Interessen ihrer Inhaber dienen, können Unterschiede in der Art der Inhaberschaft nicht folgenlos bleiben. Unternehmen, die unter der Inhaberschaft von Familien stehen, verfolgen andere Ziele und andere Strategien als Unternehmen, deren Inhaber in erster Linie an einer bestmöglichen Verzinsung des von ihnen investierten Kapitals gelegen ist. Ähnlich verhält es sich mit dem zeitlichen Horizont der Inhaberschaft. Wer in Generationen denkt und alle 30 Jahre ein intaktes Unternehmen an die nächste Generation weitergeben will, handelt anders als jemand, dessen Interesse an der Inhaberschaft sich auf wenige Jahre beschränkt.

Es gehört zu den Versäumnissen der Betriebswirtschaftslehre (BWL), sich allzu sehr an der Publikumsgesellschaft ausgerichtet und den Unterschieden in der Inhaberschaft wenig Bedeutung beigemessen zu haben. Die BWL der Zukunft muss stärker entlang der Unterschiede in der Inhaberschaft ausdifferenziert werden. Neben für alle Unternehmen gültigen Lehrsätzen würde dies die Entwicklung eigenständiger BWL-Disziplinen für Publikumsgesellschaften, Genossenschaften, Unternehmen im Besitz der öffentlichen Hand oder im Besitz von Finanzinvestoren ermöglichen – und eben auch eine BWL für Familienunternehmen. Für das Verständnis der besonderen Handlungsweisen und Erfordernisse der jeweiligen Organisationsformen wäre damit viel gewonnen.

Systemimmanente Besonderheiten der Wirtschaftsform Familienunternehmen

Wer das Phänomen Familienunternehmen verstehen will, kann dann einfach beim spezifischen Charakter ihrer Inhaberschaft ansetzen und die drei begriffsprägenden Merkmale als Schlüssel benutzen. Jedes der drei Begriffsmerkmale ist mit spezifischen Vorzügen, aber auch Herausforderungen verbunden.

(1) Dominante Inhaberschaft reduziert Prinzipal-Agenten-Probleme und die damit verbundenen Transaktionskosten, sie erhöht die Interessengleichheit von Inhabern und Unternehmensführern und führt tendenziell zu schnelleren und besseren Entscheidungen. Aber sie beinhaltet immer auch die Gefahr von Machtmissbrauch und sachfremden Erwägungen im Entscheidungsprozess.

(2) Ein Unternehmen mit einer Familie als Inhaber kann auf die erhöhte Loyalität und das besondere Commitment der Familienmitglieder bauen (»Patient Capital« und »Familiness« sind hier gebräuchliche Begriffe). Aber es muss sich auch mit dem Risiko unzureichend beherrschter Konflikte um die gerechte Verteilung von Geld, Macht und Liebe auseinandersetzen. Wo es einen emotionalen Mehrwert gibt, gibt es auch ein emotionales Risiko. Mehr noch: Als Folge des Wunsches nach dauerhafter Aufrechterhaltung der dominanten Inhaberrolle der Familie verfügen Familienunternehmen in der Regel über geringere Finanzressourcen als die als Kapitalsammelstellen fungierenden Publikumsgesellschaften. Dafür können sie nahezu unbegrenzt Vertrauenskapital generieren und den Vertrauensbonus familiärer Inhaberschaft aktivieren.

(3) Ebenso verhält es sich mit dem generationsübergreifenden Charakter der Inhaberschaft. Wer in Generationen denkt, kann langfristige Strategien und schwer kopierbare Wettbewerbsvorteile entwickeln und länger durchhalten als ein Wettbewerber, der im Quartalsrhythmus Erfolgsmeldungen abliefern muss. Aber er muss sich auch immer wieder der Gesetzmäßigkeit des Lebenszyklus entgegenstemmen, wonach jede noch so brillante Geschäftsidee zunächst entsteht, dann wächst, reift und schließlich vergeht.

Das Wissen um diese Zusammenhänge definiert die unternehmerische Aufgabe im Familienunternehmen. Ein Familienunternehmen erfolgreich zu führen, bedeutet im Grunde nicht mehr und nicht weniger als die Fähigkeit, die systemimmanenten Vorzüge möglichst wirksam zur Geltung zu bringen und die systemimmanenten Risiken durch wirksame Gegenmaßnahmen zu neutralisieren. Was sich so einfach liest, ist in der Praxis hohe Kunst. Denn die Akteure im Familienunternehmen handeln stets in zwei Sphären, deren Funktionslogiken unterschiedlicher kaum sein könnten. Die Fähigkeit, mit den daraus resultierenden Paradoxien souverän umzugehen, ist eine wichtige Erfolgsvoraussetzung im Familienunternehmen.

Das führt uns zu der Frage, auf welche Art und Weise die gewonnenen Erkenntnisse in den Werkzeugkasten der BWL von Familienunternehmen eingebaut werden können. Dass es im Familienunternehmen kluger Inhaberstrategien bedarf, die einen professionellen Umgang der Familie mit ihrer dominanten Inhaberrolle sicherstellen und den handelnden Akteuren ein Ziel und einen Rahmen für ihre treuhänderische Tätigkeit geben, gehört inzwischen fast schon zum Allgemeingut. Weitaus schwerer tun wir uns mit der treffsicheren Beantwortung der Frage, an welcher Stelle und in welcher Weise Familienunternehmen aufgrund der dargestellten Besonderheiten in puncto Strategie, Finanzierung und Governance von den Klischees der BWL für Publikumsgesellschaften abweichen dürfen oder sogar abweichen müssen. Hier muss eine in sich schlüssige BWL für Familienunternehmen erst noch geschrieben werden.

Von Wandel und Anpassung

In jüngster Zeit mehren sich Unkenrufe, die Wirtschaftsform Familienunternehmen sei womöglich ein »vom Aussterben bedrohter Dinosaurier«. Zweifel an der Zukunftsfähigkeit der Wirtschaftsform hat es immer gegeben. Bislang waren sie zwar stets unbegründet, dennoch sollte uns die aktuelle Zunahme solcher Zweifel zu denken geben.

Das Familienunternehmen, an das wir unwillkürlich denken, wenn wir heute von Familienunternehmen oder German Mittelstand sprechen, ist das gemeinsame Kind zweier in die Jahre gekommener Eltern. Auf Unternehmensseite ist dies das Industriezeitalter und das gemeinsame Kind ist folgerichtig das industrielle Familienunternehmen – eine Fabrik mit Menschen, Maschinen und maschinell hergestellten Produkten. In dieser Disziplin sind Deutschlands Familienunternehmen führend, die Stärke unserer Hidden Champions hat dem German Mittelstand weltweite Geltung verschafft.

Auf familiärer Seite ist es das bürgerliche Zeitalter und das gemeinsame Kind trägt unverkennbar die Züge der bürgerlichen Kleinfamilie mit ihrer Vater-Mutter-Kind(er)-Fixierung, patriarchalisch-autoritären Prägung, männlichen Dominanz und einem dadurch geprägten Wertekanon.

Beide Pfeiler geraten zunehmend ins Wanken, der unternehmerische durch den Übergang von der Industrie- zur Digital- oder Informationswirtschaft und der familiäre durch die Auflösung der bürgerlichen Lebensformen. Und so gehört zunächst einmal wenig Phantasie dazu, dem bürgerlich-industriellen Familienunternehmen eine ungewisse Zukunft zu prophezeien.

Aber muss das wirklich gleich das Ende der Familienunternehmen bedeuten? Familienunternehmen sind nicht nur die wichtigste, sondern auch die älteste Organisationsform menschlichen Wirtschaftens. Die Idee, dass Menschen mit und für ihre Familien wirtschaften, ist älter als die Industriegesellschaft und die bürgerliche Kleinfamilie. Bäuerliche Betriebe, Handwerker, Händler und Finanzinstitute in Familienhand gab es schon lange vor Fabriken und Großunternehmen und auch unter »Familie« hat jede Epoche etwas anderes verstanden. Anders als die Dinosaurier verfügt die Kombination Familie plus Unternehmen ganz offensichtlich über eine erstaunliche Fähigkeit zur evolutionären Anpassung an Veränderungen ihres Lebensumfeldes.

Auch als der Industriekapitalismus zur Finanzierung industrieller Großprojekte riesige Kapitalsammelstellen (sogenannte Publikumsgesellschaften) erfand, sahen viele den Untergang der Familienunternehmen oder zumindest ihren Abstieg in die Zweitklassigkeit voraus. Es ist anders gekommen. In vielen Ländern der Welt beherrschen mächtige Familien die größten Unternehmen des Landes und mit der Nischenstrategie der Hidden Champions hat der Familienkapitalismus eine intelligente Antwort auf die Frage nach dem richtigen Umgang mit finanzieller Unterlegenheit gefunden. Lieber der größte Fisch in einem kleinen Teich sein als ein kleiner Fisch in einem großen Teich. Das Familienunternehmen der bürgerlichen Industriegesellschaft sieht anders aus als der Familienbetrieb des Mittelalters. Ein Familienunternehmen ist es immer noch.

Wie anpassungsfähig das System Familienunternehmen sein kann, hat sich erst in den letzten Jahrzehnten wieder gezeigt. Binnen kurzer Zeit wurde eine Fülle verschiedenster Anpassungen in das System integriert: Unsere Familienunternehmen haben erfolgreich globalisiert und sich zu Exportweltmeistern gemausert. Sie haben sich professionalisiert und das Stigma der ökonomischen Zweitklassigkeit abgelegt. Sie haben ihr Familienverständnis liberalisiert, patriarchalische Anordnung durch gemeinsam entwickelte Familienverfassungen ersetzt und auch die Emanzipation und die Internationalisierung der Familien sind ein gutes Stück vorangekommen.

Und sie haben längst begonnen, sich auf die Transformation der industriellen zu einer digitalen Wirtschaft und Gesellschaft einzustellen. Erhöhte Kooperationsbereitschaft, vermehrtes Portfoliodenken und eine zunehmende Investorenlogik auf Unternehmensseite sowie ein allmählicher Übergang von der Bluts- zur Wahlverwandtschaft auf familiärer Seite – es tut sich derzeit viel bei Deutschlands Familienunternehmen.

Die gesellschaftliche Bedeutung der Familienunternehmen

Eine Zukunft ohne Familienunternehmen ist nur schwer vorstellbar und liefe auf eine grundlegende Umwälzung unserer bestehenden Wirtschafts- und Gesellschaftsordnung hinaus. Politik und Wissenschaft haben ja recht, wenn sie unsere Familienunternehmen als Rückgrat unserer freiheitlich-kapitalistischen Ordnung bezeichnen. Keine andere Organisationsform menschlichen Wirtschaftens besitzt eine vergleichbare Relevanz für Wirtschaft und Gesellschaft. Familienbetriebe erwirtschaften die meisten Umsätze, beschäftigen die meisten Menschen, tragen den größten Teil zum nationalen Bruttoinlandsprodukt bei und liegen auch beim Steueraufkommen weit vor ihren Konkurrenten. So wichtig man Publikumsgesellschaften, Genossenschaften, Staatsbetriebe und andere Organisationsformen auch nehmen mag: Die Welt wäre nicht nur ärmer ohne die Familienunternehmen, sie wäre definitiv eine andere.

Dabei geht die Bedeutung der Familienunternehmen hierzulande über ihren quantitativen Beitrag hinaus. Unsere Familienunternehmen tragen auch zur Stabilisierung der Gesellschaft bei. In Deutschland ist nach dem Zweiten Weltkrieg ein Kapitalismusmodell entstanden, das sich als sogenannter rheinischer oder Familienkapitalismus wohltuend vom angelsächsischen Kapitalismusmodell abhebt. Nicht nur die Investoren, sondern möglichst alle Interessengruppen sollen nach den Grundsätzen eines fairen Interessenausgleichs zu ihrem Recht kommen. An die Stelle des Shareholder-Value tritt der Stakeholder-Value.

Dass der Kapitalismus in Deutschland nach 1945 diese Richtung eingeschlagen hat, ist im Wesentlichen auf zwei Ursachen zurückzuführen. Zum einen war die gewaltige Wiederaufbauleistung des zerstörten Landes nur als gemeinschaftlicher Kraftakt von Unternehmern und Belegschaften zu bewältigen – die damals begründeten Bindungen und das von klugen Patriarchen begründete Narrativ einer zur Betriebsfamilie zusammengeschweißten Schicksalsgemeinschaft wirken in vielen Familienunternehmen bis heute nach.

Zum anderen wurde mit dem neuen Artikel 14 des Grundgesetzes ein wegweisend neues Verständnis von Eigentum begründet. »Das Eigentum und das Erbrecht werden gewährleistet«, heißt es dort einerseits. Aber auch: »Eigentum verpflichtet. Sein Gebrauch soll zugleich dem Wohle der Allgemeinheit dienen.« Mit der Sozialbindung des Eigentums machte der deutsche Verfassungsgeber unmissverständlich klar: Es sind nicht das Eigentum und das Erbrecht per se, die in Deutschland verfassungsrechtlichen Schutz genießen, sondern nur ein dem Gemeinwohl verpflichtetes Eigentum. Auf der Grundlage dieser Botschaft haben Deutschlands Familienunternehmer der Nachkriegszeit ihre Unternehmen entwickelt und ihre Familien geprägt. »Wir wollen Wohlstand schaffen für Mitarbeiter und Gesellschafter«, heißt es in den Zielbestimmungen vieler Familienverträge oder: »Man erbt nicht nur ein Unternehmen. Man erbt auch die damit verbundene Verantwortung.«

In der Folge entwickelten Deutschlands Familienunternehmen durch ihr praktisches Tun einen attraktiven Gegenentwurf zum auf Shareholder fixierten Kapitalismusverständnis der Angelsachsen. Der deutsche Familienkapitalismus war ökonomisch erfolgreich, zugleich sozial verträglich und damit gesellschaftlich akzeptiert. Ein »Kapitalismus mit menschlichem Antlitz« (so eine häufig zu hörende Zuschreibung) darf in der Gesellschaft mit mehr Zustimmung rechnen als einer, den die Menschen als »Raubtier-« oder »Heuschrecken-Kapitalismus« titulieren. Deutschlands Familienunternehmer genießen in der Gesellschaft ein hohes Ansehen. Die Menschen spüren intuitiv, welch wichtigen Beitrag ein sozial verantwortliches Unternehmertum für den Wohlstand und den sozialen Frieden eines Landes leistet.

Familienkapitalismus als Zukunftsmodell?

Wir alle, die wir in und mit diesem Unternehmenstypus arbeiten, sollten selbstbewusst dafür eintreten, den Familienkapitalismus als zukunftsweisenden dritten Weg zwischen angelsächsischem Finanzkapitalismus einerseits und Sozialismus andererseits zu etablieren. Bei meinen Vorträgen vor Familienunternehmern aus aller Welt habe ich immer wieder erleben dürfen, wie groß die Strahlkraft eines Kapitalismusmodells ist, das ökonomischen Erfolg und soziale Verantwortung miteinander vereinbart. Einfach wird es trotzdem nicht werden. Bevor unser Familienkapitalismus das Modell der Zukunft werden kann, müssen wir noch ein paar Herausforderungen meistern.

Erstens: Wir müssen definieren, was gutes familienkapitalistisches Handeln ausmacht und wie wir die internen und externen Anreizsysteme so ausrichten, dass sie ein Handeln in diesem Sinne incentivieren.

Es gibt immer noch zu viele Familienunternehmen und Unternehmerfamilien, die den hohen Anforderungen des Idealtypus nicht genügen und das Image des Familienkapitalismus in der Öffentlichkeit beschädigen. Erkennbarer Missbrauch der dominanten Inhaberstellung, öffentlich ausgetragene Fehden um Geld, Macht und Anerkennung oder unternehmerisches Scheitern als Folge inhaberischer

Inkompetenz sind nicht dazu angetan, die Menschen glauben zu machen, eine Ausrichtung der Zukunft am Vorbild der Familienunternehmen wäre eine erstrebenswerte Option. Deshalb müssen wir unseren Familienkapitalismus besser machen. Der 2004 erstmals veröffentlichte Governance Kodex für Familienunternehmen war ein erster Schritt in diese Richtung. Er sollte ausgebaut und zu einem System umfassender Leitlinien für die verantwortungsvolle Führung von Familienunternehmen weiterentwickelt werden.

Darüber hinaus braucht es ein klares politisches Signal für eine gemeinwohlnützliche Unternehmensausrichtung. Solange es keinen spürbaren Unterschied macht, ob der aus der Eigentumsnutzung gezogene Gewinn gemeinwohlnützlich oder gemeinwohlschädlich erwirtschaftet wurde, solange wird es keine spürbare Entwicklung in die gewünschte Richtung geben. Daran zu arbeiten und entsprechende Rahmenbedingungen zu schaffen, wäre eine lohnende politische Aufgabe.

Zweitens: Der Kampf zwischen dem Familienkapitalismus und dem angelsächsischen Finanzkapitalismus ist noch lange nicht zu unseren Gunsten entschieden. Im Gegenteil: Die Familienunternehmen liegen nur in Krisenzeiten in der öffentlichen Wahrnehmung vorn. Wenn es eng wird und die Märkte versagen, bewährt sich die eher vorsichtige, auf Resilienz und Unabhängigkeitssicherung setzende Geschäftspolitik der Familienunternehmen. In wirtschaftlich guten Zeiten kehrt sich das Bild um. Dann werden diejenigen gefeiert, die mit immer höherer Verschuldung und immer neuen Kostensparprogrammen die Kapitalrendite nach oben treiben; die weniger aggressiv agierenden Familienunternehmen gelten dann schnell als langweilig und rückständig.

Wer aus sozialer Verantwortung nicht jedes Kosteneinsparpotenzial mitnimmt und aus Gründen der Sicherheit auf den letzten Leverage verzichtet, kann kurzfristig keine vergleichbar attraktive Kapitalverzinsung versprechen. Dafür ist sein Geschäftsmodell sozialverträglicher und langfristig stabiler als das der Shareholder-Value-Jünger. Wir werden uns daher entscheiden müssen, welcher Spielart des Kapitalismus wir in Zukunft den Vorzug geben wollen: einer, die rasche und hohe Gewinne für die Kapitalinvestoren verspricht, dabei aber den Rest der Gesellschaft und die langfristige Perspektive aus den Augen verliert, oder einer, die eine etwas weniger attraktive Rendite auf das eingesetzte Kapital erwirtschaftet, dafür aber langfristig stabiler und sozial ausgewogener agiert. Die Entscheidung hierüber liegt bei der Gesellschaft und in der Folge bei der Politik. Sie wird gleichwohl nicht einfach werden – zu verlockend ist das Angebot des Finanzkapitalismus für die Starken in der Gesellschaft und zu sehr ist die Diskussion von ideologischen Links-Rechts-Schablonen infiziert. Und selbst wenn es gelingt, die nationale Politik pro Familienkapitalismus auszurichten, ist der Erfolg einer solchen Politik noch keineswegs garantiert, weil Kapital bekanntlich nicht an nationalen Grenzen haltmacht.

Versuchen sollten wir es trotzdem. Und dabei nicht übersehen, dass eine Entscheidung pro Familienkapitalismus inzwischen auch für manchen Familienunternehmer selbst zum Lackmustest wird. Wenn tradierte Geschäftsmodelle wanken, Unternehmen(-steile) verkauft werden und Familienunternehmer sich zu Family Investors wandeln, wirkt dann die mit dem ererbten Unternehmen übernommene Sozialverpflichtung uneingeschränkt weiter? Oder übernimmt der Familienunternehmer mit seinem Wandel zum Familieninvestor auch die angelsächsische Investorenlogik? Ich bin sicher, dass uns diese Fragen in der Zukunft intensiv beschäftigen werden.

Drittens: Wir werden unsere Vorstellung von nachhaltigem Unternehmertum neu definieren müssen. Wenn Familienunternehmer sich selbst als nachhaltig bezeichnen, meinen sie damit ein Geschäftsmodell, das nicht auf den schnellen Gewinn, sondern auf die Schaffung langfristig belastbarer Geschäftsbeziehungen ausgerichtet ist und damit generationenübergreifendes erfolgreiches Wirtschaften ermöglicht.

Je mehr wir aber verstehen, dass die Art, wie wir wirtschaften, die natürlichen Grundlagen zerstört, auf denen menschliches Leben auf unserem Planeten langfristig möglich ist, umso deutlicher wird, dass dieser enge Nachhaltigkeitsbegriff nicht mehr ausreicht. Wenn Familienunternehmer wollen, dass sie eines Tages ein gesundes Unternehmen an die nächste Unternehmergeneration weitergeben können, dann müssen sie auch dafür Sorge tragen, dass es eine Lebensumwelt gibt, in der erfolgreiche unternehmerische Tätigkeit überhaupt noch möglich ist. Insofern enthält nachhaltiges Familienunternehmertum immer auch den Aufruf zu unternehmerischem Handeln im Sinne einer nachhaltigen Gestaltung der Art, wie wir leben und wirtschaften. Familienunternehmer besitzen hier eine besondere Glaubwürdigkeit und eine besondere Verantwortung. Die Transformation unserer Wirtschaft und Gesellschaft in ein nachhaltiges Modell braucht die Familienunternehmer. Als gesellschaftlich und politisch Einfluss Nehmende, aber auch als Vorbilder. Wer als Familienunternehmer auch morgen noch nachhaltig sein will, muss sein Unternehmen heute auf nachhaltiges Wirtschaften ausrichten. Als Beitrag zur Zukunftssicherung – für uns alle und für das eigene Familienunternehmen.

Lieber Arist! Ich bin dankbar für jedes Zusammentreffen mit Dir, bei dem Du Dein Wissen, Deine Erfahrung und Deine Menschenfreundlichkeit mit mir geteilt hast. Es war mir immer Inspiration – fachlich und persönlich. Deshalb bin ich ein bisschen traurig, dass wir erst relativ spät zueinander gefunden haben – mit unserer gemeinsamen Leidenschaft und unseren unterschiedlichen Denkansätzen hätten wir manch spannendes Projekt gemeinsam realisieren können. Auf eine gute Zukunft!

Torsten M. Pieper

The Importance of Family Cohesion for Long-term Family Business Survival

Introduction

Why is it that some family businesses survive and strive for many generations (see, for example, the Hénokiens), whereas countless others cease to exist within a relatively short period of time? What drives the survival and longevity of multigenerational family businesses? In 2003, as a beginning doctoral student then, I ventured to explore this question, which later on became my dissertation topic and continues to occupy a large portion of my work ever since.

Guided by the prevalent position reported in the literature at that time, my initial hunch was that the answer to family business longevity laid in effective corporate governance mechanisms and was largely a function of the ways in which the *business* managed its intersection with the owning family. However, much to my surprise, the initial interviews that I conducted with representatives of several large, multigenerational family businesses in Germany with a widely dispersed ownership base (encompassing in some cases several hundred family members), painted a distinctly different picture. The answer that I consistently heard was that the effective management of the *family* was key to the long-term survival of these multigenerational family businesses. Motivated by these emerging insights, I decided to turn my attention to understanding the characteristics, sources, and mechanisms of cohesion in large, dynastic business families.

This chapter provides a synopsis of this research (Pieper, 2007) and supplements it with other insights gained since (e. g., Kleve, Köllner, von Schlippe, & Rüsen, 2020; Kormann, 2010; Rüsen & Löhde, 2019; von Schlippe, Groth, & Rüsen, 2021) to outline a framework to explain what family business cohesion is, and how dynastic families effectively develop and maintain cohesion in the long run. The essay closes with an acknowledgement of Professor Dr. Arist von Schlippe and his important contributions to the study of family business and to the understanding of business families in particular.

Cohesion Defined

Cohesion can be defined as »a psychological state which enables a collection of people to experience a feeling of unity and purpose and to work in harmony toward a common goal« (Hartman, 1981, p. 255). This definition distinguishes cohesion from adhesion, whereby individuals may experience unity of purpose but are unable to put that unity into common action; an example would be a sports team that spends lots of time together but does not perform well in official matches. Likewise, a family can be adhesive in its demands for loyalty and conformity, but not necessarily cohesive in its unity of purpose. Another important aspect of cohesion – as it is conceived here – highlights interdependence and values diversity, both important aspects of business family heterogeneity.

In practice, how can an owning family assess whether it has cohesion or not? First, there is a lack of coercion (either conscious or unconscious) in highly cohesive families. In other words, what you get when you stay a member of the owning family (such as a certain amount of dividends, access to the family estate, and other privileges) is not the central concern. Second, there is a lack of feeling held hostage (either conscious or unconscious) in highly cohesive families. Stated differently, what you lose if you leave the owning family circle is not defining your desire to remain a part of the family.

Benefits of Cohesion

Cohesion provides many benefits to an owning family, as well as to the business and its various stakeholders. Most importantly, cohesion instills an orientation in individuals that the group is more important than the self, which supports long-term thinking, mutual commitment, trust, and loyalty. The ability to band together and to respond creatively to new and challenging circumstances greatly increases a family's capacity to withstand crises, as the current pandemic vividly demonstrates (Astrachan et al., 2020).

Because the survival of the group is a key motivation in cohesive families, it enables the family to resolve conflicts and, even more, to address potential disagreements proactively before they turn harmful. For instance, a cohesive family is more likely to sustain periods of succession than a feuding family where factions tend solely to their own interests and lack a joint vision for the future of the business.

The benefits and key role of cohesion for family, group, and societal survival has been documented broadly and even outside of family business research. For example, in studying the collapse of large empires, Turchin (2005) identified the loss of »social resilience« – a society's ability to cooperate and act jointly for common goals –

in other words, the erosion of cohesion, as a key reason for the demise of empires and complex societies.

The following section describes the nature of cohesion in long-lived business families, its multiple dimensions, antecedents, and sustaining mechanisms. Next, I explain how dynastic business families combine multiple dimensions simultaneously to develop and nurture sustainable cohesion in the long run. Particular emphasis is given to next-generation training, one of the many areas in which our fine colleagues at Witten/Herdecke University and the Witten Institute for Family Business (WIFU) continue to make important contributions (e. g., Hülsbeck, Klinken, & Jansen, 2016; Kleve et al., 2020; Rüsen, 2020; Rüsen & Heider, 2020).

Dimensions of Cohesion

The first insight that came out of this research is that cohesion of business families is not unidimensional. Instead, depending on the source of cohesion (that is, the family or the business) and the type of bonding (that is, emotional or financial), cohesion can be distinguished into four basic dimensions: emotional attachment to the family and emotional attachment to the business; and financial attachment to the business and financial attachment to the family. This is an important realization because most of the literature assumes emotional attachment to be limited to the family, and financial attachment to be restricted to the business. Realizing that both family and business can provide means for emotional as well as financial attachment is an important takeaway from this research.

Family emotional cohesion is a basic human process of attachment to family or significant individuals that forms in early childhood and determines an individual's self-esteem and sense of belonging in later life (Bowlby, 1969). Since family emotional cohesion largely consists of unconscious, biologically determined behavior, many of the antecedents are outside the immediate control of the individual or the group one is attached to. Hence, there is relatively little a single family member can do to greatly enhance this form of cohesion, although upbringing, family values, and education seem to have an appreciable impact. In business families, family emotional cohesion can be facilitated through family togetherness (regular family meetings, celebrations of important milestones, and other accomplishments), a vibrant family name, a rich family history, or family legacy.

Family financial cohesion consists of bonding to the family that satisfies financial or material needs. Under this form of cohesion, family members receive financial rewards (money, inheritances, an elevated lifestyle, and other material objects) in exchange for compliance, loyalty, and closeness to the family. Unlike family emotional cohesion, which relies on a culture of altruistic and empathetic behavior, family financial cohesion is based on a culture of exchange where tangible things, such as money and gifts, are routinely exchanged for intangible rewards such as commitment or love. Moreover, it is important that financial incentives are provided on a regular and readily available basis for the individual to develop a bond to the family; otherwise, attachment may fluctuate with the incentives received. While family financial cohesion may provide quick, easy, and effective attachment in the short term, especially when money and material resources abound, its short-lived and materialistic character make family financial cohesion a relatively unstable and variable form of cohesion, and business families should be cautioned not to rely on it exclusively over extended periods of time.

Business financial cohesion can be seen as a continuation of family financial cohesion where the business is the primary source of cohesion. Similar to family financial cohesion, business financial cohesion consists largely of an instrumental exchange relationship rather than emotional bonding. The exchange may involve dividends, salaries, and perks, to mention but a few examples. It is important that financial returns are received on a regular basis for the individual to develop a bond to the business, which adds additional pressure on the business to perform well, regardless of the circumstances (e.g., industry downturns, recession, etc.). The strain increases even more with an increasing number of family members who depend on the business financially and may pose a threat to the healthiness, and even the very survival of the business. Like the previous dimension, business financial cohesion tends to be short-lived and unstable, and business families should not rely on it exclusively.

Finally, business emotional cohesion has the business as a primary source of cohesion and relies on emotional bonds as means for attachment. It may involve pride, identity, and social status derived from association with the business. Because of the deep connections between emotional bonding and an individual's conception of self and community, business emotional cohesion tends to be more stable and robust than cohesion that is exclusively based on financial bonds. This dimension of cohesion is often underappreciated, by non-family managers in particular, who tend to limit emotional means of bonding to the family only and thereby underutilize an important additional tool for bonding family members (and other organizational stakeholders) to the family business.

Combining Multiple Dimensions

The previous section presented the four dimensions of cohesion in isolation from one another. When used in combination, the various dimensions can reinforce and feed one another. Moreover, should one dimension turn deficient for some reason, the other well-functioning dimensions can substitute temporarily for any loss of cohesion power. The transitive and reinforcing effects among the various dimensions that stem from multidimensional cohesion result in more sustainable, long-term cohesion.

For example, a family with a well-performing business may pay attractive dividends to its shareholders (business financial cohesion). The family may decide to reallocate some of these funds to individual (non-owning) family members (family financial cohesion), thereby increasing their attachment to the business by their attachment to the family. The family may also decide to use part of the financial returns to organize regular family meetings or to make philanthropic contributions (family emotional cohesion). Combining the family meeting with a visit to the family business may provide family members with a source of identification and pride, especially when the business is successful (business emotional cohesion).

By investing in developing multidimensional cohesion, business families can rely on a committed family that is more likely to see the business through times of hardship. Such an approach, however, requires the family to understand that investments in developing cohesion are necessary, even if they necessitate a decrease in the number of financial returns that are paid out to family members (hence, the need to develop multiple dimensions of cohesion). If such an understanding is nurtured early in life, internalized, and shared by all family members, the decision will likely meet with broader support from the family as a whole, and prepare the ground for the emergence of sustained cohesion.

Achieving balance among all four dimensions of cohesion should be the ultimate goal of any business family with dynastic aspirations. Long-lived business families have the benefit of drawing from years, and even generations, of experience to find the right »mix« between all four dimensions of cohesion. Younger families in business (especially those relying heavily on financial cohesion) may want to embrace a mindset of orienting themselves toward developing multiple dimensions of cohesion and work toward establishing their own particular mix that matches their specific characteristics as they mature.

Building Sustainable Cohesion

Achieving sustainable cohesion is contingent upon several factors. It goes beyond the scope of this chapter to discuss each in detail (for further reading, see Pieper, 2010; Pieper & Astrachan, 2008). For the sake of completeness, the following aspects deserve attention.

Formal structures, such as boards of directors, shareholder agreements, family councils, and communication tools, can help develop and maintain cohesion along all four dimensions. In our experience in working with families in business, it is not so much the structures that matter, but what the structures do. In this regard, as with any structural arrangement, governance mechanisms should always ensure that family and business remain tightly interconnected – and they should not be misunderstood (or even be misused) as a means to keep the family out of the business. Moreover, if the structures do not work to support the development of multidimensional cohesion, they may require adjustment and adaptation to match the owning family's unique characteristics (Binz Astrachan, Astrachan, Kotlar, & Michiels, in press).

As much as formal arrangements matter, informal structures are least as, if not even more, important in building sustainable cohesion. Here, trust, a stewardship mentality, and shared values are prominent informal mechanisms. Trust enhances cooperation, facilitates communication, and improves group and organizational effectiveness. A stewardship mentality (Le Breton-Miller & Miller, 2015) creates an attitude where the business is perceived as merely »borrowed« from future generations which instill long-term thinking and future orientation among current family owners and managers. Values are effective means to regulate individual behavior by establishing what goals the family wants to achieve and how it strives to achieve them. Values also establish boundaries as to what behaviors are acceptable or not, thereby providing family members essential guidance for appropriate behavior. To affect family behavior overall, it is important to align values across as many family members as possible and is easiest if begun early in life. This brings us to another important aspect, and one where our fine colleagues at WIFU have been making pioneering contributions over the years (e.g., Rüsen, 2020).

Next-Generation Training

Individuals are generally more willing and able to learn in their early years than later in life, as research on early childhood development has shown (Piaget, 1929). Likewise, the process of attachment in later life is relatively slower compared to primary socialization in childhood (Bowlby, 1969). Therefore, internalizing and aligning values tend to be greatly enhanced, and building a foundation for the development of multiple forms of attachment comes easier when started early in life (Astrachan & Pieper, 2011). Indeed, several dynastic business families start to inculcate values among next-generation members early on, educating them about what it means to be a member of the family, and what the responsibilities are, thereby harmonizing preferences and establishing clear norms for behavior that increase the effectiveness of cohesion.

The measures taken to prepare the next generation for ownership and leadership continue beyond childhood (e. g., Barbera, Bernhard, Nacht, & McCann, 2015; Binz Astrachan, Waldkirch, Michiels, Pieper, & Bernhard, 2020) and include instilling modesty and a stewardship mentality among family members (Le Breton-Miller & Miller, 2015) on which multiple dimensions of both emotional and financial cohesion can be built. Professional training, paired with fun-filled activities and meetings around the business help to strengthen identification with the extended family and the business and reinforce the ties among a growing number of next-generation members (Groth & von Schlippe, 2011; Rüsen, 2020).

Arist von Schlippe – Scholar, Gentleman, and Friend

My first meeting with Arist goes back more than 15 years and has left a lasting imprint on me personally and on my development as a scholar. As a freshly-started doctoral student, I was fortunate and honored to receive an invitation to visit Witten/Herdecke University and the Witten Institute for Family Business (WIFU) – the »Mecca« of family business science – and to attend their annual congress for family businesses, a superbly organized, student-led conference that brings together academics, practitioners, and family business stakeholders to explore opportunities for collaboration and synergy. Arist was then recently appointed the Chair of Leadership and Dynamics in Family Businesses, and I vividly remember our first encounter. Despite a full schedule and busy agenda, Arist took the time to meet with me and to hear about the research that I was doing. As a psychologist and family systems theorist, he showed a genuine interest in my work and provided me with a host of invaluable advice that has guided my dissertation and my other research ever since. To this day, I continue to take tremendous inspiration and motivation from his work.

Arist is kind and generous – with his time, wisdom, and encouragement. It is not surprising that an uncountable number of doctoral students have been flocking around him, and he keeps dedicating his full attention to each and every one of them like they were his only student. Indeed, Arist spares no effort to make his students even better than himself, a distinctive characteristic of a great mentor. By bringing not only his passion, creativity, and dedication, but also his deep understanding of psychology, family therapy, and systems thinking to family business research and practice (e. g., von Schlippe, 2014; von Schlippe & Frank, 2013; von Schlippe & Schneewind, 2014), Arist has been enriching our field in invaluable ways.

Arist continues to inspire generations of researchers and practitioners in family business, including myself, and I am proud and grateful to call Arist a friend. Thank you, Arist! I look forward to many more interactions, exchanges, and fun times together with you.

Markus Plate

Social Exchange in the Owning Family – Social Exchange Theory as a Theoretical Lens for Family Business Research

1 Introduction

In recent years, scholars called attention to micro-level mechanisms that lie behind macro-level family business phenomena (De Massis & Foss, 2018). A promising candidate to capture micro-processes is the social exchange theory (Blau, 1964; Jennings, Breitkreuz, & James, 2014), which posits that macro group or organizational phenomena are rooted in social exchange processes between individual or group actors (Blau, 1964; Cropanzano & Mitchell, 2005). Studies utilized social exchange theory (SET) to examine ethical behavior in family firms (Long & Mathews, 2011), succession (Daspit, Holt, Chrisman, & Long, 2016), or non-family CEO turnover (Waldkirch, Nordqvist, & Melin, 2018). Studies that focus on the owning family and their interactions with the management- and governance-dimension of the business, however, are scarce.

This text utilizes illustrative examples (vignettes; Hughes, 2008) to highlight the use of social exchange theory as a theoretical lens for capturing social exchange patterns in the owning family. In doing so, this text suggests extending SET to include identity as an exchange resource; and highlights the utility of SET in capturing issues related to justice, politics, and power in the owning family, which are rarely addressed in family business studies.

2 Social Exchange Theory

Social exchange is the underlying mechanism that constitutes and sustains relationships between individuals or groups (Blau, 1964) and allows to describe differentiation in status and power, patterns of conflict and cooperation, as well as ties and structures within or between social groups. SET applies to behaviors aimed at achieving goals that can only be achieved by interacting with others. Although this conception might invoke ideas of rational, goal-oriented behavior (Cropanzano & Mitchell, 2005; Jennings et al., 2014), Blau (1964) also considers any expressive behavior that is aimed at fulfilling values, principles, or ideals without an immediate material or immaterial return. Within SET, reciprocity plays a central role, i.e. a norm to return social exchange. Transactions that are not reciprocated tend not to be repeated and thus relationships are not renewed. However, reciprocation does not have to be immediate or in kind, thereby creating obligations or indebtedness (Blau, 1964; Molm, Collett, & Schaefer, 2007; Peng, Nelissen, & Zeelenberg, 2018; Roch et al., 2019).

In principle, anything of value for the interactants can be exchanged (Cropanzano & Mitchell, 2005). A commonly used taxonomy by Foa and Foa (1974) distinguishes six resources involved in interpersonal exchange: love (affection), status (prestige and regard), information, money, goods, and services. Within the field of family business research, scholars like Plate (2008) or von Schlippe (von Schlippe, 2009; von Schlippe & Klein, 2010) have made first attempts to accommodate an exchange view to the family business system context, arguing that the family-, business- and ownership-system rely on different exchange-resources or »currencies« like information, love or voting power. This text suggests extending the resource categories with another currency of principal value in the family business: identity.

Process- and discourse-oriented theories of identity (Benwell & Stokoe, 2006; DeRue & Ashford, 2010) argued that identity is construed through a recursive process of identity grants and claims (i.e. who one is for the other person). While these theoretical frameworks are concerned with identity construction in the present, identity also has a future component – who you can become. For instance, Markus and Nurius (1986) argued that our self-system also includes our possible selves, i.e. conceptions of what one aspires or dreads to become. Possible selves serve as motivators to direct, energize, and structure behavior, thereby enacting a possible self into actual parts of the self-concept (Ruvolo & Markus, 1992). Hence, this text argues that the exchange of actual (who you are to me) and future identities (who you can become) are an important part of social exchanges in the family business. This becomes salient with identities of high status-significance, e.g. future leader (successor) or candidate for family governance positions.

2.1 Identity giving as social exchange in the family business

Social exchange in the owning family can take explicit or implicit forms. It is mostly visible as »identity giving«, in which members of the senior generation assign the high-status future identity as a family business leader to members of the junior generation. For instance, Anita[1] reported that she had long conversations with her

---

1   All names are changed to ensure anonymity of the respondents.

grandparents, in which her capabilities and character were positively appraised, and a future image of CEO painted (»*you can do it, and nobody else*«). This identity giving cannot be reciprocated immediately and in-kind, thereby creating a horizon of expectations and a felt obligation to become that person, or risk disappointing the other person and jeopardizing the exchange relationship. Hence, Anita reacted to the status exchange with a »*powerful feeling*« of pride, while at the same time feeling »*a kind of pressure*« to fulfill the expectations.

Identity giving can also take *implicit forms*. Parents can exchange services or financial resources to signal their support for building up the future identity as CEO. The flagging of identity giving becomes visible in the difference in treatment with other family members, hence as an investment in a potential future CEO vs. an investment in »normal« children. For instance, Berthold reported that while he was given a good education, his older brother – the »heir apparent« – was supported very differently: »For our brother, they pressed every button so that he could join the best schools, have paid for everything, also the next institution because he got expelled, had used drugs, and the next institute, incredible.«

Hence, the difference in treatment assigns value to the exchange of financial resources and thereby signals identity giving as future CEO identity.

Other implicit forms of identity exchange can relate to business-related conversations or invitations to join business-related bodies. For instance, Christina had regular informal »coffee chats« with her father (and CEO) during her studies. The ostensible exchange was information, e.g. the studies (business administration) and the development of the business. However, Christina's older sister Clara and younger brother Carl did not have these conversations. This contrast makes visible the exchange of status and identity that went along with the »coffee chats«: as Christina was chosen for the conversation about business issues (something of high importance and prestige for the family), but not the others, status and identity as potential successor were also exchanged. Later, Christina was invited to join the board of the main business as an »observer«, thereby exchanging status and identity again, while the other siblings were not invited.

2.2 Micropolitics and Power

2.2.1 Long-term Balancing of the Justice Ledger

Imbalances in exchange relationships give rise to power differences (Blau, 1964). In a context characterized by a long time-horizon and long-term relationships, these intergenerational power imbalances might persist for a long time. Accordingly, the rule of reciprocity cannot be fulfilled as an immediate or in-kind exchange but creates a context of expectation, obligation, or indebtedness – to assume the identity that was given by senior family members, who backed this exchange up with invested status, information, or financial resources.

Yet, the exchanges of status and identity do not occur in a vacuum, but in the network of family relationships. To capture this characteristic, this text draws on the framework of contextual therapy (Boszormenyi-Nagy & Spark, 1973). Similar to social exchange theory, contextual therapy deals with issues of social exchange – the »give-and-take of human relationships« (Boszormenyi-Nagy & Spark, 1973, p. 65) in terms of reciprocity, obligations, merits, justice, and loyalty (cf. also Schlippe, 2014). For Boszormenyi-Nagy and Spark (1973, p. 68), justice is the »supreme cohesive value« of a social group and can be understood as a »historically formed ledger, recording the balance of the mutuality of give-and-take« (Boszormenyi-Nagy & Spark, 1973, p. 66).

The case vignettes above illustrated a difference in social exchange patterns – exchange of status and identity towards a chosen successor vs. those children who were not signaled to become successor. It does not surprise that these differences in social exchange were registered by the other family members and accounted for in a metaphorical »ledger of justice«. This is further illustrated by the case vignette of Christina. In her 30s, she became part of the management team and worked alongside her father. The relationship between Christina and her siblings turned sour, though, as the sentiment was: »*She joins the business now and takes it away from us.*« Christina experienced this as the formation of a coalition between her siblings against her. When her younger brother Carl entered the firm later, the seed for a conflict of succession was planted. When the father retired, the issue of succession became virulent. The parents did not want to take sides and wanted their children to determine who becomes the successor. Christina's older sister Clara sided with her brother, who became the new CEO.

This episode highlights several issues of social exchange in the family business. First, there was an experienced imbalance regarding status and identity exchanges between Christina and her siblings. Comparatively speaking, Christina's siblings received less-valuable exchanges of status and identity than Christina, creating an imbalance of received symbolic or economic resources within the junior generation. Second, the exchange partners changed. While the exchange before the succession issue unfolded between the father and Christina, after the withdrawal of the father, the power to assign status and identity fell towards Christina's siblings. Third, the other siblings have been in a weaker position before the withdrawal of the father, lacking the status and identity resources assigned to Christina. To balance the lack of power, they formed a coalition and exercised the power of decision making after the father withdrew. Fourth, by doing so, they were able to withhold the exchange of status and identity towards Christina. By assigning her vote towards Christina's brother Carl, Clara was able to balance the justice ledger negatively towards Christina, and positively towards Carl.

The formation of a coalition to balance previous injustice highlights another crucial point rarely addressed in family business research: political moves between family owners. As Burns (1961, p. 257) put it: »Behavior is identified as political when others are made use of as resources in competitive situations.« Hence, forming a coalition in the competition for the CEO position to foster a candidate of your choice is a political move. Competitive situations between family members might relate to the family system (receiving positive regard from the parents), business-system (access to succession, see above), or the ownership-system (access to governance positions, see below).

2.2.2 Socio-emotional Politics in Governance

The family council and supervisory board are the bodies where family members seek representation and influence. Determining the job criteria for these positions, however, has a political dimension. From a business perspective, the focus lies on expertise and competence (Ward, 1997) and selecting candidates accordingly. From a system perspective, balancing the family need for inclusion and the business need for competence becomes evident (von Schlippe, Groth, & Rüsen, 2017).

From a social exchange perspective, the family discussion about criteria and potential candidates has both socio-emotional and micro-political aspects. Following the need for inclusion, the family members might engage in a form of identity giving, thereby exchanging the identity as a respected and capable family member. This exchange is even extended to family members where it is apparent that they are not immediately viable candidates. This is illustrated by the quote of Derek, which highlights the need for exchange of status and identity as respected and capable family members to maintain relationships between family members and fulfill the need for inclusion: »There are some that want to be asked if they want the job, but actually, they don't want to do the job, but they need to be asked. [...] They want to be asked – ›It can't be that they simply skip me!‹«

The exchange of identity has a value as such and allows to uphold and continue the exchange relationship itself in the future. In contrast, not exchanging the identity (i.e. withholding a valuable socio-symbolic resource) could be seen as punishment that threatens the relationship (Blau, 1964) and gives rise to conflict.

2.3 Conclusions

In summary, the application of social exchange theory provides insights into the micro-foundations of family business life that allows explaining macro-phenomena (e.g. the rise or prevention of conflicts, the use of power and micro-politics concerning business- and ownership-related phenomena such as succession or filling of governance positions):

- Social exchanges capture the flow of socio-symbolic and economic resources within and between generations.
- Identity giving of future business or ownership/governance identities is a valuable family resource that forms individual identity, development, and is accounted in intergenerational justice ledgers.
- Identity giving of respected and capable family member identities is a form to maintain long-term family relationships.
- Long-term accounting of exchanges focuses on fair exchanges; balancing of imbalanced exchanges triggers social conflict and political actions (use of power, forming of coalitions) where social exchanges are interrupted or redirected to foster personal interest.

3 Working with Arist

I still remember Arist's emphasis on plurality in research, saying that – I am paraphrasing – in order to have a three-dimensional vision, you need two images of the world that are different – hence, not a repetition of the same measurement, but difference and diversity. The attitude to embrace multiplicity in perspectives for the sake of learning, as well as an emphasis on the usefulness of our descriptions and analysis rather than an emphasis on positivistic reduction and precise measurements still stays with me until today. Theories are tools that should make us smarter and help us to understand our field of study better. Accordingly, this text is an exercise of this attitude, curiously exploring new ways of seeing and understanding the family business field.

Understanding better, however, has two aspects – theoretical understanding for scholarship or understanding for practice. What good is scholarship in social science, though, when it cannot make a difference in people's lives? Arist's work has always emphasized the practical side of scholarship. His work helps practitioners – members of owning families or advisors – to gain a better understanding of their situation, to »raise consciousness«, engage in meaningful conversations about their situation, and find common ground for a new course of action. You might additionally ask – what good is scholarship in social science when people get bored hearing it? Arist can deliver the message convincingly and walk the talk. I remember lively how Arist used tools like storytelling and humor, or processes like reflective teams or the four chairs. It is just that you never have the impression that it is a tool that Arist uses – it is just his way of doing things.

Reinhard Prügl, Dinah Spitzley, Natalie Rauschendorfer

Zehn Thesen zur nächsten Generation in deutschen Unternehmerfamilien

Wie kann ich das Familienvermächtnis weiterführen? Wie erhalte ich die dafür notwendigen Fähigkeiten? Wie kann ich zum Erfolg meiner Unternehmerfamilie beitragen? Dies sind unumgängliche Fragen, die sich jedes Mitglied der nächsten Generation einer Unternehmerfamilie irgendwann stellt.

Außerdem verdeutlichen sie die Tatsache, dass die nächste Generation in Unternehmerfamilien in erster Linie eine spezifische Rolle hat: den Fortbestand des Familienunternehmens zu sichern. Die Fähigkeit und Bereitschaft der nächsten Generation (»NextGen«), zum Erfolg des Unternehmens beizutragen, ist ausschlaggebend für dessen zukünftige Existenz als Familienunternehmen (De Massis, Kotlar, Chua u. Chrisman, 2014; Garcia, Sharma, De Massis, Wright u. Scholes, 2018; Zellweger, Nason u. Nordqvist, 2012). Vor diesem Hintergrund ist es auch die nächste Generation, die Familienunternehmen wesentlich von Nicht-Familienunternehmen unterscheidet (Chua, Chrisman u. Sharma, 1999; Garcia, Sharma, De Massis, Wright u. Scholes, 2018). Sie ist somit zentraler und charakteristischer Bestandteil einer Unternehmerfamilie und verdient besonderes Augenmerk. Aus diesem Grund verfolgt dieser Beitrag das Ziel, zehn Thesen zur nächsten Generation zu entwickeln, die zum einen in unserem Verständnis als Forscherinnen und Forscher, und zum anderen vor dem Hintergrund unserer persönlichen Erfahrungen als Angehörige der NextGen in der Zukunft für Familienunternehmen und Unternehmerfamilien von Bedeutung sein werden.

Dieser Beitrag stützt sich dabei auf mehr als zehn Jahre Forschungsarbeit und intensiven Austausch mit der nächsten Generation aus Unternehmerfamilien im deutschsprachigen Raum. Erfahrungswerte aus Hintergrundgesprächen mit Vertreterinnen und Vertretern der NextGen fließen dabei ebenso in die folgenden Ausführungen ein wie Ergebnisse aus langfristig angelegten Forschungsprojekten, allen voran die regelmäßig am Friedrichshafener Institut für Familienunternehmen (FIF) durchgeführten Studien und Datenerhebungen zu »Deutschlands nächster Unternehmergeneration« in Kooperation mit der Stiftung Familienunternehmen, sowie das »Projekt 2024«, eine Panelstudie für und mit jungen Mitgliedern der nächsten

Unternehmergeneration in Kooperation mit der EQUA-Stiftung – Verantwortung für Familienunternehmen.

These 1: Die nächste Generation bevorzugt einen teamorientierten Führungsstil

»Teamwork makes the dream work« – so eine amerikanische Redensart. Dem stimmt auch die überwiegende Mehrheit der nächsten Generation in Unternehmerfamilien zu. Aktuelle Forschungsergebnisse wie auch zahlreiche Gespräche mit Angehörigen der NextGen zeigen, dass ein kooperativer und teamorientierter Führungsstil für die nächste Generation von großer Bedeutung ist. Dies zeigt sich nicht nur in ihrer Arbeitsweise, sondern auch in ihrer Vorstellung darüber, wie das Familienunternehmen in der Führung aufgestellt sein sollte. Grundsätzlich zeichnen sich Vertreterinnen und Vertreter der NextGen durch ein großes Verantwortungsbewusstsein gegenüber dem Familienunternehmen aus. Laut einer Studie des FIF in Kooperation mit der Stiftung Familienunternehmen möchten mehr als drei Viertel der mehr als 500 befragten NextGen-Angehörigen unbedingt, dass das Unternehmen auch zukünftig im Eigentum und Einflussbereich der Familie bleibt (Prügl u. Rauschendorfer, 2020). Dementsprechend ist auch die familieninterne Nachfolge ein großes Thema. So spricht sich konstant die Mehrheit der befragten NextGen-Angehörigen für eine aktive Rolle der Familie im Unternehmen aus (Prügl u. Rauschendorfer, 2020; Spitzley u. Prügl, 2017). Damit verbunden ist eine sehr positive Einstellung gegenüber teamorientiertem Arbeiten und einem stark partizipativen Führungsstil. So können sich die Unternehmerinnen und Unternehmer der nächsten Generation gut vorstellen, die Führung kooperativ an der Seite weiterer Familienmitglieder zu übernehmen. Dies heißt für die nächste Generation jedoch nicht, dass ausschließlich Familienmitglieder für die Führungsnachfolge in Betracht gezogen werden müssen – lediglich 40 % stimmen einer rein familieninternen, operativen Führungsnachfolge zu (»Die Nachfolger in der Geschäftsleitung sollten aus der Familie stammen«, Hauck u. Prügl, 2015). Die nächste Generation scheint familienexternen Mitgliedern in der Geschäftsführung gegenüber demzufolge sehr aufgeschlossen zu sein. Ebenso widerspricht die eindeutige Mehrheit der Befragten (61 %) dem Statement »Es kann nur einen Nachfolger und nicht mehrere in der Geschäftsführung geben« (Hauck u. Prügl, 2015). Dies kann als ein Zeichen für die Offenheit, den Kooperationswillen und die starke Teamorientierung der kommenden Unternehmergeneration gedeutet werden.

These 2: Die nächste Generation schätzt Vielfalt und sucht Klarheit in Bezug auf die künftigen Rollen in Familie und Unternehmen

Die Rolle im Bereich des Unternehmens entwickelt sich durch Engagement und Hingabe an das Familienunternehmen (Sharma u. Irving, 2005) sowie durch Normen, Werte und Identität als Teil der Sozialisation innerhalb der Unternehmerfamilie (Stamm, 2013). Die nächste Generation in Unternehmerfamilien kann verschiedene Rollen innehaben. In der bisherigen Forschung wird die nächste Generation jedoch überwiegend mit einer einzigen Rolle in Verbindung gebracht: der operativen Führungsnachfolge im Familienunternehmen. Die Praxis zeigt jedoch, dass die NextGen darüber hinaus zahlreiche unterschiedliche formelle und informelle Rollen in der Familie, im Unternehmen und an der Schnittstelle zwischen beiden Systemen innehaben kann. Diese sind dynamisch, verändern sich über die Zeit und können auch parallel eingenommen werden (Spitzley, 2020b).

Diese Vielfalt an Möglichkeiten führt zu dem starken Wunsch der nächsten Generation nach Rollenklarheit. Vorläufige Ergebnisse des Projekts 2024 machen deutlich, dass sich die NextGen kontinuierlich mit ihrer zukünftigen Rolle in der Familie und im Unternehmen auseinandersetzt. Dabei wird vor allem Klarheit in Bezug auf die eigene(n) Rolle(n) der Mitgestaltung innerhalb der Unternehmerfamilie bzw. des Familienunternehmens angestrebt. Die bewusste Auseinandersetzung erfolgt im Wesentlichen durch das Aufzeigen von Handlungsoptionen, die Bildung von klaren individuellen Präferenzen und, darauf basierend, der entsprechenden Vorbereitung auf die präferierten Rollen. Die Reflexion über die eigenen Präferenzen, Talente und Rollen ist dabei Chance und Herausforderung zugleich, insbesondere, da sich die nächste Generation oftmals schon in jungen Jahren mit entsprechenden Zukunftsfragen konfrontiert sieht.

These 3: Die nächste Generation sucht nach und profitiert von vertrauensvollem Austausch mit anderen Angehörigen der NextGen

Das Langzeitprojekt »Projekt 2024« zeigt auch, dass die nächste Generation vermehrt nach Austauschmöglichkeiten sucht. Dies macht eine Befragung in diesem Zusammenhang deutlich: Die Mehrheit der Befragten (64 %) wünscht sich einen regelmäßigen Austausch sowie Weiterbildungsmöglichkeiten zu ihrer (zukünftigen) Rolle in der Unternehmerfamilie. Der Austausch mit Gleichgesinnten ist damit so zentral für die persönliche Weiterentwicklung wie die eigene Ausbildung. Rollenklarheit kann nicht per se gelernt werden und es gibt auch nicht den idealen und einzigen Weg, einen Beitrag zum Fortbestand der Familie als Unternehmerfamilie zu leisten. Ein strukturierter Austausch mit anderen Vertreterinnen und Vertretern der NextGen in einem vertrauensvollen Rahmen scheint hier gleichermaßen essenziell wie schwer zu finden zu sein. Nicht ohne Grund haben sich in den letzten Jahren etliche Austauschmöglichkeiten in Deutschland entwickelt. Wichtig hierbei scheint zu sein, insbesondere NextGen-Angehörige mit ähnlichen Fragen und vor allem ähnlichen Ausgangssituationen in Familie und Unternehmen zusammenzubringen. Zu verstehen, wie andere agieren und welche Konsequenzen dieses Handeln hat, erleichtert es den Vertreterinnen und Vertretern der NextGen, ihren eigenen Weg zu finden und Handlungsspielräume abzustecken.

These 4: Die nächste Generation hat vielfältige Karriereoptionen – und präferiert dennoch unternehmerisches Handeln

Die nächste Generation in Familienunternehmen zeichnet ein ausgeprägtes Gefühl der Verbundenheit mit ihrem Unternehmen und der Familie aus, dennoch wird auch das Bedürfnis nach Unabhängigkeit und Selbstverwirklichung immer stärker. Diese Selbstverwirklichung findet nicht mehr nur im eigenen Familienunternehmen statt, da die heutige NextGen eine Vielzahl an beruflichen Möglichkeiten hat. So illustrieren einzelne Studien, dass nicht unbedingt der Eintritt in das Familienunternehmen anstrebt wird (Sieger, Fueglistaller u. Zellweger, 2016). Dennoch lässt sich eine klare Tendenz Richtung Unternehmertum ableiten (Prügl u. Rauschendorfer, 2020). Für den Großteil der Befragten ist die Gesellschafterrolle im Familienunternehmen wahrscheinlich (84,1 %). Gleichzeitig ist die operative Nachfolge, d. h. die Tätigkeit als Geschäftsführer/Geschäftsführerin im Familienunternehmen, für rund 70 % der Befragten denkbar. Darüber hinaus können sich rund 45 % der Befragten vorstellen, durch die Gründung eines Unternehmens eigene unternehmerische Pfade zu gehen. Die Rolle als Angestellte/r in einem Konzern (14 %) oder im öffentlichen Dienst (rund 4 %) ist offenbar wenig attraktiv für den Unternehmernachwuchs. In Summe ist also Unternehmertum – insbesondere im eigenen Familienunternehmen, aber auch durch die Gründung eines eigenen Unternehmens – die klare Präferenz der befragten Vertreterinnen und Vertreter der nächsten Generation (Prügl u. Rauschendorfer, 2020).

These 5: Die nächste Generation startet zunehmend eigene Gründungsprojekte – auch als Vorbereitung auf die Verantwortung in der eigenen Familie

Die nächste Generation hat offenbar auch ein Herz für eigene Gründungen – für viele Angehörige der NextGen wird es immer reizvoller, sich durch selbstgeführte Ventures auf die Rolle in der Unternehmerfamilie vorzubereiten. Dennoch zeigt sich, dass sich die stark unternehmerisch orientierte nächste Generation auch für Unternehmertum im Rahmen des eigenen Familienunternehmens begeistert (Prügl u. Rauschendorfer, 2020). Die NextGen-Vertreterinnen und -Vertreter haben bereits in jüngerem Alter ein ausgeprägtes unternehmerisches Selbstvertrauen entwickelt und fühlen sich durchaus in der Lage, ein Unternehmen erfolgreich zu führen – und wollen dies auch tun (Prügl u. Rauschendorfer, 2020). Das Gründen ist dabei nach einschlägigen Positionen im Familienunternehmen für die jüngere Generation der wahrscheinlichste berufliche Werdegang (Prügl u. Rauschendorfer, 2020). Die unternehmerische Selbstständigkeit ermöglicht es der NextGen auch, früh unmittelbare unternehmerische Verantwortung zu übernehmen: eine Erfahrung, die im familiären Umfeld durch zu wenig Autonomie und zu viel »Welpenschutz« in diesem Umfang meist verwehrt bleibt (Kammerlander, 2019). Auch die Fach- und Branchenkenntnisse sowie die unternehmerischen Fähigkeiten werden im eigenen Start-up geschult (Spitzley, 2020a).

Dadurch können sich wertvolle Synergieeffekte zwischen den Organisationen (Start-up der NextGen und Familienunternehmen) ergeben, z. B. im Hinblick auf das Thema Digitalisierung, das jüngere Ventures oft besser für sich beanspruchen können (Spitzley, 2020a). Dabei »fällt der Apfel nicht weit vom Stamm«: Die Ventures der nächsten Generation sind durch die generationenübergreifende Solidarität in der Familie meist eng mit dieser verknüpft. Werte und Anschauungen werden erhalten, beiderseitiger Nutzen durch strukturelle Ähnlichkeiten kreiert oder familiäre Pflichten erfüllt. Auch kann das Familienunternehmen durch die Veranschaulichung von konkreten Problemstellungen oder durch den Unternehmergeist der älteren Generation als Inspirationsquelle dienen (Spitzley, 2020b). Entsprechend der Beziehung zum Familienunternehmen und zur Familie unterscheiden sich auch die Motive der nächsten Generation bei einer Gründung. Sie möchten nicht immer nur finanzielle und Wachstumsziele erreichen, sondern sich selbst beweisen, ihrer Leidenschaft nachgehen, die Ressourcen des Familienunternehmens sinnvoll nutzen und auch zu diesem einen wertvollen Beitrag leisten (Spitzley, 2020b).

These 6: Die nächste Generation strebt nach Professionalisierung in der Governance – in der Familie, im Unternehmen, aber auch im Management des Familienvermögens

Die nachrückende Unternehmergeneration zeigt auf Basis ihrer Selbsteinschätzung in Bezug auf die Entwicklung der Governance-Strukturen in den Bereichen Familie, Unternehmen, Familieneigentum und -vermögen eine starke Tendenz zur weiteren Professionalisierung. Anhand von Ergebnissen einer aktuellen Studie (Prügl u. Rauschendorfer, 2020) lässt sich bspw. erkennen, dass rund 55 % der NextGen die Professionalisierung der Gesellschafter-Bindung und die gezielte Aus- und Weiterbildung potenzieller Nachfolgerinnen und Nachfolger (67 %) bereits umsetzen oder planen. Gleichzeitig steht die Einbindung möglichst vieler Familienmitglieder in das operative Geschäft nicht im Fokus bzw. wird in der Zukunft weniger stark ausgeprägt sein – rund 63 % der teilnehmenden Vertreterinnen und Vertreter der nächsten Generation betrachten dies nicht als sinnvollen Weg für die Zukunft. Anders formuliert: Die Einbindung familienexterner Führungskräfte in die Leitung des Unternehmens bekommt mehr Gewicht. Außerdem finden Maßnahmen wie die Einsetzung eines Beirats bei rund der Hälfte der Befragten große Zustimmung. In weiteren Bereichen wurde vor allem die verstärkte Einbindung von Coaches und Beratern genannt – auch dies ist ein überaus spannendes Thema, welches traditionell in Unternehmerfamilien durchaus auf Skepsis trifft. Hier scheint sich das Bewusstsein für die möglichen Vorteile einer Einbindung qualifizierter Beraterinnen und Berater in der nachrückenden Generation stark zu wandeln. Darüber hinaus betrifft die zunehmende Professionalisierung auch den Bereich der Vermögensseite. So gibt es mittlerweile in Deutschland Schätzungen zufolge rund 400 bis 500 Single Family Offices (Hauser, Klaiber u. Prügl, 2020). Auch hier entstehen im Zuge einer weiteren Professionalisierung des Vermögensmanagements (oftmals von der NextGen angeregt und eingefordert) gleichzeitig für die nachrückende Generation neue Möglichkeiten der Verantwortungsübernahme in der Unternehmerfamilie (Hauser et al., 2020) – und neue Fragen: Wie gehen Single Family Offices mit der Führungsnachfolge um? Welchen Herausforderungen stehen sie dabei gegenüber? Welche Lösungsansätze kommen derzeit zur Anwendung?

These 7: Die nächste Generation ist Innovationstreiber – insbesondere im Bereich der Digitalisierung

Die Phase des Generationswechsels weist spezielle Eigenschaften auf, die sie zu einem besonderen Zeitfenster für die Erschließung und Umsetzung von Veränderung und Innovation machen – und das trotz aller Herausforderungen für Familie und

Unternehmen, die mit dieser Phase einhergehen (Hauck u. Prügl, 2015). Das zeigt sich auch im Rahmen einer aktuellen Studie zur Perspektive der Next Gen (Spitzley u. Prügl, 2020): Ein Großteil der Befragten ist der Meinung, dass im Vergleich zum Status quo Veränderungen sehr wichtig sind. Hierbei haben vor allem das Etablieren von neuen Prozessen, das Entwickeln von neuen Produkt- und Dienstleistungsangeboten (je 79 %) und das Schaffen von neuen Organisationsstrukturen (73 %) hohe Priorität. Aber auch die Erschließung neuer Geschäftsfelder (70 %), die Veränderung der Führungskultur (65 %) und das Testen neuer Geschäftsmodelle (64 %) sind in den Augen vieler Angehöriger der NextGen wichtige Maßnahmen für die Zukunftsfähigkeit des Familienunternehmens.

Gleichzeitig erkennen die Befragten zahlreiche Potenziale in der Digitalisierung (Spitzley u. Prügl, 2017): Vor allem die Prozessoptimierung, der verbesserte Zugang zum Kunden wie auch die Erweiterung und Erschließung neuer Märkte und Geschäftsmodelle werden genannt. Wichtig ist den Befragten, dass Chancen und Herausforderungen der Digitalisierung systematisch identifiziert, analysiert und beurteilt werden, bevor geeignete Maßnahmen getroffen werden. Trotzdem sollten wichtige Entwicklungen nicht versäumt werden. So ist die Mehrheit der Teilnehmerinnen und Teilnehmer an der Studie mit dem Stand der Umsetzung der Digitalisierung im eigenen Familienunternehmen nicht uneingeschränkt zufrieden.

These 8: Die nächste Generation denkt verstärkt in unternehmerischen Ökosystemen – insbesondere die Kooperation mit Start-ups wird als herausfordernd, aber sinnvoll eingeschätzt

Die nächste Generation erkennt die Bedeutung der Zusammenarbeit mit Start-ups in unternehmerischen Ökosystemen. Aus Sicht der NextGen bedeuten entsprechende Kooperationen viele Vorteile für die Unternehmensentwicklung – sie identifizieren jedoch auch einige nicht unerhebliche Herausforderungen für Familienunternehmen. Knapp drei Viertel (74,7 %) der Vertreterinnen und Vertreter der nächsten Generation würden die Zusammenarbeit mit Start-ups hauptsächlich für die Entwicklung von digitalen Lösungen nützlich finden, während zwei Drittel (62,1 %) Kooperationen zu neuen Geschäftsmodellen und/oder Produkten oder Dienstleistungen als gewinnbringend einschätzen. Durch die Befragung der NextGen zu möglichen Schwierigkeiten wird deutlich, dass kulturelle Unterschiede mit Abstand als größte Herausforderung bewertet werden (47 %). Beispielhafte Aussagen wie »Die Kulturen von einem sehr jungen Unternehmen und einem gestandenen, konservativen Unternehmen können sehr unterschiedlich sein«

und »Tradition trifft auf moderne schnelllebige Start-ups mit anderer Arbeitseinstellung« untermauern diese Sorge. Zudem kann es laut den Befragten vorkommen, dass »eigene Strukturen sehr eingefahren sind und dass die Start-up-Kultur von der Elterngeneration nicht als realistisches Unternehmenskonzept akzeptiert wird«, was die Zusammenarbeit deutlich erschwert. Nichtsdestoweniger wird eine verstärkte Kooperation mit unternehmensexternen Akteuren in regionalen und überregionalen Ökosystemen zunehmend angestrebt. Dabei spielen neben Start-ups auch branchenübergreifende Austauschplattformen mit anderen Unternehmerfamilien sowie die Vernetzung mit führenden Universitäten und Forschungseinrichtungen eine zentrale Rolle.

These 9: Die nächste Generation strebt nach Verständigung – untereinander, aber auch generationenübergreifend

Die nachfolgende Generation in Familienunternehmen wünscht sich im Rahmen des Generationswechsels von der übergebenden Generation insbesondere Unterstützung in Form von Mentoring, aber auch Freiräume durch das schrittweise Loslassen sowie Offenheit für Neues. So wird der starke Wunsch danach deutlich, dass der übergebende Elternteil als Diskussionspartner/in und Mentor/in unterstützt. Nahezu ebenso stark wünscht sich die nächste Generation das Loslassen durch die Seniorgeneration (Spitzley u. Prügl, 2017). Ein Vertreter der nächsten Generation formuliert es wie folgt: »dass sie [die Seniorgeneration] sich intensiv mit uns als potenziellen Nachfolgern auseinandersetzt. Offenheit für uns, eine faire Chance, uns zu beweisen, Feedback und Weitergabe von Wissen und Erfahrungen.« Auch wurde häufig der Wunsch nach dem Vereinbaren und Einhalten klarer Regelungen für den Nachfolgeprozess genannt (vor allem im Zusammenhang mit der Auswahl des Nachfolgers/der Nachfolgerin, der Verantwortungsbereiche und des Zeitplans für den Generationswechsel). Ebenso wünscht sich die NextGen Aufgeschlossenheit für neue Ideen, wie etwa Innovationen und Prozessveränderungen. Die Vertreterinnen und Vertreter der nachfolgenden Generation erkennen durchaus an, dass es ein »schwieriger Spagat« für die übergebende Generation ist, Freiheit einzuräumen und gleichzeitig beratend tätig zu sein: Die Vorgängerinnen und Vorgänger müssen die »richtige Balance finden zwischen ›machen lassen‹ und ›unterstützen‹«. Darüber hinaus werden Wünsche nach Vertrauen, offener Kommunikation und der Übertragung von explizitem und implizitem Wissen im Rahmen einer gemeinsamen Zusammenarbeit geäußert – und nach Geduld.

These 10: Die nächste Generation schätzt Universitäten als Vernetzungs-, Erfahrungs- und Wissensaustauschplattformen – Verbindung von Theorie und Praxis

Eine fundierte Ausbildung hat traditionell einen hohen Wert im Kontext von Unternehmerfamilien (Spitzley u. Prügl, 2017; Prügl u. Rauschendorfer, 2020). Vor allem das Studium ist im Bereich der Ausbildung von zentraler Bedeutung – 91 % der befragten NextGen-Angehörigen studieren derzeit oder haben bereits ein Studium absolviert. Es zeigt sich, dass die NextGen durchaus bereit ist, in ein hochklassiges Studium zu investieren. So spielen neben dem Studium an einer öffentlichen Universität (47 %) auch die Privatuniversitäten eine nicht zu vernachlässigende Rolle (29 % ausschließlich private Universität; 24 % private und öffentliche Universität). Dabei steht eine wirtschaftswissenschaftliche Ausbildung im Vordergrund – rund drei Viertel studieren Fächer der Betriebs- bzw. Volkswirtschaftslehre, gefolgt von den Ingenieurwissenschaften (13 %), Kommunikationswissenschaften (6 %) und Jura (Spitzley u. Prügl, 2017). Ein weiterer Aspekt ist die starke Internationalisierung und Auslandserfahrung der aktuellen Nachfolgegeneration: Rund 56 % haben bereits im Ausland studiert und rund 47 % haben bereits länger als ein Jahr im Ausland gelebt (Hauck u. Prügl, 2015).

Der Freundeskreis der NextGen stammt zum Großteil nicht aus Unternehmerfamilien (Hauck u. Prügl, 2015). Nur 26 % stimmen der Aussage zu, dass viele ihrer Freunde aus Unternehmerfamilien stammen. Dennoch wird der Kontakt zu anderen Familienunternehmerinnen und -unternehmern gesucht – gleiche Herausforderungen und ähnliche Situationen verbinden naturgemäß. Es zeigt sich, dass vor allem an der Universität (30 %) oder bei Veranstaltungen speziell für Familienunternehmen (20 %) untereinander Kontakte geknüpft werden.

Dank und Anerkennung

In allen diesen Bereichen hat Arist von Schlippe sowohl wertvolle Pionierarbeit erbracht als auch als beständige und verlässliche Inspirationsquelle mit einem hochkarätigen und schlagkräftigen Team am Wittener Institut für Familienunternehmen (WIFU) einen nicht zu überschätzenden Beitrag geleistet. Zahlreiche ermutigende Gespräche und aufmunternde Worte, sachdienliche Hinweise und beeindruckendes Hintergrundwissen, Tipps und Tricks aus seiner langjährigen Erfahrung, aber vor allem tiefsinnige und hochwertige Forschungsbeiträge haben dazu beigetragen, dass die Verständigung über die Chancen und Herausforderungen von Unternehmerfamilien immer stärker in den Blickpunkt der interdisziplinären Forschung gerückt sind. Das wäre ohne Arist von Schlippe schlicht nicht möglich geworden.

Sabine Rau, Renate Wolfram

Die Bedeutung der systemischen Perspektive für die Forschung zu Familienunternehmen

Arist von Schlippe lag der systemische Ansatz in Bezug auf Familienunternehmen schon am Herzen, als er im Jahr 2005 den Lehrstuhl an der Universität Witten/Herdecke übernahm. Seitdem haben wir, die Erstautorin und er, viele Diskussionen, wissenschaftliche ebenso wie praxisorientierte, zu diesem Thema geführt; Diskussionen, die mich beeindruckt und geprägt haben und die Renate Wolfram in anderem Zusammenhang mit mir weitergeführt hat. Arist von Schlippe ist Pionier und Grandseigneur der systemischen Forschung zu Familienunternehmen zugleich, ohne ihn wären die Forschung, vor allem aber auch die Familienunternehmen und die Unternehmerfamilien, um viele Erkenntnisse ärmer. Wir würden uns freuen, wenn der folgende Beitrag wiederum ein Ereignis konstatieren würde, das weitere Ereignisse nach sich zieht.

1   Familienunternehmen und Unternehmerfamilien

Familienunternehmen gibt es nur in dem Maße, in dem es eine mit dem Unternehmen verbundene Familie und ein mit der Familie verbundenes Unternehmen gibt. Der gegenseitige (systemische) Einfluss konstituiert die Besonderheit dieser Unternehmensform (Klein, Astrachan u. Smyrnios, 2005). Familienunternehmen werden als solche Unternehmen definiert, in denen eine oder mehrere Familien die Mehrheit der Stimmrechte kontrolliert und zumindest ein Familienmitglied eine leitende Funktion, sei es in der Geschäftsleitung oder im Aufsichtsgremium, innehat (EU Commission, DG Enterprise and Industry, 2009).

Die Unternehmerfamilie war zunächst weder Gegenstand der Forschung oder Beratung (von Schlippe u. Klein, 2015) noch wurde zwischen verschiedenen Formen der Unternehmerfamilie differenziert. Eine Familie, als Gruppe miteinander durch Heirat, Geburt oder Adoption verbunden, besteht systemtheoretisch aus verschiedenen Subsystemen auf verschiedenen Analyseebenen, wie z. B. aus der Beziehung zwischen Eheleuten, der Eltern-Kind-Beziehung, der Geschwisterbeziehung, wie auch als Familie als Ganzes und zudem als Teilsystem eines größeren, gesellschaftlichen Systems (Parke, 2004). Die Beziehungen in Familien haben sich, vor allem in den Industrieländern, maßgeblich verändert; wir finden heute nicht mehr »nur« die klassische Kernfamilie von Mutter, Vater und Kindern, die einen gemeinsamen Haushalt teilen, sondern auch in Unternehmerfamilien Patchwork-Familien, erweiterte, multi-generationale Familienverbände sowie Alleinerziehende (Klein, 2008). Mit der zunehmenden Vielfalt von Familien haben sich zudem die Kommunikations- und Interaktionsmuster ebenfalls vervielfältigt.

2 Die Forschung zu Familienunternehmen

Die Forschung zu Familienunternehmen hat zwei grundlegende Wurzeln. Zum einen waren in den 1960er und 1970er Jahren vor allem die amerikanischen Ivy-League-Universitäten an Zustiftungen zu ihrem Stiftungsvermögen interessiert. Die Unternehmen von Alumni, seien sie selbst gegründet oder von den Eltern übernommen, stellten eine gute Chance dar, Zustiftungen zu erhalten. Die andere Wurzel hat die Forschung zu Familienunternehmen in der Familientherapie (Kepner, 1983; Danes, Rueter, Kwon u. Doherty, 2002). Aus anekdotischen Berichten wissen wir, dass Therapeuten erstaunt waren, dass bei Unternehmerfamilien, die sie therapierten, noch ein weiteres Familienmitglied am Tisch saß: das Unternehmen (von Schlippe u. Klein, 2015).

3 Die systemische Perspektive in der Forschung

Die systemische Perspektive in der Forschung zu Familienunternehmen war bereits integrales Merkmal der frühen Arbeiten. So ist der Dreiklang von Unternehmen, Familie und Eigentum ein zentraler Bestandteil der Dissertation von John Davis (1982), in der er das von Renato Tagiuri und ihm entwickelte Drei-Kreis-Modell potenzieller Rollen im Familienunternehmenssystem, das bis heute Eingang in viele Arbeiten findet, herausstellt. Auch in dem Sonderheft zu Familienunternehmen der Zeitschrift Organizational Dynamics von 1983 nutzen vier der sechs Autoren explizit (Beckhard u. Dyer, 1983; Lansberg, 1983; Kepner, 1983) oder implizit (Davis, 1983) einen systemischen Ansatz.

Im deutschsprachigen Raum hat sich, neben dem internationalen Feld mit den inzwischen anerkannten familienunternehmensspezifischen Fachzeitschriften wie dem Family Business Review und dem Journal of Family Business Strategy, eine charakteristische Veröffentlichungskultur herausgebildet. Im Folgenden soll zunächst auf beide getrennt eingegangen werden, bevor wir ein Konzept zur Entwicklung einer nachhaltig systemischen Perspektive in der Familienunternehmensforschung diskutieren.

3.1 Die Entwicklung der internationalen Forschung

In den USA, wo die internationale Forschung zum Thema Familienunternehmen ihren Ausgang nahm, konnte man zunächst einen intensiven Austausch zwischen Familienunternehmern, Beratern und Wissenschaftlern beobachten. Einige der renommiertesten Pioniere in diesem Bereich wie Kelin Gersick, Ivan Lansberg oder John Ward waren sowohl als Professoren als auch als Berater von Familienunternehmern hoch angesehen. Systemische Elemente waren besonders in den Anfängen allgegenwärtig; in nahezu allen Arbeiten wurde auf die Systemelemente Familie und Unternehmen abgestellt, wobei in der Regel das Gesamtsystem mit seinen beiden Subsystemen und nur in Ausnahmen weitere Subsysteme (Tagiuri u. Davis, 1982; Beckhard u. Dyer, 1983; Lansberg, 1983) oder weitere Analyseebenen einbezogen wurden.

Mit der Arbeit von Gersick, Lansberg, Desjardins und Dunn (1999) wurde die Zeitdimension explizit in die Modelle einführt, indem sie basierend auf dem Drei-Kreis-Modell von Tagiuri und Davis (1982) diskutieren, wie sich diese drei Dimensionen über jeweils drei Generationen entwickeln. Durch die Dynamisierung der Rollen werden weitere Fragestellungen deutlich. Wie wirkt sich die größer werdende Familie auf Fragen des Eigentums aus? Welche Arten der Übergänge können zwischen einzelnen Stadien beobachtet werden und wie wirken sich diese auf die anderen Dimensionen aus? Wir finden hier eine Kombination aus systemischem Ansatz und Change-Management. Immer noch sind diese Arbeiten eng an die beraterische Praxis angelehnt, weshalb auch die Anerkennung der Managementforschung ausblieb.

Erst als Anderson und Reeb (2003) aufzeigten, dass Familienunternehmen eine im Schnitt bessere Performance im S&P 500 aufwiesen als Nicht-Familienunternehmen, wuchs das Interesse der etablierten Managementforscher. Damit geriet zugleich der systemische Ansatz zunehmend unter Druck, da sich jetzt in strategischer Forschung und in Finance ausgebildete Wissenschaftler des Themas Familienunternehmen annahmen. Sie verdrängten mehr und mehr diejenigen, die direkt mit Familienunternehmen in Kontakt standen und ihre Fragen vermehrt aus der Praxis herleiteten, um sie dann mit den Mitteln der Wissenschaft zu beantworten. Diese neue Generation von Forschern hatte andere Ziele. Hier standen Veröffentlichungen in hochangesehenen Fachzeitschriften im Vordergrund. Sharma, Melin und Nordqvist (2014, S. 11) fassten die Entwicklung unter der Überschrift »From Generalization to Specialization« zusammen. In der Folge wurden unzählige Arbeiten, die zumeist einer einfachen Wenn-Dann-Logik folgten und auf dem Prinzip Ursache-Wirkung aufbauten, veröffentlicht. Da diese Logik in fundamentalem Widerspruch zu dem systemischen Ansatz steht, war dieser auf längere Zeit, bis auf wenige Ausnahmen (e. g. Danes et al., 2002; Pieper u. Klein, 2007; Suess-Reyes, 2017) nicht mehr im Zentrum der internationalen Familienunternehmensforschung.

3.2 Die Entwicklung der deutschen Forschung

Obwohl Deutschland und die DACH-Region (Deutschland, Österreich, Schweiz) bekannt sind für ihre erfolgreichen Familienunternehmen, wurden diese in der Forschung zunächst relativ spät thematisiert. Erste Artikel finden sich in den deutschsprachigen Fachzeitschriften zu Beginn der 2000er Jahre (Special Issue der Zeitschrift für Führung und Organisation, 2004; Redleffsen u. Witt, 2006). Zum Beispiel hat die Zeitschrift für Betriebswirtschaft zwischen 2006 und 2020 nur zehn Artikel mit dem Keyword Familienunternehmen veröffentlicht. Dies hat damit zu tun, dass deutschsprachige Forscher ihre Artikel in internationalen Journals einreichen. Der einzige Artikel, der explizit auf einem systemischen Ansatz aufbaut (Suess-Reyes, 2017), wurde in englischer Sprache veröffentlicht.

Die eigentliche Entwicklung lässt sich anhand von Buchpublikationen nachzeichnen. Hier dominieren drei verschiedene Publikationstypen: zum einen die Dissertationen (u. a. Leiß, 2014; Weber, 2009), zum zweiten die praxisorientierten Sammelbände (u. a. May u. Bartels, 2017; Rüsen u. von Schlippe, 2017) sowie Monographien (u. a. Klein, 2010; LeMar, 2001; Wimmer, Domayer, Oswald u. Vater, 2005; Simon, Wimmer u. Groth, 2005). Aufgrund der Distanz zu der Welt der internationalen Managementforschung konnte sich im deutschsprachigen Raum die systemische Perspektive halten.

Insgesamt ist anzumerken, dass es keine einheitliche systemische Perspektive der Familienunternehmensforschung gibt, so wenig wie es »die« systemische Perspektive in der Forschung überhaupt gibt. Von Schlippe (2013) merkt hierzu kritisch an, dass gerade die Familienunternehmensforschung die Tendenz habe, Individuen zu Systemelementen zu erklären und damit die systemimmanenten Fragen und Probleme zu individualisieren. Er regt an, vielmehr mit Rückgriff auf den Luhmann'schen Systembegriff (Luhmann, 2000) auch Familienunternehmen als Systeme von Ereignissen und Interaktionen zu verstehen.

4 Ein Konzept zur Entwicklung einer nachhaltig systemischen Perspektive in der Familienunternehmensforschung

Eine nachhaltige systemische Perspektive in der Familienunternehmensforschung würde, zumindest aus Sicht der Autoren, der Komplexität des Forschungsgegenstandes gerecht werden.

4.1 Zielsetzungen, Fragestellungen und Methoden von Forschung

Die Betrachtung der derzeitigen Forschung zu Familienunternehmen offenbart mehrere mögliche Zielsetzungen. Wie schon in den Anfängen in den USA beobachtet, kann eine Zielsetzung sein, mittels Studien und Weiterbildungsangeboten mit Familienunternehmern ins Gespräch zu kommen, sei es, um Sponsoren für Familienunternehmensinstitute zu werben, oder auch, um Beratungsangebote zu platzieren. Eine weitere mögliche Zielsetzung, hier zumeist von Wissenschaftlern mit dem Vorhaben einer internationalen Karriere verfolgt, kann es sein, möglichst viele Artikel in hoch gerankten Zeitschriften zu platzieren. Und eine letzte mögliche Zielsetzung kann (und sollte) es sein, Wissen über Unternehmerfamilien und Familienunternehmen zu generieren mit dem Bestreben, diesen Eigentümerfamilien, ihren Unternehmen und denjenigen, die sie unterstützen, Wissen zur Verfügung zu stellen, um erfolgreich eine langfristige Zukunft gestalten zu können.

Die aus den verschiedenen Zielsetzungen resultierenden möglichen Fragestellungen sind sehr unterschiedlich, ebenso wie die daraus folgenden möglichen wissenschaftlichen Ansätze und Methoden. Während die erste Zielsetzung eine möglichst praxisnahe Fragestellung nahelegt, ist das Gegenteil bei der Veröffentlichung in hoch gerankten Journals der Fall. Hier sind kleinteilige Kausalzusammenhänge gefragt, die mittels ausgefeilter empirischer Methoden, basierend auf großen Datensätzen, möglichst zu bereits bestehenden theoretischen Ansätzen beitragen. In beiden Fällen bietet sich die systemische Sichtweise auf Familienunternehmen nicht an, ist sogar kontraproduktiv. Nur im Fall der Unterstützung der Unternehmerfamilien und ihrer Unternehmen mittels Wissensgenerierung stellt der systemische Ansatz einen von mehreren vielversprechenden Forschungsansätzen dar.

4.2 Ein systemischer Ansatz der Familienunternehmensforschung für die Zukunft

Wagen wir einen Sprung in die Zukunft und fragen uns, wie ein systemischer Ansatz der Forschung zu Familienunternehmen aussehen könnte. Zunächst ist festzuhalten, dass wir uns hiermit einer Soziologie des Familienunternehmens nähern.

Ausgehend von der Frage, welche Elemente das System Familienunternehmen und seine Subsysteme konstituieren, folgt die Frage nach der Beständigkeit bzw. der Flüchtigkeit eben dieser Systeme. Dort, wo – wie in der Vergangenheit – Menschen als Elemente der Systeme definiert wurden, besteht die Gefahr, dass systemische Probleme individualisiert werden (von Schlippe, 2013), während Luhmann (2000) darauf hinweist, dass sich soziale Systeme aus Ereignissen konstituieren, was im Umkehrschluss dann aber auch heißt, dass sie, kaum entstanden, wieder verschwinden. Gleichwohl hinterlassen diese Ereignisse Spuren. Häufig konstituieren sie Muster, deren Reproduktion durch Kommunikation sichergestellt wird.

Im Zusammenhang mit Familienunternehmen hieße das, Ereignisse zu beobachten, die wiederum Ereignisse auslösen. Wird, nach langem Beobachten und Nachdenken, einer der drei Söhne vom Vater auserkoren, die Nachfolge anzutreten, und der Vater kommuniziert diese Entscheidung zunächst in der Familie, dann auch im Unternehmen, lösen diese Ereignisse, die Mitteilung, wer die Nachfolge antritt, weitere Ereignisse aus. So ist es möglich, dass die Mitteilung zu einer empfundenen Kränkung der Mutter führt, die sich für eine andere Nachfolgelösung ausgesprochen hat, was wiederum zu einer Veränderung der Kommunikation der Ehepartner führt. Oder das Ereignis führt dazu, dass der bis dahin latente Konflikt zwischen dem Nachfolger-Bruder und seinem jüngeren Bruder sich in einem weiteren Ereignis, einem lauten Streit über die Gestaltung des herannahenden Weihnachtsfestes, entlädt.

Ein anderes Beispiel, das eine systemische Sichtweise nahelegt, ist der Umgang mit Fehlern. Angefangen von dem Fehlerereignis und der darauffolgenden Kommunikation (Bestrafung oder Lernorientierung) lassen sich Zusammenhänge mit der Lernfähigkeit der Organisation und den daraus resultierenden Innovationen untersuchen. Im Gegensatz zu einem kausaltheoretischen Ansatz (e. g. Fischer, Frese, Mertins u. Hardt-Gawron, 2018; Frese, Kring, Soose u. Zempel, 1996) sind Rückkopplungen, Widersprüche und Paradoxien mit einem systemischen Ansatz sichtbar zu machen und können als Ausgangspunkt einer Reflexion dienen. Spinnt man den Gedankenfaden weiter, kann man die Frage stellen, ob, und wenn ja, inwieweit, die Fehlerkultur der Unternehmerfamilie wiederum Eingang findet in die Unternehmenskultur und welche Voraussetzungen dafür im Sinne der Stabilität und des Zusammenhalts der Familie (Jaskiewicz u. Dyer, 2017), der gegenseitigen Abhängigkeit (Wade-Benzoni, 2002) und der Geschlossenheit des Systems (Arregle, Hitt, Sirmon u. Very, 2007) gegeben sein müssen.

Ein systemischer Blick auf das Familienunternehmen und die Unternehmerfamilie würde erlauben, solche und andere Ereignisse theoretisch zu verankern, einzuordnen und im besten Fall unter bekannten Rahmenbedingungen voraussagen und damit ggf. auch beeinflussen zu können. Auf jeden Fall aber sollte ein systemischer Blick die Selbstreflexion der an den Ereignissen beteiligten Protagonisten ermöglichen.

Könnte man in eine solche systemische Betrachtung Ergebnisse der kausaltheoretisch orientierten Forschung zu Familienunternehmen integrieren? Dies wäre zumindest einen Versuch wert, der die beiden sich widersprechenden Ansätze versöhnen könnte. Bleiben wir beim Beispiel der Nachfolge: Erkenntnisse, wie sich das Verhältnis von Vorgänger und Nachfolger auf die Gestaltung der Nachfolge auswirkt, Ergebnisse aus der Geschwisterforschung ebenso wie Fragen der Kommunikation zwischen Ehepartnern wären kleine Elemente, die helfen können, den großen systemischen Zusammenhang einzugrenzen. So wird das gleiche Ereignis bei verschiedenen Voraussetzungen zu anderen Folgeereignissen führen, die kausal-theoretischen Erkenntnisse wären also Voraussetzungen auf tieferer Systemebene, während systemisch der Zusammenhang zwischen Ereignissen und die Reproduktion von Ereignissen mittels Kommunikation erklärt werden könnte.

Fazit

Zusammenfassend lässt sich konstatieren, dass der systemische Ansatz der Familienunternehmensforschung noch großes Potenzial für relevante Erkenntnisse bietet. Dies wird allerdings nur zu realisieren sein, wenn die beteiligten Forscher den Ansatz ausschließlich in den dafür auch geeigneten Zusammenhängen einsetzen, die theoretischen Voraussetzungen transparent machen, und sich an ein Publikum wenden, das wiederum mit diesem Ansatz arbeiten kann.

Tom A. Rüsen

Die letzten (noch unerforschten) Tabus der Unternehmerfamilie
Zur Wirksamkeit des AvS-Ansatzes in Theorie und Praxis

Unternehmerfamilien als Forschungsgegenstand

In den vergangenen zwei Dekaden ist der Familie des Familienunternehmens am Wittener Institut für Familienunternehmen (WIFU) besondere Aufmerksamkeit zuteilgeworden.[1] Auch durch die internationale Forschergemeinschaft wurde die Unternehmerfamilie Zug um Zug in den letzten Jahren als ein lohnenswertes eigenes Forschungsobjekt identifiziert, das es neben dem Unternehmen zu erkunden lohnt.[2]

Von den Wittener Pionieren der Forschung zu Familienunternehmen im deutschsprachigen Raum wurden in Bezug auf die Familie des Familienunternehmens zunächst vornehmlich Fragestellungen behandelt, die sich mit dem Einfluss der Eigentümer und ihrer Familienmitglieder auf Entscheidungen des Unternehmens beschäftigten. Hierbei wurden insbesondere Entscheidungsmuster bzw. ihnen zugrunde liegende Organisations- und Denkstrukturen in der Unternehmerfamilie in den Fokus genommen. Zudem wurde in der ersten Forschungsphase die Unternehmerfamilie als Familienform besonderen Typus und spezifischer Eigenheiten behandelt (Simon, 2002). Der Einbezug der beforschten Mitglieder aus Unternehmerfamilien war von Beginn an prägend für diese gelebte Forschungskultur. Durch die systemtheoretische Einfärbung der »Wittener Schule« wurde hierbei vor

---

1 Eine vollständige Auflistung sämtlicher entstandener Werke kann an dieser Stelle nicht erfolgen, siehe hierzu daher exemplarisch: Simon (2002), Simon, Wimmer u. Groth (2005), Klett (2005), von Schlippe (2007), von Schlippe, Groth u. Rüsen (2012), von Schlippe (2014), von Schlippe u. Frank (2016), von Schlippe, Groth u. Rüsen (2017), Rüsen (2017a), Ammer (2017), Wimmer, Domayer, Oswald u. Vater (2018), Kleve, von Schlippe u. Rüsen (2018, 2019), Kleve u. Köllner (2019), Kleve (2020), Rüsen, von Schlippe, Kleve (2019), Rüsen u. Heider (2020), von Schlippe, Rüsen, Groth (2021) u. v. m.
2 Auch hier kann eine seitenfüllende Auflistung sämtlicher Werke der internationalen Forschungsgemeinschaft aus Platzgründen leider nicht erfolgen, daher siehe hierzu exemplarisch: Combs, Shanine, Burrows, Allen u. Pounds (2020), diese liefern eine Übersicht der Studien und Publikationen der Forschung zu Unternehmerfamilien, sowie Harvey u. Evans (1994), Kaye (1996), Habbershon u. Astrachan (1997), Habbershon u. Williams (1999), Jaffe u. Lane (2004), Eddleston u. Kellermanns (2007), Pieper (2007), Astrachan u. Pieper (2010), Aronoff u. Ward (2011), Brundin u. Sharma (2012), Kormann (2018), Astrachan, Waldkirch, Michiels, Pieper u. Berhard (2020), u. v. m.

allem die strukturelle »Unmöglichkeit« der Verbindung von Familien- und Unternehmenslogik herausgearbeitet.

Mit dem Eintritt von Arist von Schlippe 2005 ins WIFU als »Nachfolger« in zweiter Professorengeneration gelang dann eine Fortsetzung der Analyse typischer Fragestellungen in Unternehmerfamilien und Familienunternehmen. So konnten in seiner Ägide als hauptamtlicher Lehrstuhlinhaber und in seiner Funktion als Akademischer Direktor u. a. Krisen- und Konfliktdynamiken spezifiziert, Nachfolgeprozesse genauer untersucht, Verhaltensmuster in großzahligen Gesellschafterkreisen betrachtet, das Drei-Kreis-Modell systemtheoretisch reformuliert, das Konzept der Paradoxien sowie familienstrategische Perspektiven und Ansätze in Unternehmerfamilien modellhaft zusammengefasst werden u. v. m.[3] Alles in allem, und dies kann an dieser Stelle in seinem Umfang nur angedeutet werden, entstanden die inhaltlichen Grundlagen einer breitgefächerten Theorie der Unternehmerfamilie.[4]

Zur Verdichtung dieser Forschungsrichtung und Ausweitung des Untersuchungsradius wurde der weltweit erste Lehrstuhl für Unternehmerfamilien eingerichtet, der seit 2017 besetzt ist und aktiv arbeitet. Durch die Initiative, die nachdrückliche Unterstützung und einen hohen persönlichen Einsatz von Arist von Schlippe entwickelte sich nach und nach eine institutionelle Basis für den Forschungsgegenstand »Unternehmerfamilie«, um hier verdeckte Fragen und tabuisierte Problemstellungen in der Praxis noch dezidierter zu behandeln.[5]

In den folgenden Ausführungen soll versucht werden, die Entwicklung der Theorie der Unternehmerfamilie durch den mit dieser Festschrift Geehrten nachzuzeichnen. Es wird dabei deutlich, dass er sich hierbei bewusst strategisch und unbewusst intuitiv, auf jeden Fall jedoch mit dem nachdrücklichen Einsatz eines engagierten Psychotherapeuten einer besonderen Vorgehensweise bedient hat: der Identifikation und nachhaltigen Bearbeitung von Tabus. Durch die schrittweise »Ent-tabuisierung« problembehafteter Fragestellungen konnte über die letzten 15 Jahre ein reicher Erkenntnisgewinn entstehen, der in den vergangenen Jahren zu einer ersten grundlegenden Theorie der Unternehmerfamilie verdichtet und publiziert worden ist.

Im ersten Teil dieses Beitrags sollen die identifizierten Tabufelder und ihre Bedeutung benannt und eingeordnet werden. Im zweiten Teil wird auf einen spezifischen Forschungsansatz eingegangen, der eine mögliche zukünftige, fruchtbare und vertiefende Entwicklung in diesem Forschungsbereich aufzeigt.

---

3 Eine Übersicht der publikatorischen Leistungen des Geehrten ist im Anhang dieses Werks aufgeführt.
4 Diese wurde zusammenfassend in von Schlippe et al. (2017) erstmalig zusammenfassend beschrieben.
5 Es mag in der Retrospektive zwar als logisch, konsequent und stringent angesehen werden, doch war diese Entwicklung keineswegs vorgezeichnet, einfach und mühelos umsetzbar.

Finden und Aufdecken von Tabus in Unternehmerfamilien als Navigationshilfe der Theorieentwicklung

»Dem Begriff ›Tabu‹ wäre wohl am besten entsprochen, indem man nicht über ihn spricht.«
(Rudas, 1994, S. 17)

Im Allgemeinen lassen sich Tabus definieren als ein »ungeschriebenes Gesetz, das aufgrund bestimmter Anschauungen innerhalb einer Gesellschaft verbietet, bestimmte Dinge zu tun« (duden.de/rechtschreibung/Tabu, Zugriff am 03.01.2021). Sie unterscheiden sich in Sprach-Tabus (Themen, über die in der Öffentlichkeit nicht gesprochen werden darf) und Tat-Tabus (Handlungen oder Interaktionen, die nicht vorgenommen werden dürfen bzw. zu unterlassen sind) (Schröder, 2003). In Unternehmerfamilien gab und gibt es eine Vielzahl von Tabus beider Arten, von denen einige durch den mit diesem Werk Geehrten aufgedeckt und in eine allgemeine Sprachfähigkeit gebracht werden konnten, sowohl in der Forschung als auch im Praxisdiskurs von Unternehmerfamilien. Ihm ist es zu verdanken, dass Sprach- und Tat-Tabus »vom Schatten ins Licht« gehoben wurden.

Anhand der folgenden Auflistung sollen Tabus, die in der Forschungsära von Arist von Schlippe am WIFU identifiziert werden konnten, spezifischen Themenfeldern zugeordnet werden.[6]

1 Tabufeld Nachfolge

Noch Ende der 1990er Jahre war es im deutschsprachigen Raum eher problematisch und galt als »unschicklich«, über die Herausforderungen im Zusammenhang mit der Nachfolgegestaltung in Unternehmerfamilien zu sprechen. Zu groß war die Sorge, sich als Unternehmerfamilie vor Dritten zu »entblättern«, als »unfähig« zu wirken und vielleicht auch zugeben zu müssen, mit der hier systematisch entstehenden sozialen Situation überfordert zu sein.[7] Denn die Unsicherheit einer sich mit der Nachfolgegestaltung abzeichnenden Veränderung des Familiengefüges, von Führungsstrukturen im Unternehmen oder Entscheidungsstrukturen auf der Eigentümerseite sorgte regelmäßig für eine Sprachlosigkeit, die man öffentlich oder zumindest vor Dritten ungern preisgab.

---

6   Die jeweilig relevanten Publikationen des Geehrten zu den einzelnen »Tabuthemen« finden sich im Anhang des Werks.
7   Eine entsprechende »Tabuisierung« dieses Themas und der hier berührten Fragestellungen lässt sich in anderen Weltregionen (etwa in China, Indien, Naher Osten etc.) nach wie vor beobachten.

Eng verknüpft mit diesen ungelösten Fragen tauchten »Tabus« u. a. in Bezug auf auserkorene Nachfolger auf, die sich selbst nicht sicher waren, ob sie das Zeug zu einer Führungskraft hatten oder nicht. Sie hatten das doch meist nie unter »realen Bedingungen« unter Beweis stellen können. Oftmals war es ihnen nicht möglich, diese Unsicherheit zu thematisieren, es gab weder gleichgesinnte Ansprechpartner noch adäquate Austauschformate hierfür.

Die Frage, ob Töchter für eine Rolle im Unternehmen »nachfolgetauglich« seien oder nicht besser ausschließlich in die historisch zugewiesene Rolle als »Produzentin der nächsten Generation« eintreten sollten, befeuerte diesen Themenkomplex zusätzlich. Auch hier gab es zu dieser Zeit kaum ein Setting und meist keinerlei innerfamiliäre Sprachfähigkeiten, über dieses Thema einen anschlussfähigen Austausch zu führen.

Und schließlich wurde und wird immer noch die Angst vor dem »Loslassen« durch die Seniorgeneration in Unternehmerfamilien mit Sprach- und Tat-Tabus belegt, da die Abgabe von Führungsrollen und Entscheidungsmacht bei der Seniorgeneration die Furcht vor einer persönlichen Bedeutungslosigkeit auslöst und mit dem »kleinen Sterben« gleichgesetzt wird. Hält sich das Tabu, wird einfach nicht darüber geredet und nicht losgelassen. Versuche aus der Familie, hieran etwas zu ändern, prallen an den handelnden Personen ab und scheitern.

Mittlerweile sind diese und weitere tabubehaftete Fragestellungen in diesen Themenfeldern (wie etwa das öffentliche »Bekenntnis«, nicht in eine operative Aufgabe im Unternehmen eintreten, sondern einen eigenen Lebensweg außerhalb des Unternehmens und der Familientradition verwirklichen zu wollen) beinahe »salonfähig« geworden und sie werden vereinzelt sogar über Leitmedien kommuniziert. Zumindest gibt es eine deutlich ausgeprägtere Bereitschaft und Fähigkeit seitens der Mitglieder von Unternehmerfamilien, hierüber nicht nur mit Forschern, sondern auch mit Vertretern anderer Unternehmerfamilien zu sprechen und sich vereinzelt sogar als Fallbeispiel in öffentlichen Podiumsdiskussionen, Workshops etc. zu erklären. Offenbar konnte ein Großteil der in den 1970er und 1980er Jahren noch als Tabuthema deklarierten Zusammenhänge und Fragestellungen im Nachfolgekontext systematisch in die Kommunikation von Forschung und Praxis gebracht und damit »ent-tabuisiert« werden.

2 Tabufeld Familienkonflikte

Als weiteres konnte ein großes Tabuthema »vom Schatten ins Licht« geholt werden: das Vorhandensein von Konflikten innerhalb von Unternehmerfamilien, ihre Strukturmuster und die Umgangsweisen damit (hierzu ausführlich von Schlippe, 2014). Konflikte treten in Unternehmerfamilien zwangsläufig und systematisch auf;

sie sind genau genommen »systemimmanent«, wurden und werden aber immer noch als etwas angesehen, für das es sich zu schämen oder das es zu verheimlichen gilt. Man meint, das sei etwas, das »unter Verschluss« gehalten und verschwiegen werden muss oder erst gar nicht behandelt werden sollte, auch wenn es alle beteiligten Familienmitglieder emotional erheblich belastet. Gerade im Kontext der Nachfolge oder sogar gerade durch hier vorgenommene Lösungsversuche – bzw. im Zusammenhang mit hierbei getroffenen Entscheidungen – sowie in Zeiten von Existenzbedrohungen und Unternehmenskrisen treten Konflikte im Eigentümerkreis und der Unternehmerfamilie nach vorhersehbaren Dynamiken auf.

Dieses Tabufeld war zwar auch schon Mitte der 2000er Jahre in der Forschung und der praxisnahen Ratgeberliteratur als zentrales Problemfeld bekannt und es wurde gelegentlich durch die Berichterstattung spektakulärer und prominenter Fälle von der Presse an die Öffentlichkeit gebracht. Im Kontext der Unternehmerfamilien wurde hierüber allerdings entweder sehr allgemein, unpersönlich und abstrakt oder bezugnehmend auf die veröffentlichten Fälle von Dritten gesprochen. Eigene Konfliktsituationen und sich hierbei zeigende Familiendynamiken zu thematisieren oder diese gar mit Vertretern von anderen Unternehmerfamilien zu besprechen, war unschicklich. Es galt als öffentliches Aufdecken von Schwächen, als »Waschen schmutziger Wäsche« und als Demonstration von Fehlbarkeit einer Familiengemeinschaft.

Auch wenn dieses Thema nach wie vor im Kontext von Unternehmerfamilien als tabubehaftet gelten kann, hat doch insgesamt eine Haltungsänderung stattgefunden. Mittlerweile setzt sich auch in der Praxis die Grundhaltung durch, dass Konflikte als »erwartbarer Normalzustand« in Unternehmerfamilien anzuerkennen und notwendige Mechanismen zur Konfliktprävention und -bearbeitung standardmäßig zu etablieren sind.

Tatsächlich lässt sich zunehmend ein offener Austausch über Entstehungsgeschichten, Umgangsweisen und Lösungsversuche in Bezug auf Konflikte in Unternehmerfamilien feststellen. Hier, ähnlich wie bei dem vorher beschriebenen Tabufeld Nachfolge, hat es in den zurückliegenden 15 Jahren eine enorme Entwicklung gegeben.

3 Tabufeld professionalisierte Selbstorganisation

Eine zentrale Herausforderung für die Zukunftssicherung von Familienunternehmen stellt die Professionalisierung der Entscheidungsprozesse im Eigentümerkreis dar. Im Zusammenhang mit familienstrategischen Entwicklungsprozessen kann man beobachten, dass Unternehmerfamilien ihre Selbstorganisation bezüglich ihrer Eigentümerrolle als Familienverbund gestalten. Hierbei lassen sich insbesondere bei wachsenden Gesellschafterkreisen systematisch angelegte Entscheidungsschwächen und -unfähigkeiten ausmachen (insbesondere in postpatriarchalen Familiensystemen). Oftmals werden diese von den handelnden Familienmitgliedern in ihrer Existenz erkannt und vereinzelt – hinter vorgehaltener Hand – Dritten gegenüber beklagt, selten aber können sie als systematisches Defizit der Unternehmerfamilie thematisiert werden. Ge- bzw. ertragen werden die entsprechenden fehlerbehafteten Entscheidungsstrukturen durch den (noch) vorhanden Erfolg des Unternehmens. Dieser basiert meist jedoch auf Entscheidungen der Vergangenheit, die unter anderen Strukturen getroffen werden konnten. Nimmt der Erfolg ab bzw. sind richtungsweisende Neuausrichtungen zu organisieren (z. B. durch eine Veränderung in Markt und Wettbewerb, Digitalisierungsdynamiken, eine Pandemie etc.), sind die etablierten Entscheidungssysteme vielfach unzureichend. Hier kann eine systematisch angelegte Überforderung von Unternehmerfamilien festgestellt werden. Auch die Bereitschaft oder Fähigkeit, sich mittels systematisch angelegter Kompetenzentwicklungsmaßnahmen professionell auf die verantwortungsbehaftete Rolle als Gesellschafter vorzubereiten, ist vielfach unzureichend ausgeprägt. Oftmals steht der Bereitschaft, entsprechende Lernprogramme, Traineeships etc. zu absolvieren, die Erfüllung individueller Wünsche nach Freizeitgestaltung entgegen. Die sich hier andeutende »YOLO[8]-Problematik«, die auch durch allgemeine gesellschaftliche Strömungen getragen wird, ist als solche zwar identifiziert, bisher aber noch kaum Thema kritischer Auseinandersetzungen in der Wissenschaft geworden, vor allem wenn es um Analysen familieninterner Auseinandersetzungen hiermit ging. Auch hier ist und war die Sorge eines Gesichtsverlusts beim Ansprechen dieser Problematik gegenüber Dritten nach wie vor außerordentlich ausgeprägt.

Weitere in diesem Zusammenhang identifizierte tabubehaftete Themen sind das oftmals zu beobachtende fehlende Durchhaltevermögen von Unternehmerfamilien und die mangelnde Fähigkeit, ihre eigenen etablierten Verhaltens- und Wertkodizes in die persönliche Lebensführung zu integrieren. So stößt das »Leben« der gemeinsamen entwickelten Inhalte einer Familienverfassung genau dann an seine Grenzen, wenn es dem subjektiv empfundenen individuellen Aus- und Erlebensbedürfnis einzelner Mitglieder der Unternehmerfamiliengemeinschaft entgegensteht (Rüsen u. Löhde, 2019).

Zudem sind die Herausforderungen im Umgang mit Family-Compliance-Ansätzen bei einem offensichtlichen und bewussten Fehlverhalten von Mitgliedern der Unternehmerfamilie gegenüber familieneigenen Regelwerken bisher außerhalb

---

8 Akronym für: You Only Live Once. Dieser umgangssprachlich verwendete Begriff umfasst die Problematik der »Vergänglichkeit [...] und ist eine Aufforderung, eine Chance zu nutzen und einfach Spaß zu haben, egal welchen Gefahren man sich aussetzt, welche Verbote man missachtet oder ob man Disziplin, Ordnung und Vernunft außer Acht lässt« (de.wikipedia.org/wiki/YOLO, Zugriff am 03.01.2021).

einiger weniger Forschungsarbeiten kaum in den öffentlichen Diskurs gebracht worden (Rüsen, 2017b; Neumueller, 2020).

Die in diesem Tabufeld identifizierten Fragestellungen und strukturell vorhandenen Herausforderungen sind erst vor relativ kurzer Zeit als solche erkannt und beschrieben worden. Vor diesem Hintergrund findet zwar eine erste Auseinandersetzung statt, diese konzentriert sich bisher allerdings noch vornehmlich auf den akademischen Diskurs und dringt erst sehr vereinzelt in die Kommunikation der davon betroffenen Praxisvertreter und -vertreterinnen.

4 Tabufeld Vermögen

Ein noch weithin unbehandeltes Tabuthema, weil kaum erkannt und beforscht, ist die Wirkungsweise von frei verfügbarem Vermögen und die Haltung der Mitglieder von Unternehmerfamilien diesem gegenüber. Verschiedentlich wird im Rahmen wissenschaftlicher Untersuchungen und Diskurse mit Praxisvertretern und -vertreterinnen deutlich, dass in Unternehmerfamilien eine uneindeutige emotionale Gemengelage zu den generationsübergreifend akkumulierten Vermögensbestandteilen existiert (Köllner, Kleve, Simons, von Schlippe u. Rüsen, 2020). So zeigt sich, dass bei den frühen Generationen der Unternehmerfamilien über das im Familienunternehmen gebundene Vermögen (Eigenkapital, Gesellschafterdarlehen etc.) meist ein einheitliches, klares Bild darüber herrscht, dass diese Vermögensteile für Wachstum und Entwicklung dem Familienunternehmen »zur Verfügung« stehen müssen. Allein schon der Gedanke an das Übertragen dieses Vermögens in die »Privatsphäre« eines einzelnen Gesellschafters (z. B. durch Anteilsverkauf bzw. Auflösung und Auszahlung der Darlehen) wird als »unangemessen« erachtet.

Wie sieht es aber mit der Haltung gegenüber akkumuliertem Vermögen aus, welches durch Dividenden und Ausschüttungen des Unternehmens »außerhalb« der Unternehmenssphäre, z. B. in professionell verwalteten Family-Office-Strukturen der Familie oder in Vermögensholdings, entstanden ist? Wie kann, soll und darf damit umgegangen werden? Ist es statthaft, dieses Vermögen zu »verkonsumieren«, gerade wenn es durch Lebensleistungen der Vorfahren entstanden ist? Wem genau »gehört« dieses Vermögen, das durch Vorfahren erwirtschaftet wurde? Gerade in emotionaler Hinsicht ist dies eine schwerwiegende Frage. Ist der aktuelle Vermögensinhaber in die Rolle eines Treuhänders einzuordnen, der dieses Vermögen von der Vorgängergeneration zwar übernehmen »darf«, aber damit die zu erfüllende Pflicht hat, dieses an die nachfolgende Generation weiterzugeben? An welcher Stelle ist es für die aktuellen Vermögensinhaber statthaft, etwas von diesem Vermögen für private Zwecke zu »verwenden«?

Innerhalb der Unternehmerfamilien (die sich über das Thema Geld noch nicht gestritten haben) herrschen hier Unklarheit und oftmals »ungeklärte Verhältnisse« und Erwartungen ebenso wie die Devise »über Geld spricht man nicht«. Das führt zu noch größerer Unsicherheit: Mitunter fühlen sich Familienmitglieder in Bezug auf den Umgang mit dem regelmäßig zufließenden Vermögen und der damit einhergehenden Handlungsorientierung, was »statthaft« ist, verunsichert. Hierdurch kann sich aber eine unausgesprochene (und zum Teil selbstkonstruierte) Erwartungshaltung von »richtigem« oder »falschem« Umgang mit dem ererbten und regelmäßig über Ausschüttungen erhaltenen Vermögen etablieren. Weicht dann diese Erwartungshaltung aber bei einzelnen Mitgliedern voneinander ab, sind massive Wertekonflikte vorprogrammiert, z. B. bei Verstößen gegen eine selbst-konstruierte interne »Familien-Pkw-Richtlinie«, Vorstellungen über »angemessene Domizile« oder die Ausgestaltung privater Festivitäten. Die Wirkung der Grundhaltung in der mitteleuropäischen Gesellschaft gegenüber Vermögen, Vermögensdifferenzen und Vermögenden tut ein Übriges. So sind mitunter schwere Schuld- und Schamgefühle aufgrund des zugefallenen Vermögens ohne eigenes Zutun feststellbar. Mittels gemeinnütziger Aktivitäten und großzügiger Zuwendungen wird dann versucht auszugleichen, allerdings ohne dass diese »Korrekturleistung« thematisiert wird. Aufgrund der empfundenen Brisanz des Themas scheidet auch ein Dialog hierüber oftmals innerhalb der Familie oder aber mit freundschaftlich verbundenen Menschen im privaten Umfeld aus. So bleibt es häufig dem Zufall überlassen, mit wem ein hochvermögendes Mitglied einer Unternehmerfamilie über entsprechende Fragen des Einsatzes des Vermögens und mögliche Anlageformen, die über eine reine Vermögensverwaltung hinausgehen, spricht.

Dieses Tabufeld ist mittlerweile als solches zwar schon schemenhaft erkennbar, es bedarf hier jedoch grundlegender Forschungsarbeiten, auf deren Basis dann ein ent-tabuisierender Dialog in Wissenschaft und Praxis erfolgen kann.

5 Tabufeld psychische Krankheiten

Ein Tabufeld, das vereinzelt im wissenschaftlichen Diskurs schon gestreift wurde (Miller, Wiklund u. Yu, 2020; Kaye, 1996 sowie die hier zitierte Literatur), ist der Umgang mit psychischen Krankheiten in Unternehmerfamilien. In diesem Kontext wird hierunter das Entstehen bzw. Verstärken psychopathologischer Auffälligkeiten (u. a. Suchtverhalten, Depressionen, Angstzustände etc.) innerhalb von Unternehmerfamilien verstanden. Es versteht sich von selbst, dass hier die Existenz des Familienunternehmens bzw. die damit verbundenen generationsübergreifenden Erwartungshaltungen betroffen und als mögliche Einflussvariable hierauf bedeutsam sind. Bisher ist (noch) wenig in diesem Zusammenhang erforscht worden. Gerade die Frage, ob das Aufwachsen in und die Zugehörigkeit zu einer Unternehmerfamilie zu einer überproportional hohen Anzahl von psychischen Erkrankungen ihrer Mitglieder führt und welche Bedingungen entsprechende Entwicklungen besonders begünstigen, ist bisher noch völlig unbeantwortet. Zudem gibt es noch sehr unzureichende Kenntnisse, in welcher Form Unternehmerfamilien mit entsprechenden Krankheitsbildern umgehen. Aufgrund der Erkenntnisse, welche psychischen Belastungen durch Verhaltenserwartungen und Konflikte (siehe Tabufelder 1 bis 4) bei Mitgliedern aus Unternehmerfamilien entstehen können, kann die Auseinandersetzung mit diesem Themenkomplex als eine konsequente Fortsetzung der Aufarbeitung der vorher beschriebenen Tabuthemen angesehen werden.

In der praktischen Arbeit mit Unternehmerfamilien zeigt sich vielfach, dass diese Thematik bisher noch ein »absolutes Tabuthema« ist. Von entsprechenden Krankheitsbildern betroffene Familien verdrängen hier meist die notwendigen Selbstreflexionen und die entsprechenden systematischen Bearbeitungen zugrunde liegender Fragestellungen und Strukturen unter professioneller Begleitung, so gut es nur möglich ist. Ein Austausch über psychische Erkrankungen findet innerhalb der Unternehmerfamilie meist nur dann (notgedrungen) statt, wenn entsprechende Familienmitglieder in der Öffentlichkeit dem Unternehmen oder der Familie einen potenziellen »Schaden« zufügen. Ist dies nicht der Fall, bleibt die jeweilige Einzelperson bzw. die mit dieser Person verbundene Kernfamilie oftmals mit dem Problem auf sich allein gestellt. Eine strukturierte Auseinandersetzung innerhalb der Unternehmerfamilie (ggf. mit professioneller Unterstützung) mit der Tatsache, dass die Zugehörigkeit zur Unternehmerfamilie auch mit psychischen Risiken behaftet sein kann, erfolgt selten und, wenn überhaupt, reaktiv. Proaktive familienübergreifende Austauschformate von Unternehmerfamilien zu den »Risiken und Nebenwirkungen« einer Unternehmerfamiliengemeinschaft mit dem Ziel eines systematischen Erfahrungsaustausches existieren vermutlich bisher nicht.

Dieses Tabufeld ist einer der (bisher noch) am stärksten im »Schatten« der Tabuisierung befindlichen Problemkomplexe in Unternehmerfamilien. Hier hat eine gezielte Forschungsinitiative grundlegende Aufklärungsarbeit zu leisten und die Ergebnisse Nutzen stiftend zu kommunizieren bzw. übergreifende Dialoge zu initiieren.

6 Weitere Tabufelder

Bei einer genaueren Auseinandersetzung mit Unternehmerfamilien, ihren Eigenheiten, Verhaltensmustern und Entwicklungsdynamiken lassen sich zukünftig vermutlich eine Vielzahl weiterer Tabus identifizieren, die zu beforschen und in den wissenschaftlichen wie praktischen Diskurs einzubringen sind. Vielleicht mag der geneigte Leser und die geneigte Leserin einmal an dieser Stelle innehalten und sich eine eigene Liste möglicher Fragestellungen anfertigen?

Erste, denkbare Ansatzpunkte nach einem Brainstorming des Autors umfassen u. a.:

1. Umgang mit Entscheidungsmacht im Familienkreis: Wie wird Entscheidungsmacht Einzelner über die Familiengemeinschaft angenommen und »legitimiert«?
2. Wirkungsweisen des Verlustes des Familienunternehmens durch Verkauf oder Insolvenz: Was passiert mit Unternehmerfamilien und ihren Mitgliedern »danach«?
3. Auswirkungen des Vermögensunterschiedes von Mitgliedern der Unternehmerfamilie auf die Paarbeziehung: Wie kann »Augenhöhe« trotz erheblicher Vermögensdifferenzen in Ehe- und Lebensgemeinschaften hergestellt werden?
4. Umgang mit signifikanten Unterschieden in der Anteilsstruktur: Wie kann einer familialen Gleichheitserwartung bei struktureller Ungleichheit der Eigentümer entsprochen werden? Wie behandelt man diese Differenzen zwischen den verschiedenen Kernfamilien des Familienunternehmens?
5. Systematische Identifikation von »Bruchpunkten der Unternehmerfamilie«, also Faktoren, Handlungen etc., die das Zusammenbleiben als Eigentümer- und Familiengemeinschaft unmöglich machen: Wie kann ein Family-Stress-Test ausgestaltet sein, an dessen Ende die »roten Linien« des Gemeinschaftserhalts deutlich werden?
6. Schaffung einer Transparenz der Kompetenzen und Fähigkeiten einzelner Familienmitglieder in Bezug auf angestrebte Rollen und Funktionen in der Governance des Unternehmens bzw. der Familie: Wie können Familienmitglieder im Hinblick auf Funktionen und Aufgaben in ihrer Fähigkeit, diese auszufüllen, beurteilt werden? In welcher Form können Ergebnisse von Family Assessments transparent gemacht und als Grundlage für Wahlentscheidungen, Anteilsübertragungen etc. verwendet werden?
7. Umgang mit »Burn-out« von Nachfolgern: Wie geht die Unternehmerfamilie und die betroffene Person mit einer Überforderungssituation um?
8. Vorsorge für den Ernstfall: Wie kann der Todesfall von Mitgliedern der Unternehmerfamilie besprochen und vorbereitet werden? Wie können die Themen Datensicherheit und Betrug im Kontext von Internet und Social Media sowie Risiken der Entführung systematisch innerhalb der Unternehmerfamilie angesprochen werden?

Es wäre wünschenswert, diese Liste durch eine strukturierte Diskussion mit Vertretern und Vertreterinnen aus Forschung und Praxis noch deutlich zu verlängern.[9] Hierdurch identifizierte Tabuthemen könnten zur Entwicklung neuer Forschungs-

---

9 Für weitere Themenvorschläge freue ich mich über Anregungen an: tom.ruesen@uni-wh.de.

fragen führen. Ihre Bearbeitung könnte neue Erkenntnisse über die Herausforderungen von Unternehmerfamilien hervorbringen und pragmatisch nutzbare Umgangsformen für die Praxis generieren. Es bleibt zu hoffen, dass die bereits entstandene Landkarte der Erkenntnisse zu Unternehmerfamilien als einem eigenen Familientypus durch entsprechende Initiativen zukünftig erweitert und ergänzt wird.

Abbildung 1 zeigt eine Übersicht der beschriebenen Tabufelder in der Reihenfolge ihres aktuellen »Ausleuchtungsgrades«.

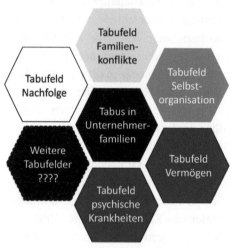

Abbildung 1: Tabus in Unternehmerfamilien – vom Schatten ins Licht (eigene Darstellung)

Der AvS-Ansatz als methodischer Rahmen zur Beforschung von Unternehmerfamilien

Bei einer zukünftigen Bearbeitung tabubehafteter Fragestellungen im Kontext von Unternehmerfamilien könnte eine Orientierung an der bisherigen Wittener Praxis zur Bearbeitung dieser spezifischen »Forschungslandkarte« dienlich sein. Hierzu wäre es hilfreich herauszuarbeiten, wie genau es zu der Entstehung einzelner Forschungsprojekte kam, zu den identifizierten und aufgeworfenen Fragestellungen, zu den gesetzten inhaltlichen Schwerpunkten und wie dies letztlich zur Identifikation, Aufarbeitung und Transparenz von Tabus in Unternehmerfamilien führte. Dabei lohnt es sich, immer wieder einen Blick darauf zu werfen, wie in den vergangenen 15 Jahren die etablierte Basis für die »Wittener Theorie der Unternehmerfamilie« entstanden ist.

Diese wurde von der internationalen Forschergemeinschaft sowohl wohlwollend als auch mit einer gewissen Skepsis betrachtet, folgte ihre Entwicklung doch eher unkonventionellen Methoden der Aktionsforschung und führte seinerzeit zur Etablierung einer bis dahin im Feld der Familienunternehmensforschung neuartigen und kaum praktizierten Form einer qualitativen Datenerhebung. In diesem Rahmen wurden die beforschten Mitglieder aus Unternehmerfamilien sowohl als Fallstudien zum Forschungsgegenstand gemacht, gleichzeitig in den analytischen Reflexionsprozess identifizierter Struktur- und Denkmuster einbezogen und schließlich auch in den kritischen Evaluationsprozess herausgearbeiteter Erklärungsmodelle und Theoriekonzepte integriert. Genau genommen haben in diesem Forschungsdesign Vertreter aus Unternehmerfamilien wie Forscher einander wechselseitig »in die Köpfe geschaut« und sich dann gegenseitig die Wahrnehmungen und Einschätzungen dieser Beobachtungen mitgeteilt. Von den Beteiligten dieser Projekte wurden diese als gemeinsame Lernreisen von Theorie und Praxis beschrieben, die auf beiden Seiten zu einem wechselseitigen Erkenntnisgewinn geführt haben.

In der Praxis stieß diese Form der Theoriearbeit auf eine sehr hohe positive Resonanz und sie half, problem- und tabubehaftete Thematiken sprach- und reflexionsfähig zu machen.

Wie wurde im WIFU seit seiner Gründung und insbesondere durch den Geehrten eigentlich vorgegangen? Gab es eine ausführliche Literaturrecherche, die systematisch nach den ausgewiesenen Forschungslücken in den internationalen wissenschaftlichen Journalen oder in den Buchpublikationen der praxisnahen Ratgeberliteratur gesucht hat? Wurden klare strategische Zielsetzungen als Ableitungen aus einem wissenschaftlichen Strategiefindungsprozess definiert mit dem Ziel, die Anzahl international zitierfähiger Publikationen zu optimieren, die dann Zug um Zug durch Mitarbeiterinnen und Mitarbeiter, externe Doktoranden und Doktorandinnen sowie Studierende abzuarbeiten waren?

Diese Fragen lassen sich schlichtweg mit Nein beantworten.[10] Wie aber sind dann das bisher erzielte Ergebnis und die forscherische Lebensleistung des hier Geehrten entstanden?

Angenommen, es ließe sich ein methodischer Ansatz definieren, der das Vorgehen in der Vergangenheit zusammenfassen würde, wie könnte das seinerzeit etablierte Vorgehen in Bezug auf die Identifikation zukünftiger Forschungsfelder im Kontext von Unternehmerfamilien systematisiert und durch zukünftige Forscher fortgesetzt und systematisiert angewendet werden? In welcher Form könnte bei einem zukünftigen Aufspüren wichtiger und noch unentdeckter Fragestellungen in Bezug auf Unternehmerfamilien vielleicht eine strukturelle Anleihe an das bisherige Vorgehen und die gelebte »Forschungskultur« genommen werden? Wodurch könn-

---

10 Diese Aussage kann vom Autor mit Fug und Recht getroffen werden, da dieser mit Arist von Schlippe zwei Wochen nach seinem ersten Arbeitstag an der Universität Witten/Herdecke zusammentraf und seitdem mit ihm in sehr engem Austausch zusammengearbeitet hat.

ten junge Nachwuchswissenschaftler und Nachwuchswissenschaftlerinnen zum Bearbeiten des Untersuchungsgegenstandes mit gleichem Herzblut motiviert werden, wie es zu Zeiten des Wirkens des durch diese Festschrift Geehrten der Fall war?

Bei der Beantwortung dieser Fragen geht es im Kern also um die Frage, wie ein methodischer Ansatz konzipiert sein müsste, der sowohl
- einen praktischen Anwendungsbezug (A) aufweist,
- diesen gleichzeitig in eine wissenschaftlich anschlussfähige Verwertung (V) überführt
- und dazu einer wiederholbaren Systematik (S) folgt.

Kurz: Wie könnte ein »AvS-Ansatz« aussehen?

Bei der entsprechenden konzeptionellen Beschreibung dieses Ansatzes müsste u. a. geklärt werden, welche strukturellen Bedingungen und personellen Voraussetzungen gegeben sein müssten, das bisher so erfolgreiche Forschungsformat fortsetzen zu können.

Mittels eines analytischen Rückblicks auf die beobachtbaren Praktiken am WIFU in den letzten 15 Jahren soll in den weiteren Ausführungen versucht werden, spezifische Einflussgrößen und dabei erfolgversprechende Parameter eines solchen Ansatzes zu identifizieren. Sind die notwendigen Bedingungen zur erfolgreichen Anwendung eines AvS-Ansatzes erkannt, so die Hoffnung, könnte die Fortsetzung der Entwicklung einer Theorie der Unternehmerfamilie hierauf basierend erfolgen.

Bei der Rekapitulation der Entwicklungsgeschichte und des Agierens des Geehrten im Rahmen seiner 15-jährigen Tätigkeit in Witten lassen sich vor allem zwei Parameter identifizieren, die als zentrale Erfolgsfaktoren des AvS-Ansatzes beschrieben werden können:
- das systematische Einbeziehen der Praxis in die theoriebildende Arbeit sowie
- eine strukturelle Ankopplungsfähigkeit der handelnden Person an die Kontextbedingungen in Forschungs- und Praxisgemeinschaft.

Beide Parameter lassen sich als zentrales Grundgerüst des AvS-Ansatzes verstehen und werden im Folgenden idealtypisch beschrieben.

Theoriearbeit unter Einbeziehung der Praxis in freundschaftlich-konstruktiver Atmosphäre

Seit der Gründung des WIFU gab es regelmäßige und systematische Austauschformate von Forschenden mit Vertretern von Unternehmerfamilien und Familienunternehmen. In diesen wurden Ergebnisse von Untersuchungen vorgestellt und mit den Vertretern des Forschungsfeldes bzw. den Beforschten kritisch reflektiert und inhaltlich diskutiert.

Die Rückmeldung eines befreundeten Familienunternehmers zu der Wirkungsweise dieser Treffen war folgendermaßen:

»*Bis zu den Austauschtreffen mit den WIFU-Forschern dachte ich, dass wir in unserem Unternehmen und der Familie alles richtig machen. Immer, wenn ich dann aus Witten zurückfuhr, wurde mir klar, vor welchen Problemen wir eigentlich standen und wie wir diese konsequent ausgeblendet hatten. Dass ich den Wissenschaftlern aber überhaupt zugehört habe, hat damit zu tun, dass ich mich hier verstanden, ja fast unter Freunden gefühlt habe. Ich wurde nicht belehrt, sondern aufmerksam befragt. Wie dann unsere Aussagen vor unseren Augen zusammengefasst und theoretisch beleuchtet wurden, hat mir gezeigt, dass hier ein echtes Interesse und eine Neugier an uns, unseren Fragen, Erfolgsfaktoren und Problemstellungen existiert. So wie wir in unserem Unternehmen am Kundennutzen interessiert sind, waren die Wittener Forscher an dem Nutzen ihrer Theorien bei uns Familienunternehmern interessiert. Die unglaubliche Breite und Tiefe, mit denen hier auf uns geschaut und mit uns über uns diskutiert wurde, haben mich tief berührt.*«

Offenbar waren solche Zusammentreffen für Forscher und Vertreter aus den Familienunternehmen bzw. Unternehmerfamilien doppelt wirksam. Auf Seiten der Praxisvertreter wurden Zusammenhänge deutlich, Problemstellungen konnten artikuliert und in die Sprachfähigkeit überführt werden, gefundene Lösungsansätze aus der Praxis wurden von den teilnehmenden Vertretern ausgetauscht. Für die anwesenden Forscher führten diese Treffen gleichzeitig zu Erkenntnissen über die Wirksamkeit von Theorien sowie zum Erkennen neuer und bisher unbekannter Fragestellungen, Tabus und vorhandener Problemstellungen bei generationsübergreifendem Unternehmertum. In Kombination mit Interviews und begleitender Beratung verdichteten sich im Laufe der Jahre immer wieder Themenkomplexe, die vorher nicht im Ansatz auf dem Forschungsradar erkennbar waren.

Zusammenfassend lässt sich somit festhalten, dass es einer engen Anbindung der Forschenden an das Forschungsfeld und die hier handelnden Personen und eines systematischen Austausches dieser beiden Gruppen bedarf.

Ankopplungsfähige potenzialorientierte Persönlichkeit

Neben der strukturellen Verknüpfung mit der Praxis, bei der eine Vielzahl neuer Fragestellungen aufgegriffen werden kann, scheint eine spezifische »Ankopplungsfähigkeit« der Forschenden an die jeweilige soziale Situation als wichtiger

Abbildung 2: Erfolgsparameter des AvS-Ansatzes

Erfolgsparameter zu fungieren. So wurde durch den Geehrten eine Forschungskultur gelebt, die nicht nur Praxisvertreter dazu brachte, sich zu öffnen und eigene Fragestellungen und Probleme preiszugeben, sondern gleichzeitig im Umfeld des Forschungsinstituts eine allgemeine »Stimmung des erforschenden Wollens« generiert. Die hier entstandene Kultur motivierte Nachwuchsforscher zur Teilhabe an Projekten, ließ das Äußern und Aufgreifen von Anregungen und Vorschlägen von Außenstehenden (insbesondere von Studierenden und Doktoranden) zu und gab letztlich den Ausschlag dafür, dass einer Vielzahl von Themen und Fragestellungen die Chance eingeräumt wurde, einmal systematisch bearbeitet zu werden. Die Fähigkeit, junge Menschen zur Beforschung eigener Ideen und selbstentwickelter Fragestellungen zu motivieren, sie auf Augenhöhe in bestehende Forschungsprojekte zu integrieren und ihnen über Durststrecken und Selbstzweifel hinwegzuhelfen, sind unabdingbare Grundvoraussetzungen hierfür.[11]

Ein zu der praktizierten Forschungs- und Arbeitskultur des Geehrten sehr passendes Zitat von Paulo Coelho lautet:

---

11 Die Vielzahl und thematische Breite der betreuten Forschungsarbeiten des Geehrten (siehe Anhang) zeigen, welche Themenkomplexe im Laufe der Jahre behandelt wurden.

»Ein Meister ist nicht derjenige, der etwas lehrt, sondern derjenige, der den Schüler dazu inspiriert, das Beste von sich zu geben, um herauszufinden, was er schon weiß.« (Coelho, 2009)

Hier kommen wir den spezifischen Qualitäten des Geehrten in seiner beruflichen Tätigkeit in Witten auf die Spur. Es gibt wohl kaum eine andere Persönlichkeit im Forschungskontext zu Familienunternehmen und Unternehmerfamilien, die in Wissenschaft und Praxis gleichermaßen als Sympathieträger fungiert. Dies hängt wohl nicht nur mit den rhetorischen Talenten der Person zusammen, die es schafft, einen ganzen Saal mit mehreren hundert Zuhörern gleichermaßen in den Bann zu ziehen, wissenschaftliche Erkenntnisse und Theoriekonzepte anschaulich zu vermitteln und dabei gleichzeitig durch eine humorvolle und selbstironische Art eine Leichtigkeit und Kurzweiligkeit herbeizuführen, die ihresgleichen sucht.

In der Zusammenarbeit, insbesondere mit Forscherkollegen und -kolleginnen anderer Disziplinen, mit »Problemträgern« in der Praxis, Studierenden etc., hatte der Geehrte kontinuierlich einen positiven Blick auf das Gegenüber. Die freundschaftlich-verbindliche Art und Weise in der Interaktion, die entwaffnende Ehrlichkeit und fehlende Eitelkeit, die Offenheit gegenüber Anregungen und neuen Ideen, die Bereitschaft, neue Methoden und Vorgehensweisen auszuprobieren, aufwändige und mit viel Herzblut erstellte Ablaufpläne kurzfristig, wenn nötig und zugunsten einer Situationsveränderung, über Bord zu werfen, zeigen eine Flexibilität, auf soziale Situationen und Bedürfnisse der beteiligten Menschen eingehen zu können, die nicht häufig anzutreffen ist.

Die Berücksichtigung aller Beteiligten bei der Ausarbeitung von Lösungskonzepten, das Ablehnen jeglicher Form professoraler Eitelkeiten, der Einsatz für das Team, die Sache, ein höheres Ziel und schließlich der Einsatz für die Erfordernisse der jeweiligen Situation – statt der Befriedigung ausschließlich individueller Bedürfnisse –, waren maßgeblich für den hier gelebten Ansatz.

Es mag nicht von ungefähr kommen, dass dem Geehrten in der Gemeinschaft der Forschenden, der Absolventinnen und Absolventen der Universität Witten/Herdecke wie auch der Mitglieder von Familienunternehmen und Unternehmerfamilien nicht nur hohe Wellen der Sympathie, sondern auch der wertschätzenden Anerkennung entgegenschlagen.[12]

---

12 Als Beispiel hierfür kann das Bedürfnis der Autoren und Autorinnen dieser Festschrift gesehen werden, die individuelle Bereicherung, die sich für jede dieser Personen aus dem Zusammenwirken mit Arist von Schlippe ergeben hat, mit in den jeweiligen Textbeitrag einfließen zu lassen.

Würdigung und Dank

Wie lassen sich 15 gemeinsame Jahre der Zusammenarbeit in der Forschung beim Auf- und Ausbau einer Forschungsorganisation, in der Beratung und in einer tiefen persönlichen Freundschaft, die den eigenen Lebensweg maßgeblich geprägt haben, treffend zusammenfassen?

Arist von Schlippe war zum Zeitpunkt meines Eintritts in die Geschäftsführung des WIFU der einzige Lehrstuhlinhaber dieses Forschungsinstituts und er musste sich über einen längeren Zeitraum in einer nicht unwesentlichen Krise der Hochschule gegen aufkommende Herausforderungen durchsetzen und sich dabei mehrfach auch persönlich die Frage stellen, ob er das Risiko einer privat finanzierten Institution gegen die vorhandene sichere Anstellung an einer staatlichen Institution eintauschen wollte (was er zum Glück für das WIFU dann nachhaltig getan hat!).

Bei der von ihm geleisteten Pionierarbeit in der (Er-)Schaffung des Forschungsfeldes »Unternehmerfamilientum« kommt ihm eine bedeutende Rolle zu. Er hat durch sein Wirken nicht nur, aufbauend auf den ersten Ergebnissen seiner Vorgänger, eine Vielzahl von Problemstellungen, Herausforderungen und systematischen »Unmöglichkeiten« herausgearbeitet, denen Mitglieder aus Unternehmerfamilien ausgesetzt sind.

Es ist ihm gleichzeitig gelungen, im Rahmen einer Vielzahl von ihm selbst oder durch seine Anregung bzw. unter seiner Supervision durchgeführten Studien, Forschungsarbeiten und Workshops wesentliche Einsichten zu dieser Familienform zu gewinnen. Dabei konnte er die gewonnenen Erkenntnisse auf die ihm eigentümliche prägnante, charmante, witzige und nie selbstherrliche Art und Weise an die Forschergemeinschaft und Praxisvertreter gleichermaßen nachhaltig mittels Publikationen, vereinfachenden Cartoons und Vorträgen vermitteln.

Hierdurch sind in den zurückliegenden 15 Jahren tabubehaftete Themenstellungen personenunabhängig beschrieben und für die hiervon betroffenen Personengruppen verständlich und anschaulich gemacht worden, was zu einer nachhaltigen »Ent-tabuisierung« maßgeblich beigetragen hat. In seiner Wirkungsstätte in Witten hat er eine ganze Generation von Studierenden und Nachwuchsforschern grundlegend in der Beobachtung entsprechender Phänomene in sozialen Systemen und insbesondere in Unternehmerfamilien geschult und geprägt.

Wie kann hier sinnvoll und angemessen die Wertschätzung, die ich empfinde, zurückgespiegelt werden?

Zunächst möchte ich Dir, lieber Arist, meinen tief empfundenen persönlichen Dank für die Bereicherung meines Lebens durch die gemeinsam verbrachte Zeit zum Ausdruck bringen.

Diese war durch nicht immer ganz einfache Umfeldbedingungen geprägt, sei es im Rahmen der Arbeitsorganisation in Witten, sei es bei den Einsätzen in hochzerstrittenen Unternehmerfamilien, sei es bei der Entwicklung eines eigenen Forschungsfeldes.

Ich möchte meinen Freund und Kollegen Arist von Schlippe abschließend wie folgt würdigen und charakterisieren: Er ist unerschrocken im Handeln und mit einem gütigen, positiven Blick auf Menschen ausgestattet.

Unerschrocken ist er, der als Psychologe einen Lehrstuhl an einer wirtschaftswissenschaftlichen Fakultät übernimmt und sich auf ein Forschungsfeld einlässt, von dem er vor seinem Dienstantritt noch nie etwas gehört hat. Diese Unerschrockenheit lässt ihn dann den übergreifend als »Tabuforschung« zusammenzufassenden neuen Schwerpunkt in diesem Forschungsfeld etablieren. Hier geht er neue Wege und wagt sich an heikle Problemstellungen heran, die oftmals von den Probleminhabern mit allen Mitteln verheimlicht werden sollen. Er wendet hierzu neuartige Forschungsmethoden an, die er in der Therapie von Familien vorher zwar verwendet hat, die in der Forschung selbst aber ein völliges Novum darstellten. Dieses Vorgehen zu wählen, es in den wissenschaftlichen Diskurs einzubringen und den kritischen Diskussionen mit den internationalen Fachkollegen auszusetzen, erfordert genauso viel Mut wie dazu, sich als Psychologe vor führende Wirtschaftsvertreter dieses Landes zu stellen und sie in therapeutischen Settings zu Reflexionen zu motivieren. Unerschrockenheit und Mut können als notwendige Bedingungen für seinen Erfolg angesehen werden. Die hinreichende Bedingung hierfür hingegen kann in seinem gütigen und positiv geprägten Blick auf sein Umfeld und die hier agierenden Menschen gesehen werden. Sein warmherziges Interagieren, ein stets wertschätzendes und wachsames Auge auf sein Gegenüber sorgt bei diesem nicht nur für ein angenehmes Gefühl, sondern auch für eine Freude an der gemeinsamen Interaktion.

Für mich persönlich blieb die Begegnung mit Arist von Schlippe, meinem »WingMan«, nicht folgenlos: Die Zusammenarbeit mit ihm gab mir vom ersten Projekt an Kraft und Unterstützung und eine enorme Motivation für das Einschlagen eines völlig neuen (und nie geplanten) beruflichen Lebenswegs. Die vielen gemeinsamen Projekte führten dazu, dass ich mich selbst dann, wenn er physisch nicht anwesend war, fragte: Was würde Arist in diesem Moment wohl sagen, wie würde er handeln? Dies gab mir Inspiration zu meiner eigenen Anwendung des AvS-Ansatzes.

So trage ich, geprägt durch 15 wunderschöne gemeinsame Jahre einer Freundschaft und intensiven Arbeitsbeziehung, in der es keinen einzigen Streit gab,[13] immer einen Teil von Arist von Schlippe in meinem Inneren. Mögen wir noch viele gemeinsame Herausforderungen meistern und schöne Momente verleben.

---

13 Höchstens darüber, welcher Whisky in Schottland der beste ist.

Christoph Schreiber

Güteverhandlung, Güterichterverfahren, Mediation

Konfliktbeilegung aus prozessrechtlicher Sicht

I. Einleitung

Der Jubilar ist auf dem Feld des Konfliktmanagements seit vielen Jahren zu Hause.[1] In seinem Werk zur systemischen Konfliktberatung in Familien und Familienunternehmen beschreibt er Konflikte als elementare soziale Phänomene mit eigenen Dynamiken und versteht sie als eine besondere Form von Kommunikation, als ein spezifisches Muster, in dem eine Kommunikation jeweils so an die andere anschließt, dass die vorgehende Kommunikation negiert wird.[2] Mangels Kompetenz des Verfassers auf dem Fachgebiet der Psychologie kann und soll der Konflikt hier nicht aus der Perspektive des Geehrten betrachtet werden. Vielmehr erfolgt ein Blick durch die juristische Brille: Aus rechtlicher Sicht ist ein Konflikt erst dann interessant, wenn er in eine juristische Auseinandersetzung mündet. Kommt es nicht dazu, etwa weil die Parteien ihren Konflikt im Vorfeld ggf. mit professioneller Hilfe von außen – z. B. durch den Jubilar – auflösen konnten, mag dies im Einzelfall zu begrüßen sein, da widerstreitende Interessen in Einklang gebracht worden sind. Eine Konfliktlösung ohne jeden rechtlichen Bezug berührt den Juristen von Berufs wegen allerdings nicht. Im Folgenden werden daher prozess*rechtliche* Aspekte der Konfliktbeilegung ins Zentrum der Betrachtung gerückt.

---

1 Zuletzt v. Schlippe, in: Rüsen/Heider, Aktive Eigentümerschaft in Familienunternehmen, 2020, S. 193 ff.; ferner ders., ZKM 2009, 17 ff.; ders., FuS 2012, 43 ff.; ders., in: Hennerkes/Augustin, Wertewandel mitgestalten, 2012, S. 367, 376 ff.; ders./Kellermanns, in: Rüsen/v. Schlippe, Dynamiken in Familie und Unternehmen, 2017, S. 237 ff.; ders./Kellermanns, ZfKE 2008, 40 ff.; ders./Frank, in: Kellermanns/Hoy, The Routledge Companion to Family Business, 2016, S. 367 ff.; Kellermanns/ders., in: Köberle-Schmid/Fahrion/Witt, Family Business Governance, 2010, S. 309 ff.
2 v. Schlippe, Das kommt in den besten Familien vor, 2014, S. 12 f., 22.

II. Bedeutung des Zivilprozesses und seine Nachteile für die Konfliktparteien

1. Grundlagen

Das Grundgesetz (GG) legt in Art. 20 Abs. 2 Satz 2 die Grundelemente der staatlichen Ordnung fest. Danach wird die Staatsgewalt durch besondere Organe der Gesetzgebung, der vollziehenden Gewalt und der Rechtsprechung ausgeübt. Damit bekennt sich die deutsche Verfassung zum Prinzip der staatlichen Gewaltenteilung. Der Gewaltenteilungsgrundsatz wird durch Art. 92 GG in der Weise konkretisiert, dass die rechtsprechende Gewalt den Richtern anvertraut ist und durch Gerichte ausgeübt wird. Gerichte in diesem Sinne sind staatliche Institutionen. Ihre Tätigkeit besteht in dem verbindlichen Entscheiden von Rechtsfragen anhand des festgestellten Sachverhalts und der Interpretation des einschlägigen Rechts.[3] Im Hinblick auf zivilrechtliche Streitigkeiten liegt der Zweck des Prozesses in erster Linie im subjektiven Rechtsschutz, konkret: in der Feststellung und Verwirklichung von Rechten des Klägers sowie im Schutz des Beklagten vor ungerechtfertigter Inanspruchnahme.[4] Damit einher geht die Bewährung des objektiven Rechts und die Sicherung des Rechtsfriedens.[5] Primäre Aufgabe des Zivilprozesses ist somit nicht die Auflösung von Konflikten, sondern die rechtliche Entscheidung eines Einzelfalls durch einen Dritten, das Gericht. Zu sehen ist allerdings auch, dass das Gericht gemäß § 278 Abs. 1 Zivilprozessordnung (ZPO) in jeder Lage des Verfahrens auf eine gütliche Beilegung des Rechtsstreits bedacht sein soll.[6]

Eine Beendigung des Rechtsstreits durch streitiges Urteil kommt seltener vor als landläufig angenommen. So wurden in Deutschland im Jahr 2018 von insgesamt 923.179 vor den Amtsgerichten erledigten Verfahren nur 228.393 Verfahren durch streitiges Urteil entschieden (etwa 25 %).[7] Rund 21 % der Verfahren endeten durch

---

[3] Im Einzelnen Classen, in: von Mangoldt/Klein/Starck, Grundgesetz, 7. Aufl. 2018, Art. 92 Rn. 19; Hillgruber, in: Maunz/Dürig, Grundgesetz-Kommentar, Stand: Februar 2020, Art. 92 Rn. 18 ff.; Hömig, in: Hömig/Wolff, Grundgesetz für die Bundesrepublik Deutschland, 11. Aufl. 2017; Art. 92 Rn. 2; Schulze-Fielitz, in: Dreier, Grundgesetz-Kommentar, 3. Aufl. 2018, Art. 92 Rn. 25 ff.

[4] BGH, Urt. v. 8.10.1953 – III ZR 206/51, BGHZ 10, 333, zitiert nach juris, Tz. 18; Urt. v. 18.11.2004 – IX ZR 229/03, BGHZ 161, 138, zitiert nach juris, Tz. 16; Rauscher, in: MünchKommZPO, 5. Aufl. 2016, Einleitung Rn. 8; Rosenberg/Schwab/Gottwald, Zivilprozessrecht, 18. Aufl. 2018, § 1 Rn. 9 ff., 12; Vollkommer, in: Zöller, Zivilprozessordnung, 33. Aufl. 2020, Einleitung Rn. 1.

[5] BGH, Urt. v. 8.10.1953 – III ZR 206/51, BGHZ 10, 333, hier zitiert nach juris, Tz. 18; Rosenberg/Schwab/Gottwald, Zivilprozessrecht, 18. Aufl. 2018, § 1 Rn. 16 f.; Vollkommer, in: Zöller, Zivilprozessordnung, 33. Aufl. 2020, Einleitung Rn. 1.

[6] In der Fassung des Gesetzes zur Reform des Zivilprozesses v. 27.7.2001, BGBl. I 2001, 1887.

[7] Statistisches Bundesamt, Fachserie 10 Reihe 2.1, Rechtspflege – Zivilgerichte, erschienen am 20.9.2019, S. 18.

Versäumnisurteil und immerhin fast 15 % durch gerichtlichen Vergleich sowie ca. 12 % durch Rücknahme der Klage oder des Antrags. Dies zeigt, dass die Schlichtung vor Gericht in der Praxis eine bedeutende Rolle einnimmt.

2. Fremdbestimmtheit

Die personelle Besetzung des Gerichts liegt nicht in der Hand der Parteien, sondern ist zwecks Gewährleistung des gesetzlichen Richters im Sinne von Art. 101 Abs. 1 Satz 2 GG durch den Geschäftsverteilungsplan (§ 21e Gerichtsverfassungsgesetz [GVG]) vorgegeben. Entscheidet sich der Kläger, seinen (vermeintlichen) Anspruch vor Gericht durchzusetzen, so unterwirft er sich dem Urteil einer dritten Person. Insoweit ist von der Fremdbestimmtheit des Richterspruchs als Nachteil für die Konfliktparteien die Rede.[8] In dem Zusammenhang wird auch die Frage diskutiert, ob eine gerichtliche Entscheidung überhaupt geeignet sei, zu einer Konfliktlösung zu führen, oder ob durch das gerichtliche Urteil nicht allein eine rechtliche Verhaltensbeurteilung ex post erfolge.[9] Letzteres trifft zu. Ob ein bestehender Konflikt durch eine streitige Entscheidung gelöst werden kann, lässt sich nicht pauschal sagen, vielmehr kommt es auf den jeweiligen Einzelfall an.

3. Unberechenbarkeit

Derjenige, der sich eines Anspruchs berühmt, wird durch seinen Vortrag und seine Prozesshandlungen versuchen, das Gericht davon zu überzeugen, den Beklagten im beantragten Sinne zu verurteilen. Der Ausgang des Prozesses lässt sich indes niemals mit Sicherheit prognostizieren. Das hängt damit zusammen, dass nach dem Beibringungsgrundsatz als oberstem Grundsatz der ZPO[10] die Tatsachen, die das Gericht seiner Entscheidung zugrunde legt, durch die Parteien vorgetragen werden müssen. Der Richter muss alsdann die entscheidungserheblichen Tatsachen feststellen.[11] Wird das Vorbringen einer Partei durch die andere Partei bestritten und kommt es für den Ausgang des Rechtsstreits auf die Wahrheit der jetzt streitigen Tatsache an, muss der Richter über die Wahrheit befinden. Dies erfolgt regelmäßig durch Beweiserhebung.[12] Dabei handelt es sich grundsätz-

---

[8] Siehe etwa Kreissl, SchiedsVZ 2012, 230, 232.
[9] Dazu näher Schmeing, Konfliktmanagement in Familienunternehmen, 2018, S. 98 m. w. N.
[10] RG, Urt. v. 6.4.1936 – VI 421/35, RGZ 151, 93, 98.
[11] Dazu etwa Zeiss/Schreiber, Zivilprozessrecht, 12. Aufl. 2014, Rn. 424 ff.
[12] Offenkundige Tatsachen bedürfen gemäß § 291 ZPO keines Beweises. Aus § 292 ZPO folgt, dass auch Tatsachen, für die eine gesetzliche Vermutung spricht, nicht bewiesen werden müssen.

lich[13] um ein förmliches Verfahren, an dessen Ende die freie Beweiswürdigung des Gerichts steht. Das Gericht hat gemäß § 286 Abs. 1 Satz 1 ZPO »nach freier Überzeugung« zu entscheiden, ob eine tatsächliche Behauptung für wahr oder für nicht wahr zu erachten ist. Es geht hier nicht um prozentual zu bestimmende Wahrscheinlichkeiten. Vielmehr darf und muss sich der Richter nach der Rechtsprechung des BGH »in tatsächlich zweifelhaften Fällen mit einem für das praktische Leben brauchbaren Grad von Gewißheit begnügen, der den Zweifeln Schweigen gebietet, ohne sie völlig auszuschließen«[14]. In der Regel ist der Ausgang der Beweiserhebung völlig offen.

Außerdem hat das Gericht im Rahmen der Entscheidungsfindung mittels Subsumtion der unstreitigen oder bewiesenen Tatsachen unter eine abstrakte Rechtsnorm auch Rechtsfragen zu klären. Auf die wenigsten Rechtsfragen gibt es nur eine einzige vertretbare Antwort.

Aus all dem resultiert eine Unberechenbarkeit, die jedem Verfahren innewohnt.[15] Dem trägt die Zivilprozessordnung immerhin insoweit Rechnung, als das Gericht nach Maßgabe der Vorschrift des § 139 ZPO Hinweise erteilen muss und insbesondere gemäß § 139 Abs. 2 ZPO keine Überraschungsentscheidung erlassen darf. An der Ungewissheit über den Ausgang des Prozesses ändert dies jedenfalls im vorprozessualen Stadium letztlich nichts, weil die Hinweise erst während des laufenden Rechtsstreits ergehen.

4. Verfahrensdauer und Kosten

Schließlich müssen sich die Parteien auf einen möglicherweise lang andauernden und emotional belastenden Rechtsstreit einstellen, der in mehreren Instanzen ausgetragen werden kann. Entsprechend hoch können die Kosten werden. Nach dem Grundsatz des § 91 Abs. 1 Satz 1 ZPO trägt die unterliegende Partei die Kosten des Rechtsstreits; mit anderen Worten: Der Verlierer zahlt alles.[16]

---

13 Zum Freibeweis Rosenberg/Schwab/Gottwald, Zivilprozessrecht, 18. Aufl. 2018, § 111 Rn. 8 ff.
14 BGH, Urt. v. 17.2.1970 – III ZR 139/67, BGHZ 53, 245, zitiert nach juris, Tz. 72.
15 Auch dazu Kreissl, SchiedsVZ 2012, 230, 232, der in dem Zusammenhang den oft zitierten Satz »Vor Gericht und auf hoher See befindet man sich in Gottes Hand« aufgreift.
16 Zur Veranschaulichung: Bei einem Streitwert von 10.000 Euro, außergerichtlicher Vertretung, drei Instanzen und Vergütung der Rechtsanwälte nach dem RVG fallen Prozesskosten in Höhe von insgesamt 15.575,40 Euro (inkl. 19 % USt) an. Hinzu können etwa Vergütungen für Sachverständige und Dolmetscher sowie Entschädigungen von Zeugen kommen.

III. Konsensuale Konfliktbeilegung

1. Obligatorische Güteverhandlung

Es ist bereits angeklungen, dass nicht jeder Rechtsstreit in einem Urteil enden muss.[17] Vielmehr können sich die Parteien selbst dann noch einigen, wenn die Klage bereits erhoben ist. Vor der ersten mündlichen Verhandlung ist gemäß § 278 Abs. 2 ZPO grundsätzlich eine Güteverhandlung durchzuführen. Das Gesetz stellt primär auf den Prozessrichter ab. Vor diesem findet die Güteverhandlung in der Regel statt. Gleichwohl ist sie nicht Teil der mündlichen Verhandlung; dies folgt auch aus dem Wortlaut der §§ 272 Abs. 3, 279 Abs. 1 ZPO. Daher ist die Güteverhandlung keine streitige Verhandlung.

Die Parteien sollen gemäß § 278 Abs. 2 Satz 3 ZPO persönlich angehört werden; die Anordnung des persönlichen Erscheinens ist damit der Regelfall.[18] Zum Ablauf der Verhandlung gibt es keine gesetzlichen Vorgaben, dementsprechend frei ist der Richter in der Gestaltung des Termins. Inhaltlich erörtert das Gericht den Sach- und Streitstand und stellt ggf. Fragen etwa zu den Hintergründen des Rechtsstreits wie z. B. zur Vorgeschichte, zur Entwicklung des Konflikts und zu den Motiven.[19] Eine Beweisaufnahme ist ausgeschlossen, weil diese grundsätzlich eine mündliche Verhandlung voraussetzt, in der sich erst herauszustellen hat, welche Tatsachen streitig sind.[20] Einigen sich die Parteien, liegt der Abschluss eines Prozessvergleichs nahe. Er ist gemäß § 794 Abs. 1 Nr. 1 ZPO Vollstreckungstitel und lässt die Rechtshängigkeit entfallen. Einigen sich die Parteien nicht, so schließt sich gemäß § 279 Abs. 1 ZPO die mündliche Verhandlung an und es wird streitig verhandelt.

Ein von den Konfliktparteien ggf. als störend empfundener Umstand folgt aus § 169 GVG.[21] Die Norm ordnet die Öffentlichkeit der Verhandlung an. Sie gewährt jedem beliebigen Zuhörer und damit auch Vertretern der Medien im Rahmen der räumlichen Kapazitäten Zutritt zur Verhandlung. Wenn die Güteverhandlung vor dem Prozessrichter stattfindet, findet sie vor dem erkennenden Gericht im Sinne des § 169 Abs. 1 Satz 1 GVG statt. Dann ist die Güteverhandlung öffentlich. Damit sind Gefahren verbunden: So kann das Persönlichkeitsrecht der Parteien durch

---

17 Dazu oben unter II. 1.
18 Beschlussempfehlung und Bericht des Rechtsausschusses, BT-Drucks. 14/6036, S. 121.
19 Greger, in: Zöller, Zivilprozessordnung, 33. Aufl. 2020, § 278 Rn. 15.
20 Thole, in: Stein/Jonas, Kommentar zur Zivilprozessordnung, 23. Aufl. 2018, § 278 Rn. 35; im Ergebnis ebenso Greger, in: Zöller, Zivilprozessordnung, 33. Aufl. 2020, § 278 Rn. 15; Prütting, in: MünchKommZPO, 5. Aufl. 2016, § 278 Rn. 27; a. A. unter den Voraussetzungen des § 358a ZPO Assmann, in: Wieczorek/Schütze, Zivilprozessordnung und Nebengesetze, 4. Aufl. 2013, § 278 Rn. 50.
21 Zum Folgenden C. Schreiber, in: Wieczorek/Schütze, Zivilprozessordnung und Nebengesetze, 5. Aufl. (im Erscheinen), § 169 GVG Rn. 1, 5 m. w. N.

die Offenlegung von Umständen aus dem Privatleben Schaden nehmen. Ferner kommt es vor, dass sie sich durch die anwesenden Zuschauer beeinflusst oder eingeschüchtert fühlen. Hier ist sowohl die Wahrheitsfindung durch das Gericht als auch das rechtliche Gehör der Parteien betroffen.

2. Optionale Verweisung an den Güterichter

Die Güteverhandlung kann seit dem Jahr 2012 auch vor einem anderen Richter als dem Prozessrichter stattfinden. Durch das Gesetz zur Förderung der Mediation und anderer Verfahren der außergerichtlichen Konfliktbeilegung vom 21.7.2012[22] wurde das Güterichterverfahren geschaffen. Das Prozessgericht kann gemäß § 278 Abs. 5 Satz 1 ZPO die Parteien für die obligatorische Güteverhandlung (und auch für weitere Güteversuche) an den Güterichter verweisen. Dabei handelt es sich um einen Berufsrichter, der – anders als der Prozessrichter – über den Rechtsstreit nicht zu befinden hat und keine Entscheidung in der Sache fällen darf. Die Neuerung räumt also dem Prozessgericht die Möglichkeit ein, die Güteverhandlung durch Beschluss von der Entscheidungszuständigkeit abzutrennen. Dies bietet sich an, wenn der Konflikt vor allem auf emotionaler Ebene anzusiedeln und nicht in erster Linie rechtlicher Natur ist. Das kann der Fall sein, wenn die Interessen der Beteiligten nicht mit ihren Rechtspositionen deckungsgleich sind[23] oder wenn dem Rechtsstreit eine gestörte zwischenmenschliche Beziehung etwa verwandtschaftlicher, freundschaftlicher oder geschäftlicher Natur vorangegangen ist[24]. Vermutet der Richter weiteres Konfliktpotenzial hinter dem Streitgegenstand oder lassen sich denkbare Lösungen nicht auf dem Klageweg finden, kommt eine Verweisung der Parteien an den Güterichter gleichermaßen in Betracht.[25]

Mit dem Güteversuch wird ein besonderer Verfahrensabschnitt eingeleitet, der die Anhängigkeit des Rechtsstreits vor dem Prozessgericht unberührt lässt.[26] Die Verhandlung vor dem Güterichter ist darauf angelegt, zu einer konsensualen Lösung zu gelangen. Um dieses Ziel zu erreichen, kann der Güterichter sich aller Methoden der Konfliktbeilegung einschließlich der Mediation bedienen. Insoweit hat die Öffnung des zivilprozessrechtlich vorgegebenen Verfahrens hin zu alternativen Methoden ihren gesetzlichen Niederschlag nunmehr in der Vorschrift des § 278 Abs. 5 Satz 2 ZPO gefunden.

---

22 BGBl. I 2012, 1577, in Kraft getreten am 26.7.2012.
23 Vgl. VGH Mannheim, Beschl. v. 27.2.2014 – 8 S 2751/11, BeckRS 2014, 48588.
24 Greger, in: Zöller, Zivilprozessordnung, 33. Aufl. 2020, § 278 Rn. 25a.
25 Greger, in: Zöller, Zivilprozessordnung, 33. Aufl. 2020, § 278 Rn. 25a.
26 Eine Anordnung des Ruhens des Verfahrens erfolgt deshalb nicht.

Eine hohe Kompetenz des Güterichters in der Beherrschung der Methoden ist unerlässlich, um die Verhandlung zielführend leiten zu können.[27] In der Praxis durchläuft der Güterichter deshalb in der Regel eine spezielle Ausbildung.[28] Insbesondere kann er sich in den Techniken der Mediation ausbilden lassen. Formaljuristisch betrachtet ist der Güterichter zwar nicht Mediator im Sinne des – ebenfalls durch das Gesetz zur Förderung der Mediation und anderer Verfahren der außergerichtlichen Konfliktbeilegung eingeführten – Mediationsgesetzes (MediationsG), weil er nicht gemäß § 2 Abs. 1 Mediationsgesetz von den Parteien ausgewählt wird.[29] Das hindert ihn aber nicht daran, eine Mediation durchzuführen.

Die Verhandlung vor dem Güterichter ist nicht öffentlich, weil der Güterichter mangels Entscheidungsbefugnis nicht das erkennende Gericht im Sinne von § 169 Abs. 1 Satz 1 GVG ist. Der dadurch gegebene geschützte Raum kann den Weg zur Konfliktlösung erleichtern. Flankierend kommt hinzu, dass der Güterichter gemäß § 46 Deutsches Richtergesetz (DRiG) i. V. m. § 67 Bundesbeamtengesetz (BBG) gegenüber dem Prozessgericht der Verschwiegenheit unterliegt.[30] Somit können die Parteien offen verhandeln, ohne eine Entscheidung gegen sich befürchten zu müssen. Trotz dieser Vorteile stellt die Verweisung der Parteien an den Güterichter (noch?) die Ausnahme dar.[31]

3. Vorschlag der Mediation oder anderer Verfahren außergerichtlicher Konfliktbeilegung

Sowohl die Güteverhandlung vor dem Prozessgericht als auch diejenige vor dem Güterichter sind gerichtliche Verfahren. Unter bestimmten Voraussetzungen kann sich allerdings auch nach der Erhebung einer Klage eine außergerichtliche Konfliktlösung anbieten. Dem trägt nunmehr das Gesetz in § 278a ZPO Rechnung.[32] Nach dieser Vorschrift kann das Gericht den Parteien eine Mediation oder ein anderes

---

27 Umfassend zur Mediationskompetenz von Hertel, Professionelle Konfliktlösung, 3. Aufl. 2013, passim; speziell zum Konfliktmanagement durch den Güterichter Fritz/Schroeder, NJW 2014, 1910, 1913 f.
28 Näher Dürschke, NZS 2013, 41, 44 f.; Fritz/Schroeder, NJW 2014, 1910, 1915.
29 Statt vieler etwa Ahrens, NJW 2012, 2465, 2470. Deshalb treffen ihn nicht die Fortbildungspflichten gemäß §§ 5, 6 MediationsG; krit. Fritz/Schroeder, NJW 2014, 1910, 1911, 1915.
30 Unstr.; s. nur Prütting, in: MünchKommZPO, 5. Aufl. 2016, § 278 Rn. 38; Thole, in: Stein/Jonas, Kommentar zur Zivilprozessordnung, 23. Aufl. 2018, § 278 Rn. 79.
31 In nur 6.663 der insgesamt 923.179 Verfahren vor den Amtsgerichten im Jahr 2018 (s. oben unter II. 1.) – das sind rund 0,7 % – hat eine Verweisung an den Güterichter stattgefunden (Statistisches Bundesamt, a. a. O., S. 34). Davon haben die Beteiligten den Konflikt vor dem Güterichter in 3.162 Fällen vollständig, in 136 Fällen teilweise und in 3.365 Fällen nicht beigelegt.
32 Auch diese Norm wurde geschaffen durch das Gesetz zur Förderung der Mediation und anderer Verfahren der außergerichtlichen Konfliktbeilegung vom 21.7.2012, BGBl. I 2012, 1577.

Verfahren der außergerichtlichen Konfliktbeilegung[33] vorschlagen. Es sollen vor allem komplexe Rechtsbeziehungen von einer gewissen Dauer für eine außergerichtliche Konfliktbeilegung sprechen, weil – anders als bei sich in einem einmaligen Kontakt erschöpfenden Verhältnissen – eine in die Zukunft gerichtete Gestaltung nahe liegt.[34] Der Gesetzgeber hatte ferner solche Konstellationen im Blick, in denen eine dauerhafte persönliche oder geschäftliche Beziehung zwischen den Parteien besteht, die durch den Ablauf des Rechtsstreits oder durch dessen Ergebnis beeinträchtigt werden könnte.[35]

Nehmen die Parteien den Vorschlag an, ordnet das Gericht – anders als bei der Verweisung der Parteien an den Güterichter[36] – gemäß § 278a Abs. 2 ZPO das Ruhen des Verfahrens an. Es kommt also zum Stillstand des Verfahrens, bis es entweder im Fall des Scheiterns der außergerichtlichen Konfliktlösung von einer Partei aufgenommen oder im Fall der Beilegung des Konflikts durch Beschluss des Gerichts beendet wird.

IV. Schluss

Konflikte und Streitgegenstand eines zivilrechtlichen Verfahrens sind nicht deckungsgleich. Mit dem Jubilar gesprochen: »Um einen Konflikt zu verstehen, geht es darum, die Eigendynamik dieses besonderen Sozialsystems zu verstehen.«[37] Die Entscheidungsfindung des Richters über den Streitgegenstand in einem streitigen Verfahren erfordert dieses Verständnis nicht, denn das Gericht entscheidet nach anderen Kriterien. Indessen ist die Bewältigung einer zunächst streitigen Problemlage durch eine einvernehmliche Lösung grundsätzlich vorzugswürdig gegenüber einer richterlichen Streitentscheidung.[38] Deshalb ist es zu begrüßen, dass die Zivilprozessordnung mit den dargestellten rechtlichen Instrumenten Wege eröffnet, die zu einer konsensualen Konfliktbeilegung führen können.

Ad multos annos, lieber Arist!

---

33 Neben der Mediation kommen ausweislich der Gesetzesmaterialien (BT-Drucks. 17/5335, S. 11) als Verfahren etwa Schlichtungs-, Schieds- und Gütestellenverfahren, Verfahren vor Ombudsleuten, Clearingstellen und neuere Schieds- und Schlichtungsverfahren wie Shuttle-Schlichtung, Adjudikation, Mini Trial, Early Neutral Evaluation und Online-Schlichtung in Betracht.
34 So Ulrici, in: MünchKommZPO, 5. Aufl. 2016, § 278a Rn. 9.
35 Begründung des Regierungsentwurfs, BT-Drucks. 17/5335, S. 20.
36 S. oben Fn. 26.
37 v. Schlippe, Das kommt in den besten Familien vor, 2014, S. 22.
38 BVerfG, Beschl. v. 14.2.2007 – 1 BvR 1351/01, NJW-RR 2007, 1073, 1074.

Sara Davis, Ruchi Nadkarni, Pramodita Sharma, James J. Chrisman

Transgenerational Succession in Family Firms: A Psychological Perspective

Transgenerational succession is a defining goal of family firms (Chua, Chrisman, & Sharma, 1999) that can impact firm-level strategic behaviors and performance. Le Breton-Miller, Miller, and Steier (2004) have conceptualized this leadership transition process in three phases. In the first »rules and plans« phase, potential successors are identified, ground rules are established, and a succession plan is created. In the second »development and selection« phase, potential successors are trained for future roles in the firm and the successor is selected, ideally based on performance. In the third phase of »transition«, the two generations work together until the leadership baton is passed from one generation to the next. Of course, this is a simplified and idealized view of the transgenerational succession as this process may be unplanned or involuntary, and phases may not occur sequentially.

Since the eighties, family business researchers have used the systems perspective to capture the permeability in boundaries between family, business, and ownership systems (Hollander & Elman, 1988). The ability of the psychological micro-foundations to reveal the underlying motivations and mind-sets of key stakeholders in the transgenerational succession process has been suggested (De Massis & Foss, 2018; von Schlippe & Vienna, 2013). Building on Sharma's, Chrisman's, Chua's, and Steier's (2020) article, this chapter uses five psychological perspectives – evolutionary, cognitive, developmental, social, and industrial organization (IO) – to explore these micro-foundations. Well established in the psychology literature, these perspectives have considerable promise to reveal the nuances of the transgenerational succession process.

An overlay of these five psychological perspectives with the three succession phases provides a framework to organize current literature and encapsulate potential challenges and solutions that manifest in each phase. While neither comprehensive nor confined to any one phase of the transgenerational succession process, this framework unveils interesting research possibilities. We suggest that insights from evolutionary and cognitive psychology will help to understand the rules and plans phase; those from developmental and social psychology will be useful for the development and selection phase; and IO psychology will be beneficial to study the baton-passing transition phase. However, as will be clear from our discussion, the various psychological perspectives can interact at any phase of the succession process. Below, we discuss how these perspectives can inform the three phases of the transgenerational succession process. In our discussion, we highlight some of the contributions of Arist von Schlippe and colleagues.

Phase 1: Rules and Plans

In this phase, potential successors are identified, and plans and ground rules are established (Le Breton-Miller et al., 2004). The process is effective and efficient when efforts have been devoted to establish a shared family vision for the firm (Lansberg, 1999). Insights from evolutionary and cognitive psychology are particularly useful to identify the shared vision and explain parental behaviors that facilitate or hamper the next-generations' willingness to join and lead their family firm (Bloemen-Bekx, Van Gils, Lambrechts, & Sharma, 2019).

Evolutionary Psychology

Based on Darwin's (1859) theory of evolution, evolutionary psychology uses the concepts of selection and gene preservation to understand behavior (e.g., Kruger, 2009), thereby helping to explain family leaders' desire for trans-generational continuity (James, 1999). This long-term orientation influences firm-level strategic behaviors like business expansion to engage junior family members (Blumentritt, 2016) and patient capital investments in sustainable development aimed to preserve firms' legacy and viability (Sharma & Sharma, 2019, 2021). Moreover, individual-level behaviors like storytelling preserve institutional memories while inspiring innovations and creativity (Kammerlander, Dessi, Bird, Floris, & Murru, 2015; Zwack, Kraiczy, von Schlippe, & Hack, 2016). Evolutionary psychology can help us understand how succession rules and plans are formulated and why some family firms design competitive processes to select successors while others designate an heir based on gender or birth-order. Using outcome variables associated with the degree and nature of next-generational engagement and performance, using evolutionary psychology-based studies to understand the process of formulating rules and plans for transgenerational succession can unveil the role of intra- and inter-generational relationships (Eddleston & Kidwell, 2012).

Cognitive Psychology

Cognitive psychology is the study of how information is obtained and used to make decisions. With respect to the transgenerational succession process, when assessing their decision to enter the family firm, potential successors consider at least four factors: their relationships with other family members, particularly the incumbent leader; their interest in the business; their individual skills and abilities; and their perception of the relative attractiveness of the business compared to other career opportunities (Stavrou, 1998). Each of these specific considerations provides opportunities to understand the cognitive micro-foundations of the succession process. For example, Mussolino and Calabrò (2014) use the theory of planned behavior to conceptualize how the incumbent's leadership style impacts the successor's beliefs, attitudes, norms, and ultimately, perceptions of transgenerational succession. Future research could explore cognitions stimulating the incumbent's desire for transgenerational succession and the successors' willingness to join the family firm (Parker, 2016). Likewise, cognitive psychology could guide investigations to understand the process incumbents use to launch and manage the succession process and gauge the leadership potential of next-generation members. It will be interesting to learn how that information influences their training approach and the ultimate decision.

Phase 2: Development and Selection

After the establishment of succession rules and plans, and identification of the potential successor(s), the next phase is to train, develop, and ultimately, select the successor (Le Breton-Miller et al., 2004). Due to the combination of parental authority and parent-child bonding, the incumbent has an important anchoring role in the development of potential successors (García-Álvarez, López-Sintas, & Saldaña Gonzalvo, 2002; Omer, Steinmetz, Carthy, & von Schlippe, 2013). In addition to parent-child relationships, five influencers of successor development identified by Cater and Justis (2009) are: acquisition of knowledge, long-term orientation, cooperation, understanding roles, and risk. Developmental and social psychology allow for the examination of how cognitions, emotions, and behaviors associated with each of these factors change over time. Future studies can be directed not only to unpack the interactions between these factors but also to reveal their evolution from parent-child relationships to incumbent-successor relationships, to successor-predecessor relationships (Omer et al., 2013).

Developmental Psychology

This branch of psychology focuses on understanding why and how people adapt, change, and grow during their lives. Because of the long-term orientation of this perspective, development psychology may provide insights into many aspects of the succession process as well as antecedents to the succession process such as the nature of parent-child relationships before the successor enters the firm (Bloemen-Bekx et al., 2019). While this phase represents the process of preparing the successor for the leadership of the family firm, the developmental process may vary in the degree of formality. For example, the successor may begin accumulating tacit knowledge of the business from a young age through family conversations (Cohen & Sharma, 2016). Such deep imprinting impacts potential successors' values and entrepreneurial orientation, and influences their learning style, predisposing them to benefit more from certain types of training than others. Similarly, parental support and control that focuses on the child's psychological needs for competence, autonomy, and readiness may help to develop affective commitment in the future successor (Garcia, Sharma, De Massis, Wright & Scholes, 2019; McMullen & Warnick, 2015). Such commitment will, in turn, positively influence the successor's behaviors and performance (Sharma & Irving, 2005). Future research can build on this work by exploring how factors such as cooperation, role acceptance, and risk orientation influence successor development.

Social Psychology

In addition to the value of developmental psychology in understanding how successors are prepared to assume control, social psychology – the study of how the behaviors and intentions of others influence an individual's cognitions, emotions, and behaviors – is also essential (Allport, 1985). For example, Jaskiewicz, Combs, and Rau (2015) suggest that narratives of the family's past achievements represent an entrepreneurial legacy that can be used to motivate the successor to engage in transgenerational succession. Likewise, the transfer of social capital from the incumbent can influence the successor's behavior (Schell, Hiepler, & Moog, 2018). Other work has also noted that a successor's commitment, satisfaction, and performance can be influenced by the behaviors of other family members, consultants, and nonfamily employees (Le Breton-Miller et al., 2004).

Due to the limited amount of family business literature that explicitly takes a social psychological approach (Jiang, Kellermanns, Munyon, & Morris, 2018), there are numerous avenues for future research using this perspective. Investigating how the behaviors and intentions of the incumbent, the dominant coalition, other family members, and outside consultants influence the successor's cognitions and emotions related to the six factors identified by Cater and Justis (2009) is just one example. How the politics of value determination among members of the dominant coalition determine if a successor is selected based on competence, commitment, or lineal descent is another.

Phase 3: Transition

The final phase of the transgenerational succession process focuses on the transition of control from the incumbent to the successor, as well as the career transition of these two individuals (Le Breton-Miller et al., 2004). The optimal succession transition involves the successor taking full control while the incumbent steps aside (Brun de Pontet, Wrosch, & Gagne, 2007). Other transition types, such as the incumbent remaining fully involved with the successor, are considered less optimal because they create confusion about who is in charge. This leadership confusion can negatively impact performance (West et al., 2003). IO psychology provides a useful lens to understand the micro-foundations of performance related to the transition phase of the succession process.

Industrial Organization Psychology

Transition is the pivotal stage of the succession process and an IO perspective enables examination of the micro-foundations of the influence of the handoff on performance. The management of emotions is important during this phase of the succession process as it can significantly influence individual-level satisfaction with the process (Bertschi-Michel, Kammerlander, & Strike, 2020). Furthermore, the role and behavior of the outgoing leader during and after the successor takes control of the family firm is of critical importance (Cadieux, 2007), and research in this area can be extended by exploring the incumbent's cognitions and emotions during the transition. Likewise, research on how the cognitions, emotions, and behaviors of nonfamily managers influence the transition, as well as the post-succession performance of the family firm in terms of motivation, trust, intra-firm conflict, etc. can benefit from an IO psychology perspective. It would also be interesting to understand how the transition phase influences the family brand and reputation within an organization and for external stakeholders (Krappe, Goutas, & von Schlippe, 2011). Extending this research to other phases of the succession process will likely lead to important insights.

Conclusion

By integrating psychological perspectives into the succession process framework, future research can elucidate the micro-foundations of transgenerational succession. Following Sharma et al. (2020), we identify how and when evolutionary, cognitive, developmental, social, and industrial organization psychology will be most beneficial for examining behaviors that drive each phase of the succession process. In particular, the work of Arist von Schlippe and colleagues provides important insight into the multiple phases of the family firm succession process (Krappe et al., 2011; Omer et al., 2013; von Schlippe & Vienna, 2013; Zwack, et al. 2016).

Fritz B. Simon

Ein weißer Fleck auf der Landkarte oder: Warum Familienunternehmen so lange nicht erforscht wurden

Der weiße Fleck

Eines der wissenschaftsgeschichtlich merkwürdigen Phänomene ist, dass Familienunternehmen trotz ihrer überwältigenden Bedeutung für die Volkswirtschaft im deutschsprachigen Raum bis zur Gründung des Wittener Instituts für Familienunternehmen (WIFU) nicht beforscht wurden. Sie sind, um es bildlich auszudrücken, über Jahrzehnte ein weißer Fleck auf den wissenschaftlichen Landkarten geblieben. Das ist umso erstaunlicher, als die meisten Unternehmen in Deutschland, Österreich und der Schweiz Familienunternehmen sind, sie jeweils den größten Teil des nationalen Bruttosozialprodukts erwirtschaften und diejenige Unternehmensform sind, in der die meisten Menschen beschäftigt sind. Trotz all dem gab es bis Ende der 1990er Jahre an keiner deutschsprachigen Universität oder Fachhochschule Lehrstühle oder Abteilungen, die dem Thema Familienunternehmen gewidmet waren.

Im Folgenden soll versucht werden zu erklären, warum Familienunternehmen erst so spät in den Fokus der wissenschaftlichen Aufmerksamkeit gekommen sind.

Wozu Wissenschaft?

In der modernen, arbeitsteiligen Gesellschaft besteht die Funktion und Leistung der Wissenschaften und ihrer Organisationen (Universitäten, Hochschulen, außeruniversitäre Forschungseinrichtungen) darin, Wissen zu erzeugen, das anderen Funktionssystemen (z. B. Wirtschaft, Erziehung, Politik ...) für die Erfüllung ihrer gesellschaftlichen Funktionen zur Verfügung gestellt wird.

Universitäten und Hochschulen haben über die Kreation von Wissen hinaus zwei weitere Aufträge: (1) die Ausbildung von *Anwendern* dieser Erkenntnisse in anderen gesellschaftlichen Bereichen; und (2) die Ausbildung des wissenschaftlichen Nachwuchses. Die Ausdifferenzierung *unterschiedlicher* wissenschaftlicher Disziplinen ist daher nicht allein von wissenschaftlichen Interessen bestimmt (Luhmann, 1990, S. 449).

Die Ausdifferenzierung »Arbeit« vs. »Leben«

Obwohl es in der Antike schon Autoren gab, die sich mit Fragen des Wirtschaftens (als den Gesetzen der Haushaltsführung, vgl. griech. *oikos* = Haus, *nomos* = Gesetz) beschäftigten, entwickelten sich die modernen Wirtschaftswissenschaften erst seit etwa Mitte des 18. Jahrhunderts. Dies geschah im Kontext radikaler gesellschaftlicher Transformationen (»The Great Transformation«, Polanyi, 1944). Während über Jahrhunderte in einer überwiegend auf Landwirtschaft und Bearbeitung des Bodens beruhenden Gesellschaft »das Ganze Haus« als ökonomische Überlebenseinheit fungierte, entstanden nun Unternehmen.

In der sozialen Einheit des »Ganzen Hauses« lebten und arbeiteten biologisch Verwandte und Bedienstete gemeinsam unter einem Dach (Mitterauer u. Sieder, 1977). Mit der Industrialisierung änderte sich das. Die »Commons«, das von allen Dorfbewohnern gemeinsam genutzte Land, wurden privatisiert und eingezäunt. Dadurch schrumpften die ökonomischen Überlebensmöglichkeiten der Kleinbauern, sodass sie meist nur noch Nebenerwerbsbetriebe bewirtschaften konnten. Das wirtschaftliche Überleben der Familie – die nun zur Kleinfamilie wurde – war ab da abhängig von einer Arbeit in den neu entstehenden Fabriken (Polanyi, 1944, S. 132 ff.).

Für die meisten Menschen kommt es nun zu einer räumlichen und zeitlichen Spaltung des alltäglichen Lebens zwischen Arbeiten und Wohnen: Gearbeitet wird fern von zuhause in einer Fabrik (oder anderen Organisationen) und das private Leben findet irgendwo, weit weg vom Arbeitsplatz statt. Eine analoge Spaltung bestimmt den Tageslauf des größten Teils der Bevölkerung: der zeitliche Wechsel zwischen Arbeitszeit und Freizeit (die nicht immer frei ist, wenn etwa noch Nebenerwerbslandwirtschaft betrieben wird).

Ein weiterer Aspekt der Entwicklung westlicher Gesellschaftsstrukturen ist die Ausdifferenzierung des Wissenschaftssystems. In seinen sich gegeneinander abgrenzenden Disziplinen spiegeln sich aktuell existierende, größere und kleinere Subsysteme der Gesellschaft: So beforschen bspw. die Wirtschaftswissenschaften Volkswirtschaften und Betriebe, während die Familiensoziologie und Familienpsychologie Familien und Paarbeziehungen untersuchen.

Universitäten und Wissenschaftler

Dass Familienunternehmen nicht in den Fokus wirtschaftswissenschaftlicher Aufmerksamkeit gerieten, hat u. a. mit der Organisation des Wissenschaftsbetriebs, speziell von Universitäten, zu tun, daher ein kurzer Blick auf sie als Organisationen (Luhmann, 2000; Simon, 2007/2018).

Welche Fakultäten und Abteilungen eine Universität bildet, hängt zum einen von gesellschaftlichen Bedarfen ab, zum anderen – und wahrscheinlich noch wichtiger – von den in der *Scientific Community* gerade als relevant erachteten Themen (= Moden). Beides sind relevante Umwelten, auf die Universitäten ihrer Struktur entsprechend (»Strukturdeterminiertheit«, Maturana u. Varela, 1987; Luhmann, 1990) reagieren. Die durch diese Umwelten gesetzten Bedingungen bestimmen nicht nur die Möglichkeiten, über die jeweils budgetierte staatliche Finanzierung hinaus Drittmittel einzuwerben, sondern auch die *Reputation* der jeweiligen Universität – dies ist die Währung, in der nicht nur der Status von Hochschulen bewertet wird, sondern auch der Rang einzelner Wissenschaftler.

Wer als Wissenschaftler Karriere machen will, kommt daher nicht umhin, sich an den Selektionsprinzipien des wissenschaftlichen Mainstreams zu orientieren. Denn der Aufstieg in der wissenschaftlichen Hackordnung führt über gewisse Initiationsriten wie Promotion und Habilitation zur Notwendigkeit, sich an eine andere als die »Heimatuniversität« berufen zu lassen, da »Hausberufungen« verpönt sind. Also muss man sich als ambitionierter Wissenschaftler an Forschungsthemen orientieren, für die es an möglichst vielen Hochschulen Professuren gibt.

Diese Abweichungen minimierenden *Selektionsmechanismen* beginnen schon bei der Personalauswahl der Universitäten. Jede Forschungseinrichtung sucht sich ihre Mitarbeiter danach aus, ob deren Interessen und Kompetenzen zu den eigenen Zielen und Aufgaben passen. Als junger Wissenschaftler kann man also nur zwischen den Forschungsfragen wählen, die sowieso schon in Universitäten beforscht werden.

Universitäten und ihre Mitarbeiter bestätigen sich daher in der Fokussierung ihrer Aufmerksamkeit gegenseitig. Konsequenz: Universitäten sind – wie andere Organisationen auch – in ihren Strukturen konservativ. Die Wahrscheinlichkeit, dass *neue* Disziplinen entstehen oder es zu inneruniversitären Strukturveränderungen kommt, ist gering. Innovation findet mehrheitlich auf der Inhaltsebene statt, vor allem, wenn ein gesellschaftlicher Forschungsbedarf nicht länger zu übersehen ist.

Generell kann beim Entstehen einer ganz neuen Disziplin nach den Gründen gefragt werden, die zu dieser »an sich« unwahrscheinlichen Entwicklung geführt haben. Dies gilt auch für *Betriebswirtschaftslehre* und die *Organisationstheorie.*

Betriebswirtschaftslehre

Die Betriebswirtschaft als Objekt akademischer Forschung und Lehre existiert seit etwa 100 Jahren (genannt sei hier Eugen Schmalenbach als einer ihrer Begründer, der sich 1903 mit einer Arbeit über Deckungsbeitragsrechnung habilitierte). Etwa zeitgleich entstand die Profession der Unternehmensberater (Beispiel: James Oscar

McKinsey bzw. die von ihm 1926 begründete Beratungsfirma[1]). Da es Unternehmen schon Jahrhunderte vorher gab, stellt sich die Frage, welche äußeren gesellschaftlichen Veränderungen Anlass für beides waren.

Am plausibelsten erscheint die Hypothese, dass erst die gegen Ende des 19. Jahrhunderts gesetzlich geschaffenen Gesellschaftsformen der Kapitalgesellschaften (Aktiengesellschaften, GmbHs usw.) den Bedarf an wissenschaftlicher Begründung von Methoden der Unternehmensführung weckten. Bis dahin war es der Normalfall, dass Unternehmen von Unternehmern, die *Eigentümer* ihres Unternehmens waren, geleitet wurden. Mit der Formalisierung von Kapitalgesellschaften war juristisch verankert, dass die Führung und das Management von Unternehmen vom Eigentum am Unternehmen *entkoppelt* werden konnten. Solche Unternehmen wurden zunehmend von »Delegierten«, also Fremdmanagern, »verwaltet« (nicht zufällig heißt diese Aufgabe z. B. im Englischen »Business Administration«, und im Italienischen werden die CEO von Aktiengesellschaften »Amministratore Delegato« genannt).

Während der Eigentümer-Unternehmer niemandem Rechenschaft schuldig ist (außer seinen eigenen Wertmaßstäben), müssen Fremdmanager ihre Entscheidungen gegenüber den Eigentümern/Aktionären einer Kapitalgesellschaft legitimieren. Sie können nicht mit ihrem Bauchgefühl, ihrer Intuition, ihrem »Instinkt« für gute geschäftliche Gelegenheiten o. Ä. argumentieren, sondern sie müssen (meistens retrospektiv) rational erscheinende Gründe darlegen, warum sie so entscheiden, wie sie entscheiden.

Der gesellschaftliche Bedarf, der zur Kreation der akademischen Betriebswirtschaftslehre und ihrer Anwendung, der »klassischen« Unternehmensberatung à la McKinsey, geführt hat, war – so lässt sich zumindest als These formulieren – der *Legitimationsbedarf* für Führungsentscheidungen von *Fremdmanagern* gegenüber den Eigentümern/Kapitalgebern der von ihnen geführten Unternehmen.

Neue Wissenschaftsdisziplinen müssen aber nicht nur einen gesellschaftlichen Bedarf befriedigen, sondern auch innerwissenschaftlichen Qualitätskriterien gerecht werden, um wissenschaftliche Anerkennung zu erlangen. Die Orientierung an den mit streng empirischen Methoden arbeitenden Naturwissenschaften lag daher auch in der Betriebswirtschaft nahe.

Auch wenn es aus heutiger Sicht absurd erscheint: Die beste Möglichkeit, um bei der Analyse von Unternehmen »harte« empirische Methoden anzuwenden, bestand darin, Organisationen als »Maschinen« zu betrachten. Diese Idee mag im Rückblick verständlich erscheinen, angesichts der Tatsache, dass die hauptsächlich interessierenden Organisationen Produktionsbetriebe waren, für deren Prozesse es ein wichtiges Ziel war, »menschliche Fehler« zu minimieren, um Qualitätsstandards zu

---

1 Für diesen Hinweis danke ich Rudi Wimmer.

sichern; oder auch Verwaltungen, in denen es ebenfalls wichtig war und ist, Abläufe so zu strukturieren, dass die Resultate, unabhängig von den persönlichen Eigenschaften der Akteure, verlässlich sind.

Die skizzierten Entstehungsbedingungen der Betriebswirtschaftslehre können erklären, warum eigentlich nur Kapitalgesellschaften zum Gegenstand ihrer Forschung wurden.

Familienunternehmer mussten ihre Entscheidungen nicht in gleicher Weise gegenüber irgendwelchen Aufsichtsgremien legitimieren, daher hatten sie auch geringeren Bedarf an den Legitimationslieferungen von akademisch ausgebildeten Legitimationslieferanten. Wenn sie ihre Entscheidungen in ihrer Familie begründen mussten, halfen ihnen betriebswirtschaftliche Argumente auch nur begrenzt.

Obwohl Familienunternehmen nicht beforscht wurden, wurde ihr Management von der akademischen Betriebswirtschaft wie auch von Unternehmensberatern als »unprofessionell« diskreditiert. Dass sie, wenn sie ihre Gründer überleben, im Durchschnitt langlebiger sind als Kapitalgesellschaften – und daher etwas »richtig« machen müssen –, ist der Wahrnehmung der akademischen Betriebswirtschaftslehre auch (zu) lange entgangen (Wimmer, Domayer, Oswald u. Vater, 2005; Simon, Wimmer u. Groth, 2012).

Wenn Familienunternehmen überhaupt beforscht wurden, so wurden sie als »Kleine und mittlere Unternehmen« (KMU) nach rein quantitativen Kriterien wie der Umsatzhöhe oder der Zahl der Mitarbeiter definiert, was nicht nur von qualitativen Unterschieden zwischen ihnen und anonymen Kapitalgesellschaften, sondern auch von der Tatsache, dass mit Blick auf Umsatz und Zahl der Mitarbeiter beeindruckend große Familienunternehmen existieren, abstrahiert.

Familienforschung

Eine den Wirtschaftswissenschaften analoge Einengung des Aufmerksamkeitsfokus war (und ist) in der Familienforschung und bei der Anwendung ihrer Ergebnisse zu beobachten. Angesichts des knappen Umfangs auch hier nur eine kurze Skizze dieses Phänomens: ein Blick auf die Erfahrungen der Familientherapie, die wahrscheinlich die direkteste – nämlich klinische – Form der Familienforschung realisiert.

Wenn Unternehmerfamilien in Therapie kommen, dann wird vom Therapeuten die innerfamiliäre Interaktionsdynamik in den Blick genommen. Meist geht es um interpersonelle Beziehungen. Dass ein Familienunternehmen die Dynamik der Unternehmerfamilie beeinflussen könnte, ist erst thematisiert worden, seit Familienunternehmen aus einer systemtheoretischen Perspektive betrachtet und untersucht werden (Simon, 2002/2011).

Zusammenfassend lässt sich sagen, dass bei der wissenschaftlichen Untersuchung von Unternehmerfamilien bis vor Kurzem (und meist immer noch) genauso vom Unternehmen und seiner Wirkung auf die Familie abstrahiert wird wie bei der wissenschaftlichen Untersuchung von Familienunternehmen von der Familie und ihrer Wirkung auf das Unternehmen abstrahiert wurde (und meist immer noch wird).

Die Notwendigkeit einer transdisziplinären Sicht von Familienunternehmen

Familienunternehmen sind ein Forschungsgegenstand, der quer zu der genannten akademischen Disziplinierung liegt. Sie bilden keine eigene Rechtsform, daher beschäftigen sich die Juristen nicht speziell mit ihnen, und Familienforscher wie Betriebswirte haben jeweils komplementäre blinde Flecke, d. h., jede Disziplin sieht nur eine Hälfte der koevolutionären Einheit »Familienunternehmen«.

Familienunternehmen funktionieren anders als Kapitalgesellschaften, was immer dann ins öffentliche Bewusstsein tritt, wenn ein Topmanager aus einem DAX-Konzern die Leitung eines Familienunternehmens übernimmt und krachend scheitert. Der Grund für dieses Scheitern ist, dass erfolgreiche Familienunternehmen anders und in vielerlei Hinsicht intelligenter geführt werden als Kapitalgesellschaften. Dies liegt daran, dass sie sich mit einer anderen Eigentümerstruktur auseinandersetzen müssen. Familien funktionieren anders als der Kapitalmarkt, und sich an den Funktionsprinzipien von Familien als relevanten Umwelten zu orientieren, ist offenbar für das langfristige Überleben von Unternehmen nützlicher als sich an den Funktionsprinzipien von Kapitalmärkten zu orientieren.

Die Tatsache, dass »das« Familienunternehmen als Phänomen nicht in den Kompetenzbereich eines der etablierten Wissenschaftsbereiche fällt, hat lange Zeit verhindert, dass es systematisch erforscht wurde. Dass dies jetzt, z. B. im Wittener Institut für Familienunternehmen, auf einer transdisziplinären Basis möglich wurde, hat mit einer innerwissenschaftlichen Innovation zu tun: der Entwicklung der Systemtheorie, einer »an sich« schon transdisziplinären Wissenschaft. Die Betrachtung sozialer Systeme als Kommunikationssysteme eröffnet einen integrierenden Theorierahmen, da sowohl Familien als auch Unternehmen, aber auch Märkte, ja, die ganze Gesellschaft als soziale Systeme zu verstehen und zu analysieren sind. Keine Maschinen, sondern Systeme, in denen autonome Akteure mit Hilfe der Kommunikation ihre Aktionen koordinieren und dabei – abhängig vom sinnstiftenden Zweck des Systems – gemeinsam Spielregeln der Interaktion und Kommunikation entwickeln.

Dieser theoretische Rahmen liegt quer zu den traditionellen Wissenschaftsdisziplinen, was die Möglichkeit bietet, Zusammenhänge zu erkennen, die sonst im blinden Fleck des jeweiligen Paradigmas verborgen bleiben. Wahrscheinlich bedurfte es der systemtheoretischen Erweiterung des Blicks, d. h. eines die Grenzen von Betriebswirtschaft wie Familienforschung überschreitenden Modells, um Familienunternehmen beforschen zu können. Daher ist der Boom der Familienunternehmensforschung der letzten 20 Jahre sicher auch damit zu erklären, dass mit der Systemtheorie neue Methoden des »Zeichnens wissenschaftlicher Landkarten« geschaffen wurden, die es ermöglichen, die bislang weißen Flecken auf den Landkarten der Wirtschafts- und Sozialwissenschaften auszumalen.

Arist von Schlippe

Einer, der in den letzten Jahren am Ausmalen dieser Landkarten beteiligt war, ist Arist von Schlippe. Er hat sich dabei Verdienste erworben, auf die andere in dieser Festschrift ausführlicher eingehen als ich, daher brauche ich das nicht zu wiederholen. Ich will stattdessen an seinem Beispiel die Logik wissenschaftlicher Karrieren illustrieren, die ich in den Abschnitten zuvor auf allgemeiner Ebene darzustellen versucht habe.

Als ich 1999 (mit Rudi Wimmer und Knut Lange) als einer der Gründungsprofessoren des WIFU berufen wurde, habe ich zur Vorbereitung auf meine Arbeit dort eine kleine Tagung zum Thema »Die Familie des Familienunternehmens« organisiert, zu der ich renommierte Familientherapeuten eingeladen habe, um mit ihnen Erfahrungen zum Thema Familienunternehmen auszutauschen. Auch Arist von Schlippe war einer der Eingeladenen. Aber er kam nicht. Und er begründete seine Absage, wenn ich das richtig in Erinnerung habe, damit, dass er zum Thema nichts Wesentliches beizutragen habe. Er war sich – so mein Schluss damals – wahrscheinlich genauso wenig wie ich selbst und die meisten anderen Teilnehmer an der Konferenz bewusst, wie viele Unternehmerfamilien er in seiner klinischen Praxis schon gesehen hatte und wie viel er eigentlich schon wusste oder hätte wissen können.

Ein Ergebnis dieser Tagung war, nicht nur unter den teilnehmenden Familientherapeuten, ein anderer Blick auf Unternehmerfamilien. Wie ich vermute, war dies auch bei Arist der Fall, obwohl er nicht an der Tagung teilgenommen hat. Ein paar Jahre später, als Rudi Wimmer und ich unsere Arbeit am Aufbau des Instituts beenden bzw. auf eine andere Basis stellen wollten, forderte ich Arist auf, sich als unser Nachfolger zu bewerben. Jetzt war er nicht mehr so bescheiden, sich die Kompetenz dafür abzusprechen. Dass dies auch eine falsche Bescheidenheit gewesen wäre, zeigt seine Arbeit am Institut (von Schlippe, Nischak u. El Hachimi, 2008; von Schlippe, 2014; von Schlippe et al., 2017).

Aber, das muss noch einmal betont werden: Er war mutig genug, sich in ein bis dahin wenig kartiertes wissenschaftliches Feld zu begeben und die Sicherheit spendenden Grenzen seiner damals in erster Linie familientherapeutischen Kompetenz zu überschreiten. Es hat sich für die neue akademische Disziplin der Familienunternehmensforschung, aber auch – wie ich hoffe und vermute – für ihn gelohnt.

Andreas Steinhübel

Coaching in Übergangssituationen – Wie gelingt eine ganzheitliche Klärung zwischen Nachfolgern und Patriarchen?

Eigentlich gibt es gar kein Coaching

»Könnten wir uns mal zum Austausch treffen? Am besten zum Abendessen außerhalb und ganz frei.« So oder so ähnlich beginnen viele Coaching-Anfragen in Übergangssituationen in Familienunternehmen. Explizite Coaching-Anfragen gibt es selten. Das passende Timing und das richtige Wording sind zwei wesentliche Erfolgsfaktoren, insbesondere in der frühen Anbahnungsphase. Denn noch deutlicher als in anderen Coaching-Situationen bedarf die Gestaltung von Übergängen einer unausgesprochenen Verabredung: Es geht in Ihrem Tempo. Wir forcieren nichts. Es geht alles seinen Gang. Schritt für Schritt. Eine Gangart zu schnell, eine Intervention zu direktiv, das kann das delikate Mobile der Vertrauensjustierung von allen Parteien ins Wanken bringen.

Funktionen des Übergangscoachings

Coaching definiere ich folgendermaßen: »Ein Vier-Augen-Sparring für Menschen in Verantwortung, mit dem Ziel der Selbstreflexion. Problemlösungskompetenzen werden dabei gezielt gefördert und Handlungsoptionen erweitert. Dabei kann ein dosierter Anteil von Expertenberatung zusätzliche Impulse als Anregungen generieren. Das Hauptaugenmerk liegt auf der Gestaltung eines für den Klienten/die Klientin annehmbaren und nützlichen Reflexionsprozesses mittels Prozessbegleitung.«

Die Hauptfunktion des Übergangscoachings in der Klärung der Nachfolge in Familienunternehmen lässt sich dementsprechend beschreiben als »innere Klärung« des Wollens, des Könnens und des Bewusstmachens des Dürfens, um auf dieser Basis eine ganzheitliche Entscheidung für eine zukünftige Rolle im Unternehmen oder eben auch außerhalb des Kontextes Familienunternehmen zu finden. Dabei werden sowohl innere Klärungsprozesse bei der Nachfolgerin/dem Nachfolger gezielt angestoßen und unterstützt als auch eine Klarheit auf der abgebenden Seite (»Patriarch« oder »Patriarchin«) herbeigeführt.

Klärung des Wollens

Kinder aus Familienunternehmen haben schon frühzeitig gelernt, was es bedeutet, sich für andere zu opfern. Oftmals liegen gelernte Muster von Vater und Mutter vor. »Wir tragen eine große Verantwortung.« »Was wir wollen, ist weniger wichtig, Hauptsache, der Firma geht es gut.« »Was sollen die Leute denken?« Dies sind nur einige Originalzitate, mit denen nachfolgende Generationen groß werden. Hier im Coaching sind sie mit all ihren Interessen, Träumen, Vorstellungen und Wünschen wesentlich! Das ist oftmals die Erlaubnis zum freien Denken, gerade über den definierten Tellerrand des Unternehmens hinaus. Auch das Wollen der Inhaberfamilie zu beleuchten, halte ich für wesentlich. »Was genau wollen Sie nicht mehr?« »Was erhoffen Sie sich am meisten, wenn eine Übergabe funktioniert?« »Woran hängen Sie auch noch?« Vielen Inhabern/Inhaberinnen ist zunächst die Wahrung des Unternehmens als Familienunternehmen an und für sich bedeutsam. Das wird oftmals sogar als Conditio sine qua non formuliert.

Ich kann sehr gut nachvollziehen, wie wichtig ihnen diese Tradition ist. Um alle Optionen zumindest anzuschauen, rege ich aber an, hier auch Alternativen, zumindest als Gedankenspiele, zuzulassen. Wie oft habe ich dann jedoch erleben müssen, dass dies nicht möglich ist. Dennoch halte ich es für einen gelungenen Prozess für wesentlich, nicht zu schnell den gedanklichen Konstruktionen des zu beratenden Systems zu folgen. »Bleib flexibel um die Hüfte« ist mein eigener innerer Leitsatz.

Klärung des Könnens

Wie bereits beschrieben, ist die Übernahme von unternehmerischer Verantwortung mit verschiedenen Anforderungen versehen. Kompetenz zu klären und nötigenfalls zu erwerben, ist hier wesentlich. Im Spannungsfeld zwischen Ermutigen und Großmachen auf der einen Seite und Verdeutlichen und Ernüchtern auf der anderen Seite, liegt die Kunstfertigkeit des Coachs. Denn wir sind drei »Mandaten« verpflichtet: dem Klienten/der Klientin, der oder die uns gegenübersitzt, dem Inhaber/der Inhaberin, der oder die zumindest gedanklich immer mit am Tisch sitzt, und letztlich der Zukunft des Unternehmens, das auch immer mit im Raum ist.

Insbesondere bei der Klärung von Befähigung und Kompetenz rate ich zu Klarheit und Deutlichkeit. Denn wir wissen alle, dass Sohn oder Tochter zu sein, keine zwangsläufige Begabung für Management mit sich bringt. Natürlich gibt es eine Prägung, die in der Familie meist sehr früh angelegt wird, es gibt die Chance, die besten Weiterbildungen zu nutzen und oftmals erlebe ich auch, dass Talent zu einem Teil doch vererbbar sein dürfte. Aber eben nicht konsistent und nicht zukunftssichernd. Deshalb provoziere ich bewusst früh mit der Frage: »Angenommen, Ihr Sohn/Ihre Tochter wäre mit diesen Fähigkeiten und dieser Haltung ein Fremdmanager. Würden Sie diese Person einstellen? Würden Sie dieser Person die Zukunft Ihres Unternehmens anvertrauen?« Unsere Aufgabe als Coaches sehe ich in einer gezielten und vor allem ganzheitlichen Klärung. Dazu gehört eben auch, neben vielen unterstützenden Interventionen den Finger in mögliche Wunden zu legen.

Klärung des Sollens

Für sich anschauen zu dürfen, woher manche Restriktionen kommen und worin gerade diese Erwartungen der eigenen Generation und auch der Generationen davor bestehen, erleben Klienten und Klientinnen als befreiend. »Jetzt, wo ich es vor mir sehe, ist die Stimme aus meinem Kopf. Mit dem Gedanken kann ich jetzt arbeiten.« In der Zusammenarbeit erlebe ich die Klärung von wechselseitigen Erwartungen als äußerst bedeutsam. Im Alltag gehen wir oft davon aus zu wissen, was von uns erwartet wird. Aufgrund dieser Annahmen justieren wir unser Handeln. In der Klärung der Erwartungen zwischen der nachfolgenden Generation auf der einen Seite und der abgebenden Generation auf der anderen Seite, erlebe ich oftmals einen wesentlichen Schlüssel zur erfolgreichen Unternehmensnachfolge. Als Leitfrage zur Meta-Orientierung rege ich an: »Was will wer genau von wem, warum und mit welcher Absicht, wann und mit welchen Auswirkungen? Und was will wer von wem genau auch nicht?« Anhand dieser modellhaften Fragestellung lassen sich hochwirksam Klärungsdialoge moderieren.

Triple-A-Modell zur Auftragsklärung

Ähnlich wie zuvor beim Sollen, müssen wir im Miteinander herausfinden und justieren, was genau gewollt ist. Dazu nutze ich folgendes Schema, bei dem Arist von Schlippe mich sehr inspiriert hat. »Lass dir nichts in die Taschen stecken, was dort nicht hingehört, aber berücksichtige auch die Kraft gerade von unausgesprochenen Aufträgen«, gab er mir am Rande eines gemeinsamen Coaching-Seminars in Witten mit auf den Weg.

Im Coaching gilt es zu präzisieren, was wen zum Gespräch zusammenführt und was wer genau von wem möchte. Um diese Präzisierung zu strukturieren, orientieren wir uns am Triple-A-Modell (von Schlippe u. Schweitzer, 2016).

A 1 Anliegen

Was genau wollen Sie selbst bei dieser Fragestellung erreichen?
Was ist die Vorstellung Ihres Vaters oder Ihrer Mutter?
Was genau wollen Sie erreichen?

A 2 Anfrage

Was wollen Sie von mir genau?
Welche Rolle spiele ich aus Ihrer Sicht dabei?
Wann sind Sie vom Coaching enttäuscht?

A 3 Abmachung

Selbstklärung als Coach: Wo kann ich mitgehen? Wo steige ich aus?
Lassen Sie uns folgende Vereinbarungen treffen und diese schriftlich festhalten: ...

Drei Praxisfälle

Auf die Anfragen möchte ich hier näher eingehen. In meiner Praxis begegnen mir drei typische Konstellationen. Es lassen sich drei Anfragearten unterscheiden:
1. Der/die aktuelle Unternehmensinhaber/-in fragt für die Nachfolgegeneration an.
2. Der/die aktuelle Unternehmensinhaber/-in fragt für sich selbst an.
3. Die Nachfolgegeneration fragt um Unterstützung an.

Zu 1.:

Dietrich Klar (alle Namen sind geändert und Fallkonstellationen wurden anonymisiert) blickt nicht ohne Stolz auf das mittelständische Produktionsunternehmen. Er selbst hat es von seinem Vater übernommen und es mit Hilfe sehr guter Entscheidungen, seiner Frau an seiner Seite (seine Sicht) und einem starken Managementteam zu einem international erfolgreichen Unternehmen weiterentwickelt. Mit seinen mittlerweile 68 Jahren möchte er »nun doch langsam etwas kürzertreten« und der Nachfolgegeneration die Möglichkeit einräumen, das Unternehmen weiterzuführen. Er hat drei Kinder, zwei »Jungs« und ein »Mädel«, wie er selbst sagt, im Alter von 27, 24 und 23 Jahren. Seine Frau ist offiziell für Öffentlichkeitsarbeit zuständig und zusätzlich in alle Belange eingebunden: »Ohne ihre Sicht geht hier mal gar nichts.« Er wolle nichts forcieren, aber so langsam wäre ihm schon lieb, dass etwas mehr Klarheit für den Übergang besteht.

In solchen Konstellationen taste ich mich ganz vorsichtig heran. Zunächst führe ich ein Klärungsgespräch mit Herrn Klar. Was genau will er? Noch viel wichtiger, was genau will er von mir? Meine innere Markierung ist die Frage, wie ergebnisoffen ich einen Coachingprozess gestalten kann (Rauen, 2005). Herr Klar beschreibt seinen Wunsch: »Mir geht es darum, dass vor allem mein ältester Sohn wirklich eine bewusste Entscheidung für sich treffen kann. Natürlich möchte ich gern, dass er das Familienunternehmen weiterführt. Wenn ich mit ihm selbst darüber spreche, endet es meistens im Streit oder ich merke ihm an, dass er sich klein macht. Beides möchte ich nicht. Kurzum, es wäre großartig, wenn Sie ihm dabei helfen, seinen Weg zu gehen.« Das reicht mir fürs erste als Spielraum. Mit dieser Sichtweise bitte ich den Vater um ein Auftaktgespräch mit seinem Sohn. Es hat sich sehr bewährt, möglichst einmal ein Rahmengespräch zu führen. Im Anschluss spreche ich alleine mit dem Sohn, der sich bewusst für oder gegen ein Gespräch mit mir entscheiden kann. Er entscheidet sich dafür. Der Klärungsprozess selbst dauert insgesamt ein Jahr und umfasst acht Termine à zwei bis drei Stunden. Methodisch zusammengefasst arbeiten wir im ersten Teil des Prozesses vor allem an inneren Überzeugungen und den Botschaften aus der Familie. Im zweiten Teil betrachten wir dann die Anforderungen, die eine mögliche Übernahme der unternehmerischen Verantwortung mit sich bringt. Im dritten Teil werden dann Entscheidungsoptionen beleuchtet. Mit Hilfe des Entscheidungsstuhls trifft der Sohn dann die Entscheidung, seinen Weg im Betrieb zu gehen. Hier nutzen wir die Kraft der Fokussierung und der zwei Pole. Die Methode sei hier kurz beschrieben:

Stellen Sie zwei Stühle nebeneinander und laden Sie diese jeweils mit einer Entscheidung auf.

Stuhl A: Ich übernehme Verantwortung im Familienunternehmen.

Stuhl B: Ich gehe raus.

Nun liegt die Kraft darin, sich auf einen Stuhl zu setzen und jeweils ein Argument für diese Position laut auszusprechen. Dann folgt der Wechsel auf den zweiten Stuhl. Dann ein erneuter Wechsel. Wenn dann auf einem Stuhl kein Argument mehr kommt, sagen Sie »Hüzeldüzel«. Und erneut Wechsel.

Am Ende lade ich den »Junior« ein, sich in aller Ruhe für diesen Moment einen passenden Stuhl auszusuchen. »Wie fühlt es sich jetzt für Sie an, diese Position zu haben? Was für neue Aspekte scheinen wichtig? Was gilt es im Nachgang zu klären?«

Zu 2.:

Vor mir sitzt der Unternehmer Klaus Steinke (59 Jahre), der für sich eine Unterstützung anfordert. Dieser beschriebene Fall ist in Familienunternehmen eher selten. Meist fragt jemand für jemanden, da jemand für jemanden die Überzeugung hat, dass etwas für diesen jemand nützlich wäre.

Herr Steinke kommt im Erstgespräch direkt zum Punkt: »Ich habe schon so viel erreicht und nun ist es einfach dran, dass ich besser loslassen lerne.« Dabei ballt er mit aller Kraft seine rechte Hand zur Faust. Aber im Unternehmen könne er keinem so recht vertrauen. Ich entscheide mich für eine Kurzzeitintervention, um zu prüfen, wie schnell wir an den Kern herankommen können: »Was sagt denn Ihre Faust dazu?« Zunächst ernte ich einen verdutzten Blick und dann ein Lächeln, denn Herr Steinke hat selbst gar nicht bemerkt, wie stark sein Wunsch nach »Loslassen« etwas mit »Aufmachen« zu tun hat. Um dieses Öffnen zu ermöglichen, kann die offene Hand ein erster somatischer Marker sein (Perls, 2019). »Was wäre denn, wenn Sie Ihre Hand etwas öffnen?« »Was würde dies bei anderen im Unternehmen auslösen?« »Welches Risiko sind Sie schon jetzt bereit einzugehen?« »Welche Themen müssten geklärt werden, damit Sie in aller Ruhe etwas mehr loslassen könnten?« »Wie schaffen Sie es, lange festzuhalten?« »Was würde passieren, wenn Sie noch lange die Zügel in den Händen hielten?« »Auf was freuen Sie sich, wenn Sie es geschafft haben, mehr loszulassen?«

Ein Teil dieses Coachings kann auch die Bewusstmachung von notwendigen Kompetenzen sein. Nicht allen Unternehmensnachfolgenden ist transparent, auf was sie sich wirklich einlassen. Es geht um Management-Skills, die oftmals implizit von der Familie attestiert werden (Hossiep u. Oliver, 2015). Ich konfrontiere hier gern frühzeitig mit dem Statement: »Tochter oder Sohn zu sein ist erst einmal keine Kompetenz, sondern bestenfalls eine Chance.« Oftmals kommt dann die Frage, welche Kompetenzen denn notwendig seien. Zu diesem Zweck habe ich ein Kompetenzprofil mit acht Dimensionen entwickelt, welches die Selbstreflexion strukturiert.

Im Coaching lade ich den Klienten/die Klientin dazu ein, sich selbst mittels dieses Instruments einzuschätzen. Es hat sich überdies bewährt, auch eine Fremdsicht mit zu integrieren. Allein durch diese Spiegelung gelingt oftmals eine intensive Klärung von Stärken und Kompetenzen auf der einen Seite, aber eben auch von blinden Flecken und Entwicklungspfaden auf der anderen Seite.

Kompetenzprofil (Auszug)

		1	2	3	4	5	6
	1 = trifft gar nicht zu 2 = trifft überwiegend nicht zu 3 = trifft eher nicht zu 4 = trifft eher zu 5 = trifft überwiegend zu 6 = trifft voll zu						
Beziehungen gestalten	Ich zeige aufrichtiges Interesse für andere.						
	Ich fördere einen vertrauensvollen Umgang mit anderen Menschen.						
	Ich spreche Konflikte direkt und bestimmt an.						
Veränderungen gestalten	Ich reagiere flexibel auf Veränderungen.						
	Ich gestalte Veränderungsprozesse aktiv.						
	Ich löse mich von alten Denkstrukturen, um neue Lösungen zu kreieren.						

Abbildung 1: Kompetenzprofil nach Steinhübel (unveröffentlichte Methode)

Zu 3.:

Maria Born, 38 Jahre, lässt von ihrer Assistenz einen Termin anfragen. Titel: »Klärung der Unternehmensnachfolge«. Ich finde es schon immer bedeutungsvoll, wahrzunehmen, wie der erste Kontakt gestaltet wird. Ich lasse meine Assistenz antworten und einen Termin zum Vorgespräch verabreden. Frau Born ist sichtlich aufgeregt, sie hat rote Flecken im Gesicht und es fällt ihr äußerst schwer, ihre Themen zu beschreiben. Mein erster Eindruck ist, dass sie eine schwere Last trägt.

Sie wolle für sich herausfinden, ob sie im Familienunternehmen verbleibt. Ihr Bruder habe es richtig gemacht und sich sehr früh abgesetzt. Er sei Künstler geworden und damit aus dem Rennen. Eigentlich hatten ihre Eltern immer ihn für die Nachfolge vorgesehen. Ihre Mutter sei kürzlich verstorben und ihr Vater habe nun schon den zweiten Herzinfarkt erlitten. Er sei zwar ein »starker Stier«, aber sie mache sich Sorgen. Sie fühle sich verpflichtet und sei gefangen in den Überzeugungen ihrer selbst.

Wir einigen uns dann auf einen Prozess, in dem wir die Hälfte der Zeit remote mit Video-Coachings arbeiten und die andere Hälfte der Zeit mit Gedankengängen. Als Basis erforschen wir intensiv die inneren Glaubenssätze. Als Kernursache von

Klientenproblemen werden nach Albert Ellis (Ellis u. MacLaren, 2014) absolute Forderungen an sich selbst, an andere und an die Welt im Allgemeinen gesehen. Diesen absoluten Forderungen entspringen dann irrationale Bewertungen. In der Praxis spielt dabei das sogenannte »musturbatorische Denken« (»Das muss ich schaffen!« oder »Ich muss immer der Beste sein!«) eine wichtige Rolle.

Maria Born kann einen guten Zugang über das schreibende Sortieren, wie ich es nenne, finden. Sie hat in dem 90-minütigen Video-Coaching den Ansatz kennengelernt und wir haben erstes liebevolles detektivisches Forschen begonnen. Sie hat dann mögliche innere Sätze aufgeschrieben, um auf dieser Basis nach und nach die drei zentralen inneren Sätze zu erwischen. Dabei ist mir wichtig zu betonen, dass Glaubenssätze einen starken Betriebsrat haben, sie sind nicht kündbar. Je mehr wir versuchen, sie loszuwerden, umso stärker werden sie. Sie sind wie lästige Verwandte. Wenn sie zu Besuch kommen, klingeln und wir nicht aufmachen, wissen sie, wo der Ersatzschlüssel versteckt ist und nisten sich dann erst recht ein. Daher ist eine liebevolle Annahme wesentlich, um die Leitsätze zu kennen und bestenfalls neue als Partner daneben zulassen zu können.

»Ich habe eine alte Schuld an meine Mutter abzuzahlen. Ich muss immer besser sein als mein Vater; nur so bekomme ich wirklich Aufmerksamkeit. Ich darf nicht auffallen, denn wenn ich zu ›divenhaft‹ bin, schämen sich meine Großeltern.« Mit diesem Gepäck wissen wir um den Hauptpfad der Interventionen. Flexibilisiere die inneren Grenzen, um zu mehr Freiheit und echtem Selbstbezug zu kommen!

Nachdem Maria Born deutlich spürbar an ihrem Selbstbewusstsein arbeitet, hat sie die innere Klarheit: »Ich will Unternehmerin sein!« Dies äußert sie mit strahlenden Augen und großer Überzeugungskraft. Was hindere sie denn noch? Sie beschreibt, wie stark ihr Vater sei, und dass sie niemals neben ihm leiten könne. Sie brauche wirklich ihren Platz. Ich schlage daher ein Gespräch zusammen mit ihrem Vater vor. Er stimmt sofort zu. Einige Zeit moderiere ich Gespräche, die sehr sachliche Themen, wie Unternehmensstruktur und Organisation, betreffen. Die emotionale Ebene bleibt eher unberührt. Bis zu einer Sitzung, in der ihr Vater wieder mal viele Themen dominiert und mit ausladenden Gesten verdeutlicht, dass er der Platzhirsch ist. Frau Born platzt die Hutschnur und sie schreit in meiner Anwesenheit ihren Vater förmlich an: »Mit dir halte ich es nicht aus. Ich muss das alleine machen! Geh endlich!« Ich selbst stelle mich schon auf die nächste Konfliktstufe ein und werde wieder mal vom System überrascht. Der Vater wird ganz weich, nimmt seine Tochter in den Arm und sagt: »Darauf habe ich schon lange gewartet. Jetzt weiß ich, dass du alle Stärke in dir trägst.«

Mir hat Arist von Schlippe in zahlreichen Gesprächen und in vielen Seminaren, die wir gemeinsam durchgeführt haben, vor allem seine humorvollen Impulse mit auf den Weg gegeben. Stets respektvoll, geistreich und weiterdenkend. Damit ist er neben seiner Expertise für mich »die menschlichste Intervention in itself«. Ihm gelingt es immer wieder, stets den einzelnen Menschen im Blick zu halten und darüber hinaus seine Eingebundenheiten in den Kontext. Er liebt gutes Essen und seine Frau Rita. Ich durfte ihn als ausgezeichneten Gastgeber erleben. Damit würde ich Arist von Schlippe als den Chef de Cuisine für leckere systemische Speisen bezeichnen wollen.

Rudolf Wimmer

Über das Familienunternehmens als eigenständige Unternehmensform

Ausgangsüberlegungen

Die Forschungslage zu den Besonderheiten von familiengeführten Unternehmen lässt heute keinen Zweifel daran, dass es sich bei diesen Unternehmen um einen ganz eigenständigen Typus von Wirtschaftsorganisationen handelt (Hack, 2009; Melin, Nordquist u. Sharma, 2014). Diese Form hat sich in einer großen Vielfalt an Erscheinungsformen auf dem Weg in die Moderne in den zurückliegenden 250 Jahren als eigene Spielart kapitalistischen Wirtschaftens gefestigt und bis heute behauptet (Berghoff, 2004, 2016; James, 2006). Über Jahrzehnte dominierte in den Wirtschaftswissenschaften allerdings die Vorstellung, Familienunternehmen fungierten als »unvollkommene Vorstufe auf dem Weg zur managergeführten Publikumsgesellschaft« (Chandler, 1977, 1990). Nach wie vor gehen die führenden Lebenszyklusmodelle davon aus, dass jene Familienunternehmen, die den Generationswechsel von der Pionierphase in spätere Generationen schaffen, sich im Laufe der Zeit in allen relevanten Unternehmensdimensionen an managergeführte Nicht-Familienunternehmen angleichen (exemplarisch in diesem Sinne Klein, 2010). Die letztlich unvermeidliche Trennung von Eigentum und Unternehmensführung zeichnet diesen Weg der Angleichung vor.

Im Unterschied zu dieser Grundüberzeugung versucht dieser Beitrag zu zeigen, dass erfolgreich geführte Familienunternehmen gerade auch in ihrer Langlebigkeit ganz bestimmte Merkmale ihrer spezifischen Eigenart aufrechterhalten und genau dadurch einen herausragenden Beitrag zur allgemeinen Wohlstandsentwicklung ihrer jeweiligen Gesellschaft leisten. Volkswirtschaften, in denen familiengeführte Unternehmen einen nennenswerten Anteil an der gesamten wirtschaftlichen Wertschöpfung erbringen, wie dies im deutschsprachigen Raum der Fall ist (vgl. die Studie der Stiftung Familienunternehmen, 2019), entwickeln einen besseren Umgang mit den üblichen krisenhaften Schwankungen der wirtschaftlichen Entwicklung, sie sorgen für die Aufrechterhaltung eines breitgefächerten Beschäftigungs- und Wohlstandsniveaus in ihren Regionen und sind damit gesamtgesellschaftlich gesehen resilienter. Wie lässt sich diese Behauptung begründen? Diesem Anliegen dienen die nun folgenden Überlegungen.

Was kennzeichnet die Logik des Wirtschaftens von Familienunternehmen?

Um auf diese Frage eine tragfähige Antwort zu finden, braucht es einen kurzen Blick auf den einschneidenden Strukturwandel, der sich auf einer globalen Ebene im Verhältnis der Realwirtschaft zum Finanzsektor in den zurückliegenden Jahrzehnten vollzogen hat. Die Volkswirtschaften der entwickelten Welt haben in der Zeit nach dem Zweiten Weltkrieg bis in die 1970er Jahre hinein eine außergewöhnliche Wachstumsentwicklung erlebt. Mit ein Kennzeichen dieser Entwicklung war der Umstand – unterstützt durch kluge wirtschaftspolitische Rahmenbedingungen –, dass die unternehmerischen Gewinnchancen für realwirtschaftliche Investitionen durchgängig höher waren als solche in den Finanzsektor. Dieser stellte seine Finanzdienstleistungen primär in den Dienst der realwirtschaftlichen Wachstumsentwicklung (Schulmeister, 1998).

Diese fruchtbare Koevolution der beiden miteinander verflochtenen Wirtschaftssektoren begann sich seit den 1970er Jahren schrittweise aufzulösen. Unterstützt durch weitreichende Deregulierungsmaßnahmen konnten die einzelnen Bereiche der Finanzwirtschaft rasch eine erstaunliche Eigendynamik entfalten, ihre wirtschaftlichen Aktivitäten auf einer globalen Ebene intensiv vernetzen und sie damit der staatlichen Einflussnahme entziehen. In der Zwischenzeit hat das geschäftliche Volumen im Finanzsektor ein Vielfaches von dem der Realwirtschaft angenommen. Täglich werden unvorstellbare Summen auf den einzelnen Finanzmärkten gehandelt, die in ihren Gewinnerwartungen auf Schwankungsdifferenzen setzen, die ausschließlich in der schwer kalkulierbaren Eigenlogik dieser Märkte begründet sind und vielfach nicht mehr realwirtschaftliche Zusammenhänge spiegeln (James, 2018, S. 158 ff.). Täglich zirkulieren gigantische Geldvermögen in diesen global hochintegrierten Finanzsphären und suchen in ihrem Renditehunger kurzfristig nach attraktiven Veranlagungschancen (Jakobs, 2016).

In diesem Sinne prägen heute die Finanzmärkte und die dort realisierbaren Gewinnchancen die gesamtwirtschaftliche Entwicklung sehr viel stärker als dies in der unmittelbaren Nachkriegszeit der Fall war. Das Erstaunliche an dieser weitgehenden Verselbstständigung der Finanzmärkte ist der Umstand, dass sie vor allem über die Aktien- und Anleihemärkte auch große Teile von in der Realwirtschaft operierenden Unternehmen unmittelbar in den Dienst dieser spezifischen spekulativen Eigenlogik der Finanzwelt gestellt haben. Kapitalmarktorientierte Publikumsgesellschaften mit einem vorwiegend anonymen Streubesitz ihrer Anteile liefern mit ihren Aktien und Anleihen jene fungiblen Finanzprodukte, die in ihrer Wertentwicklung der spekulativen Volatilität der Kapitalmärkte folgen. Das Investment in Anteile an Unternehmen dient hier primär nicht der Finanzierung von Unternehmensherausforderungen, »sondern vor allem der Spekulation mit Finanztiteln, um kurzfristig Gewinn zu erzielen« (Sinn, 2018, S. 201).

Diese Aktionärslogik schiebt die Maximierung des Aktienkurswerts und damit den jeweiligen Marktwert des Unternehmens ins Zentrum der Unternehmensführung. Die konsequente Indienststellung und Instrumentalisierung von Unternehmen für die spekulative Dynamik der Finanzmärkte führt so regelmäßig zu sehr kurzfristig orientierten geschäftspolitischen Weichenstellungen und damit zu »ökonomischen Fehlanreizen« der verantwortlichen Akteure (Sinn, 2018, S. 201). Im Kern sorgt die Kapitalmarktlogik und die damit eng verknüpfte shareholderorientierte Unternehmensführung dafür, dass der enge Zusammenhang von Eigentum, Führung und Haftung verloren geht. Das Aufbrechen dieses Verantwortungszusammenhangs schafft vielfältige Anreize, wirtschaftliche Risiken einzugehen, deren mögliche Folgekosten nicht mehr ernsthaft geprüft werden, weil mit der Erwartung operiert werden kann, dass deren Eintreten einem selbst nicht auf die Füße fällt. So bilden sich regelmäßig Spekulationsblasen, häufig ausgehend von Immobilienmärkten und überbewerteten Aktienbeständen, die letzlich in schwere Finanzkrisen münden, wie wir dies zuletzt 2007 und 2008 auf einer globalen Basis erlebt haben (im Detail dazu Stiglitz, 2010).

Nur massive Interventionen der Staatengemeinschaft und ein koordiniertes Vorgehen der Notenbanken haben verhindert, dass es zu einem Zusammenbruch des gesamten Finanzsystems gekommen ist (vgl. dazu die eindrucksvolle Studie von Tooze, 2018). Inzwischen gehen viele Beobachter davon aus, dass die verselbstständigte Eigendynamik der Finanzmärkte und die damit verbundene Instrumentalisierung realwirtschaftlicher Zusammenhänge eine der wesentlichen Ursachen dafür ist, dass unser Wirtschaftssystem zyklisch immer wieder in schwere Krisen stürzt, in deren Folge regelmäßig riesige Summen an Vermögenswerten vernichtet werden (Schulmeister, 2018; Herrmann, 2018). Neben diesem Trend zur durchgängigen »Finanzialisierung« (James, 2018, S. 158) des wirtschaftlichen Geschehens geht zurzeit wohl die größte Gefährdung der Funktionstüchtigkeit unseres marktwirtschaftlichen Systems von den erfolgreichen Monopolbildungen in der Internetwirtschaft aus (Google, Facebook, Amazon, etc.) Die rasche Herstellung einer uneinholbaren Monopolstellung ist bekanntermaßen das logische Ziel von erfolgreichen Gründungen in dieser immer bedeutsamer werdenden Branche (»the winner takes it all«). Mit der Ausschaltung von Wettbewerb wird jedoch ein zentrales Fundament der Marktwirtschaft zum Einsturz gebracht.

Die hier geschilderte Entwicklungsdynamik unseres inzwischen in hohem Maße global integrierten Wirtschaftssystems findet in den Grundannahmen der Wirtschaftswissenschaften, speziell im Mainstream der »Management Sciences« ihre Entsprechung. In der Theoriearchitektur der »Neuen Institutionenökonomik« wurde ein Set an Prämissen entwickelt, das der heute dominanten Form und Logik des Wirtschaftens einen konzeptionellen Rahmen gegeben hat.

Im Kern gehen diese Prämissen vom »homo oeconomicus« aus. Alle Akteure versuchen im wirtschaftlichen Geschehen grundsätzlich ihren ganz persönlichen Nutzen zu optimieren. Dieses Geschehen ist stets eingebettet in ein Geflecht an formellen und informellen Institutionen (Normen, Gewohnheiten, gesetzliche Regularien etc.), die für das Wirtschaften Chancen eröffnen, aber auch spezifische Begrenzungen bereithalten (für eine gute Einführung vgl. Richter u. Furubotn, 2003, sowie den Klassiker Williamson, 1990). In der Verfolgung ihrer ökonomischen Interessen und Ziele stoßen Akteure (Individuen, Haushalte, Unternehmen, Netzwerke etc.) auf andere, die von denselben Motiven geleitet werden. Aus dieser wechselseitigen nutzenoptimierenden Instrumentalisierung erwächst eine Dynamik, die primärer Forschungsgegenstand der Wirtschaftswissenschaften ist. In der einschlägigen Literatur werden diese institutionstheoretischen Denkansätze inzwischen gern drei Richtungen zugeordnet: der Property-Rights-Theorie (Theorie der Verfügungsrechte), der Transaktionskostentheorie und der Prinzipal-Agent-Theorie.

Für unseren Argumentationszusammenhang ist letztere von entscheidender Bedeutung, weil sie zur Grundlage einer ausgesprochen wirkmächtigen Theorie des Unternehmens wurde (Jensen u. Meckling, 1976; Jensen, 2003). Unternehmen werden hier in ihrer Sinnstiftung zur kontinuierlich sprudelnden Quelle reformuliert, die ihren Anteilseignern einen konstanten Wertzuwachs ermöglicht, wobei diese Anteile als fungible Finanzprodukte in ihrer Wertentwicklung der Volatilität der Finanzmärkte folgen. Prägnant hat diesen Grundgedanken Milton Friedman, einer der Vordenker des Neoliberalismus, auf den Punkt gebracht: »The social responsibility of business is to increase its profits« (Friedman zit. nach Feld, 2018, S. 46). Die gesellschaftliche Aufgabe von Unternehmen besteht im Kern darin, ihren Gewinn zu optimieren. In dieser »Pflicht« wird ihr Sinn und Zweck gesehen.

Der Shareholder-Value-Ansatz hat nun diese makroökonomischen Überlegungen in ein stringentes Konzept der Unternehmensführung gegossen (vgl. exemplarisch Rappaport, 1999). Die zentrale Aufgabe des Top-Managements besteht demnach darin, in erster Linie den Renditeerwartungen der Anteilseigner gerecht zu werden.

Der Shareholder-Value-Ansatz hat die Unternehmensentwicklung damit (speziell bei börsenorientierten Publikumsgesellschaften) konsequent in den Dienst der spekulativen Eigenlogik der Finanzmärkte gestellt, ein Umstand, dem sich das Top-Management dieser Unternehmen in der Praxis nur sehr schwer entziehen kann.

Unterstellt wird dabei, dass der Börsenwert den fundamentalen Unternehmenswert spiegelt, was in der Praxis selten der Fall ist. Übertreibungen nach oben wie nach unten sind eigentlich der Normalfall. Untermauert wird diese stringente Verknüpfung der Unternehmensführung mit der Logik des Kapitalmarktes außerdem durch die Annahme, dass nur vollkommen freigelassene deregulierte Finanzmärkte zu einer auch volkswirtschaftlich optimierten Ressourcenallokation führen (nach dem Prinzip »der Markt hat immer recht«).

Die real praktizierte Verfolgung des Shareholder-Value ist inzwischen in der Öffentlichkeit sehr in Verruf geraten. Unter den Protagonisten des Konzepts in der deutschen Wirtschaft ist es deutlich stiller geworden. Haldane und Davies (2011) belegen, dass die Kurse eben nicht von den künftigen, langfristig erzielbaren Cashflows bestimmt werden, sondern von den kurzfristigen Gewinnerwartungen und dem Ergebnis der Wette darauf, ob die quartalsweise in Aussicht gestellten Ziele eingehalten werden. Die mit dieser Orientierung einhergehende opportunistische Investitionsneigung schwächt die künftige Wettbewerbsfähigkeit von Unternehmen und senkt damit ganz deutlich ihr Potenzial, angemessen zu wachsen (Martin, 2011). Rappaport und Bogle (2011) versuchen inzwischen ihren Führungsansatz zu retten und ihm eine Langfristorientierung einzuhauchen: »Saving Capitalism From Short-Termism: How to Build Long-Term Value and Take Back Our Financial Future«. Die Shareholder-Value-Orientierung hat paradoxerweise auf längere Sicht nicht nur die wirtschaftliche Leistungsfähigkeit von Unternehmen beeinträchtigt. Ihre konsequente Umsetzung hat unternehmensintern außerdem eine Kultur befördert, die durch entsprechende Bonifikationen vor allem bei den Führungsverantwortlichen die Verfolgung persönlicher Interessen ins Zentrum gerückt hat und damit die Sorge um und die Verantwortung für das größere Ganze verkümmern lässt. Mit der Festigung einer solchen Kultur wird die Führbarkeit des Unternehmens auf Sicht in seiner Gesamtheit schwer geschädigt (Wimmer, 2002). Inzwischen werden die kontraproduktiven Implikationen dieses Führungsansatzes auch in der Praxis realisiert. Beim »Business Roundtable«, einem seit 1978 existierenden überaus einflussreichen Dachverband führender US-Unternehmen, wurden im August 2019 neue Grundsätze der Unternehmensführung verabschiedet. Explizit haben sich die CEOs bei dieser Gelegenheit vom Shareholder-Value-Ansatz distanziert. Stattdessen soll der Fokus auf Investitionen in die Belegschaft, auf Umweltschutz und einen fairen sowie ethisch begründeten Umgang mit Kunden und Zulieferern gelegt werden (Business Roundtable, 2019).

Auch wenn es um den Shareholder-Value-Ansatz in der Praxis inzwischen ruhiger geworden ist, so ist die Dominanz der Prinzipal-Agent-Theorie und das damit verbundene instrumentelle Verständnis von Unternehmen in den »Management Sciences« nach wie vor ungebrochen. Diese paradigmatische Dominanz ist erstaunlicherweise auch im Mainstream der Familienunternehmensforschung beobachtbar (Hack, 2009, S. 5 ff.). Inzwischen mehren sich aber die Stimmen, die einen eigenständigen Theoriezugang fordern, um den Wesenskern von familiengeführten Unternehmen gerade im Unterschied zu kapitalmarktorientierten Publikumsgesellschaften beschreibbar zu machen (Sharma, Melin u. Nordqvist, 2014, S. 14; Frank et al., 2010; von Schlippe, 2013). Dieser Text will zu diesem in Gang gekommenen Prozess einer familienunternehmensspezifischen Theoriebildung einen Beitrag leisten, indem die besondere Art des Wirtschaftens dieses Unternehmenstypus und dessen realwirtschaftliche Bedeutung betont wird.

Die Eigentümlichkeiten dieser spezifischen Spielart des Kapitalismus (James, 2006) hängen im Kern damit zusammen, dass es sich bei den Kapitaleignern eines Unternehmens um eine Familie handelt. Mit dem Unternehmen auf der einen Seite und der Eignerfamilie auf der anderen Seite sind zwei komplett unterschiedliche Welten in einer generationsübergreifenden Langzeitperspektive existenziell auf das Engste miteinander verbunden. Diese Kopplung stimuliert eine lange Zeiträume im Blick habende Koevolution, in der sich beide Seiten in ihrer eigenen Identität wechselseitig hervorbringen und stabilisieren. Dem unternehmerisch eingesetzten und wirksam werdenden Kapital kommt in diesem Prozess eine ganz zentrale Bedeutung zu. Denn das Vermögen der Familie ist im Unternehmen als nichtfungibles Kapital gebunden. Es steht der Familie für ihre familialen Reproduktionsbedürfnisse nicht zur Verfügung. Die erwirtschafteten Erträge werden zum überwiegenden Teil in die erfolgreiche Weiterentwicklung des Unternehmens reinvestiert. Die Erhaltung seiner Zukunftsfähigkeit ist das oberste Ziel. Diese Selbstzweckhaftigkeit von Unternehmen und Unternehmerfamilie sorgt für die erstaunliche Resilienz und Langlebigkeit, die diesem Unternehmertyp gern attestiert wird. Bereits J. M. Keynes hatte zur Stabilisierung der Wirtschaft vorgeschlagen, die Börsen abzuschaffen und die Anteilseigener längerfristig an ihre Unternehmen zu binden, um diese der Spekulationsdynamik des Finanzsektors zu entziehen (Herrmann, 2018, S. 196 ff.). Familiengeführte Unternehmen entsprechen ihrem Wesen nach genau diesem Grundgedanken selbst dann, wenn sie an der Börse notiert sind (vgl. dazu die aktuelle Studie der Credit Suisse, von Klerk, Kersley u. O'Sullivan, 2018). Diese Form des Wirtschaftens fußt auf einem klar nachvollziehbaren Zusammenhang zwischen dem Eigentum am Unternehmen, der unternehmerischen Verantwortung in der Führung desselben inklusive der damit verbundenen Entscheidungs- und Kontrollrechte und der Haftung für die eingegangenen Risiken. In aller Regel treffen wir diesen intakten Zusammenhang bei familiengeführten Unternehmen an.

Im Zentrum der Eigentümerverantwortung steht dabei unabdingbar die »unternehmerische« Perspektive, aus der heraus die Unternehmerfamilie entweder das Unternehmen selbst führt und kontinuierlich weiterentwickelt oder aus der heraus sie für ein qualifiziertes Fremdmanagement sorgt und dieses aus der Gesellschafterrolle heraus achtsam begleitet. »Unternehmerisch« bedeutet in diesem Kontext das ständige Abtasten der relevanten Umwelten nach chancenreichen Gelegenheiten für ein zukunftsträchtiges Positionieren des Unternehmens unter Beachtung und sorgfältiger Einkalkulation der eigenen Ressourcen und sonstiger Begrenzungen. Unternehmerisch agieren impliziert also einen kreativen geschäftspolitischen Gestaltungsanspruch mit Blick auf interessante Marktlücken, stets eingebettet in die Notwendigkeit, einen verantwortbaren Umgang mit der prinzipiell unvermeidbaren Ungewissheit künftiger Entwicklungen und der damit einhergehenden Risiken zu finden. Diese unternehmerische Gestaltungsdimension und das damit verbundene Urteilsvermögen sind für familiengeführte Unternehmen unverzichtbar. Sie sind die Grundlage dafür, dass Unternehmerfamilien so viel Wert auf ihre unternehmerische Unabhängigkeit legen. Sie wollen »Herr im eigenen Haus« sein und bleiben und den Kontrollanspruch über das unternehmerische Vermögen nicht mit familienfremden Anteilseignern teilen, was in der Praxis natürlich nicht immer vermeidbar ist. Dem hohen Stellenwert dieser Art von Unabhängigkeit verdankt sich eine Reihe von wichtigen Grundmustern, die wir bei Familienunternehmen regelmäßig beobachten können. Dazu zählt insbesondere auch der Umgang mit den jede Unternehmensentwicklung üblicherweise begleitenden Finanzierungsherausforderungen.

In diesem Sinne zeigen Familienunternehmen in der Regel mit Blick auf ihre Wachstumsinvestitionen ein charakteristisches Finanzierungsverhalten. Sie präferieren Finanzierungslösungen, die ihre unternehmerische Unabhängigkeit nicht gefährden. Deshalb haben sie eine klare Präferenz für die Binnenfinanzierung, ergänzt um geeignete Fremdkapitallösungen (Berthold, 2010). Sie vermeiden den Kapitalmarkt (die Ausgabe von Aktien, die Emission von Anleihen, die dann am Kapitalmarkt gehandelt werden) und ähnliche, die eigene Souveränität begrenzende, auf fremdem Eigenkapital beruhende Lösungen. In der USA herrscht allerdings eine ganz andere, prinzipiell auf den Kapitalmarkt setzende Finanzierungskultur, die einen erheblichen Einfluss auf die Besonderheiten der US-amerikanischen Familienunternehmen besitzt (zu diesem Unterschied vgl. die aufschlussreiche Studie von Berghoff u. Köhler, 2019. Zu den aktuellen Zahlen für Deutschland vgl. Scheppe, 2018).

Aus dem unternehmerischen Unabhängigkeitsstreben erklärt sich auch ihre Tendenz, den erwirtschafteten Gewinn zum größeren Teil zu thesaurieren, also im Unternehmen zu belassen und für die Sicherstellung der Zukunftsfähigkeit des Unternehmens zu verwenden. Der Gewinn wandert also zum überwiegenden Teil in das nichtfungible Vermögen der Familie. Damit kommt ein für die Leistungsfähigkeit unserer Volkswirtschaft als Ganzes ungeheuer wichtiges Prinzip ökonomischer

Wertschöpfung zum Ausdruck. Die nicht vorhandene Fungibilität des im Unternehmen gebundenen Vermögens lenkt die Gewinnverwendung und das Investitionsverhalten auf eine längerfristig ausgerichtete Wertsteigerung des Unternehmens als solches, d. h. auf seine Zukunftsfähigkeit, seine dauerhafte Leistungsfähigkeit im Wettbewerb um zahlungsfähige Kunden, auf die ständige Erneuerung und innovative Weiterentwicklung des eigenen Produkt- und Dienstleistungsangebots, letztlich auf einen kontinuierlichen Ausbau der eigenen Ertragskraft. In diesem familienunternehmenstypischen Investitionsverhalten sehen wir die alles überragende gesamtwirtschaftliche Bedeutung leistungsfähiger mittelständischer Strukturen.

Investitionen in realwirtschaftliche Gewinnaussichten sind der Motor der wirtschaftlichen Entwicklung einer Gesellschaft. So werden Arbeitsplätze geschaffen, der Wirtschaftsstandort gestärkt, die Wettbewerbsfähigkeit einer Volkswirtschaft insgesamt erhöht. Es sind nicht die Veranlagungen in spekulative Finanzgeschäfte, die solche Entwicklungen voranbringen. Diese tendieren wie gesagt stets zur Bildung von Blasen, die in den daran anschließenden Finanzkrisen regelmäßig zu den bekannten Prozessen einer enormen Vernichtung und Umschichtung von Vermögen führen. Die so sehr an Bedeutung gewonnen habende, spekulative Veranlagungstendenz wird heute gern mit dem Begriff des Kasinokapitalismus belegt, weil inzwischen jedem klar ist, dass diese spekulativen Geschäfte an den Finanzmärkten stets auf Nullsummenspiele hinauslaufen. Volkswirtschaftlich wird damit kein Wert geschaffen.

Für Familienunternehmen stellt sich in ihrem Investitionsverhalten, bezogen auf ihr Kerngeschäft, üblicherweise die Alternative des Finanzmarkts nicht. Ihr Unternehmensvermögen, das sinnigerweise gern als »Patient Capital« bezeichnet wird (Sirmon u. Hitt, 2003), behält und steigert seinen Wert nur, wenn der erwirtschaftete Ertrag großteils realwirtschaftlich reinvestiert wird, wenn also der Prozess der unternehmerischen Wertschöpfung kontinuierlich am Laufen gehalten wird. Auf diesen Prozess sind familiengeführte Unternehmen in ihrem Kern fokussiert. Ein laufendes Beiprodukt dieses erfolgreichen unternehmensbezogenen Geschehens (d. h. der Wertsteigerung des nichtfungiblen Vermögens) ist die ökonomische wie identitätsmäßige Existenzsicherung der Unternehmerfamilie. Sie gewinnt aus dem generationsübergreifenden Erfolg des Unternehmens ihre eigentliche Existenzberechtigung.

Die außergewöhnliche Stärke der deutschen Wirtschaft fußt u. a. darauf, dass sie neben den vielen Kleinbetrieben auf einer gesunden, ausgewogenen Mischung aus mittleren und großen Familienunternehmen einerseits und kapitalmarktorientierten Publikumsgesellschaften andererseits besteht. Beide Sektoren sind außerdem in ihren Wertschöpfungsketten auf das intensivste miteinander vernetzt. Dieser Umstand wird inzwischen auch auf internationaler Ebene bewundernd registriert und anerkannt.

Die nichtökonomischen Wurzeln des wirtschaftlichen Erfolgs: Erklärungen für eine erstaunliche Paradoxie

Wir sprechen von Familienunternehmen immer dann, wenn, wie gesagt, eine Familie oder eine bereits komplexer gewordene Mehrfamilienkonstellation über ihre Eigenschaft als Eigentümerin eines Unternehmens auf dessen Entwicklung einen unternehmerisch bestimmenden Einfluss nehmen kann und diesen Einfluss mit einer generationsübergreifenden Perspektive auch tatsächlich wahrnimmt. Unternehmen und Familie sind in diesem subtilen koevolutionären Wechselspiel in der Aufrechterhaltung ihrer jeweils ganz unterschiedlichen Funktionstüchtigkeit existenziell aufeinander angewiesen. Die Familie muss das Selbstbewusstsein entwickeln, dass es auf sie ankommt, damit sich ihr Unternehmen gedeihlich entwickelt. Sie übernimmt als Familie unternehmerische Verantwortung, d. h. »Responsible Ownership«. Dieses Aufgabenfeld ist für eine Familie ausgesprochen ungewöhnlich und eine dauerhafte Herausforderung. Dafür muss sie die Fähigkeit entwickeln, in ihrer Aufmerksamkeit zwischen der Sorge um die Bewältigung der familialen Belange im engeren Sinne und der Sorge um das Gedeihen des Unternehmens ständig zu balancieren (zu diesem Spannungsfeld vgl. insbesondere von Schlippe et al., 2017; Wimmer u. Simon, 2019). Umgekehrt: Eine Familie, die sich nur als ein Gegenüber vergleichbar dem Kapitalmarkt verstünde, die aus einer bloßen Investorenhaltung heraus die gleichen Kriterien für Shareholder-Value-Steigerung anlegen würde wie dies z. B. von einschlägigen Beratungsunternehmen häufig propagiert wird, würde eben nicht genügen, um den »entscheidenden« Unterschied zu machen.

Die Forschung zu Familienunternehmen hat sich in den letzten Jahren verstärkt dem Thema gewidmet, wie denn die Kontinuität und der Zusammenhalt der Unternehmerfamilie gewahrt werden können. So hat das Wittener Institut für Familienunternehmen über die Jahre mit seinen Forschungsschwerpunkten speziell zu diesem Themenfeld herausragende Beiträge geliefert, allen voran Arist von Schlippe, Fritz B. Simon und Heiko Kleve. Dieses praxisbezogene Forschungsengagement hat sicherlich dabei geholfen, dass Unternehmerfamilien mit ihren eigenen Problemen inzwischen etwas aufgeklärter umgehen. Sie wissen, wie viel für den Zusammenhalt und die eigene Arbeitsfähigkeit als Unternehmerfamilie getan werden kann und tun dies auch.

Der Umstand, dass sich Unternehmen und Eignerfamilien in einem koevolutionären Prozess in ihrer jeweiligen Eigenart erst hervorbringen, führt im Unternehmen dazu, dass sich dort eine Reihe von nichtökonomischen (aus der Logik des Familialen stammenden) Entscheidungsprämissen ausprägen. Im Sinne der Luhmann'schen Organisationstheorie meinen wir damit kulturell fest verankerte Normen und Grundüberzeugungen, die im Unternehmensalltag das kommunikative Miteinander aller koordinieren und anleiten, ohne dass darüber die beteiligten Akteure groß nachdenken müssten (Luhmann, 2000). In diese das Unternehmensgeschehen fundierenden Prämissen sind alle ökonomischen Handlungsmuster (in welchen Entscheidungsmaterien sich diese auch immer zeigen) eingebettet. Diese Prämissen sind für alle wirtschaftlichen Aktivitäten handlungsleitend. Sie durchdringen sie und stellen damit nicht ein getrenntes Zielbündel dar, wie das etwa vom **S**ocial-**E**motional-**W**ealth-Ansatz (SEW-Ansatz) gesehen wird (Berrone, Cruz u. Gomez-Mejia, 2014). Dieses alles durchziehende Set an nichtökonomischen Entscheidungsprämissen verfestigt sich im Lebenszyklus von Familienunternehmen, es erfährt im Laufe der Zeit natürlich auch seine kontinuierliche Adaption. Bei all der in der Praxis anzutreffenden Unterschiedlichkeit dieser nichtökonomischen Fundierung unternehmerischen Handelns bleibt diese für alle Stadien im Lebenszyklus von Familienunternehmen charakteristisch. Sie geht, solange wir es mit solchen Familienunternehmen zu tun haben, nicht verloren.

Was kennzeichnet nun diese nichtökonomische Fundierung? Ein besonderer Aspekt derselben mag dies verdeutlichen: Familien fußen (im Normalfall) in der alltäglichen Reproduktion ihres familieninternen Miteinanders auf einem Geben und Nehmen, das sich nicht an der Maximierung des individuellen Nutzens orientiert. Man »investiert« in die Beziehungen zu anderen (zum Partner, zu Kindern, Geschwistern, Eltern etc.), weil man an einer guten Entwicklung der anderen und der Beziehung zu denselben interessiert ist und man weiß, dass es umgekehrt genauso passiert. Man gibt und verausgabt sich ohne unmittelbar einen »Return of Investment« zu erwarten. Über längere Zeitperspektiven hinweg kann man allerdings mit ausgewogenen »Ausgleichshandlungen« rechnen. Wir haben es also mit einer ganz charakteristischen innerfamiliären »Kontoführung« zu tun. Dieser liegen ganz spezifische Gerechtigkeitsvorstellungen zugrunde, die üblicherweise in nahen Beziehungen bestimmend sind. Daraus folgt: Familien operieren mit Blick auf die wechselseitigen Erwartungen mit längerfristigen Zeithorizonten (ungeachtet der zunehmenden Volatilität der familiären Beziehungen), die sich aus der Logik des familialen Lebenszyklus ergeben.

Diese Grundmuster des Gebens und Nehmens in Familien verleihen im alltäglichen Miteinander der Kohäsion des familialen Ganzen tendenziell einen Vorrang vor der ausschließlichen Durchsetzung individueller Nutzenerwartungen und Interessenslagen. Diese Logik familialer Reziprozität und das mit ihr verbundene Vertrauen in die besondere Kraft der Familie hat bereits das Entstehen erster, dynastisch geprägter Familienunternehmen im modernen Sinne in der Phase der beginnenden Industrialisierung geprägt (Berghoff, 2004).

In der Familienunternehmensforschung besteht inzwischen Einvernehmen darüber, dass nichtökonomische Ziele bei diesem Unternehmenstyp ganz offensichtlich eine gewichtige Rolle spielen (vgl. den bereits erwähnten SEW-Ansatz). In den einschlägigen Diskussionen bleibt allerdings vielfach unklar, in welchem Verhältnis diese zu den wirtschaftlichen Aktivitäten und den damit verbundenen Zielerwartungen stehen. Sind sie ein Hemmnis für die ökonomische Performance? Sind sie der Grund für den bei diesen Unternehmen gern diagnostizierten Professionalisierungsrückstand? Wie erklärt man sich vor diesem Hintergrund den Umstand, dass eine Vielzahl dieser Unternehmen über einen längeren Zeitraum betrachtet gerade auch wirtschaftlich besser abschneiden als ihre Vergleichsgruppen (vgl. dazu die aktuelle Studie »The CS Family 1000« von Klerk et al., 2018)? Möglicherweise ist es gerade diese nichtökonomische Fundierung und das sorgfältige Management der damit verbundenen Zielkonflikte, die auf lange Sicht gesehen die von vielen bewunderte außergewöhnliche Ertragskraft dieser Unternehmen sicherstellen. Die Einbettung des Gewinnstrebens im Unternehmen in die Logik des längerfristigen Überlebens des Familienzusammenhangs verschafft diesem seinen funktionalen und letztlich auch begrenzenden Sinn. Der Gewinn tritt in den Dienst eines nichtökonomischen Existenzgrundes und der damit verbundenen Sinnstiftung. Der Gewinn verselbstständigt sich nicht als der alleingültige Sinn wirtschaftlichen Handelns, so wie dies Milton Friedman gefordert hatte. Genau diese funktionale Einbettung der Gewinndimension in einen nichtökonomischen Sinnzusammenhang hindert gut geführte Familienunternehmen nicht daran, über einen längeren Zeithorizont hinweg gerade auch wirtschaftlich besonders erfolgreich zu sein. Voraussetzung dafür ist allerdings, dass die Eignerfamilie ihre unternehmerische Kraft kontinuierlich erneuern kann. Zusammengefasst bedeutet dies: Nur eine durch den Gemeinsinn des familialen Miteinanders integrierte Unternehmenswelt sorgt für jene dauerhafte (d.h. resiliente) ökonomische Effizienz, von der u.a. eine funktionierende Marktwirtschaft in heutigen Gesellschaften lebt. Wir halten verstärkte Forschungsanstrengungen zu diesen Fragen für ausgesprochen wünschenswert. Die Theoriefiguren des Familiness-Konzepts (Habbershon u. Williams, 1999; Frank et al., 2010) sowie des SWE-Ansatzes geben dafür allerdings keine ausreichend geeignete Hintergrundfolie ab.

Besonderheiten in der Führung von Familienunternehmen und ihre erfolgsbestimmende Bedeutung für diesen Unternehmenstyp

Die familiäre Eigentümerverantwortung für das Unternehmen schafft für dasselbe einen generationsübergreifenden Zeithorizont. Es geht darum, etwas »Bleibendes« in die Welt zu bringen, das von Generation zu Generation weitergereicht werden kann als etwas, was für die Unternehmerfamilie in vielfacher Hinsicht identitätsstiftend und existenzsichernd wirken kann. Das Unternehmen als dauerhaft wertschaffende wirtschaftliche Einheit soll für jede Generation aufs Neue eine identitätsstiftende Grundlage schaffen. Diese enge Kopplung der wechselseitigen Sinnstiftung von Unternehmen und Familie sorgt für jene Langfristorientierung des unternehmerischen Handelns, die in der Forschung einhellig als besonderes Charakteristikum von Familienunternehmen angesehen wird. Die Möglichkeiten einer intergenerativen Weitergabeperspektive von Eigentum an Unternehmen werden allerdings durch das jeweilige Erbrecht und die damit verbundenen Erbschaftsteuerpraktiken in erheblichem Maße mitbestimmt. Nicht zuletzt deshalb besitzen diese eine hochbrisante wirtschaftspolitische Bedeutung.

Aus dieser wesensbestimmenden Kopplung wechselseitiger Sinnstiftung und der damit eng verbundenen Langfristorientierung ergibt sich eine überschaubare Zahl an Varianten, wie die Unternehmerfamilie ganz konkret ihren Gestaltungseinfluss auf die Entwicklung des Unternehmens ausüben kann. Diese Varianten haben viel damit zu tun, wie im Zeitverlauf die zunehmende Komplexität des Unternehmens und die damit anwachsenden Anforderungen an die Führung desselben mit der Komplexitätsentwicklung im Gesellschafterkreis synchronisiert werden können. Diese beiden Entwicklungsstränge immer wieder aufs Neue in eine gute Passung zu bringen, um die Führbarkeit des Unternehmens nachhaltig sicherzustellen, ist Aufgabe einer Governance, die beide Seiten im Blick hat. Die damit einhergehenden Strukturveränderungen sind für die Langlebigkeit familiengeführter Unternehmen absolut erfolgskritisch.

Die Art und Weise, wie Führung in Familienunternehmen praktiziert wird, ist tatsächlich etwas ganz Besonderes. Die diesbezüglichen Eigenheiten und ihre Funktionalität erschließen sich dem außenstehenden Betrachter nicht, wenn man mit dem üblichen Organisationsblick darauf schaut. Mit dieser Brille sieht man überall nur Probleme, verursacht durch ein sehr gering entwickeltes professionelles Niveau im Umgang mit Unternehmensherausforderungen. Auch für diese Dimension braucht es eine spezifische Sensibilität für die eigentümliche Familienhaftigkeit des Führungsgeschehens in solchen Unternehmen (Genaueres dazu: Brückner, 2018). Die immer noch häufig anzutreffende Einheit von Eigentum und Führung lässt vielfach nur den Unterschied zwischen der Unternehmensspitze und dem Rest der Belegschaft als relevante hierarchische Ebenendifferenz erkennen. Die Führungsbeziehung der Leute zur Spitze hat große Ähnlichkeiten zur elterlichen Autorität, wie wir diese aus Familien kennen. Aus dieser unangefochtenen Autoritätsposition heraus werden die meisten Führungsimpulse auf eine sehr implizite, indirekte Weise gesetzt. Das Kommunikationsgeschehen wirkt höchst informell, ist persönlich getönt, vermeidet formelle Meetingstrukturen und ist geprägt von dem wechselseitigen Vertrauen, dass man sich ohne viele Worte versteht und aufeinander verlassen kann. Die Zuständigkeiten entwickeln sich um bewährte Personen herum, es braucht keine organigrammbezogenen, formell fixierten »Ab-Teilungen«. Durch die langjährige Zugehörigkeit weiß man über die Vorlieben und Grenzen der anderen Mitspieler im Unternehmen sehr genau Bescheid, Abstimmungen laufen auf dem kurzen Dienstweg, jeder fühlt sich nicht nur für sein engeres Aufgabengebiet zuständig, sondern packt an, wo Not am Mann/an der Frau ist, insbesondere, wenn es darum geht, Kunden zufriedenzustellen.

Diese Führungsmuster sorgen für kurze Entscheidungswege, sie mobilisieren ein tief sitzendes Verantwortungsgefühl aller Beteiligten für die Lösung der gerade anstehenden Problemstellungen. Die aus einem besonderen Gefühl der Zugehörigkeit emotional begründete Loyalität zum Unternehmen und seiner Führung sorgt für eine außergewöhnliche Einsatzbereitschaft, wenn diese gebraucht wird. Der auf wechselseitigem Vertrauen basierende Kommunikationsstil reduziert Komplexität und den damit verbundenen Koordinationsaufwand, die klaren Autoritätsverhältnisse vermeiden mikropolitisch motivierte Machtkämpfe und das sonst übliche Kompetenzgerangel, was alles in allem mit höchst knappen Ressourcen zu einer erstaunlichen Leistungsfähigkeit des Ganzen beiträgt.

Solange die unternehmerische Qualität der Spitze in der Lage ist, die relevanten Entwicklungen in den Märkten, bei den Kunden, in den wichtigen Kooperationsnetzwerken so in Führungsimpulse zu übersetzen, dass sie unternehmensintern adäquat angegangen werden können, solange also die Einheit von Eigentum, Führungsverantwortung und persönlicher Haftung bei allen Beteiligten das Zutrauen wachsen lässt, dass sich das Unternehmen »in guten Händen« befindet, solange können solche Firmen über längere Zeiträume eine ganz außergewöhnliche Leistungsfähigkeit mobilisieren.

Diese spezifischen Autoritätsverhältnisse, die für die Führung eines Familienunternehmens die eigentliche Ressource darstellen, sind allerdings im Lebenszyklus dieser Unternehmen auf vielfältige Weise immer wieder aufs Neue extrem gefährdet: durch ein besonders schnelles Wachstum, dessen Komplexität die eingeschwungenen Bewältigungsmuster im Unternehmen nachhaltig überfordert, durch einen überraschenden Führungswechsel an der Spitze, durch einen ungenügend bewältigten Generationswechsel, durch eine chronifizierte Konfliktdynamik im Gesellschafterkreis, die die Entscheidungsfähigkeit der Eignerfamilie dauerhaft lähmt, etc.

Der Umgang mit diesen charakteristischen Gefährdungslagen ist die Königsdisziplin eines jeden Familienunternehmens auf dem Weg in seine Langlebigkeit. Wenn es gelingt, immer wieder unternehmerisch begabte Persönlichkeiten aus der Familie an der Unternehmensspitze erfolgreich zu verankern, dann kann man erwarten, dass sich auch für wesentlich anspruchsvoller gewordene Führungsanforderungen die angesprochenen Autoritätsressourcen immer wieder erneuern lassen.

Inzwischen haben die Forschung und die Beratungspraxis aber auch Konzepte für die Governance der Familie und ihres Unternehmens entwickelt, die diese Einflussnahme der Familie auf die Unternehmensentwicklung auch aus den Positionen der Governance-Institutionen wie Beirat u. Ä. als wirksam erscheinen lassen (dazu ausführlicher Kormann, 2017). Voraussetzung für das Wirken in der Governance sind jedoch angemessene Kompetenzen auf der Seite der Gesellschafter. Sie sollen nicht auf die operative Unternehmensführung gerichtet sein, mangels eigener Praxis können die nichtaktiven Gesellschafter in dieser Disziplin nicht exzellent sein. Es geht hier um die Fähigkeit, die Interessen der Gesellschafter angemessen zu formulieren sowie bei großen strategischen Entscheidungen diejenigen Fragen stellen zu können, mit denen die Auswirkungen der vorgeschlagenen Strategie im Lichte der Gesellschafterinteressen deutlich werden (dazu ausführlicher Rüsen u. Heider, 2020).

Familienunternehmen schaffen ihr eigenes Ökosystem

Die familial geprägten Führungsverhältnisse im Inneren des Unternehmens finden vielfach auch in den externen Kooperationsbeziehungen, d. h. zu den wichtigsten Stakeholdern ihre Entsprechung. Familienunternehmen sind in ihrem jeweiligen regionalen Umfeld stets ein wichtiger Faktor der Wohlstandsentwicklung, sie engagieren sich für eine Verbesserung ihrer ökologischen Bilanz und sorgen letztlich für ein Arbeitsumfeld, in dem sich die Beschäftigten respektiert und aufgehoben fühlen. Diese Dimensionen sind selbstverständlicher Teil der unternehmerischen Verantwortung familiengeführter Unternehmen und werden von diesen nicht als besondere Leistung marketingmäßig herausgestellt.

Familienunternehmen schaffen sich so in der Regel ein eigenes »Ökosystem«, in dem sie als Teil eines breiteren Wertschöpfungsnetzwerks operieren. Diese Austauschprozesse sind tendenziell auf Win-win-Situationen ausgelegt, in denen gleichzeitig jedes Glied der Kette seine unternehmerische Unabhängigkeit und Eigenverantwortung bewahren kann.

Familienunternehmen wissen, dass die Kooperationspartner in den einzelnen Wertschöpfungsketten und Produktionsnetzwerken nur gemeinsam »reich« werden können, d. h., wenn sie so etwas wie »shared value« produzieren, wenn sie es im Netzwerk auf ein Leben und Lebenlassen anlegen und sich nicht einzeln ausschließlich auf Kosten der anderen optimieren. Auf diese Weise entstehen vertrauensbasierte Kooperationsbeziehungen (ähnlich wie unternehmensintern zu den Beschäftigten auch), die oftmals gerade in schwierigeren Zeiten eine wichtige Ressource darstellen.

Familienunternehmen etablieren über die Zeit ganz charakteristische Wachstumsmuster. Sie setzen überwiegend auf organische Wachstumsprozesse und vermeiden im Konjunkturzyklus überhitzte Wachstumsphasen im Aufschwung, die dann in Abschwungphasen entsprechend radikale Kapazitätsanpassungsprozesse nach sich ziehen. So schaffen Familienunternehmen wesentlich stabilere Organisations- und Personalverhältnisse, die nicht immer wieder weitreichende Restrukturierungsprogramme über sich ergehen lassen müssen (Hack, 2009, S. 10).

Familienunternehmen sind in ihrer strategischen Positionierung nicht selten auf eine bestimmte Nische ausgerichtet, auf deren möglichst gute Ausschöpfung man sich (global) konzentriert. Wenn Familienunternehmen diversifizieren, dann entlang ihrer Kernkompetenzen, die im Laufe der Entwicklung in ganz unterschiedlichen Produkten und Märkten entfaltet werden. Dieses Wachstumsmuster lässt die Steuerbarkeit der damit einhergehenden Vielfalt und Komplexität üblicherweise unternehmensintern mitwachsen (Beispiel Freudenberg, Gore etc.). Selten wachsen Familienunternehmen über Zukäufe, die nicht in einem engen strategischen Zusammenhang mit den bereits bestehenden Geschäften stehen. Ähnlich kluge Wachstumsmuster kennzeichnen auch den Internationalisierungsprozess von familiengeführten Unternehmen, die dazu gern familiale Netzwerke nutzen, um sich auf vertrauenswürdige Personen in den noch fremden Marktgebieten stützen zu können (ganz dem Uppsala-Modell folgend, vgl. dazu Pukall u. Calabrò, 2013).

Familienunternehmen sichern ihre Langlebigkeit dadurch, dass sie eine für jedes Unternehmen ganz heikle Balance managen können. Sie halten einerseits an ganz bestimmten Grundpfeilern ihrer Identität (z. B. kulturelle Ausprägungen, geschäftliche Grundhaltungen etc.) eisern fest und folgen hier keinen modischen Vorgaben des jeweiligen Zeitgeists. Zum anderen sind sie aber mit Blick auf das, was ihre Kunden benötigen, ausgesprochen innovativ, entwickeln ihre technologische Basis kontinuierlich weiter, erfinden neue Lösungen für ihre Märkte und erneuern so immer wieder aufs Neue ihren existenzsichernden Wettbewerbsvorsprung (vgl. die aktuelle Studie von Jaffe, 2018, mit einem Schwerpunkt auf den USA und für den deutschsprachigen Raum Simon et al., 2017). Diese vorausschauende Selbsterneuerung als organisationale Lernfähigkeit auszuprägen, ist absolut keine Selbstverständlichkeit. Gerade über lange Zeit mit ihren Produkten und Dienstleistungen besonders erfolgreiche Unternehmen neigen dazu, an diesen tradierten Erfolgsmustern über Gebühr festzuhalten. Sie werden dann von neugegründeten, innovativeren Firmen vom Markt gefegt (vielfach beschrieben als »The Innovator's Dilemma«). Langlebige Familienunternehmen zeigen, dass man als Unternehmen mit einem entsprechend unternehmerisch ausgerichteten Gesellschafterkreis an der Seite dieser an sich erwartbaren Trägheitsfalle entrinnen kann. Die vielen »Hidden Champions« aus dem Kreis der familiengeführten Unternehmen sind ein Beleg dafür, dass dieser Unternehmenstyp unter ganz bestimmten Führungskonstellationen über eine außergewöhnliche Innovationskraft verfügt (Simon, 2012).

Wir haben im Vorangegangenen versucht, charakteristische Wesenszüge von familiengeführten Unternehmen herauszuarbeiten, die es rechtfertigen, von einem eigenen Unternehmenstypus zu sprechen, der durch seine besondere Art des Wirtschaftens einen benennbaren Beitrag zur Wohlstandsentwicklung unserer Gesellschaft leistet. Es ist kein Geheimnis, dass dieser Unternehmenstyp ganz besonderen Selbstgefährdungspotenzialen ausgesetzt ist. Die Wahrscheinlichkeit, dass solche Unternehmen im Laufe ihres Lebenszyklus mit diesen Gefährdungslagen, die zum größeren Teil in der familialen Konfliktdynamik wurzeln, konstruktiv fertig werden, ist kleiner als die der Selbstdestruktion. Dies zeigt die hohe Sterberate dieses Typs in den ersten drei bis vier Generationen (Wimmer et al., 2018). Diese Überlebenswahrscheinlichkeit zu erhöhen, muss einerseits ein prioritäres Anliegen von Forschung und Beratung sein, andererseits liegt es auch im wohlverstandenen Interesse der Wirtschaftspolitik, dafür die geeigneten Rahmenbedingungen zu schaffen. Wir werden allerdings zurzeit genau hinsehen müssen, wie es speziell familiengeführten Unternehmen gelingt, die außergewöhnlichen Herausforderungen, die sich aktuell durch den Prozess der Digitalisierung stellen, bewältigt zu bekommen (vgl. dazu ausführlicher Wimmer, 2020).

Schlussbemerkung

Arist von Schlippe ist ziemlich genau vor 15 Jahren zum WIFU gestoßen. Für das Institut war seine Berufung ein echter Glücksfall. Seine Bedeutung für das WIFU kann nicht hoch genug eingeschätzt werden. Er hat den damals bereits im Gange befindlichen Umbau von der Deutschen Bank als Hauptsponsor hin zu einem Netzwerk von familiengeführten Unternehmen mit großer Energie weiter vorangetrieben. Er sorgte mit dem Engagement von Tom Rüsen für eine professionelle Betreuung und Weiterentwicklung dieses sehr lebendigen Trägernetzwerks, dem das WIFU heute zu einem großen Teil seine unbestrittene Ausnahmestellung in der Scientific Community verdankt.

Arist hat damals mutig die Chance ergriffen, sich mit dem Institut am STEP-Projekt (Habbershon, Norquist u. Zellweger, 2010) zu beteiligen und auf diese Weise das WIFU verstärkt in der rasch wachsenden internationalen Forscherszene zu verankern. Ihm ist es so auch gelungen, gemeinsam mit anderen vielbeachtete Publikationen in angesehenen Journals zu platzieren und damit die Strahlkraft des speziellen Wittener Forschungsansatzes über den deutschsprachigen Raum hinaus leuchten zu lassen.

Sein Hauptinteresse galt von Anfang an den Unternehmerfamilien. Er ist im Laufe der Zeit zu einem gefragten Berater und Coach vieler in oft schwere Turbulenzen geratener Familien avanciert. Diese erfolgreiche Arbeit hat den Ruf des WIFU als eine wissenschaftliche Einrichtung mit einem speziellen Praxisbezug weiter gefestigt und ausgebaut. Mit seinen Forschungsprojekten und Publikationen hat er ganz wesentlich dazu beigetragen, dass die Besonderheiten von Unternehmerfamilien und die Rückwirkungen derselben auf die Entwicklung ihrer Unternehmen auch auf internationaler Ebene ein hoch anerkanntes, ausgesprochen attraktives Forschungsfeld geworden sind. Aus seiner Feder sind ganz wesentliche Arbeiten entstanden, die zeigen, dass es sich hier um einen ganz eigenen Familientypus handelt, der im Spannungsfeld zwischen »normalem« Familiensein auf der einen Seite und seiner unternehmerischen Aufgabe auf der anderen Seite, mit spezifischen Paradoxien und Konfliktdynamiken zurande kommen muss. Speziell in den Themenfeldern Familienstrategie und familiale Konfliktbewältigung hat Arist seine außergewöhnliche Begabung, sowohl Arbeiten mit unmittelbarem Praxisbezug wie auch mit wissenschaftlichem Tiefgang zu veröffentlichen, zur vollen Entfaltung gebracht. Dabei ist seine paradigmatische Präferenz für die Denkfiguren der neueren Systemtheorie in all seinen Tätigkeiten spürbar, ohne dabei dogmatisch zu werden oder andere Theoriezugänge vor den Kopf zu stoßen. In diesem Sinne ist er für mich und andere zu einem großen Vorbild u. a. in der Frage geworden, wie der Anspruch der Transdisziplinarität glaubhaft gelebt und wirkungsvoll realisiert werden kann. Ich bin zutiefst dankbar, dass ich jemanden wie Arist von Schlippe seit Langem zu meinen besten Freunden zählen darf.

Dreiklang und Ausklang
Drei Stimmen aus
Praxis und Forschung

Jörg Mittelsten Scheid

Arist von Schlippe: ein etwas anderes Denken

Kennengelernt habe ich ihn zunächst nicht persönlich. Er trat zusammen mit meiner Frau im Fernsehen auf und stellte mit farbigen Kinderspielsteinen typische Familiensituationen nach, über die er sprach. Das allerdings tat er mit einer so gewinnenden Liebenswürdigkeit, dass wir ihn zu uns nach Hause eingeladen haben. Er kam mit seiner reizenden, der Psychologie ebenso mächtigen Frau und es entstand ein Abend in einer warmen Familienatmosphäre, ohne Familie zu sein! Mir, der ich mich als Praktiker am Rande meiner Tätigkeit immer wieder von der Faszination der Familienunternehmen einnehmen ließ, fiel dabei die etwas andere Art seines Denkens besonders auf: Volks- und Betriebswirte, die sich mit diesem Thema befassten, taten dies in der Regel mit den Werkzeugen, die sie gelernt haben, nämlich der wirtschaftlichen rationalen Analyse. Das war für mich sehr verständlich, weil sich zu meinen Studienjahren die Wirtschaftswissenschaften nicht mit Familienunternehmen, sondern meist mit mehr oder weniger anonymen Kapitalgesellschaften befassten. Die Vorstellung vom »homo oeconomicus«, also von einem Menschen, der sein Verhalten rein nach seinen ökonomischen Interessen ausrichtet, entsprach der allgemeinen Überzeugung. Die Wirtschaftsteilnehmer wurden mehr von außen her betrachtet.

Hier war nun ein Mann, der eine andere Vorbildung hatte, der aus der Psychologie kam und daher wirtschaftliches Verhalten aus einer etwas anderen Perspektive sah. Er ist nicht der Einzige, der dies tat, aber er war der Erste, bei dem ich das hautnah erlebte. Dieser Ansatz entsprach sehr meinem eigenen Denken. Hatte ich doch selbst in den 1980er Jahren (als Jurist) zögerliche erste Gedanken zum Thema Familienunternehmen niedergelegt.

So kam es, dass mit ihm sowie mit Professor Rüsen ein reger Austausch mit meiner Familie stattfand, die sich im Rahmen der WIFU-Trägerschaft für die Arbeit des Instituts interessierte und dieses auch finanziell unterstützte. Manche Ideen fanden wir einleuchtend und haben sie übernommen.

Aber auch Unterschiede traten zutage: Trotz des schönen Feingefühls eines Psychologen ist ein Akademiker nicht unbedingt immer in der Lage, die Lebenswirklichkeit, wie sie sich tatsächlich abspielt, zu erkennen. So bin ich seiner Vorstellung, dass Gesellschafter einer Familiengesellschaft sich soweit ausbilden lassen sollten, dass zumindest einige von ihnen in der Lage wären, auf Augenhöhe mit der Geschäftsführung über die Firmenführung zu diskutieren, energisch entgegengetreten. Selbst ein Absolvent der Wirtschaftswissenschaften benötigt einige Zeit, um das wirkliche Geschehen in einem Unternehmen beurteilen und beeinflussen zu können. Leider kann dieser Anspruch zu einer Selbstüberschätzung von Familiengesellschaftern führen, was der Zusammenarbeit im Familienunternehmen nicht immer hilfreich ist.

Andererseits hat die Zusammenarbeit mir wichtige Impulse für meine kleine Arbeit über das »Vertrauen in Familienunternehmen« geschenkt.

Natürlich ist alles gesellschaftliche oder wirtschaftliche Geschehen von psychologischen Fäden durchzogen. Die Nähe von Familiengesellschaftern zueinander allerdings intensiviert diesen Zustand, weil die Familie eine Zwangsgesellschaft bildet, aus der man nicht ohne Weiteres fliehen kann. Diese Verästelungen aufzuspüren, sie zu beschreiben, bewusst zu machen und Regeln für ihre Bewältigung aufzustellen, ist aus meiner Sicht ein großes Verdienst von Arist von Schlippe. Den Geburtstagsglückwünschen vieler vorzüglicher akademischer Kollegen füge ich die eines alten Familienpraktikers herzlich hinzu.

Hermann Frank

Arist von Schlippe: Wegbereiter und Leitfigur

Die Forschung über Familienunternehmen ist ein relativ junges Gebiet, vergleicht man es mit anderen Forschungsbereichen wie Marketing, Finance oder Strategy. Der Prozess der Etablierung und institutionellen Verankerung eines Fachgebiets ist ein herausfordernder Prozess, der, vor allem wenn er auf die geläufigen verfestigten Strukturen in Universitäten trifft, oft auf Widerstand stößt. Die vergleichsweise junge Privatuniversität Witten/Herdecke bot und bietet offensichtlich einen sehr förderlichen Kontext für die Beschäftigung mit einem – jedenfalls im deutschen Sprachraum – lange Zeit sträflich vernachlässigten Forschungsgegenstand: Familienunternehmen.

Ein neues Forschungsgebiet benötigt Leitfiguren, die mit ihrer Persönlichkeit ein neues Fach auch inhaltlich zu prägen vermögen. Damit ist das Wittener Institut für Familienunternehmen reich gesegnet und zweifellos zählt Arist von Schlippe zu diesen die Familienunternehmensforschung prägenden Persönlichkeiten. Um diesen Einfluss entfalten zu können, bedarf es mehrerer Faktoren, die der Jubilar vereint: Familienunternehmen nur (!) mit einer (klassisch) betriebswirtschaftlichen »Brille« betrachten zu wollen, würde ein verkürztes und auch für die unternehmerische Praxis wenig leistungsfähiges Ergebnis zeitigen. Vielmehr bedarf es eines multidisziplinären Zugangs, der flexibel Theorien verschiedener Fächer wie Psychologie, Soziologie und Management integriert, welche die Komplexität von Familienunternehmen erklären können. Genau diese außergewöhnliche Kompetenz vereinigt Arist von Schlippe in seiner Forschungs- und Publikationstätigkeit in beeindruckender Weise.

Familienunternehmen nur aus der Unternehmensperspektive verstehen zu wollen, führt ebenso zu einem einseitigen Blick und wird unserem Erkenntnisgegenstand nicht gerecht. Erst durch den um die Familie bzw. Unternehmerfamilie erweiterten Fokus ermächtigen sich Familienunternehmensforscherinnen und Familienunternehmensforscher zu einer Erkenntnis, die in der Lage ist, die Identität unseres Faches und damit seine Legitimität im Fächerkanon der verschiedenen Managementdisziplinen weiter zu stärken. Diese Öffnung hin zur Unternehmerfamilie, die unser Fach braucht und die schon oft gefordert wurde, lösen zahlreiche Arbeiten von Arist von Schlippe überzeugend ein. Dabei kommt ihm auch seine wissenschaftliche und beraterische Vergangenheit entgegen, denn zweifellos kann das Wissen aus Familienpsychologie und systemischer Familientherapie in die Forschung über und für Unternehmerfamilien und ihre vielfältigen Facetten (bspw. Konflikte) nutzbar gemacht werden.

Das wissenschaftliche Œuvre des Jubilars ist geprägt von einer überzeugenden Verbindung jener sozialen Systeme, die für unser Fach kennzeichnend sind. Zahlreiche Beiträge, die dieser Thematik gewidmet sind, haben den Rang grundlegender und richtungsweisender Überlegungen. Vor allem das Studium der mit dem Unternehmen verbundenen Familie und die Strukturen, die entwickelt werden müssen, um beide erfolgreich führen zu können, sind Beiträge, deren Einfluss sich noch weiter entfalten wird. Die Lektüre dieser Publikationen ist nicht nur immer wieder inspirierend, auch weil sie in idealer Weise Theorie und praktische Erfahrungen verknüpfen, sondern auch, weil sie lebendiges (und nicht träges) Wissen vermitteln.

Lieber Arist, unvergessen ist Deine freundschaftliche und wertschätzende Begegnung im Rahmen meines ersten Besuchs in Witten – ich war zu dem Zeitpunkt ja noch Newcomer in der Familienunternehmensforschung. Besonders gern denke ich auch an die Zusammenarbeit bei gemeinsamen Publikationen. Auch deswegen, weil Dein Wissenschaftsverständnis nicht von einer Annäherung an das Ideal der Naturwissenschaften geprägt ist, sondern den Spezifika der Sozialwissenschaften gerecht werden will. Davon brauchen wir auch in Zukunft noch mehr von Dir!

Herzliche Gratulation zu Deinem 70. Geburtstag!

Thomas Zellweger

Bleibende Schritte mit Arist von Schlippe

Es kommt im Leben zuweilen vor, dass wir auf Personen treffen, die einen bleibenden Eindruck hinterlassen und gar Unterschied in unserem Leben machen. Meistens sind das Personen, mit denen wir intensiv über längere Zeit zu tun haben, selbstverständlich unsere engsten Familienmitglieder, Partnerinnen und Partner oder auch langjährige enge Arbeitskolleginnen und -kollegen. Von dieser Art Kontakt spreche ich hier nicht. Vielmehr spreche ich von sporadischen Begegnungen mit Menschen, wobei diesen Begegnungen etwas Besonderes, vielleicht gar ein Zauber innewohnt. Es sind Farbtupfer im Jahresverlauf, denn das Zusammentreffen mit solchen Personen ist inspirierend, voll von Humor und spannenden Gesprächen. Man geht mit dem Gefühl auseinander, bereichert zu sein. Für mich ist Arist von Schlippe ein solcher Mensch.

Unser erstes Zusammenkommen geht auf ein internationales Forschungsprojekt zum Thema Familienunternehmen zurück. Als junger Postdoc sitze ich im Kreis mit internationalen Forscherinnen und Forschern, unter ihnen Arist von Schlippe. Ich bin bald beeindruckt, denn in seinem ersten Statement erläutert er, dass er kein Wirtschaftswissenschaftler sei, und hier sei, um zu lernen. Er verfüge über einen Hintergrund in Familientherapie, System- und Kommunikationswissenschaften und versuche diese Gedankengebäude auch im Kontext von Familienunternehmen, präziser im Kontext von Unternehmerfamilien, anzuwenden. Mit diesen Ausführungen nahm meine Faszination für Arist von Schlippe ihren Anfang. Es war und ist wohl die Kombination von Demut vor der Tatsache, dass man gerade als gebildete Person zur Erkenntnis gelangt, dass man nicht viel weiß, und der Freude am Lernen und am Tiefgang in einem Fachgebiet. Hier kommen große Tugenden zusammen, dachte und denke ich mir.

Nie hatte ich den Eindruck, dass hier ein Lehrer vor mir steht, sondern jemand, der hilft zu interpretieren, zu hinterfragen, einzuordnen und dabei aktiv zuhört. Keine Selbstverständlichkeit bei einem so großen Erfahrungsschatz und gegenüber jüngeren Kollegen. Bleibenden Eindruck hinterließ bei mir ein Workshop und ein weinseliger Abend in Wien. Arist und Rudi Wimmer hatten nach Wien eingeladen zu einem Workshop zum Thema Systemtheorie und Familienunternehmen, als pragmatischer Positivist war ich gewarnt. Der Workshop war äußerst spannend. Historiker, Soziologen, Psychologen und Wirtschaftswissenschaftler tauschten sich aus. Es ging hoch zu und her, u. a. zur Frage, ob die Familienunternehmen die Fortsetzung der Feudalwirtschaft mit sich brächten. Der Abend war noch nicht verplant, aber Arist und Rudi schlugen vor, zusammen zu einem Heurigen zu fahren. Ich dachte, das sei nun meine Chance, den beiden auf den Zahn zu fühlen, und gab zwischen Vorspeise und Hauptgang unumwunden zu, dass ich Mühe hätte, die Ideen des Systemtheoretikers Niklas Luhmann zu verstehen. Was folgte, war ein intellektueller Tsunami: Die beiden führten mich in die Tiefen der Systemtheorie, von Autopoiese zu Erwartungserwartungen, von Heinz von Förster zu Stafford Beer und wieder zurück. Es war ein Fest der Sinne, des Diskurses, der Argumentation und Gegenargumentation und der Freundschaft.

Unsere Begegnungen führten über gemeinsame Weiterbildungsseminare zu Forschungskolloquien. Manchmal waren diese begleitet von Arists Klavierspiel, und immer wieder gelangten wir zu mir unbekannten, aber faszinierenden Themen, so z. B. zu den Erziehungswissenschaften und zu Gewaltfreier Kommunikation. Ein Zusammenkommen mit Arist von Schlippe ist und bleibt für mich eine Bereicherung. Gewisse Leute machen Eindruck, andere hinterlassen Eindruck. Arist von Schlippe gehört zu Letzteren. Vielen Dank, lieber Arist!

Anhang

Danksagung

Dieses Buch ist ein Gemeinschaftswerk, das Anerkennung und Dank an Arist von Schlippe für seine Leistungen am Wittener Institut für Familienunternehmen und als Forscherkollege im Feld des Familienunternehmertums zum Ausdruck bringen soll. Dieses Werk ist im Zeitraum des Spätsommers 2020 und Winters 2020/2021 entstanden. Dass es entstehen konnte, ist einer Vielzahl von Menschen zuzuschreiben, denen ich hier meinen herzlichen Dank zum Ausdruck bringen möchte.

Zunächst möchte ich mich bei Günter Presting vom Verlag Vandenhoeck & Ruprecht bedanken, der kurzentschlossen und innerhalb von einer Woche auf meine Idee dieser Festschrift reagierte und mich beim Aufsetzen des Projekts sehr unterstützte. Auch gilt mein Dank Ulrike Rastin aus dem Verlagshaus, die die Veröffentlichung maßgeblich unterstützt und dabei versucht hat, jede unserer Ideen umzusetzen.

Mein besonderer Dank gilt Monika Nadler, die die Projektkoordination, die Redaktion der Beiträge und das so wichtige Zeitmanagement übernahm. Ohne ihre ruhige und koordinierende Steuerung und Unterstützung hätte dieses Buch kaum entstehen können. Den weiteren unterstützenden Kräften dieses Projekts aus dem WIFU-Team, Ruth Orenstrat und Katrin Detaille, möchte ich ebenfalls meinen herzlichen Dank aussprechen.

Schließlich möchte ich mich bei allen Autorinnen und Autoren bedanken. Ohne Ihre und Eure Beiträge wäre es nicht gelungen, dieses Werk zu Ehren von Arist von Schlippe zu erstellen. Die Qualität der Beiträge zeigt, welchen Stellenwert der mit dieser Festschrift Geehrte für jeden Einzelnen von Ihnen und Euch hat. Dank dieser Beiträge ist ein einzigartiges Werk entstanden, welches sich als angemessen ungewöhnlich für eine Festschrift bezeichnen lässt. Angemessen, da es dem Wesenszug einer Festschrift entspricht, ungewöhnlich, da es dem Geehrten auf eine besondere Art und Weise gerecht wird. Sicher wird er so manche frohe Stunde bei der Lektüre seiner Festschrift verbringen.

Acknowledgments

This book is a collaborative work intended to express appreciation and gratitude to Arist von Schlippe for his achievements at the Witten Institute for Family Business and as a fellow researcher in the field of family business research. This work was written in the late summer of 2020 and winter of 2020/2021. That this work could come into being is due to a large number of people to whom I would like to express my deep thankfulness here.

First of all, I would like to thank Günter Presting from the publishing house Vandenhoeck & Ruprecht, who responded to my idea for this commemorative publication within a week and supported me greatly in setting up the project. I would also like to thank Ulrike Rastin from the same institution, who supported the publication significantly and tried to implement each of our ideas.

My special thanks go to Monika Nadler, who took over the project coordination, the editing of the contributions and the so important time management. Without her calm and coordinating control and support, this book could hardly have come into being. I would also like to express my gratitude to the other supporting forces of this project from the WIFU team, Ruth Orenstrat and Katrin Detaille.

Finally, I would like to thank all the authors. Without your contributions it would not have been possible to produce this work for Arist von Schlippe. The quality of the contributions shows the importance that each and every one of you attaches to the person honored with this Festschrift. Thanks to these contributions, a unique book has been created which can be described as appropriately unusual for a Festschrift. Appropriate because it corresponds to the essence of a commemorative publication, unusual because it does justice to the honored in a special way. He will certainly spend many happy hours reading his »Festschrift«.

Literaturangaben – References

B
ASTRACHAN/BINZ ASTRACHAN
Arsht, S. S. (1979): The business judgment rule revisited. Hofstra Law Review, 8 (1), pp. 93–134.

Association to Advance Collegiate Schools of Business International (2012): Impact of research: a guide for business schools. https://www.aacsb.edu/-/media/aacsb/publications/research-reports/impact-of-research-exploratory-study.ashx?la=en&hash= 66CD5998E61C9D9E1D402728DA436561CEC8A110 (access on 01/07/2021).

Astrachan, J. H. (2009): Using and abusing family business research. Georgia: DigitalCommons@Kennesaw State University.

Bennett, C. (1992): The incest cycle across generations. Perspectives in Psychiatric Care, 28 (4), pp. 19–23.

Bennis, W., O'Toole, J. (2005): How business schools have lost their way. Harvard Business Review, 83 (5), pp. 96–104.

Bird, B., Welsch, H., Astrachan, J. H., Pistrui, D. (2002): Family business research: The evolution of an academic field. Family Business Review, 15 (4), pp. 337–350.

Brockhaus, R. H. (2004): Family business succession: Suggestions for future research. Family Business Review, 17 (2), pp. 165–177.

Campbell, N. D., Heriot, K. H., Welsh, D. H. (2007): The black box: Unraveling family business succession. New England Journal of Entrepreneurship, 10 (2), pp. 9–14.

Christensen, C. M. (2005): The ongoing process of building a theory of disruption. Journal of Product Innovation Management, 23 (1), pp. 39–55.

Chua, J. H., Chrisman, J. J., Sharma, P. (1999): Defining the family business by behavior. Entrepreneurship Theory and Practice, 23 (4), pp. 19–39.

Coram, R. (2002): Boyd: The fighter pilot who changed the art of war. Boston: Little, Brown and Company.

DeNisi, A. S. (1994): Is relevant research irrelevant?: On evaluating the contribution of research to management practice. Journal of Managerial Issues, 6 (2), pp. 145–159.

Ducassy, I., Prevot, F. (2010): The effects of family dynamics on diversification strategy: Empirical evidence from french companies. Journal of Family Business Strategy, 1 (4), pp. 224–235.

Dyer Jr., W. G. (2003): The family: The missing variable in organizational research. Entrepreneurship Theory and Practice, 27 (4), pp. 401–416.

Empson, L. (2020): The emperor's new clothes: How our fear of seeming stupid became a self-fulfilling prophecy. Academy of Management Learning & Education, 19 (2), pp. 227–229.

Green, L. W. (2008): Making research relevant: If it is an evidence-based practice, where's the practice-based evidence? Family Practice, 25 (1), pp. i20-i24.

Handler, W. C. (1989): Methodological issues and considerations in studying family businesses. Family Business Review, 2 (3), pp. 257–276.

Hartman, A. (1978): Diagrammatic assessment of family relationships. Social Casework, 59 (8), pp. 465–476.

Lansberg, I. (1988): The succession conspiracy. Family Business Review, 1(2), pp. 119–143.

References

Lansberg, I., Astrachan, J. H. (1994): Influence of family relationships on succession planning and training: The importance of mediating factors. Family Business Review, 7 (1), pp. 39–59.

Luhmann, N. (1984): Soziale Systeme: Grundriss einer allgemeinen Theorie. Frankfurt a. M.: Suhrkamp.

Merchant, K. A. (2012): Making management accounting research more useful. Pacific Accounting Review, 24 (3), pp. 334–356.

Mohrman, S. A., Lawler III, E. E. (2012): Generating knowledge that drives change. Academy of Management Perspectives, 26 (1), pp. 41–51.

Sato, H. (2016): Generalization is everything, or is it? Annals of Business Administrative Science, 15 (1), pp. 49–58.

Sharma, P. (2004): An overview of the field of family business studies: Current status and directions for the future. Family Business Review, 17 (1), pp. 1–36.

Shaw, D., Elger, B. S. (2013): The relevance of relevance in research. Swiss Medical Weekly, 143 (w13792), pp. 1–4.

Smyrnios, K. X., Romano, C. A., Tanewski, G. A., Karofsky, P. I., Millen, R., Yilmaz, M. R. (2003): Work family conflict: A study of American and Australian family businesses. Family Business Review, 16 (1), pp. 35–51.

Strike, V. M., Michel, A., Kammerlander, N. (2018): Unpacking the black box of family business advising: Insights from psychology. Family Business Review, 31 (1), pp. 80–124.

Tagiuri, R., Davis, J. A. (1992): On the goals of successful family companies. Family Business Review, 5 (1), pp. 43–62.

Tourish, D. (2019): Making a difference: Doing leadership research that matters. Journal of Management & Organization, 25 (3), pp. 364–369.

Tourish, D. (2020). The triumph of nonsense in management studies. Academy of Management Learning and Education, 19 (1). 2019DOI: 10.5465/amle.2019.0255

Vries, M. K. d. (1993): The dynamics of family controlled firms: The good and the bad news. Organizational Dynamics, 21 (3), pp. 59–71.

Wright, R. P., Paroutis, S. E., Blettner, D. P. (2013): How useful are the strategic tools we teach in business schools? Journal of Management Studies, 50 (1), pp. 92–125.

Zahra, S. A. (2012): Organizational learning and entrepreneurship in family firms: Exploring the moderating effect of ownership and cohesion. Small Business Economics, 38 (1), pp. 51–65.

Zahra, S. A., Sharma, P. (2004). Family business research: A strategic reflection. Family Business Review, 17 (4), pp. 331–346.

BRUNDIN

Björnberg, Å., Nicholson, N. (2012): Emotional ownership: The next generation's relationship with the family firm. Family Business Review, 25 (4), pp. 374–390.

Brundin, E., Samuelsson, E. F., Melin, L. (2014). Family ownership logic: Framing the core characteristics of family businesses. Journal of Management and Organization, 20 (1), 6.

Brundin, E., Härtel, C. (2013): Emotions in family firms. In: Melin, L., Sharma, P., Nordqvist, M. (Eds.): Handbook of family businesses. London: Sage, pp. 529–548.

Brundin, E., Languilaire, J. C. (2012): Känslomässig harmoni eller disharmoni. Känsloregler och gränsdragningar. (Emotional harmony or disharmony. Emotion rules and emotion boundaries). In: Brundin, E. Johansson, A. W., Melin, L., Nordqvsit, M. (Eds.): Familjeföretagandets väsen. (Characteristics of the family firm). Stockholm: SNS Förlag.

Brundin, E., Nordqvist, M. (2008): Beyond facts and figures – The role of emotions in the boardroom dynamics. Corporate Governance: An International Review, 16 (4), pp. 326–341.

Brundin, E., Sharma, P. (2012): Love, hate, and desire: The role of emotional messiness in the business family. In: Carsrud, A., Brannback, M. (Eds.): International perspectives on future research in family business: Neglected topics and under-utilized theories understanding family businesses. New York: Springer, pp. 55–71.

Collins, R. (1981): On the microfoundations of macrosociology. American Journal of Sociology, 86 (5), pp. 984–1014.
Collins, R. (1990): Stratification, emotional energy, and the transient emotions. In: Kemper, T. D. (Ed.): Research agendas in the sociology of emotions. Albany: State University of New York Press, pp. 27–57.
Collins, R. (2014): Interaction ritual chains. Princeton: Princeton University Press.
Dittmar, H. (1992): The social psychology of material possessions: To have is to be. Hemel Hempstead: Harvester Wheatsheaf.
Ekman, P. (1992): An argument for basic emotions. Cognition and Emotion, 6 (3–4), pp. 169–200.
Fineman, S. (2003): Understanding emotion at work. Thousand Oaks: Sage.
Grandey, A. A. (2003): When »the show must go on«: Surface acting and deep acting as determinants of emotional exhaustion and peer-rated service delivery. Academy of Management Journal, 46 (1), pp. 86–96.
Guest, D. (1998): Is the psychological contract worth taking seriously? Journal of Organizational Behavior, 19 (special issue), pp. 649–664.
Jarrett, M., Liu, F. (2018): »Zooming with« a participatory approach to the use of video ethnography in organizational studies. Organizational Research Methods, 21 (2), pp. 366–385.
Keltner, D., Haidt, J. (1999): Social functions of emotions at four levels of analysis. Cognition & Emotion, 13 (5), pp. 505–521.
Kemper, T. D. (1987): How many emotions are there? Wedding the social and the autonomic components. American Journal of Sociology, 93 (2), pp. 263–289.
Nordqvist, M. (2016): Socio-symbolic ownership: Extending the socio-emotional wealth perspective. Management Research, 14 (3), pp. 244–257.
Pierce, J. L., Kostova, T., Dirks, K. T. (2001): Toward a theory of psychological ownership in organizations. Academy of Management Review, 26 (2), pp. 298–310.
Rafaeli, A., Sutton, R. I. (1987): Expression of emotion as part of the work role. Academy of Management Review, 12 (1), pp. 23–37.
Rafaeli, A., Sutton, R. I. (1989): The expression of emotion in organizational life. Research in Organizational Behavior, 11, pp. 1–42.
Rousseau, D. M. (1995): Psychological contracts in organizations: Understanding written and unwritten agreements. Thousand Oaks: Sage.
Rousseau, D. M. (2004): Psychological contracts in the workplace: Understanding the ties that motivate. Academy of Management Executive, 18 (1), pp. 120–127.
Zhao, H., Wayne, S. J., Glibkowski, B. C., Bravo, J. (2007): The impact of psychological contract breach on work-related outcomes: A meta-analysis. Personnel Psychology, 60 (3), pp. 647–680.

C
CALABRÒ
Basco, R., Calabrò, A., Campopiano, G. (2019): Transgenerational entrepreneurship around the world: Implications for family business research and practice. Journal of Family Business Strategy, 10 (4), 100249.
Calabrò, A., Minichilli, A., Amore, M. D., Brogi, M. (2018): The courage to choose! Primogeniture and leadership succession in family firms. Strategic Management Journal, 39 (7), pp. 2014–2035.
Calabrò, A., Valentino, A. (2019): STEP 2019 Global Family Business Survey – The impact of changing demographics on family business succession planning and governance.
Colli, A., Rose, M. B. (1999): Families and firms: The culture and evolution of family firms in Britain and Italy in the nineteenth and twentieth centuries. Scandinavian Economic History Review, 47 (1), pp. 24–47.
Löhde, A. S. K., Calabrò, A., Torchia, M. (2020): Understanding the main drivers of family firm longevity: The role of business family learning. International Studies of Management & Organization, 50 (1), pp. 1–23.
Pérez-González, F. (2006): Inherited control and firm performance. American Economic Review, 96 (5), pp. 1559–1588.
Schlippe, A. von, Frank, H. (2013): The theory of social systems as a framework for understanding family businesses. Family Relations, 62 (3), pp. 384–398.

Schlippe, A. von, Schweitzer, J. (2013): Lehrbuch der systemischen Therapie und Beratung. Göttingen: Vandenhoeck & Ruprecht.

Sulloway, F. J. (2001): Birth order, sibling competition, and human behavior. In: H. R. Holcomb III (Ed.): Conceptual challenges in evolutionary psychology. Dordrecht: Springer, pp. 39–83.

CLAUß/SCHEFFLER

Block, J. (2010): Family management, family ownership, and downsizing: Evidence from S&P 500 firms. Family Business Review, 23 (2), 109–130.

Bretschneider, U., Heider, A., Rüsen, T. A., Hülsbeck, M. (2019): Strategien der Digitalisierung in Familienunternehmen. Über spezifische Digitalisierungsansätze für Unternehmerfamilien und Familienunternehmen. WIFU-Praxisleitfaden. Witten: WIFU.

Chanias, S., Myers, M. D., Hess, T. (2019): Digital transformation strategy making in pre-digital organizations: The case of a financial services provider. Journal of Strategic Information Systems, 28 (1), pp. 17–33.

Clauss, T. (2017): Measuring business model innovation: Conceptualization, scale development and proof of performance. R&D Management, 47 (3), pp. 385–403.

Clauß, T., Laudien, S. M. (2017): Digitale Geschäftsmodelle: Systematisierung und Gestaltungsoptionen. WiSt – Wirtschaftswissenschaftliches Studium, 46 (10), pp. 4–10.

Doz, Y. L., Kosonen, M. (2010): Embedding strategic agility: A leadership agenda for accelerating business model renewal. Long Range Planning, 43 (2–3), pp. 370–382.

Gómez-Mejía, L. R., Haynes, K. T., Núñez-Nickel, M., Jacobson, K. J., Moyano-Fuentes, J. (2007): Socioemotional wealth and business risks in family-controlled firms: Evidence from Spanish olive oil mills. Administrative Science Quarterly, 52 (1), pp. 106–137.

Hock, M., Clauss, T., Schulz, E. (2016): The impact of organizational culture on a firm's capability to innovate the business model. R&D Management, 46 (3), pp. 433–450.

Kammerlander, N., Ganter, M. (2015): An attention based view of family firm adaptation to discontinuous technological change: Exploring the role of family CEOs' noneconomic goals. Journal of Product Innovation Management, 32 (3), pp. 361–383.

Kane, G. C., Palmer, D., Nguyen-Phillips, A., Kiron, D., Buckley, N. (2017): Achieving digital maturity. MIT Sloan Management Review, 59 (1).

Klus, M. F., Lohwasser, T. S., Holotiuk, F., Moormann, J. (2019): Strategic alliances between banks and fintechs for digital innovation: Motives to collaborate and types of interaction. The Journal of Entrepreneurial Finance, 21 (1), p. 1.

König, A., Kammerlander, N., Enders, A. (2013): The family innovator's dilemma: How family influence affects the adoption of discontinuous technologies by incumbent firms. Academy of Management Review, 38 (3), 418–441.

Kraus, S., Clauss, T., Breier, M., Gast, J., Zardini, A., Tiberius, V. (2020): The economics of COVID-19: Initial empirical evidence on how family firms in five European countries cope with the corona crisis. International Journal of Entrepreneurial Behavior & Research, 26 (5), pp. 1067–1092.

Leyh, C., Bley, K. (2016): Digitalisierung: Chance oder Risiko für den deutschen Mittelstand? – Eine Studie ausgewählter Unternehmen. HMD Praxis der Wirtschaftsinformatik, 53 (1), S. 29–41.

Löhde, A. S., Campopiano, G., Jiménez, D. G. (2020): Digital business transformation in family firms: How the owning family sets the scene. In: Calabrò, A. (Ed.): A research agenda for family business. Cheltenham: Edward Elgar, pp. 261–274.

Palfrey, J. G., Gasser, U. (2011): Born digital: Understanding the first generation of digital natives. New York: Basic Books.

Rasch, M., Koß, R., King, F. (2015): Digital controlling. Digitale Transformation im Controlling. PricewaterhouseCoopers AG Wirtschaftsprüfungsgesellschaft (PwC). pwc.de/de/digitale-transformation/assets/pwc-studie-digitale-transformation-im-controlling.pdf (Zugriff am 07.01.2021).

Rüsen, T., Heider, A. K. (2018): Die digitalisierte Unternehmerfamilie. Private Wealth, 15 (3), pp. 106–107.

Schlippe, A. von (2012): Psychologische Aspekte der Unternehmensnachfolge: ambivalente Nachfolgesysteme. Familienunternehmen und Stiftungen, 2 (5), S. 170–175.

Schlippe, A. von (2014): Das kommt in den besten Familien vor. Systemische Konfliktbearbeitung in Familien und Familienunternehmen. Stuttgart: Concadora.

Schlippe, A. von, Groth, T., Rüsen, T. A. (2012): Paradoxien der Nachfolge in Familienunternehmen. Konfliktdynamik, 1 (4), S. 288–299.

Singh, A., Hess, T. (2017): How Chief Digital Officers promote the digital transformation of their companies. MIS Quarterly Executive, 16 (1), pp. 1–17.

Verhoef, P. C., Broekhuizen, T., Bart, Y., Bhattacharya, A., Dong, J. Q., Fabian, N., Haenlein, M. (2019): Digital transformation: A multidisciplinary reflection and research agenda. Journal of Business Research, 122 (January 2021), pp. 889–901.

Westerman, G., Bonnet, D., McAfee, A. (2014): Leading digital: Turning technology into business transformation. Brighton: Harvard Business Review Press.

Wills, D. (2017): Same passion, different paths: How the next generation of family business leaders are making their mark. pwc.com/gx/en/family-business-services/assets/next-gen-study-2017.pdf (Zugriff am 07.01.2021).

Wimmer, R., Domayer, E., Oswald, M., Vater, G. (2018): Familienunternehmen: Auslaufmodell oder Erfolgstyp? Wiesbaden: Springer.

D

DAVIS/NADKARNI/SHARMA/CHRISMAN: siehe bei S (SHARMA) – see under S (SHARMA)

G

GIMENO SANDIG

Berger, P. L., Luckmann, T. (1966): The social construction of reality: A treatise in the sociology of knowledge. Garden City: Anchor Books.

DiMaggio, P. J., Powell, W. W. (1983): The iron cage revisited: Institutional Isomorphism and collective rationality in organizational fields. American Sociological Review, 48 (2), pp. 147–160.

Gimeno, A. (2004): El desempeño de la empresa familiar: un estudio causal de los factores y variables internas. (Doctoral Dissertation).

Gimeno, A., Baulenas, G., Coma-Cros, J. (2010): Familienunternehmen führen – Komplexität managen. Göttingen: Vandenhoeck & Ruprecht.

Haidt, J. (2012): The righteous mind: Why good people are divided by politics and religion. New York, Toronto: Random House.

Hofstede, G. (1993): Cultures and organizations: Software of the mind. Administrative Science Quarterly, 38 (1), pp. 132–134.

Kuhn, T. S. (1962): The structure of scientific revolutions. Chicago: University of Chicago Press.

Luhmann, N. (1982): The world society as a social system. International Journal of General Systems, 8 (3), pp. 131–138.

Prigogine, I., Stengers, I. (1984): Order out of chaos. University of Michigan: Bantam Books.

Schein, E. H. (1990). Organizational culture. American Psychologist, 45 (2), pp. 109–119.

Wagensberg, J. (2000): Complexity versus uncertainty: The question of staying alive. Biology and Philosophy, 15, pp. 493–508.

GROTH

Bateson, G. (1981): Ökologie des Geistes. Frankfurt a. M.: Suhrkamp.

Foerster, H. von (1985): Wissen und Gewissen. Versuch einer Brücke. Frankfurt a. M.: Suhrkamp.

Groth, T. (2019): 66 Gebote systemischen Denkens und Handelns in Management und Beratung (3. Aufl.). Heidelberg: Carl-Auer.

Groth, T., Rüsen, T. A. (2015): Guter Rat ist systemisch. Private Wealth, 1/2015, S. 100–101.
Groth, T., Schlippe, A. von (2012): Die Form der Unternehmerfamilie – Paradoxiebewältigung zwischen Entscheidung und Bindung. Familiendynamik, 37 (4), S. 268–280.
Klett, D. (2007): Familie qua Unternehmen. Wie sich Großfamilien an den Zumutungen eines Betriebs stärken können. Kontext, 38 (1), S. 6–25.
Kleve, H. (2020): Die Unternehmerfamilie. Wie Wachstum, Sozialisation und Beratung gelingen. Heidelberg: Carl-Auer.
Luhmann, N. (1984): Soziale Systeme. Grundriß einer allgemeinen Theorie, Frankfurt a. M.: Suhrkamp.
Luhmann, N. (2000): Organisation und Entscheidung. Wiesbaden: Westdeutscher Verlag.
Plate, M., Groth, T. (2007): Beratung von Familienunternehmen als permanentes Entfalten von Paradoxien. Psychotherapie im Dialog, 8 (3), S. 262–266.
Rüsen, T. A., Heider, A. K. (2020): Aktive Eigentümerschaft in Familienunternehmen. Köln: Erich Schmidt.
Schlippe, A. von (2014): Das kommt in den besten Familien vor ... Systemische Konfliktberatung in Familien und Familienunternehmen. Stuttgart: Concadora.
Schlippe, A. von, Groth, T. (2006): Familienunternehmen und Beratung: Paradoxien und Dilemmata. In: Deissler, K. (Hrsg.): Familienunternehmen beraten. Bielefeld: Transcript, S. 109–125.
Schlippe, A. von, Groth, T., Rüsen, T. A. (2017): Die beiden Seiten der Unternehmerfamilie. Familienstrategie über Generationen: Auf dem Weg zu einer Theorie der Unternehmerfamilie. Göttingen: Vandenhoeck & Ruprecht.
Schlippe, A. von, Schlippe, B. von (2012): Paradoxer Alltag. Ganz normale Verrücktheiten. Stuttgart: Klett-Cotta.
Simon, F. B. (2012): Einführung in die Theorie des Familienunternehmens. Heidelberg: Carl-Auer.
Simon, F. B. (2018): Formen. Zur Kopplung von Organismus, Psyche und soziales System. Heidelberg: Carl-Auer.
Simon, F. B., Conecta (1992): »Radikale« Marktwirtschaft. Grundlagen des systemischen Managements. Heidelberg: Carl-Auer.
Simon, F. B., Rech-Simon, C. (1999): Zirkuläres Fragen. Systematische Therapie in Fallbeispielen: Ein Lehrbuch. Heidelberg: Carl-Auer.
Simon, F. B., Wimmer, R., Groth, T. (2017): Mehr-Generationen-Familienunternehmen. Erfolgsgeheimnisse von Oetker, Haniel, Merck u. a. (3. Aufl.). Heidelberg: Carl-Auer.
Spencer-Brown, G. (1971/1994): Dieses Spiel geht nur zu zweit. Soltendiek: Bohmeier.

H

HACK

Andreini, D., Bettinelli, C., Pedeliento, G., Apa, R. (2019): How do consumers see firms' family nature? A review of the literature. Family Business Review, 33 (1), pp. 18–37.
Astrachan, C. B., Botero, I. C., Astrachan, J. H., Prügl, R. (2018): Branding the family firm: A review, integrative framework proposal, and research agenda. Journal of Family Business Strategy, 9 (1), pp. 3–15.
Bieberstein, F. v., Crede, A. K., Essl, A., Hack, A. (2020): Signaling and stakeholder honesty: On the individual and combined effects of owner family membership and religious affiliation. Family Business Review, 33 (3), pp. 265–283.
Bretz, Jr. R. D., Judge, T. A. (1994): Person–organization fit and the theory of work adjustment: Implications for satisfaction, tenure, and career success. Journal of Vocational Behavior, 44 (1), pp. 32–54.
Carney, M. (2005): Corporate governance and competitive advantage in family-controlled firms. Entrepreneurship Theory and Practice, 29 (3), pp. 249–265.
Gneezy, U., Rockenbach, B., Serra-Garcia, M. (2013): Measuring lying aversion. Journal of Economic Behavior & Organization, 93 (C), pp. 293–300.
Grossmann, S., Schlippe, A. von (2015): Family businesses: Fertile environments for conflict. Journal of Family Business Management, 5 (2), pp. 294–314.

Habbershon, T. G., Williams, M. L. (1999). A resource-based framework for assessing the strategic advantages of family firms. Family Business Review, 12 (1), pp. 1–25.

Hauswald, H., Hack, A., Kellermanns, F. W., Patzelt, H. (2016): Attracting new talent to family firms: Who is attracted and under what conditions? Entrepreneurship Theory and Practice, 40 (5), pp. 963–989.

Krappe, A., Goutas, L., Schlippe, A. von (2011): The »family business brand«: An enquiry into the construction of the image of family businesses. Journal of Family Business Management, 1 (1), pp. 37–46.

Power, E. A. (2017): Discerning devotion: Testing the signaling theory of religion. Evolution and Human Behavior, 38 (1), pp. 82–91.

Sageder, M., Mitter, C., Feldbauer-Durstmüller, B. (2018): Image and reputation of family firms: A systematic literature review of the state of research. Review of Managerial Science, 12 (1), pp. 335–377.

Schellong, M., Kraiczy, N. D., Malär, L., Hack, A. (2019): Family firm brands, perceptions of doing good, and consumer happiness. Entrepreneurship Theory and Practice, 43 (5), pp. 921–946.

Schlippe, A. von (2007): Das Balancieren von Paradoxien in Familienunternehmen – Struktur mit Kultur versöhnen. In: Rausch, K. (Hrsg.): Organisation gestalten. Struktur mit Kultur versöhnen. Lengerich: Pabst, S. 109–127.

Weismeier-Sammer, D., Frank, H., Schlippe, A. von (2013): Untangling ›familiness‹: A literature review and directions for future research. The International Journal of Entrepreneurship and Innovation, 14 (3), pp. 165–177.

Zwack, M., Kraiczy, N. D., Schlippe, A. von, Hack, A. (2016): Storytelling and cultural family value transmission: Value perception of stories in family firms. Management Learning, 47 (5), pp. 590–614.

von HERTEL HEILIGENSETZER/THOMAS

Hertel, A. von (2006): Grrr! Warum wir miteinander streiten und wie wir davon profitieren können. Frankfurt a. M.: Campus.

Hertel, A. von (2013): Professionelle Konfliktlösung: Führen mit Mediationskompetenz. Frankfurt a. M.: Campus.

Hertel, A. von (2016): Mediationskompetenz in der Praxis – mit und ohne Mediator(in): So wirkt Mediationskompetenz vom ersten Schritt der Fallentwicklung bis zur nachhaltigen Umsetzung der Ergebnisse am Beispiel von »Frollegen(innen)«. Konfliktdynamik, 5 (4), S. 286–295.

Littlefield, C. (2012, 18. December): What do you want to be acknowledged for? Christopher Littlefield at TEDxBeirut. In: TEDx Talks (Ed.): youtube.com/watch?v=O4Og5tFNiaU (Zugriff am 09.01.2021.

Lynch, D., Kordis, P. (1998): Delphin-Strategien. Managementstrategien in chaotischen Systemen. Langenbieber: Henrich.

Molter, H., Schlippe, A. von (2012): Auftragskarussell. In: Wirth, J., Kleve, H. (Hrsg.): Lexikon des systemischen Arbeitens. Heidelberg: Carl-Auer Systeme, S. 39–43.

Nöcker, K., Molter, H., Rüsen, T. A., Schlippe, A. von (2012): Wie kann ein Gespräch zu einem Spaziergang werden? In: Familiendynamik, 37 (1), S. 50–52.

Roermund, T. v., Schreurs, M.-L., Mokkink, H., Bottema, B., Scherpbier, A., Weel, C. von (2013): Qualitative study about the ways teachers react to feedback from resident evaluations. BMC Medical Education, 13 (98).

Schlippe, A. von (2006): Das »Auftragskarussell« oder auch »Münchhausens Zopf«. In: Fliegel, St., Kämmerer, A. (Hrsg.): Psychotherapeutische Schätze. 101 bewährte Übungen und Methoden für die Praxis. Tübingen: dgvt.

Schlippe, A. von (2014): Das Auftragskarussell: Ein Instrument der Klärung eigener Erwartungs-Erwartungen. In: Levold, T., Wirsching, M. (Hrsg.): Systemische Therapie und Beratung – Das große Lehrbuch. Heidelberg: Carl-Auer Systeme, S. 223–227.

Schlippe, A. von, Jansen, T. (2020): Das Erwartungskarussell als Instrument zur Klärung komplexer Situationen im Coaching – Vorgestellt am Beispiel der Nachfolge im Familienunternehmen. Konfliktdynamik, 9 (2), S. 125–131.

Sedikides, C., Herbst, K. C., Hardin, D. P., Dardis, G. J. (2002): Accountability as a deterrent to self-enhancement: The search for mechanisms. In: Journal of Personality and Social Psychology, 83(3), pp. 592–605.

VandeWalle, D. (2003): A goal orientation model of feedback-seeking behavior. Human Resource Management Review, 13 (4), pp. 581–604.

HÜLSBECK

Audretsch, D. B., Hülsbeck, M., Lehmann, E. E. (2013): Families as active monitors of firm performance. Journal of Family Business Strategy, 4 (2), pp. 118–130.

Fama, E. F., Jensen, M. C. (1983). Separation of ownership and control. The journal of law and Economics, 26 (2), 301–325.

Grossman, S. J., Hart, O. D. (1986). The costs and benefits of ownership: A theory of vertical and lateral integration. Journal of political economy, 94(4), 691–719.

Heider, A., Gerken, M., van Dinther, N., Hülsbeck, M. (2020): Business model innovation through dynamic capabilities in small and medium enterprises – Evidence from the German Mittelstand. Journal of Business Research. Online first.

Hülsbeck, M. (2020): Corporate Governance von Familienunternehmen. In: Rüsen, T. A., Heider, A. K. (2020): Aktive Eigentümerschaft in Familienunternehmen. Gesellschafterkompetenz in Unternehmerfamilien entwickeln und anwenden. Berlin: Erich Schmidt.

Johnson, D. R. (2007): Reflections on the Bundle of Rights. Vermont Law Review, 32, pp. 247–272.

Rüsen, T. A., Schlippe, A. von, Gimeno, A. (2013): Strukturelles Risiko und Mentale Modelle in Familienunternehmen. In: Rüsen, T. A., Schlippe, A. von (2013): Dynamiken in Familie und Unternehmen. Göttingen: Vandenhoeck & Ruprecht, S. 45–56.

Schlippe, A. von (2013): Kein »Mensch-ärgere-dich-nicht« Spiel. Ein kritischer Blick auf das »Drei-Kreise-Modell« zum Verständnis von Familienunternehmen. In: Rüsen, T. A., Schlippe, A. von (2013): Dynamiken in Familie und Unternehmen. Göttingen: Vandenhoeck & Ruprecht, S. 13–44.

Schlippe, A. von (2014): Das kommt in den besten Familien vor... Systemische Konfliktbearbeitung in Familien und Familienunternehmen. Stuttgart: Concadora.

Schlippe A. von, Groth, T., Rüsen T. (2017): Die beiden Seiten der Unternehmerfamilie. Familienstrategie über Generationen: Auf dem Weg zu einer Theorie der Unternehmerfamilie. Göttingen: Vandenhoeck & Ruprecht.

Siegrist, H., Sugarman, D. (1999): Eigentum im internationalen Vergleich: 18.-20. Jahrhundert, Band 130. Göttingen: Vandenhoeck & Ruprecht.

K

KELLERMANNS

Amason, A. C. (1996): Distinguishing the effects of functional and dysfunctional conflict on strategic decision making: Resolving a paradox for top management teams. Academy of Management Journal, 39 (1), pp. 123–148.

Bendersky, C., Hays, N. A. (2012): Status conflict in groups. Organization Science, 23 (2), pp. 323–340.

Berent, M. M., Uhlaner, L. M. (2012): Family governance practices and teambuilding: paradox of the enterprising family. Small Business Economics Journal, 38 (1), pp. 103–119.

Burgelman, R. A. (2002): Strategy is destiny: How strategy-making shapes a company's future. New York: Free Press.

De Dreu, C. K. W. (1997): Productive conflict: The importance of conflict management and conflict issue. In: De Dreu, C. K. W., Vliert, E. von der (Eds.): Using conflict in organizations. London: Sage, pp. 9–22.

De Massis, A., Chua, J. H., Chrisman, J. J. (2008): Factors preventing intra-family succession. Family Business Review, 21 (2), pp. 183–199.

Dyer, W. G. (1986): Cultural change in family firms: Anticipating and managing business and family transition. San Francisco: Jossey-Bass.

Eddleston, K., Kellermanns, F. W. (2007): Destructive and productive family relationships: A stewardship theory perspective. Journal of Business Venturing, 22 (4), pp. 545–565.

Eddleston, K., Otondo, R., Kellermanns, F. W. (2008): Conflict, Participative Decision-Making, and Generational Ownership Dispersion: A Multilevel Analysis. Journal of Small Business Management, 47 (1), pp. 456–484.

Erdogan, I., Rondi, E., De Massis, A. (2020): Managing the tradition and innovation paradox in family firms: A family imprinting perspective. Entrepreneurship Theory and Practice, 44 (1), pp. 20–54.

Frank, H., Kessler, A., Nosé, L., Suchy, D. (2011): Conflicts in family firms: State of the art and perspectives for future research. Journal of Family Business Management, 1 (2), pp. 130–153.

Gersick, K. E., Davis, J. A., Hampton, M. M., Lansberg, I. (1997): Generation to generation: Life cycles of the family business. Boston: Harvard Business School Press.

Gordon, G., Nicholson, N. (2008): Family Wars. Classic conflicts in family business and how to deal with them. London, Philadelphia: Kogan Page.

Hauswald, H., Hack, A., Kellermanns, F. W., Patzelt, H. (2016): Attracting new talent to family firms: Who is attracted and under what conditions? Entrepreneurship Theory and Practice, 40 (5), pp. 963–990.

Hoon, C., Hack, A., Kellermanns, F. W. (2019): Advancing knowldge on human resource management in family firms: An introduction and integrative framework. German Journal of Human Resource Management, 33 (3), pp. 147–166.

Jehn, K. A. (1995): A multimethod examination of the benefits and detriments of intragroup conflict. Administrative Science Quarterly, 40 (2), pp. 256–282.

Jehn, K. A. (1997): A quantitative analysis of conflict types and dimensions in organizational groups. Administrative Science Quarterly, 42 (3), pp. 530–558.

Kellermanns, F. W., Eddleston, K. (2004): Feuding families: When conflict does a family firm good. Entrepreneurship Theory and Practice, 28 (3), pp. 209–228.

Kellermanns, F. W., Schlippe, A. von, Mähler, G., Mähler, H.-G. (2018): Konflikte in Familie und Unternehmen erkennen, managen und vermeiden. In: Koeberle-Schmid, A., Fahrion, H.-J. (Hrsg.): Family Business Governance: Erfolgreiche Führung von Familienunternehme. Berlin: Erich Schmidt, S. 379–399.

Lee, M.-S., Rogoff, E. G. (1996): Research note: Comparison of small businesses with family participation versus small businesses without family participation: An investigation of differences in goals, attitudes, and family/business conflict. Family Business Review, 9 (4), pp. 423–437.

McKee, D., Madden, T. M., Kellermanns, F. W., Eddleston, K. A. (2014): Conflicts in family firms: The good and the bad. In: Melin, L., Nordqvist, M., Sharma, P. (Eds.): SAGE Handbook of Family Business. London: Sage, pp. 514–528.

Nordqvist, M., Hall, A., Melin, L. (2009): Qualitative research on family businesses: The relevance and usefulness of the interpretive approach. Journal of Management and Organization, 15 (3), pp. 294–308.

Pai, J., Bendersky, C. (2020): Team status conflict. Current Opinion in Psycholgoy, 33, pp. 38–41.

Paskewitz, A. (2015): When work and family merge: Understanding intragroup conflcit experiences in family farm businesses. Fargo: North Dakota State University.

Qui, H., Freel, M. (2020): Managing family-related conflicts in family businesses: A review and reserach agenda. Family Business Review, 33 (1), pp. 90–113.

Schlippe, A. von (2007): Das Balancieren von Paradoxien in Familienunternehmen – Kultur mit Struktur versöhnen. In: Rausch, K. (Hrsg.): Organisationen gestalten. Lengerich: Pabst, S. 111–129.

Schlippe, A. von, Kellermanns, F. W. (2017): Konflikte in Familien und Unternehmen erkennen, managen, vermeiden. In: Rüsen, T. A., Schlippe, A. von (Hrsg.): Dynamiken in Familie und Unternehmen. Göttingen: Vandenhoeck & Ruprecht, S. 237–250.

Schulze, W. S., Lubatkin, M. H., Dino, R. N. (2003): Toward a theory of agency and altruism in family firms. Journal of Business Venturing, 18 (4), pp. 473–490.

Schulze, W. S., Lubatkin, M. H., Dino, R. N., Buchholtz, A. K. (2001): Agency relationships in family firms: Theory and evidence. Organization Science, 12 (2), pp. 99–116.

Sorenson, R. L. (1999): Conflict management strategies used in successful family businesses. Family Business Review, 12 (4), pp. 325–339.
Stanley, L. J., Kellermanns, F. W., Zellweger, T. (2017): Latent profile analysis: Understanding family firm profiles. Family Business Review, 30 (1), pp. 84–102.
Tagiuri, R., Davis, J. A. (1992): On the goals of successful family companies. Family Business Review, 5 (1), pp. 43–62.
Thomas, K. W. (1992): Conflict and conflict management: Reflections and update. Journal of Organizational Behavior, 13 (3), pp. 265–274.
Wachter, M., Kellermanns, F. W. (2018): »Was tun, wenn's kracht« – Hinweise für ein professionelles Konfliktmanagement. In: May, P., Bartels, P. (Hrsg.): Governance im Familienunternehmen. Köln: Bundesanzeiger, S. 533–545.
Williams, R. I., Pieper, T. M., Kellermanns, F. W., Astrachan, J. H. (2019): Family business goal formation: A literature review and discussion of alternative algorithms. Management Review Quarterly, 69 (3), pp. 329–349.

KIRCHDÖRFER

Bochmann, C., Scheller, J., Prütting, J. (Hrsg.) (2021): Münchener Handbuch des Gesellschaftsrechts, Band 9: Recht der Familienunternehmen (6. Aufl.). München: C. H. Beck.
Hennerkes, B.-H., Kirchdörfer, R. (2015): Die Familie und ihr Unternehmen. Strategie, Liquidität, Kontrolle. Frankfurt a. M., New York: Campus.
Holler, L. (2019). Das Recht der Familienunternehmen und ihre Besonderheiten in der Rechtsanwendung und -gestaltung, DStR 2019, 880 ff., 931 ff.
Kirchdörfer, R. (2011): Familienunternehmen. FuS, S. 32
Kirchdörfer, R., Lorz, R, Wiedemann, A., Kögel, R., Frohnmayer, T. (Hrsg.) (2009): Familienunternehmen in Recht, Wirtschaft, Politik und Gesellschaft. Festschrift für Brun-Hagen Hennerkes zum 70. Geburtstag. München: Beck.
Meincke, J., Hannes, F., Holtz, M. (2018): Erbschaftsteuer- und Schenkungsteuergesetz. Kommentar (17. Aufl.). München: C. H. Beck.
Scherer, S. (2018): Münchener Anwaltshandbuch Erbrecht (5. Aufl.). München: C. H. Beck.
Scherer, S. (2020): Unternehmensnachfolge (6. Aufl.). München: C. H. Beck.
Schlippe, A. von (2014): Das kommt in den besten Familien vor. Systemische Konfliktberatung in Familien und Familienunternehmen. Stuttgart: Concadora.
Schlippe, A. von, Hülsbeck, M. (2016): Psychologische Kontrakte in Familienunternehmen. FuS, S. 125–130.
Schlippe, A. von, Kormann, H. (2017): Börsennotierung des Familienunternehmens. Ein Ansatz zur Überbrückung von Paradoxien und seine Erfolgsaussichten. FuS, S. 200–205.
Schlippe, A. von, Schlippe, B. von (2020): Mehr als Unsinn. Eine kleine Erkenntnistheorie des Witzes. Göttingen: Vandenhoeck & Ruprecht.
Simon, H. (2012): Hidden Champions – Aufbruch nach Globalia. Die Erfolgsstrategien unbekannter Weltmarktführer. Frankfurt a. M., New York: Campus.
Stiftung Familienunternehmen (2019): Die volkswirtschaftliche Bedeutung der Familienunternehmen (5. Aufl.). München: Stiftung Familienunternehmen.
Stiftung Familienunternehmen (2019): Aspekte der Unternehmenstransparenz. München: Stiftung Familienunternehmen.
Stiftung Familienunternehmen (2018): Publizitätspflichten von Familienunternehmen. München: Stiftung Familienunternehmen.
Stiftung Familienunternehmen (2019): Industrielle Familienunternehmen in Ostdeutschland. München: Stiftung Familienunternehmen.
Stiftung Familienunternehmen (2019): Die Entwicklung der Familienunternehmen in den neuen Bundesländern. München: Stiftung Familienunternehmen.

Stiftung Familienunternehmen (2019): Familienunternehmen in Deutschland und den USA seit der Industrialisierung. München: Stiftung Familienunternehmen.

Stiftung Familienunternehmen (2020): Deutschlands nächste Unternehmergeneration. Eine empirische Untersuchung der Einstellungen, Werte und Zukunftspläne (5. Aufl.). München: Stiftung Familienunternehmen.

Stiftung Familienunternehmen (2021): Länderindex Familienunternehmen (8. Aufl.). München: Stiftung Familienunternehmen.

Stiftung Familienunternehmen (2020): Minderjährigkeit und Betreuung bei Familiengesellschaften. München: Stiftung Familienunternehmen.

Stiftung Familienunternehmen (2020): Das gesellschaftliche Engagement von Familienunternehmen. München: Stiftung Familienunternehmen.

Stiftung Familienunternehmen (2020): Der Beitrag der Familienunternehmen zum Steueraufkommen in Deutschland (2. Aufl.). München: Stiftung Familienunternehmen

Stiftung Familienunternehmen (2020): Die Bedeutung der Familienunternehmen für ländliche Räume. Beitrag zum Wohlstand und Zusammenhalt. München: Stiftung Familienunternehmen.

KLEVE

Danner, A. (2018): Die funktionale Ausdifferenzierung der Unternehmerfamilie als eine Form der Paradoxieentfaltung – Eine fundamentaltheoretische Analyse vor dem Hintergrund der Theorie sozialer Systeme. Masterarbeit an der Universität Witten/Herdecke, Fakultät für Wirtschaftswissenschaften. Witten: Universität Witten/Herdecke.

Eberhard, K. (1999): Einführung in die Erkenntnis- und Wissenschaftstheorie. Geschichte und Praxis der konkurrierenden Erkenntniswege. Stuttgart: Kohlhammer.

Frank, H., M. Lueger, L., Nosé, D. Suchy (2010): The concept of »familiness«: Literature review and systems theory-based reflections. Journal of Family Business Strategy, 1 (3), pp. 119–130.

Frank H., J. Suess-Reyes, E. Fuetsch, A. Kessler (2019): Introducing the enterpriseness of business families: A research agenda. The Palgrave handbook of heterogeneity among family firms. Cham: Palgrave Macmillan, pp. 263–296.

Kleve, H. (2021): Die Unternehmerfamilie als soziales System. Zur funktionalen Ausdifferenzierung einer besonderen Sozialform. In: EQUA-Stiftung: Jubiläumsband zum 20-jährigen Bestehen der Stiftung. München (im Erscheinen).

Kleve, H., Köllner, T. (2019): Soziologie der Unternehmerfamilie. Grundlagen, Entwicklungslinien, Perspektiven. Wiesbaden: Springer.

Luhmann, N. (1990): Sozialsystem Familie. In: Luhmann, N. (Hrsg.): Soziologische Aufklärung 5 – Konstruktivistische Perspektiven. Opladen: Westdeutscher Verlag, S. 196–217.

Schlippe, A. von (2013): Kein »Mensch-ärgere-dich-nicht«-Spiel: Ein kritischer Blick auf das »Drei-Kreis-Modell« zum Verständnis von Familienunternehmen. In: Schumacher, T. (Hrsg.): Professionalisierung als Passion. Aktualität und Zukunftsperspektiven systemischer Organisationsberatung. Heidelberg: Carl-Auer, S. 143–164.

Schlippe, A. von (2014): Das kommt in den besten Familien vor. Systemische Konfliktbearbeitung in Familien und Familienunternehmen. Stuttgart: Concadora.

Schlippe A. von, Groth, T., Rüsen T. (2017): Die beiden Seiten der Unternehmerfamilie. Familienstrategie über Generationen: Auf dem Weg zu einer Theorie der Unternehmerfamilie. Göttingen: Vandenhoeck & Ruprecht.

Simon, F. B. (2012): Einführung in die Theorie des Familienunternehmens. Heidelberg: Carl-Auer.

Tagiuri, R., Davis, J. (1996): Bivalent attributes of the family firm. Family Business Review, 9 (2), pp. 199–208.

Wimmer, R., Domayer, E., Oswald, M., Vater, G. (2018): Familienunternehmen – Auslaufmodell oder Erfolgstyp? (3. Aufl.). Wiesbaden: Springer.

References

KORMANN

Ammer, J. (2017): Die Organisation der Unternehmerfamilie in Stämmen. Göttingen: Vandenhoeck & Ruprecht.

Antonovsky, A. (1987): Unraveling the mystery of health: How people manage stress and stay well. San Francisco: Jossey-Bass.

Antonovsky, A., Franke, A. (1997): Salutogenese – Zur Entmystifizierung der Gesundheit. Tübingen: dgvt.

Falkal, P., Döpfner, M. (2014): Diagnostisches und statistisches Manual psychischer Störungen – DSM-5. Göttingen: Hogrefe.

Handelsblatt (2009): Interessen des Unternehmens haben immer Vorrang. Nr. 224, S. 30–31.

Hennerkes, B.-H., Kirchdörfer, R. (2015): Die Familie und ihr Unternehmen. Frankfurt a. M.: Campus.

Kaplan, S. N., Klebanov, M. M., Sorensen, M. (2012): Which CEO characteristics and abilities matter. The Journal of Finance, 62 (3), pp. 971–1005.

Meyer, M. W., Zucker, L. G. (1989): Permanently failing organizations. Thousand Oaks: SAGE.

Schlippe, A. von, Groth, T., Rüsen, T. A. (2017): Die beiden Seiten der Unternehmerfamilie. Familienstrategie über Generationen: Auf dem Weg zu einer Theorie der Unternehmerfamilie. Göttingen: Vandenhoeck & Ruprecht.

Schlippe, A. von, Schweitzer, J. (2012): Lehrbuch der systemischen Therapie und Beratung I. Göttingen: Vandenhoeck & Ruprecht.

Seibold, L. K. C., Lantelme, M., Kormann, H. (2019): German Family Enterprises. Cham: Springer.

KRIZ

Cannon-Bowers, J. A., Salas, E., Converse, S. (1993): Shared mental models in expert team decision making. In: Castellan Jr., N. J. (Ed.): Individual and group decision making. Hillsdale: Erlbaum, pp. 221–246.

Kriz, J. (2011): Synlogisation: Über das Glück, verstanden zu werden und andere zu verstehen. Systhema, 25 (2), S. 118–131.

Kriz, J. (2017): Subjekt und Lebenswelt. Personzentrierte Systemtheorie für Psychotherapie, Beratung und Coaching. Göttingen: Vandenhoeck & Ruprecht.

Rüsen, T., Schlippe, A. von, Groth, T. (2019): Mentale Modelle von Familienunternehmen – Wie Unternehmerfamilien über sich und ihre Verbindung zum Familienunternehmen denken. Witten: Wittener Institut für Familienunternehmen.

Schlippe, A. von (2014): Das Auftragskarussell – Ein Instrument der Klärung eigener Erwartungserwartungen. In: Levold, T., Wirsching, M. (Hrsg.): Systemische Therapie und Beratung – Das große Lehrbuch. Heidelberg: Carl-Auer Systeme, S. 223–227.

Schlippe, A. von, Groth, T. (2019): Unternehmen, Familie, Unternehmerfamilie: Systemtheoretische Perspektiven zur Erweiterung des Drei-Kreis-Denkens. In: Kleve H., Köllner T. (Hrsg.): Soziologie der Unternehmerfamilie. Wiesbaden: Springer, S. 267–277.

Schlippe, A. von, Jansen, T. (2020): Das Erwartungskarussell als Instrument zur Klärung komplexer Situationen im Coaching – Vorgestellt am Beispiel der Nachfolge in Familienunternehmen. Konfliktdynamik, 9 (2), S. 128–134.

P

PIEPER

Astrachan, J. H., Binz Astrachan, C., Botero, I., Graves, C., Keyt, A. D., Kotlar, J., Pieper, T. M., Rüsen, T., Vazquez, P. (2020): Global survey on family businesses' responses to COVID-19. IFERA Research Report: https://ifera.org/crossing-the-crisis (Zugriff am 09.01.2021).

Astrachan, J. H., Pieper, T. M. (2011): Developing responsible owners in family business. In: EQUA-Stiftung (Ed.): Gesellschafterkompetenz – Die Verantwortung der Eigentümer von Familienunternehmen. EQUA Schriftenreihe 10/2011. Bonn: Unternehmer Medien, S. 102–110.

Barbera, F., Bernhard, F., Nacht, J., McCann, G. (2015): The relevance of a whole-person learning approach to family business education: Concepts, evidence, and implications. Academy of Management Learning & Education, 14 (3), pp. 322–346.

Binz Astrachan, C., Astrachan, J. H., Kotlar, J., Michiels, A. (in press): Addressing the theory-practice divide in family business research: The case of shareholder agreements. Journal of Family Business Strategy. https://doi.org/10.1016/j.jfbs.2020.100395.

Binz Astrachan, C., Waldkirch, M., Michiels, A., Pieper, T. M., Bernhard, F. (2020): Professionalizing the business family: The five pillars of competent, committed and sustainable ownership. FFI & 2086 Society Research Report: https://digital.ffi.org/pdf/wednesday-edition/2020/january-08/ffi_professionalizing_the_business_family_v2.pdf (Zugriff am 09.01.2021).

Bowlby, J. (1969): Attachment and Loss – Vol 1. Attachment. New York: Basic Books.

Groth, T., Schlippe, A. von (2011): Einführung: Gesellschafterkompetenz als Systemkompetenz. In: EQUA-Stiftung (Hrsg.): Gesellschafterkompetenz – Die Verantwortung der Eigentümer von Familienunternehmen. EQUA Schriftenreihe, Band 10/2011. Bonn: Unternehmer Medien, S. 9–24.

Hartman, J. J. (1981): Group cohesion and the regulation of self-esteem. In: Kellerman, H. (Ed.): Group cohesion: Theoretical and clinical perspectives. New York: Grune & Stratton, pp. 254–267.

Hülsbeck, M., Klinken, P., Jansen, T. (2016): Persönliche Kompetenzen in der Nachfolge von Familienunternehmen. Witten: Witten Institute for Family Business.

Kleve, H., Köllner, T., Schlippe, A. von, Rüsen, T. A. (2020): The business family 3.0: Dynastic business families as families, organizations and networks – Outline of a theory extension. Systems Research and Behavioral Science, 37 (3), pp. 516–526.

Kormann, H. (2010): Zusammenhalt der Unternehmerfamilie: Verträge, Vermögensmanagement, Kommunikation. Berlin: Springer.

Le Breton-Miller, I., Miller, D. (2015): Learning stewardship in family firms: For family, by family, across the life cycle. Academy of Management Learning and Education, 14 (3), pp. 386–399.

Piaget, J. (1929): The child's conception of the world. New York: Harcourt Brace.

Pieper, T. M. (2007): Mechanisms to assure long-term family business survival: A study of the dynamics of cohesion in multigenerational family business families. Frankfurt a. M.: Peter Lang.

Pieper, T. M. (2010): Zusammenhalt in Unternehmerfamilien – Eine Voraussetzung zur Sicherung des Überlebens von Familienunternehmen. EQUA-Schriftenreihe 4/2007 (2. Aufl.). Bonn: Unternehmer Medien.

Pieper, T. M., Astrachan, J. H. (2008): Mechanisms to assure family business cohesion: Guidelines for family business leaders and their families. Kennesaw: Cox Family Enterprise Center.

Rüsen, T. A. (2020): Professional ownership in business families: The success factor for long-lasting family businesses. Witten: Witten Institute for Family Business.

Rüsen, T. A., Heider, A. K. (2020): Aktive Eigentümerschaft in Familienunternehmen – Gesellschafterkompetenz in Unternehmerfamilien entwickeln und anwenden. Berlin: Erich Schmidt.

Rüsen, T. A., Löhde, A. S. (2019): Die Unternehmerfamilie und ihre Familienstrategie. Einblicke in die gelebte Praxis von Family Governance. Witten: Wittener Institut für Familienunternehmen.

Schlippe, A. von (2014): Das kommt in den besten Familien vor ... Systemische Konfliktbearbeitung in Familien und Familienunternehmen. Stuttgart: Concadora.

Schlippe, A. von, Frank, H. (2013): The theory of social systems as a framework for understanding family businesses. Family Relations, 62 (3), pp. 384–398.

Schlippe, A. von, Groth, T., Rüsen, T. A. (2021): The two sides of the business family: Governance and strategy across generations. Heidelberg: Springer.

Schlippe, A. von, Schneewind, K. A. (2014): Theories from family psychology and family therapy. In: Melin, L., Nordqvist, M., Sharma, P. (Eds.): The SAGE Handbook of Family Business. London: Sage, pp. 47–65.

Turchin, P. (2005): War and peace and war: Life cycles of imperial nations. New York: Pi Press.

PLATE

Benwell, B., Stokoe, E. (2006): Discourse and identity. Edinburg: Edinburgh University Press.

Blau, P. M. (1964): Exchange and Power in Social Life. New Brunswick: Transaction Publishers.

Boszormenyi-Nagy, I., Spark, G. (1973): Invisible loyalties: Reciprocity in intergenerational family therapy. New York: Harper & Row.

Burns, T. (1961): Micropolitics: mechanisms of institutional change. Administrative Science Quarterly, 6 (3), pp. 257–281.

Cropanzano, R., Mitchell, M. S. (2005): Social Exchange Theory: An interdisciplinary review. Journal of Management, 31 (6), pp. 874–900.

Daspit, J. J., Holt, D. T., Chrisman, J. J., Long, R. G. (2016): Examining family firm succession from a social exchange perspective. Family Business Review, 29 (1), pp. 44–64.

De Massis, A., Foss, N. J. (2018): Advancing family business research: The promise of microfoundations. Family Business Review, 31 (4), pp. 386–396.

DeRue, D. S., Ashford, S. J. (2010): Who will lead and who will follow? A social process of leadership identity construction in organizations. Academy of Management Review, 35 (4), pp. 627–647.

Foa, E. B., Foa, U. G. (1974): Resource Theory – Interpersonal behavior as exchange. In: Thibaut, J. W., Spence, J. T., Carson, R. C. (Eds.): Contemporary topics in social psychology. Morristown: General Learning Press, pp. 77–94.

Hughes, R. (2008): Vignettes. In: Given, L. M. (Ed.): The Sage Encyclopedia of qualitative research methods. Thousand Oaks: SAGE, pp. 919–921.

Jennings, J. E., Breitkreuz, R. S., James, A. E. (2014): Theories from family science: A review and roadmap for family business research. In: Melin, L., Nordqvist, M., Sharma, P. (Eds.): The SAGE Handbook of Family Business. London: SAGE.

Long, R. G., Mathews, K. M. (2011): Ethics in the family firm: Cohesion through reciprocity and exchange. Business Ethics Quarterly, 21 (2), pp. 287–308.

Markus, H., Nurius, P. (1986): Possible selves. American Psychologist, 41 (9), pp. 954–969.

Molm, L. D., Collett, J. L., Schaefer, D. R. (2007): Building solidarity through generalized exchange: A Theory of Reciprocity. American Journal of Sociology, 113 (1), pp. 205–242.

Peng, C., Nelissen, R. M. A., Zeelenberg, M. (2018): Reconsidering the roles of gratitude and indebtedness in social exchange. Cognition and Emotion, 32 (4), pp. 760–772.

Plate, M. (2008): Geschwisterkonflikte in Stammesunternehmen. In: Schlippe, A. von, El Hachimi, M., Nischak, A. (Hrsg.): Familienunternehmen verstehen – Gründer, Gesellschafter und Generationen. Göttingen: Vandenhoeck & Ruprecht, S. 65–83.

Roch, S. G., Shannon, C. E., Martin, J. J., Swiderski, D., Agosta, J. P., Shanock, L. R. (2019): Role of employee felt obligation and endorsement of the just world hypothesis: A social exchange theory investigation in an organizational justice context. Journal of Applied Social Psychology, 49 (4), pp. 213–225.

Ruvolo, A. P., Markus, H. R. (1992): Possible selves and performance: The power of self-relevant imagery. Social Cognition, 10 (1), pp. 95–124.

Schlippe, A. von (2009): Zwischen Ökonomie und Psychologie: Konflikte in Familienunternehmen. Zeitschrift für Konfliktmanagement, 12 (1), S. 17–21.

Schlippe, A. von (2014). Das kommt in den besten Familien vor. Stuttgart: Condora.

Schlippe, A. von, Groth, T., Rüsen, T. A. (2017): Die beiden Seiten der Unternehmerfamilie. Familienstrategie über Generationen: Auf dem Weg zu einer Theorie der Unternehmerfamilie. Göttingen: Vandenhoeck & Rupprecht.

Schlippe, A. von, Klein, S. B. (2010): Familienunternehmen – Blinder Fleck der Familientherapie? Familiendynamik, 35 (1), S. 10–21.

Waldkirch, M., Nordqvist, M., Melin, L. (2018): CEO turnover in family firms: How social exchange relationships influence whether a non-family CEO stays or leaves. Human Resource Management Review, 28 (1), pp. 56–67.

Ward, J. L. (1997): Creating effective boards for private enterprise. San Francisco: Jossey-Bass.

PRÜGL/SPITZLEY/RAUSCHENDORFER

Chua, J. H., Chrisman, J. J., Sharma, P. (1999): Defining the family business by behavior. Entrepreneurship Theory and Practice, 23 (4), pp. 19–39.

De Massis, A., Kotlar, J., Chua, J. H., Chrisman, J. J. (2014): Ability and willingness as sufficiency conditions for family oriented particularistic behavior: Implications for theory and empirical studies. Journal of Small Business Management, 52 (2), pp. 344–364.

Garcia, P. R. J. M., Sharma P., De Massis, A., Wright, M., Scholes, L (2018): Perceived parental behaviors and next-generation engagement in family firms: A social cognitive perspective. Entrepreneurship Theory and Practice, 43 (2), pp. 224–243.

Hauck, J., Prügl, R. (2015): Deutschlands nächste Unternehmergeneration. Eine empirische Untersuchung der Einstellungen, Werte und Zukunftspläne. München: Stiftung Familienunternehmen.

Hauser, M., Klaiber, C. T., Prügl, R. (2020): Herausforderungen und Erfolgsfaktoren des Führungsübergangs im Single Family Office. In: FIF Working Paper Series. Friedrichshafen: Zeppelin Universität.

Kammerlander, N. (2019): Wie Familienunternehmen Nachfolger finden. »Den Nachwuchs auslagern und aufbauen, statt ihn im Familiendrama aufzureiben«. Manager Magazin. https://www.manager-magazin.de/unternehmen/karriere/wie-familienunternehmen-nachfolger-finden-a-1302351.html (Zugriff am 09.01.2021).

Prügl, R., Rauschendorfer, N. (2020): Deutschlands nächste Unternehmergeneration. Eine empirische Untersuchung der Einstellungen, Werte und Zukunftspläne (5. Aufl. und Schwerpunkt »Strategie«). München: Stiftung Familienunternehmen.

Sharma, P., Irving, P. G. (2005): Four bases of family business successor commitment: Antecedents and consequences. Entrepreneurship Theory and Practice, 29 (1), pp. 13–33.

Sieger, P., Fueglistaller, U., Zellweger, T. (2016): Student Entrepreneurship 2016: Insights from 50 countries. St. Gallen, Bern: KMU-HSG/IMU.

Spitzley, D. (2020a): Unternehmensnachfolge-Geschichten: Trends und Nachfolge-Modelle in Deutschland (Teil 2). In: Sage. https://www.sage.com/de-de/blog/unternehmensnachfolge-geschichten-trends-und-nachfolge-modelle-in-deutschland-fy20/ (Zugriff am 09.01.2021).

Spitzley, D. (2020b): The next generation in enterprising families: Studies on entrepreneurial roles (Dissertation). Friedrichshafen: Zeppelin Universität.

Spitzley, D., Prügl, R. (2017): Deutschlands nächste Unternehmergeneration. Eine empirische Untersuchung der Einstellungen, Werte und Zukunftspläne (4. Aufl. und Schwerpunkt »Digitalisierung«). München: Stiftung Familienunternehmen.

Stamm, I. (2013): Unternehmerfamilien. Über den Einfluss des Unternehmens auf Lebenslauf, Generationenbeziehungen und soziale Identität. Berlin: Barbara Budrich.

Zellweger, T. M., Nason, R. S., Nordqvist, M. (2012): From longevity of firms to transgenerational entrepreneurship of families: Introducing family entrepreneurial orientation. Family Business Review, 25 (2), pp. 136–155.

R

RAU/WOLFRAM

Anderson, R. C., Reeb, D. M. (2003): Founding-family ownership and firm performance: Evidence from the S&P 500. Journal of Finance, 58 (3), pp. 1301–1328.

Arregle, J. L., Hitt, M. A., Sirmon, D.G., Very, P. (2007): The development of organizational social capital: Attributes of family firms. Journal of Management Studies, 44 (1), pp. 73–95.

Beckhard, R., Dyer jr. G. W. (1983): Managing continuity in the family-owned business. Organizational Dynamics, 12 (1), pp. 5–12.

Danes, S. M., Rueter, M. A., Kwon, H-K., Doherty, W. (2002): Family FIRO model: An application to family business. Family Business Review, 15 (1), pp. 31–43.

Davis, J. A. (1982): The influence of life stages on father-son work relationships in family companies (PhD thesis). Boston: Harvard Business School.

Davis, P. (1983): Realizing the potential of family business. Organizational Dynamics, 12 (1), pp. 47–56.

References

EU-Commission, DG Enterprise, and Industry (2009): Final report of the expert group overview of family-business-relevant issues.

Fischer, S., Frese, M., Mertins, J., Hardt-Gawron, J. (2018): The role of error management culture for firm and individual innovativeness. Applied Psychology, 67 (3), pp. 428–453.

Frese, M., Kring, W., Soose, A., Zempel, J. (1996): Personal initiative at work: Differences between East and West Germany. Academy of Management Journal, 39 (1), pp. 37–63.

Gersick, K. E., Lansberg, I., Desjardins, M., Dunn, B. (1999): Stages and transitions: Managing change in the family business. Family Business Review, 12 (4), pp. 287–297.

Jaskiewicz, P., Dyer, G. W. jr. (2017): Addressing the elephant in the room: Disentangling family heterogeneity to advance family business research. Family Business Review, 30 (2), pp. 111–118.

Kepner, E. (1983): The family and the firm: A coevolutionary perspective. Organizational Dynamics, 12 (1), pp. 57–70.

Klein, S. B. (2008): Commentary and extension: Moderating the outcome of identity confirmation in family firms. Entrepreneurship Theory & Practice, 32 (6), pp. 1083–1088.

Klein, S. B. (2010): Familienunternehmen – Theoretische und empirische Grundlagen (3. Aufl.). Köln, Lohmar: Eul.

Klein, S. B., Astrachan, J. H., Smyrnios, K. X. (2005): The F-PEC scale of family influence: Construction, validation, and further implication for theory. Entrepreneurship Theory & Practice, 29 (3), pp. 321–339.

Lansberg, I. (1983): Managing human resources in family firms. Organizational Dynamics, 12 (1), pp. 39–46.

Leiß, G. (2014): »Ich seh das Ganz als Staffellauf«. Intergenerative Aushandlung im Nachfolgeprozess von Unternehmerfamilien. Heidelberg: Carl-Auer.

LeMar, B. (2001): Generations- und Führungswechsel im Familienunternehmen. Berlin: Springer.

Luhmann, N. (2000): Organisation und Entscheidung. Opladen, Wiesbaden: Suhrkamp.

May, P., Bartels, P. (2017): Governance in Familienunternehmen. Das Handbuch für die erfolgreiche Führung von Familienunternehmen und Unternehmerfamilien. Köln: Bundesanzeiger Verlag.

Parke, R. D. (2004): Development in the family. Annual Review Psychology, 55, pp. 365–399.

Pieper, T. M., Klein, S. B. (2007): The bulleye: A systems approach to modeling family firms. Family Business Review, 20 (4), pp. 301–319.

Rüsen, T., von Schlippe, A. (2017): Dynamiken in Familie und Unternehmen. Sammelband 3. Göttingen: V & R unipress.

Schlippe, A. von (2013): Kein »Mensch-ärgere-dich-nicht«-Spiel: Ein kritischer Blick auf das »Drei-Kreis-Modell« zum Verständnis von Familienunternehmen. In: Schumacher, T. (Hrsg.): Professionalisierung als Passion. Aktualität und Zukunftsperspektiven der systemischen Organisationsberatung. Heidelberg: Carl-Auer, S. 143–164.

Schlippe, A. von, Klein, S. B. (2015): Familienunternehmen – Blinder Fleck in der Familientherapie? Familiendynamik, 35 (1), S. 10–21.

Sharma, P., Melin, L., Nordqvist, M. (2014): Introduction: Scope, evolution and future of family business studies. In: L. Melin, M. Nordqvist, P. Sharma (Hrsg.). The SAGE Handbook of Family Business, London: Sage, S. 1–22.

Simon, F. B., Wimmer, R., Groth, T. (2005): Mehr-Generationen-Familienunternehmen. Erfolgsgeheimnisse von Oetker, Merck, Haniel, u. a. Heidelberg: Carl-Auer.

Suess-Reyes, J. (2017): Understanding the transgenerational orientation of family businesses: The role of family governance and business family identity. Journal of Business Economics, 87 (6), pp. 749–777.

Tagiuri, R., Davis, J. (1982; reprint 1996). Bivalent attributes of the family firm. Family Business Review, 9 (2), S. 199–208.

Wade-Benzoni, K. (2002): A golden rule over time: Reciprocity in intergenerational allocation decisions. Academy of Management Journal, 45 (5), pp. 1011–1028.

Weber, H. (2009): Familieninterne Unternehmensnachfolge. Eine empirische Untersuchung über Akquisitionen von Familienunternehmen. Wiesbaden: Gabler.

Wimmer, R., Domayer, E., Oswald, M., Vater, G. (2005). Familienunternehmen – Auslaufmodell oder Erfolgstyp? (2., überarb. Aufl.). Wiesbaden: Gabler.

RÜSEN

Ammer, J. (2017). Die Organisation der Unternehmerfamilie in Stämmen. Göttingen: Vandenhoeck & Ruprecht.

Aronoff, C. E., Ward, J. L. (2011): Family business ownership: How to be an effective shareholder. New York: Palgrave Macmillan.

Astrachan, J. H., Pieper, T. M. (2010): Mit Familienunternehmensfamilien arbeiten – Typische Szenarien und Interventionsvorschläge. Familiendynamik, 15 (1), S. 4-9.

Astrachan, C., Waldkirch, M., Michiels, A., Pieper, T., Berhard, F. (2020): Professionalizing the business family: The five pillars of competent, committet and sustainable ownership. FFI Research Report: digital.ffi.org/pdf/wednesday-edition/2020/january-08/ffi_professionalizing_the_business_family_v2.pdf (Zugriff am 09.01.2021).

Brundin, E., Sharma, P. (2012): Love, hate, and desire: The role of emotional messiness in the business family. In: Carsrud, A., Brännback, M. (Eds.): Understanding family business. Undiscovered approaches, unique perspectives, and neglected topics (1st ed.). New York: Springer, pp. 55-71.

Coelho, P. (2009): Die Hexe von Portobello. Zürich: Diogenes.

Combs, J. G, Shanine, K. K., Burrows, S., Allen, J. S., Pounds, T. W. (2020): What do we know about business families? Setting the stage for leveraging family science theories. Family Business Review, 33 (1), pp. 38-63.

Eddleston, K. A., Kellermanns, F. W. (2007): Destructive and productive family relationships: A stewardship theory perspective. Journal of Business Venturing, 22 (4), pp. 545-565. https://doi.org/10.1016/j.jbusvent.2006.06.004 (Zugriff am 09.01.2021).

Habbershon, T. G., Astrachan, J. (1997): Perceptions are reality: How family meetings lead to collective action. Family Business Review, 10 (1), pp. 37-52.

Habbershon, T. G., Williams, M. L. (1999): A resourced-based framework for assessing the strategic advantages of family firms. Family Business Review, 12 (1), pp. 1-22.

Harvey, M., Evans, R. E. (1994): Family business and multiple levels of conflict. Family Business Review, 7 (4), pp. 331-348. https://doi.org/10.1111/j.1741-6248.1994.00331.x (Zugriff am 09.01.2021).

Jaffe, D., Lane, S. (2004): Sustaining a family dynasty: Key issues facing complex multigenerational business- and investment-owning families. Family Business Review, 17 (1), pp. 81-98.

Kaye, K. (1996): When the family business is a sickness. Family Business Review, 9 (4), pp. 347-368. https://doi.org/10.1111/j.1741-6248.1996.00347.x (Zugriff am 09.01.2021).

Klett, D. (2005): Zwischen Kompetenz und Herkunft – zwischen Gleichheit und Selektion. Paradoxe Anforderungen an Familienunternehmen und ihre Unternehmerfamilien. Heidelberg: Carl-Auer Systeme.

Kleve, H. (2020). Die Unternehmerfamilie. Wie Wachstum, Sozialisation und Beratung gelingen. Heidelberg: Carl-Auer Systeme

Kleve, H., Köllner, T. (2019): Soziologie der Unternehmerfamilie. Grundlagen, Entwicklungslinien, Perspektiven. Wiesbaden: Springer VS.

Kleve, H., Schlippe, A. von, Rüsen, T. A. (2018): Unternehmerfamilie 3.0. Die besondere Qualität sozialer Familiennetzwerke. In: OrganisationsEntwicklung, 4/2018, S. 52-58.

Kleve, H., Schlippe, A. von, Rüsen, T. A. (2019): Die „verdreifachte" Familie: Dynastische Unternehmerfamilien als Familien, Organisationen und Netzwerke – Skizze einer Theorieerweiterung. In: Kleve, H., Köllner, T. (Hrsg.): Die Soziologie der Unternehmerfamilie. Grundlagen, Entwicklungslinien, Perspektiven. Wiesbaden: Springer VS, S. 249-266.

Köllner, T., Kleve, H., Simons, F., Schlippe, A. von, Rüsen, T. (2020): Vermögensmanagement in großen Unternehmerfamilien: Zwischen individuellem Anspruch und kollektiver Verantwortung. Zeitschrift für KMU und Entrepreneurship, 68, 3.

Kormann, H. (2017): Governance des Familienunternehmens. Wiesbaden: Springer Gabler.

Kormann, H. (2018): Zusammenhalt der Unternehmerfamilie: Verträge, Vermögensmanagement, Kommunikation (2. Aufl.). Berlin: Springer.

Miller, D., Wiklund, J., Yu, W. (2020): Mental health in the family business: A conceptual model and a research agenda. Entrepreneurship, Theory and Practice, 44, pp. 55-80.

Neumueller, M. H. V. (2020): Family Compliance. Der erfolgreiche Umgang mit einer Familienverfassung. Göttingen: Vandenhoeck & Ruprecht.

Pieper, T. M. (2007): Mechanisms to assure long-term family business survival: A study of the dynamics of cohesion in multigenerational family business families. Frankfurt a. M.: Peter Lang.

Rudas, S. (1994): Stichworte zur Sozialpsychologie des Tabus. In: Bettelheim, P., Streibel, R. (Hrsg.): Tabu und Geschichte. Zur Kultur des kollektiven Erinnerns. Wien: Picus, S. 17-20.

Rüsen, T. A. (2017a): Krisen und Krisenmanagement in Familienunternehmen (2. Aufl.). Berlin: Springer.

Rüsen, T. A. (2017b): Family Compliance als Bestandteil der Familienstrategie. Familienunternehmen und Strategie, 04/2017, S. 120-125.

Rüsen, T. A., Heider, A. (Hrsg.) (2020): Aktive Eigentümerschaft im Familienunternehmen – Elemente der Gesellschafterkompetenz in Unternehmerfamilien. Verstehen – Entwickeln – Anwenden. Berlin: Erich Schmidt.

Rüsen, T. A., Löhde, A. S. (2019): Die Unternehmerfamilie und ihre Familienstrategie – Einblicke in die gelebte Praxis von Family Governance. Witten: Wittener Institut für Familienunternehmen.

Rüsen, T. A., Schlippe, A. von, Kleve, H. (2019): Die dynastische Großfamilie. Skizze eines spezifischen Typus von Unternehmerfamilien. In: Kleve, H., Köllner, T. (2019): Soziologie der Unternehmerfamilie. Grundlagen, Entwicklungslinien, Perspektiven. Wiesbaden: Springer, S. 225-247.

Schlippe, A. von (2007): Das Balancieren von Paradoxien in Familienunternehmen – Kultur mit Struktur versöhnen. In: Rausch, K. (Hrsg.): Organisation gestalten – Struktur mit Kultur versöhnen. Lengerich: Pabst, S. 111-129.

Schlippe, A. von (2014): Das kommt in den besten Familien vor. Systemische Konfliktbearbeitung in Familien und Familienunternehmen. Stuttgart: Concadora.

Schlippe, A. von, Frank, H. (2016): Conflict in family business in the light of systems theory. In: Kellermanns, F. W., Hoy, F. (Eds.): The Routledge companion to family business, pp. 367-384. https://doi.org/10.4324/9781315688053 (Zugriff am 09.01.2021).

Schlippe, A. von, Groth, T., Rüsen, T. (2012): Paradoxien der Nachfolge in Familienunternehmen. Konfliktdynamik, 1 (4), S. 288-299.

Schlippe, A. von, Groth, T., Rüsen, T. A. (2017): Die beiden Seiten der Unternehmerfamilie. Familienstrategie über Generationen: Auf dem Weg zu einer Theorie der Unternehmerfamilie. Göttingen: Vandenhoeck & Ruprecht.

Schlippe, A. von, Rüsen, T., Groth, T. (2021): The two sides of the business family: Governance and strategy across generations. Heidelberg: Springer.

Schröder, H. (2003): Tabu. In: Wierlacher, A., Bogner, A. (Hrsg.): Handbuch Interkulturelle Germanistik. Heidelberg: Metzler, S. 307-315.

Simon, F. B. (2002): Die Familie des Familienunternehmens. Ein System zwischen Gefühl und Geschäft. Heidelberg: Carl-Auer.

Simon, F. B., Wimmer, R., Groth, T. (2005): Mehr-Generationen-Familienunternehmen. Erfolgsgeheimnisse von Oetker, Merck, Haniel u.a. Heidelberg: Carl-Auer.

Wimmer, R., Domayer, E., Oswald, M., Vater, G. (2018): Familienunternehmen – Auslaufmodell oder Erfolgstyp? (3. Aufl.). Wiesbaden: Springer Gabler.

S

SCHREIBER

Ahrens, M. (2012): Mediationsgesetz und Güterichter – Neue gesetzliche Regelungen der gerichtlichen und außergerichtlichen Mediation. NJW 2012, 2465 ff.

Dreier, H (2018): Grundgesetz-Kommentar (3. Aufl.). Tübingen: Mohr Siebeck.

Dürschke, J. (2013): Güterichter statt Mediator – Güteverhandlung und Mediation im sozialgerichtlichen Verfahren. NZS 2013, 41 ff.

Fritz, R., Schroeder, H.-P. (2014): Der Güterichter als Konfliktmanager im staatlichen Gerichtssystem. NJW 2014, 1910 ff.

Hertel, A. von (2013): Professionelle Konfliktlösung (3. Aufl.). Frankfurt a. M.: Campus.
Hömig, D.,Wolff, H. A. (2017): Grundgesetz für die Bundesrepublik Deutschland (11. Aufl.). Baden-Baden: Nomos.
Kellermanns, F. W., Schlippe, A. von (2010): Konflikte in Familien und Unternehmen erkennen, managen und vermeiden. In: Köberle-Schmid, A., Fahrion, H.-J., Witt, P.: Family Business Governance. Berlin: Erich Schmidt. S. 309 ff.
Kreissl, S. (2012): Mediation – Von der Alternative zum Recht zur Integration in das staatliche Konfliktlösungssystem. SchiedsVZ 2012, 230 ff.
Mangoldt, H. v., Klein, F., Starck, C. (2018): Grundgesetz (7. Aufl.). München: C. H. Beck.
Maunz, T., Dürig, G. (2020): Grundgesetz-Kommentar, Loseblatt, Stand: Februar 2020. München: C. H. Beck.
Münchener Kommentar zur Zivilprozessordnung 2016 (5. Aufl.). München: C. H. Beck.
Rosenberg, L. & Schwab, K. H., Gottwald, P. (2018): Zivilprozessrecht (18. Aufl.). München: C. H. Beck.
Schmeing, T. (2018): Konfliktmanagement in Familienunternehmen. Baden-Baden: Nomos.
Stein, F., Jonas, M. (2018): Kommentar zur Zivilprozessordnung (23. Aufl.). Tübingen: Mohr Siebeck.
Schlippe, A. von (2009): Zwischen Ökonomie und Psychologie, Konflikte in Familienunternehmen. Zeitschrift für Konfliktmanagement, S. 17 ff.
Schlippe, A. von (2012): Konflikte und Konfliktdynastien in Familienunternehmen. Familienunternehmen und Stiftungen, S. 43 ff.
Schlippe, A. von (2012): Werte und Wertewandel in Familienunternehmen am Beispiel der Unternehmensnachfolge. In: Hennerkes, B.-H. & Augustin, G.: Wertewandel mitgestalten. Freiburg: Herder, S. 367 ff.
Schlippe, A. von (2014): Das kommt in den besten Familien vor. Stuttgart: Concadora.
Schlippe, A. von (2020): Dynamiken und Lösungsansätze für Konflikte in Unternehmerfamilien. In: Rüsen, T. A. & Heider, A. K.: Aktive Eigentümerschaft in Familienunternehmen. Berlin: Erich Schmidt, S. 193 ff.
Schlippe, A. von, Frank, H. (2017): Conflict in family business in the light of Systems Theory. In: Kellermanns, F. W., Hoy, F.: The routledge companion to family business. London: Routledge, S. 367 ff.
Schlippe, A. von, Kellermanns, F. W. (2008): Emotionale Konflikte in Familienunternehmen. Zeitschrift für KMU und Entrepreneurship 2008, 40 ff.
Schlippe, A. von, Kellermanns, F. W. (2017): Konflikte in Familien und Unternehmen erkennen, managen und vermeiden. In: Rüsen, T. A., Schlippe, A. von: Dynamiken in Familie und Unternehmen, S. 237 ff.
Wieczorek, B., Schütze, R.: Zivilprozessordnung und Nebengesetze. 4. Aufl. 2013, 5. Aufl. (im Erscheinen). Berlin: De Gruyter.
Zeiss, W., Schreiber, K. (2014): Zivilprozessrecht (12. Aufl.). Tübingen: Mohr Siebeck.
Zöller, R. (2020): Zivilprozessordnung (33. Aufl.). Köln: Dr. Otto Schmidt.

DAVIS/NADKARNI/SHARMA/CHRISMAN

Allport, G. W. (1985): The historical background of social psychology. In: Lindzey, G., Anderson, E. (Eds.): The Handbook of Social Psychology. New York: McGraw-Hill, pp. 1–47.
Bertschi-Michel, A., Kammerlander, N., Strike, V. M. (2020): Unearthing and alleviating emotions in family business successions. Entrepreneurship Theory and Practice, 44 (1), pp. 81–108.
Bloemen-Bekx, M., Van Gils, A., Lambrechts, F., Sharma, P. (2019): Nurturing offspring's affective commitment through informal family governance mechanisms. Journal of Family Business Strategy. https://doi.org/10.1016/j.jfbs.2019.100309 (Zugriff am 09.01.2021).
Blumentritt, T. P. (2016): Bringing successors into the fold: the impact of founders' actions on successors. Entrepreneurship Theory and Practice, 40 (6), pp. 1261–1267.
Brun de Pontet, S., Wrosch, C., Gagne, M. (2007): An exploration of the generational differences in levels of control held among family businesses approaching succession. Family Business Review, 20 (4), pp. 337–354.
Cadieux, L. (2007): Succession in small and medium-sized family businesses: Toward a typology of predecessor roles during and after instatement of the successor. Family Business Review, 22 (2), pp. 95–109.

References

Cater, J. J., Justis, R. T. (2009): The development of successors from followers to leaders in small family firms. Family Business Review, 22 (2), pp. 109–124.

Chua, J. H., Chrisman, J. J., Sharma, P. (1999): Defining the family business by behavior. Entrepreneurship Theory and Practice, 23 (4), pp. 19–39.

Cohen, A. R., Sharma, P. (2016): Entrepreneurs in every generation: How successful family businesses develop their next leaders. San Francisco: Berrett-Koehler Publishers.

Darwin, C. (1859): On the origin of species by means of natural selection. London: John Murray.

De Massis, A., Foss, N. J. (2018): Advancing family business research: The promise of microfoundations. Family Business Review, 31 (4), pp. 386–396.

Eddleston, K. A., Kidwell, R. E. (2012): Parent-Child Relationships: Planting the seeds of deviant behavior in the family firm. Entrepreneurship Theory and Practice, 36 (2), pp. 369–386.

García-Álvarez, E., López-Sintas, J., Saldaña Gonzalvo, P. (2002): Socialization patterns of successors in first- to second-generation family businesses. Family Business Review, 15 (3), pp. 189–203.

Garcia, P. R. J. M., Sharma, P., De Massis, A., Wright, M., Scholes, L. (2019): Perceived parental behaviors and next-generation engagement in family firms: A social cognitive perspective. Entrepreneurship Theory and Practice, 43 (2), pp. 224–243.

Hollander, B.S., Elman, N.S. (1988): Family-owned businesses: An emerging field of inquiry. Family Business Review, 1 (2), pp. 145–164.

James Jr., H. S. (1999): Owner as manager, extended horizons and the family firm. International Journal of the Economics of Business, 6 (1), pp. 41–55.

Jaskiewicz, P., Combs, J. G., Rau, S. B. (2015): Entrepreneurial legacy: Toward a theory of how some family firms nurture transgenerational entrepreneurship. Journal of Business Venturing, 30 (1), pp. 29–49.

Jiang, D. S., Kellermanns, F. W., Munyon, T. P., Morris, M. L. (2018): More than meets the eye: A review and future directions for the social psychology of socioemotional wealth. Family Business Review, 31 (1), pp. 125–157.

Kammerlander, N., Dessi, C., Bird, M. Floris, M., Murru, A. (2015): The impact of shared stories on family firm innovation: A multicase study. Family Business Review, 28 (4), pp. 332–354.

Krappe, A., Goutas, L., Schlippe, A. von (2011). The »family business brand«: An enquiry into the construction of the image of family businesses. Journal of Family Business Management, 1 (1), pp. 37–46.

Kruger, D. J. (2009): Evolutionary psychology and the evolution of psychology. Psychological Science Agenda: https://www.apa.org/science/about/psa/2009/05/sci-brief#Kruger (Zugriff am 09.01.2021).

Lansberg, I. (1999): Succeeding generations: Realizing the dreams of families in business. Boston: Harvard Business School Press.

Le Breton-Miller, I., Miller, D., Steier, L. P. (2004): Toward an integrative model of effective FOB succession. Entrepreneurship Theory and Practice, 28 (4), pp. 305–328.

McMullen, J. S., Warnick, B. J. (2015): To nurture or groom? The parent-founder succession dilemma. Entrepreneurship Theory and Practice, 39 (6), pp. 1379–1412.

Mussolino, D., Calabrò, A. (2014): Paternalistic leadership in family firms: Types and implications for intergenerational succession. Journal of Family Business Strategy, 5 (2), pp. 197–210.

Omer, H., Steinmetz, S. G., Carthy, T., Schlippe, A. von (2013): The anchoring function: Parental authority and the parent-child bond. Family Process, 52 (2), 193–206.

Parker, S. (2016): Family firms and the »willing successor« problem. Entrepreneurship Theory and Practice, 40 (6), pp. 1241–1259.

Schell, S., Hiepler, M., Moog, P. (2018): It's all about who you know: The role of social networks in intra-family succession in small and medium-sized firms. Journal of Family Business Strategy, 9 (4), pp. 311–325.

Schlippe, A. von, Frank, H. (2013): The theory of social systems as a framework for understanding family businesses. Family Relations, 62 (3), pp. 384–398.

Sharma, P., Chrisman, J. J., Chua, J. H., Steier, L. P. (2020): Family firm behavior from a psychological perspective. Entrepreneurship Theory and Practice, 44 (1), pp. 3–19.

Sharma, P., Irving, P. G. (2005): Four bases of family business successor commitment: Antecedents and consequences. Entrepreneurship Theory and Practice, 29 (1), pp. 13–33.

Sharma, S., Sharma, P. (2019): Patient capital: The role of family firms in sustainable business in the series ›organizations and the natural environment‹. Cambridge: Cambridge University Press.

Sharma, P., Sharma, S. (2021): Pioneering sustainable family firms. Northampton: Edward Elgar Publishing.

Stavrou, E. T. (1998): A four factor model : A guide to planning next generation involvement in the family firm. Family Business Review, 11 (2), pp. 135–142.

West, M. A., Borrill, C. S., Dawson, J. F., Brodbeck, F., Shapiro, D. A., Haward, B. (2003): Leadership clarity and team innovation in health care. Leadership Quarterly, 14 (4–5), pp. 393–410.

Zwack, M., Kraiczy, N. D., Schlippe, A. von, Hack, A. (2016): Storytelling and cultural family value transmission: Value perception of stories in family firms. Management Learning, 47 (5), pp. 590–614.

SIMON

Luhmann, N. (1990): Die Wissenschaft der Gesellschaft. Frankfurt a. M.: Suhrkamp.

Luhmann, N. (2000): Organisation und Entscheidung. Frankfurt a. M.: Suhrkamp.

Maturana, H., Varela, F. J. (1987). Der Baum der Erkenntnis. Die biologischen Wurzeln des menschlichen Erkennens. Bern u. a.: Scherz.

Mitterauer, M., Sieder, R. (1991): Vom Patriarchat zur Partnerschaft. Zum Strukturwandel der Familie (4. Aufl.). München: C. H. Beck.

Polanyi, K. (1944): The Great Transformation. Politische und ökonomische Ursprünge von Gesellschaften und Wirtschaftssystemen (deutsche Übersetzung, 1978). Frankfurt: Suhrkamp.

Schlippe, A. von (2014): Das kommt in den besten Familien vor... Systemische Konfliktbearbeitung in Familien und Familienunternehmen. Stuttgart: Concadora.

Schlippe, A. von, Groth, T., Rüsen, T. A. (2017): Die beiden Seiten der Unternehmerfamilie: Familienstrategie über Generationen: Auf dem Weg zu einer Theorie der Unternehmerfamilie. Göttingen: Vandenhoeck & Ruprecht.

Schlippe, A. von, Nischak, A., El Hachimi, M. (2008): Familienunternehmen verstehen. Gründer, Gesellschafter und Generationen. Göttingen: Vandenhoeck & Ruprecht.

Simon, F. B. (2002/2011): Die Familie des Familienunternehmens. Ein System zwischen Gefühl und Geschäft (3. Aufl.). Heidelberg: Carl-Auer.

Simon, F. B (2007/2018): Einführung in die systemische Organisationstheorie (6. Aufl.). Heidelberg: Carl-Auer.

Simon, F. B., Wimmer, R., Groth, T. (2012): Mehr-Generationen-Familienunternehmen. Erfolgsgeheimnisse von Oetker, Merck, Haniel u. a. (2. Aufl.). Heidelberg: Carl-Auer.

Wimmer, R., Domayer, E., Oswald, M., Vater, G. (2005): Familienunternehmen – Auslaufmodell oder Erfolgstyp? (2. Aufl.). Wiesbaden: Gabler.

STEINHÜBEL

Ellis, A., MacLaren, C. (2014): Rational-Emotive Verhaltenstherapie. Paderborn: Junfermann.

Hossiep, R., Oliver, M. (2015): Personalauswahl und -entwicklung mit Persönlichkeitstests. Praxis der Personalpsychologie, Band 9. Göttingen: Hogrefe.

Perls, F. (2019): Grundlagen der Gestalt-Therapie. Einführung und Sitzungsprotokolle. Leben Lernen 20. Stuttgart: Klett-Cotta.

Rauen, C. (2005): Handbuch Coaching (3. Aufl.). Göttingen: Hogrefe.

Schlippe, A. von, Groth, T., Rüsen, T. A. (2017): Die beiden Seiten der Unternehmerfamilie: Familienstrategie über Generationen: Auf dem Weg zu einer Theorie der Unternehmerfamilie. Göttingen: Vandenhoeck & Ruprecht.

Schlippe, A. von, Schweitzer, J. (2016): Lehrbuch der systemischen Therapie und Beratung I: Das Grundlagenwissen. Göttingen: Vandenhoeck & Ruprecht.

W
WIMMER
Berghoff, H. (2004): Moderne Unternehmensgeschichte. Stuttgart: UTB.
Berghoff, H. (2016): Familienunternehmen. Stärken und Schwächen einer besonderen Unternehmensverfassung. In: Spitz, M. et al. (Hrsg.): Phänomen Familienunternehmen. Mettingen: Draiflessen, S. 15–23.
Berghoff, H. & Köhler, J. (2019): Familienunternehmen in Deutschland und den USA seit der Industrialisierung. Eine historische Langzeitstudie. München: Stiftung Familienunternehmen.
Berrone, P., Cruz, Ch., Gomez-Mejia, l.-R. (2014): Family-controlled firms and stakeholder management: A socioemotional wealth perservation perspective. In: Melin, L., Nordqvist, M., Sharma, P. (Eds.): The SAGE Handbook of Family Business. London: SAGE, pp. 179–195.
Berthold, F. (2010): Familienunternehmen im Spannungsfeld zwischen Wachstum und Finanzierung. Lohmar: Josef Eul.
Brückner, A. (2018): Führungspraxis und Zukunftsgestaltung in Familienunternehmen. Wiesbaden: Springer Gabler.
Business Roundtable (2019): A new statement on the purpose of a corporation. opportunity.businessroundtable.org/ourcommitment (Zugriff am 10.01.2021).
Chandler, A. D. (1977): The visible hand. The managerial revolution in american business. Cambridge: Harvard University Press.
Chandler, A. D. (1990): Scale and scope. The dynamics of industrial capitalism. Cambridge: Harvard University Press.
Chrisman, J. J., Chua, J. H., Sharma, P. (2006): Trends and directions in the development of a strategic management theory of the family firm. Entrepreneurship Theory and Practice, 29 (5), pp. 555–576.
Feld, L. P. (2018): Zwischen Voraussetzung und Gefährdung. Die Bedeutung von Eigentum für die Marktwirtschaft. In: Stiftung Familienunternehmen (Hrsg.): Eigentum. Freiburg: Herder, S. 23–48.
Frank, H., Lueger, M., Nosé, L., Suchy, D. (2010): The concept of »familiness« – Literature review and system theory based reflections. Journal of Familiy Business Strategy, 1 (3), pp. 119–130.
Habbershon, T. G., Nordqvist, M., Zellweger, T. (2010): Transgenerational entrepreneurship. In: Nordqvist, M., Zellweger, T. (Eds.): Transgenerational entrepreneurship: Exploring growth and performance in family firms across generations. Cheltenham: Edward Elgar.
Habbershon, T. G., Williams, M. L. (1999): A ressource-based framework for assessing the strategic advantages of family firms. Family Business Reviews, 12 (1), pp. 1–26.
Hack, A. (2009): Sind Familienunternehmen anders? Eine kritische Bestandsaufnahme des aktuellen Forschungsstands. Zeitschrift für Betriebswirtschaft, 2, Special Issue, S. 1–29.
Haldane, A. G., Davies, R. (2011): The Short Long. Bank of England: https://www.bankofengland.co.uk/-/media/boe/files/speech/2011/the-short-long-speech-by-andrew-haldane.pdf (Zugriff am 10.01.2021).
Herrmann, U. (2018): Kein Kapitalismus ist auch keine Lösung (9. Aufl.). Frankfurt a. M.: Westend.
Jaffe, D. T. (2018): Resilience of 100-Year family entreprises: How opportunistic innovation, business discipline, and a culture of stewardship guide the journey across generations. Scotts Valley: CreateSpace.
Jakobs, H.-J. (2016): Wem gehört die Welt? Die Machtverhältnisse im globalen Kapitalismus. München: Knaus.
James, H. (2006): Family capitalism: Wendels, Haniels, Falcks, and the continental european model. Cambridge: Harvard University Press.
James, H. (2018): Denken in Generationen oder im Takt der Börse? Unternehmerisches Eigentum. In: Stiftung Familienunternehmen (Hrsg.): Eigentum. Freiburg: Herder, S. 147–171.
Jensen, M. (2003): A theory of the firm. Governance residual claims and organizational forms. Cambridge: Harvard University Press.
Jensen, M., Meckling, W. (1976): Theory of the firm: managerial behavior, agency cost and ownership structure. Journal of Financial Economics, 3 (4), pp. 305–360.
Klein, S. (2010): Familienunternehmen. Theoretische und empirische Grundlagen (2. Aufl.). Wiesbaden: Springer.

Klerk, E., Kersley, R., O'Sullivan, M. (2018): The CS Family 1000. Zürich: Credit Suisse AG.
Kormann, H. (2017): Governance des Familienunternehmens. Wiesbaden: Springer.
Luhmann, N. (2000): Organisation und Entscheidung. Wiesbaden: Westdeutscher Verlag.
Martin, R. L. (2011): Fixing the game. Bubbles, crashes, and what capitalism can learn from the NFL. Boston: Harvard Business Review.
Melin, L., Nordqvist, M., Sharma, P. (2014): The SAGE Handbook of Family Business. London: SAGE.
Pukall, Th., Calabrò, A. (2013): The internationalization of family firms: A critical review and integrative model. Family Business Review, 27 (2), pp. 103–125.
Rappaport, A. (1999): Shareholder value. Stuttgart: Schäffer-Poeschel.
Rappaport, A., Bogle, J. C. (2011): Saving capitalism from short-termism: How to build long-term value and take back our financial future. New York: McGraw-Hill.
Richter, R., Furubotn, E. (2003): Neue Institutionenökonomik. Eine Einführung und kritische Würdigung (3. Aufl.). Tübingen: Mohr Siebeck.
Rüsen, T. A., Heider, A. K. (Hrsg.) (2020): Aktive Eigentümerschaft in Familienunternehmen. Gesellschafterkompetenz in Unternehmerfamilien entwickeln und anwenden. Berlin: Erich Schmidt.
Scheppe, M. (2018): Warum der deutsche Mittelstand nicht an die Börse will. Wirtschaftswoche, 2, S. 1–6.
Schlippe, A. von (2013): Kein »Mensch-ärgere-dich-nicht« Spiel. Ein kritischer Blick auf das »Drei-Kreise-Modell« zum Verständnis von Familienunternehmen. In: Schumacher, T. (Hrsg.): Professionalisierung als Passion. Heidelberg: Carl-Auer, S. 143–164.
Schlippe, A. von, Groth, T., Rüsen, T. A. (2017): Die beiden Seiten der Unternehmerfamilie: Auf dem Weg zu einer Theorie der Unternehmerfamilie. Familienstrategie über Generationen. Göttingen: Vandenhoeck & Ruprecht.
Schulmeister, S. (1998): Der polit-ökonomische Entwicklungszyklus der Nachkriegszeit. Internationale Politik und Gesellschaft, 1/1998.
Schulmeister, S. (2018): Der Weg zur Prosperität. Salzburg, München: ecowin.
Sharma, P., Melin, L., Nordqvist, M. (2014): Introduction: Scope, evolution, and future of family business studies. In: Melin, L., Nordqvist, M., Sharma P. (Eds.): The SAGE Handbook of Family Business. London: SAGE, pp. 1–22.
Simon, H. (2012): Hidden Champions des 21. Jahrhunderts. Die Erfolgsstrategien unbekannter Weltmarktführer (2. Aufl.). Frankfurt a. M.: Campus.
Simon, F. B., Wimmer, R., Groth, T. (2017): Mehr-Generationen-Familienunternehmen (3. Aufl.). Heidelberg: Carl-Auer.
Sinn, H.-W. (2018): Moralische Gefährdungen, Immobilienblasen und Haftung, Eigentum und Finanzkrisen. In: Stiftung Familienunternehmen (Hrsg.): Eigentum. Freiburg: Herder, S. 197–213.
Sirmon, D. G., Hitt, M. A. (2003): Managaging resources. Linking uniques resources, management, and wealth creation in family firms. Entrepreneurship Theory and Practice, 27 (4), pp. 339–358.
Stiftung Familienunternehmen (2019): Die volkswirtschaftliche Bedeutung der Familienunternehmen (5. Aufl.). München: Stiftung Familienunternehmen.
Stiglitz, J. (2010): Im freien Fall. Vom Versagen der Märkte zur Neuordnung der Weltwirtschaft. Berlin: Siedler.
Tooze, A. (2018): Crashed. Wie zehn Jahre Finanzkrise die Welt verändert haben. München: Siedler.
Werder, A. von (2009): Shareholder Value-Ansatz als (einzige) Richtschnur des Vorstandshandelns? Zeitschrift für Unternehmens- und Gesellschaftsrecht, 27 (1), S. 69–91.
Williams, R. I., Pieper, T. M., Kellermanns, F. W., Astrachan, J. H. (2018): Family firm goals and their effects on strategy, family and organization behavior. A review and research agenda. International Journal of Management Reviews, 20 (S1), pp. S63-S82.
Williamson, O. E. (1990): Die ökonomischen Institutionen des Kapitalismus. Tübingen: Mohr Siebeck.
Wimmer, R. (2002): Aufstieg und Fall des Shareholder Value-Konzeptes. Organisationsentwicklung, 21 (3), S. 70–83.

Wimmer, R. (2020): Auf neuen Pfaden. Beidhändigkeit in familiengeführten KMU. Organisationsentwicklung, 39 (4), S. 35–38.

Wimmer, R., Domayer, E., Oswald, M., Vater, G. (2018): Familienunternehmen – Auslaufmodell oder Erfolgstyp? (3. Aufl.). Wiesbaden: Springer.

Wimmer, R., Simon, F. B. (2019): Vom Familienunternehmen zur Unternehmerfamilie: Zur Erweiterung einer sozialwissenschaftlichen und systemtheoretischen Perspektive. In: Kleve, H., Köllner, T. (Hrsg.): Soziologie der Unternehmerfamilie. Berlin: Springer, S. 145–166.

Zahra, S. A., Sharma, P. (2004): Family business research. A strategic reflection. Family Business Review, 17 (4), pp. 331–346.

Schriftenverzeichnis Arist von Schlippe – List of Publications of Arist von Schlippe

Ballreich, R. (2020): Systemische Perspektiven: Die Pioniere der systemischen Beratung im Gespräch. Interviews mit Prof. Dr. Arist von Schlippe & Prof. Dr. Rudolph Wimmer. Stuttgart: Concadora.

Ballreich, R., Ciompi, L., Glasl, F., Schlippe, A. von (2016): Die Macht der Emotionen. Affektlogik im Konflikt und in der Konfliktbearbeitung (Lehrfilm). Stuttgart: Concadora.

Baumhauer, J., Böninger, C., Prügl, R., Schlippe, A. von (2011): Management eines großen Gesellschafterkreises. In: Familienunternehmen und Stiftungen, Heft 3, S. 113–121.

Bautz, S. (2020): Normalfamilie in der Krise. Interview mit Prof. Dr. Arist von Schlippe. In: Wir-Magazin, Heft 1, S. 12–13.

Bohne, M., Schlippe, A. von (2019): »Ein ›psychotherapeutischer Brühwürfel‹ sozusagen …«. Familiendynamik, Jg. 44, Heft 1, S. 71–75.

Borst, U., Fischer, H., Schlippe, A. von (2016): Hahnenschrei systemischer Vernunft – Zurück-Geschaut auf 40 Jahre Familiendynamik. Familiendynamik, Sonderheft zum 40-jährigen Bestehen der Zeitschrift. Stuttgart: Klett-Cotta.

Borst, U., Schlippe, A. von, Fischer, H.-R. (2011): Wie geraten psychosoziale Teams in Stagnation? Familiendynamik, Jg. 36, Heft 4, S. 358–361.

Brundin, E., Litz, R., Schlippe, A. von (2013): Taking a hard look at soft issues in family business: Introduction to the special issue. Journal of Family Business Management, 3 (1), pp. 4–7.

Burrichter, A., Schlippe, A. von, Szczepanski, R. (2006): Kortisonangst bei Asthmabronchiale. Eine Elternbefragung. Monatsschrift für Kinderheilkunde, Jg. 154, Heft 10, S. 979–985.

Dreyer, N., Schlippe, A. von (2008): Nachfolge in Pionierunternehmen. Risiko des Scheiterns oder Chance zur Revitalisierung. Zeitschrift Führung und Organisation, Jg. 77, Heft 5, S. 3234–3331.

Dreyer, N., Schlippe, A. von (2009): Nachfolge in Pionierunternehmen. Risiko des Scheiterns oder Chance zur Revitalisierung – eine organisationale Betrachtung. In: Schlippe, A. von, Rüsen, T. A., Groth, T. (Hrsg.): Beiträge zur Theorie des Familienunternehmens. Lohmar, Köln: Josef Eul, S. 71–94.

El Hachimi, M., Schlippe, A. von (2008): Crea Space – Eine Methode zur Entwicklung des kreativen Potenzials in Teams. In: Schmidt-Lellek, C., Schreyögg, A (Hrsg.): Praxeologie des Coachings. Wiesbaden: Springer, S. 149–156.

Erdmann, C., Schlippe, A. von (2012): Der Unternehmer als Vater, der Vater als Unternehmer. In: Walter, H., Eickhorst, A. (Hrsg.): Das Väter-Handbuch. Gießen: Psychosozial Verlag, S. 343–361.

Fischer, H. R., Borst, U., Schlippe, A. von (2019): Was tun? Fragen und Antworten aus der systemischen Praxis, 3. Auflage. Stuttgart: Klett-Cotta.

Fischer, H. R., Schlippe, A. von, Borst, U. (2014): Über Erwartungen und Aufträge in Therapie und Beratung. Familiendynamik, Jg. 39, Heft 3, S. 260–263.

Fliegel, S., Schlippe, A. von, Stienen, H. (2008): Standardmethoden in der Psychotherapie. In: Herpertz, F. C., Mundt, C., Herpertz, S. (Hrsg.): Störungsorientierte Psychotherapie. München, Jena: Urban & Fischer, S. 103–115.

Fliegel, S., Schlippe, A. von, Stienen, H. (2016): Standardtechniken in der Psychotherapie. In: Herpertz, S., Caspar, F., Lieb, K. (Hrsg.): Psychotherapie. Funktions- und störungsorientiertes Vorgehen. München: Elsevier, S. 87-98.

Foertsch, D., Schlippe, A. von (2017): »An Grenzen bin ich oft gestoßen«. In: Ritscher, W., Levold, T., Foertsch, D., Bauer, P. (Hrsg.): Erkunden, erinnern, erzählen: Interviews zur Entwicklung des systemischen Ansatzes. Göttingen: Vandenhoeck & Ruprecht, S. 383–407.

Foertsch, D., Schlippe, A. von (2018): »An Grenzen bin ich oft gestoßen«. In: Ritscher, W., Levold, T., Foertsch, D., Bauer, P. (Hrsg.): Erkunden, erinnern, erzählen: Interviews zur Entwicklung des systemischen Ansatzes, 2. Auflage. Göttingen: Vandenhoeck & Ruprecht, S. 385–409.

Gallisch, M., Schlippe, A. von, El Hachimi, M. (2002): Transkulturelle Paar- und Familientherapie. In: Wirsching, M., Scheib, P. (Hrsg.): Paar- und Familientherapie. Berlin, Heidelberg: Springer, S. 599–620.

Grebe, B., Schlippe, A. von, Nicolai, E., Schweitzer, J. (2007): Systemische Familiengespräche in der Akutpsychiatrie. Indikatoren von Organisationsentwicklung im klinischen Kontext. In: Familiendynamik, Jg. 32, Heft 4, S. 346–366.

Grossmann, S., Schlippe, A. von (2015): Family businesses: Fertile environments for conflict. Journal of Family Business Management, 5 (2), p. 294–314.

Groth, T., Rüsen. T. A., Schlippe, A. von (2013): Postpatriachale Phase. Private Wealth: Vermögen, Wohlstand und Werte, Heft 4, S. 100–101.

Groth, T., Rüsen, T. A., Schlippe, A. von (2020): Nachfolge in Familienunternehmen langfristig sichern: Wie die Nachfolge in Unternehmen und Gesellschafterkreis gestaltet werden kann. In: Praxisleitfaden des Wittener Instituts für Familienunternehmen (WIFU), 2. Auflage. Witten: WIFU.

Groth, T., Schlippe, A. von (2008): Der Familienunternehmer zwischen Entscheidungslast und Entscheidungslust. In: Strick, S. (Hrsg.): Die Psyche des Patriarchen. Frankfurt, FAZ-Buch: S. 35–45.

Groth, T., Schlippe, A. von (2011): Gesellschafterkompetenz als Systemkompetenz. In: EQUA (Hrsg.): Gesellschafterkompetenz. Bonn: Unternehmer Medien, S. 9–24.

Groth, T., Schlippe, A. von (2012): Die Form der Unternehmerfamilie: Paradoxiebewältigung zwischen Entscheidung und Bindung. Familiendynamik, Jg. 37, Heft 4, S. 2–14.

Groth, T., Schlippe, A. von (2016): Vexierbilder: Paradoxien in Organisationen als Ausgangspunkt für Konflikte. Konfliktdynamik, Jg. 5, Heft 1, S. 6–9.

Groth, T., Schlippe, A. von, Rüsen, T. A. (2012): Der lange Weg zur Nachfolge. Private Wealth: Vermögen, Wohlstand und Werte, Heft 3, S. 100–101.

Groth, T., Schlippe, A. von, Rüsen, T. A. (2017): Kopf oder Kelch? Wir-Magazin, Heft 4, S. 22–23.

Hargens, J., Schlippe, A. von (2002): Das Spiel der Ideen: Reflektierendes Team und systemische Praxis, 2. Auflage. Dortmund: Borgmann.

Horváth, P., Kirchdörfer, R., Schlippe, A. von (2015): Gesellschafterkompetenz – Der gut informierte Gesellschafter. Familienunternehmen und Stiftung, Heft 1, S. 3–6.

Hülsbeck, M., Schlippe, A. von (2018): Die Rolle psychologischer Kontrakte für die Entstehung von Konflikten. Konfliktdynamik, Heft 2, S. 92–101.

Jansen, T., Schlippe, A. von (2018): Enge Kopplungen alter Routinen. Kontext, Jg. 49, Heft 2, S. 124–136.

Jansen, T., Schlippe, A. von, Vogd, W. (2015): Kontexturanalyse – Ein Vorschlag für rekonstruktive Sozialforschung in organisationalen Zusammenhängen. Forum Qualitative Sozialforschung, Jg. 16, Heft 1, Art. 4 (E-Journal).

Kellermanns, F., Schlippe, A. von (2010): Konflikte in Familie und Unternehmen erkennen, managen und vermeiden. In: Köberle-Schmidt, A., Fahrion, H.-J., Witt, P. (Hrsg.): Family Business Governance. Berlin: Erich Schmidt, S. 309–320.

Kellermanns, F., Schlippe, A. von (2011): Konflikte in Familie und Unternehmen erkennen, managen und vermeiden. In: May, P., Rieder, G. (Hrsg.): Familienunternehmen heute. Bonn: Intes, S. 102–115.

Kellermanns, F., Schlippe, A. von (2012): Konflikte in Familie und Unternehmen erkennen, managen und vermeiden. In: Koeberle-Schmidt, A., Fahrion, H.-J., Witt, P. (Hrsg.): Family Business Governance, 2. Auflage. Berlin: Erich Schmidt, S. 429–441.

Kellermanns, F., Schlippe, A. von, Mähler, G., Mähler, H.-G. (2018): Konflikte in Familie und Unternehmen erkennen, managen und vermeiden. In: Koeberle-Schmid, A., Fahrion, H.-J., Witt, P. (Hrsg.): Family Business Governance, 3. Auflage. Berlin: Erich Schmidt, S. 389–409.

Keßler, A., Hermann, F., Schlippe, A. von (2018): Bestimmungsfaktoren der Identität von Unternehmerfamilien. In: Lueger, M., Hermann, F., Korunka, C. (Hrsg.): Die Unternehmerfamilie im Kontext ihres Familienunternehmens. Wien: Facultas, S. 175–205.

Kleve, H., Köllner, T., Schlippe, A. von, Rüsen, T. A. (2020): The business family 3.0: Dynastic business families as families, organizations, and networks – Outline of a theory extension. Systems Research and Behavioral Science, 37, p. 1–11.

Kleve, H., Schlippe, A. von (2019): »Was Familien so alles unternehmen...«. Familiendynamik: Jg. 44, Heft 1, S. 1.

Kleve, H., Schlippe, A. von, Rüsen, T. A. (2018): Unternehmerfamilie 3.0. Die besondere Qualität von Familiennetzwerken. OrganisationsEntwicklung, Heft 4, S. 52–58.

Kleve, H., Schlippe, A. von, Rüsen, T. A. (2019): Die »verdreifachte« Familie: Dynastische Unternehmerfamilien als Familien, Organisationen und Netzwerke – Skizze einer Theorieerweiterung. In: Kleve, H., Köllner, T. (Hrsg.): Die Soziologie der Unternehmerfamilie. Grundlagen, Entwicklungslinien, Perspektiven. Wiesbaden: Springer VS, S. 249–266.

Kleve, H., Schlippe, A. von (2019): Familiendynamik. Zeitschrift für systemische Forschung und Praxis. Themenheft zu Unternehmerfamilien, Heft 1. Stuttgart: Klett-Cotta.

Kluttig, T., Schlippe, A. von (2018): Paradoxe Kontexte. In: Familiendynamik, Jg. 43, Heft 3, S. 185.

Köllner, A., Ollefs, B., Schlippe, A. von (2012): »Elterliche Präsenz« – Entwicklung eines Fragebogens für Eltern. In: Schlippe, A. von, Grabbe, M. (Hrsg.): Werkstattbuch Elterncoaching. Elterliche Präsenz und gewaltloser Widerstand in der Praxis. Göttingen: Vandenhoeck & Ruprecht, S. 237–268.

Köllner, T., Simons, F., Kleve, H., Schlippe, A. von, Rüsen, T. A. (2020): Vermögensmanagement in großen Unternehmerfamilien: Zwischen individuellem Anspruch und kollektiver Verantwortung. Zeitschrift für KMU und Entrepreneurship, Jg. 68, Heft 3.

Kötter, A., Schlippe, A. von (2012): »Coaching im gewaltlosen Widerstand« – Was ist das eigentlich genau? Ein Kategoriensystem zur Untersuchung von Beratungsprozessen auf der Mikroebene. In: Schlippe, A. von, Grabbe, M. (Hrsg.): Werkstattbuch Elterncoaching. Elterliche Präsenz und gewaltloser Widerstand in der Praxis. Göttingen: Vandenhoeck & Ruprecht, S. 269–280.

Kormann, H., Schlippe, A. von (2017): Börsennotierung des Familienunternehmens. Ein Ansatz zur Überbrückung von Paradoxien und seine Erfolgsaussichten. Familienunternehmen und Strategie, Jg. 7, Heft 6, S. 200–205.

Kormann, H., Schlippe, A. von, Hommelhoff, P. (2018): Lohnt sich für Familienunternehmen und Unternehmerfamilien der Gang an die Börse? Audit Committee Quarterly, Heft I, S. 73–75.

Krappe, A., Goutas, L., Schlippe, A. von (2011): The »family business brand«: An enquiry into the construction of the image of family businesses. Journal of Family Business Management, 1 (1), pp. 37–46.

Krappe, A., Schlippe, A. von (2010): Family Businesses as a brand on their own. In: Working Paper Series of the Witten Institute for Family Business (WIFU), No. 5. Witten: WIFU.

Kriz, J., Schlippe, A. von (2004): Gefangen im Netz der Beziehungen. Gehirn und Geist, Heft 5/2004, S. 58–61.

Kriz, J., Schlippe, A. von (2011): Konstruktivismus in Psychologie, Psychotherapie und Coaching. Familiendynamik, Jg. 36, Heft 2, S. 142–153.

Kriz, J., Schlippe, A. von (2012): Systemische Therapie: Gefangen im Netz der Beziehungen. Gehirn und Geist, Heft 1, S. 18–21.

Lüscher, K., Schlippe, A. von (2018): »Verkörperte Ambivalenz«: Kurt Lüscher und Arist von Schlippe im Gespräch mit dem Behindertenpädagogen und Autor Christian Mürner zum Thema Behindert-Sein und Behindert-Werden. Familiendynamik, Jg. 43, Heft 3, S. 244–246.

Meyer-zu-Gellenbeck, K., Schlippe, A. von (2005): »Wahrnehmen, folgen, lenken«. Ein Analyseschema als Orientierungshilfe für die Arbeit mit Müttern von Kleinkindern. In: Hawellek, C., Schlippe, A. von (Hrsg.): Entwicklung unterstützen – Unterstützung entwickeln. Systemisches Coaching für Eltern nach dem Marte Meo Modell. Göttingen: Vandenhoeck & Ruprecht, S. 192–210.

Mittler, T., Grobel, J., Berkenheide, J., Schlippe, A. von (2005): Sprach- und beziehungsförderliche Elternkompetenzen. In: Hawellek, C., Schlippe, A. von (Hrsg.): Entwicklung unterstützen – Unterstützung entwickeln. Systemisches Coaching für Eltern nach dem Marte Meo Modell. Göttingen: Vandenhoeck & Ruprecht, S. 211–224.

Molter, H., Schindler, R., Schlippe, A. von (2012): Vom Gegenwind zum Aufwind: Der Aufbruch des systemischen Gedankens. Göttingen: Vandenhoeck & Ruprecht.

Muraitis, A., Schlippe, A. von (2011): Familienunternehmen führen, Komplexität managen. Ergo: Leserservice Heft 1, S. 1–8.

Muraitis, A., Schlippe, A. von (2012): Fragen lernen – Worauf achtet eine empirisch systemische Organisationsforschung? In: Ochs, M., Schweitzer-Rothers, J. (Hrsg.): Handbuch der systemischen Forschung. Göttingen: Vandenhoeck & Ruprecht, S. 89–103.

Nöcker, K., Molter, H., Rüsen, T. A., Schlippe, A. von (2011): Wie kann ein Gespräch zu einem Spaziergang werden? Familiendynamik, Jg. 36, Heft 4.

Nöcker, K., Molter, H., Rüsen, T. A., Schlippe, A. von (2012): Wie kann ein Gespräch zu einem Spaziergang werden? Familiendynamik, Jg. 37, Heft 1, S. 50–52.

Nöcker, K., Molter, H., Rüsen, T. A., Schlippe, A. von (2017): Wie kann ein Gespräch zu einem Spaziergang werden? In: Rüsen, T. A., Schlippe, A. von (Hrsg.): Dynamiken in Familie und Unternehmen. Göttingen: Vandenhoeck & Ruprecht, S. 251–255.

Ollefs, B., Schlippe, A. von (2003): Der ›Luftikurs‹ – ein familienmedizinisches Angebot für Kinder und Jugendliche mit Asthma bronchiale. In: Altmeyer, S., Kröger, F. (Hrsg.): Theorie und Praxis der systemischen Familienmedizin. Göttingen: Vandenhoeck & Ruprecht, S. 145–162.

Ollefs, B., Schlippe, A. von (2006): Elterliche Präsenz und das Elterncoaching im gewaltlosen Widerstand. Praxis der Kinderpsychologie und -psychiatrie, Jg. 55, Heft 9, S. 693–710.

Ollefs, B., Schlippe, A. von (2006): Familiäre Eskalation, elterliche Präsenz und systemisches Elterncoaching. In: Rieforth, J. (Hrsg.): Triadisches Verstehen in sozialen Systemen. Gestaltung komplexer Wirklichkeiten. Heidelberg: Carl-Auer Systeme, S. 229–243.

Ollefs, B., Schlippe, A. von (2012): Manual für das Elterncoaching auf der Basis des gewaltlosen Widerstands. In: Schlippe, A. von, Grabbe, M. (Hrsg.): Werkstattbuch Elterncoaching. Elterliche Präsenz und gewaltloser Widerstand in der Praxis. Göttingen: Vandenhoeck & Ruprecht, S. 47–101.

Ollefs, B., Schlippe, A. von (2016): Eine Frage der Haltung. Mit gewaltlosem Widerstand zu Präsenz und angemessener Autorität in der Schule finden. Schule leiten, Heft 5, S. 26–31.

Ollefs, B., Schlippe, A. von, Omer, H., Kriz, J. (2009): Jugendliche mit externalem Problemverhalten. Effekte von Elterncoaching. Familiendynamik, Jg. 34, Heft 3, S. 256–265.

Omer, H., Alon, N., Schlippe, A. von (2016): Feindbilder. Psychologie der Dämonisierung, 4. Auflage. Göttingen: Vandenhoeck & Ruprecht.

Omer, H., Irbauch, R., Schlippe, A. von (2005): Gewaltloser Widerstand in der Schule. Pädagogik, Heft 54, S. 42–47.

Omer, H., Irbauch, R., Schlippe, A. von (2005): Soziale Störungen und Gewalttätigkeit in der Schule – Lehrerinnen und Lehrer lernen gewaltfreien Widerstand. Pädagogik, Heft 2, S. 42–47.

Omer, H., Schlippe, A. von (2009): Stärke statt Macht. Neue Autorität als Rahmen für Bindung. Familiendynamik, Jg. 34, Heft 3.

Omer, H., Schlippe, A. von (2011): Die Ankerfunktion: Elterliche Autorität und Bindung. In: Schindler, H., Loth, W., Schlippe, J. von (Hrsg.): Systemische Horizonte. Göttingen: Vandenhoeck & Ruprecht, S. 119–130.

Omer, H., Schlippe, A. von (2016): Autorität ohne Gewalt: Coaching für Eltern von Kindern mit Verhaltensproblemen, »elterliche Präsenz« als systemisches Konzept, 11. Auflage. Göttingen: Vandenhoeck & Ruprecht.

Omer, H., Schlippe, A. von (2016): Autorität durch Beziehung, 9. Auflage. Göttingen: Vandenhoeck & Ruprecht.

Omer, H., Schlippe, A. von (2016): Stärke statt Macht. Ein neues Verständnis von Autorität, 3. Auflage. Göttingen: Vandenhoeck & Ruprecht.

Omer, H., Steinmetz, S., Carthy, T., Schlippe, A. von (2013): The anchoring function: Parental authority and the parent-child bond. Family Process, 52, No. (2), pp. 193–206, doi: 10.1111/famp.12019.

Pfersdorf, S. (2020): Was die Eltern hinterlassen. Mit Statements von Prof. Dr. Arist von Schlippe. Psychologie heute, Heft 3, S. 37–40.

Plate, M., Groth, T., Ackermann, V., Schlippe, A. von (2011): Große deutsche Familienunternehmen. Generationenfolge, Familienstrategie und Unternehmensentwicklung. Göttingen: Vandenhoeck & Ruprecht.

Plate, M., Groth, T., Schlippe, A. von (2011): Unternehmensstrategien langfristig erfolgreicher Familienunternehmen. In: Plate, M., Groth, T., Ackermann, V., Schlippe, A. von (Hrsg.): Große deutsche Familienunternehmen. Göttingen: Vandenhoeck & Ruprecht, S. 505–521.

Plate, M., Schiede, C., Schlippe, A. von (2010): Portfolio-Entrepreneurship in the context of family businesses. In: Nordqvist, M., Zellweger, Th. (Ed.): Transgenerational entrepreneurship exploring growth and performance in family firms across generations. Northampton, Mass: Edward Elgar, pp. 96–122.

Plate, M., Schlippe, A. von (2010): Organizational paradoxes and paradox management in family firms. In: Working Paper Series of the Witten Institute for Family Business (WIFU), No. 4. Witten: WIFU.

Plate, M., Schlippe, A. von (2011): Entrepreneurial teams for renewal and growth. In: Sieger, P., Nason, R., Sharma, P., Zellweger, T. (Ed.): The global STEP booklet. Boston: Babson-College, pp. 52–56.

Prügl, R., Schlippe, A. von (2013): Kapitalbeteiligung als Maßnahme zur langfristigen Bindung von Mitarbeitern und familienexternen Führungskräften in Familienunternehmen? Familienunternehmen und Stiftungen, Heft 6, S. 207–212.

Rau, S., Schlippe, A. von (2013): Editorial zum gemeinsam herausgegebenen Themenschwerpunktheft »Familienunternehmensforschung«. Zeitschrift für KMU und Entrepreneurship, Jg. 61, Heft 1–2, S. 1–6.

Rüsen, T. A., Schlippe, A. von (2007): Interview: Reflexion der eigenen Krisenerfahrung durch einen Familienunternehmer im Gespräch. Organisationsberatung, Supervision, Coaching, Jg. 14, Heft 4, S. 366–375.

Rüsen, T. A., Schlippe, A. von (2007): Krisen in Familienunternehmen und Unternehmensfamilien: Über parallele, interdependente Dynamiken in Familie und Unternehmen. Organisationsberatung, Supervision, Coaching, Jg. 14, Heft 4, S. 309–330.

Rüsen, T. A., Schlippe, A. von (2009): Krisen in Familienunternehmen und Unternehmensfamilien: Über parallele, interdependente Dynamiken in Familien und Unternehmen. In: Schlippe, A. von, Rüsen, T. A., Groth, T. (Hrsg.): Beiträge zur Theorie des Familienunternehmens. Lohmar, Köln: Josef Eul, S. 203–242.

Rüsen, T. A., Schlippe, A. von (2011): Familienmanagement. Private Wealth: Vermögen, Wohlstand und Werte, Heft 4, S. 108–109.

Rüsen, T. A., Schlippe, A. von (2012): Mentale Familienmodelle. Private Wealth: Vermögen, Wohlstand und Werte, Heft 1, S. 106–107.

Rüsen, T. A., Schlippe, A. von (2017): Clans – So werden große Familien zukunftsfähig. Private Wealth: Vermögen, Wohlstand und Werte, Heft 3, S. 98–99.

Rüsen, T. A., Schlippe, A. von (2017): Clan Management – Wenn der Gesellschafterkreis wächst. Private Wealth: Vermögen, Wohlstand und Werte, Heft 2, S. 96–97.

Rüsen, T. A., Schlippe, A. von (2017): Dynamiken in Familie und Unternehmen. Wittener Schriften zu Familienunternehmen, Band 20. Göttingen: Vandenhoeck & Ruprecht.

Rüsen, T. A., Schlippe, A. von, Gimeno, A. (2012): Strukturelles Risiko und mentale Modelle in Familienunternehmen. Familienunternehmen und Stiftungen, Heft 3, S. 92–98.

Rüsen, T. A., Schlippe, A. von, Gimeno, A. (2017): Strukturelles Risiko und mentale Modelle in Familienunternehmen. In: Rüsen, T. A., Schlippe, A. von (Hrsg.): Dynamiken in Familie und Unternehmen. Göttingen: Vandenhoeck & Ruprecht, S. 45–56.

Rüsen, T. A., Schlippe, A. von, Groth, T. (2009): Schriften zu Familienunternehmen Band 2. Familienunternehmen – Exploration einer Unternehmensform. Lohmar, Köln: Josef Eul.

Rüsen, T. A., Schlippe, A. von, Groth, T. (2014): Gesellschafterkompetenz in Familienunternehmen. Über gezielte Aus- und Weiterbildungsprogramme in Unternehmerfamilien. Familienunternehmen und Stiftungen, Heft 3, S. 101–108.

Rüsen, T. A., Schlippe, A. von, Groth, T. (2017): Gesellschafterkompetenz in Familienunternehmen. Über gezielte Aus- und Weiterbildungsprogramme in Unternehmerfamilie. In: Rüsen, T. A., Schlippe, A. von (Hrsg.): Dynamiken in Familie und Unternehmen. Göttingen: Vandenhoeck & Ruprecht, S. 131–148.

Rüsen, T. A., Schlippe, A. von, Groth, T. (2019): Familienstrategieentwicklung in Unternehmerfamilien: Inhalt und Formen von Family Governance und Familienmanagementsystemen. Praxisleitfaden des Wittener Instituts für Familienunternehmen (WIFU). Witten: WIFU.

Rüsen, T. A., Schlippe, A. von, Groth, T. (2019): Mentale Modelle von Familienunternehmen: Wie Unternehmerfamilien über sich und ihre Verbindung zum Familienunternehmen denken. Praxisleitfaden des Wittener Instituts für Familienunternehmen (WIFU). Witten: WIFU.

Rüsen, T. A., Schlippe, A. von, Kleve, H. (2019): Die dynastische Großfamilie: Skizze eines spezifischen Typus von Unternehmerfamilien. In: Kleve, H., Köllner, T. (Hrsg.): Die Soziologie der Unternehmerfamilie. Grundlagen, Entwicklungslinien, Perspektiven. Wiesbaden: Springer VS, S. 225–247.

Rüsen, T. A., Schlippe, A. von, Richter, A., Hueck, T. (2019): Die Familienverfassung als Instrument der Family Governance und ihre juristische Umsetzung. Praxisleitfaden des Wittener Instituts für Familienunternehmen (WIFU). Witten: WIFU.

Schindler, H., Schlippe, A. von (2005): Anwendungsfelder systemischer Praxis. Ein Handbuch. Dortmund: Borgmann.

Schindler, H., Schlippe, A. von (2006): Psychotherapeutische Ausbildungen und psychotherapeutische Praxis kassenzugelassener Psychologischer PsychotherapeutInnen und Kinder- und JugendlichentherapeutInnen. Psychotherapie im Dialog, Jg. 7, Heft 3, S. 334–337.

Schindler, H., Schlippe, A. von (2011): Psychotherapeutische Ausbildungen und psychotherapeutische Praxis kassenzugelassener psychologischer PsychotherapeutInnen und Kinder- und JugendlichentherapeutInnen. In: Schindler, H., Loth, W., Schlippe, J. von (Hrsg.): Systemische Horizonte. Göttingen: Vandenhoeck & Ruprecht, S. 11–18.

Schlippe, A. von (2001): »Talking about asthma«: The semantic environments of physical disease – A narrative contribution to systemic family medicine. Families, Systems and Health, (3), pp. 251–262.

Schlippe, A. von (2001): Therapeutische Zugänge zu familiären Wirklichkeiten – Ein Beitrag zu einer klinischen Familienpsychologie. In: Walper, S., Pekrun, R. (Hrsg.): Familie und Entwicklung: Aktuelle Perspektiven der Familienpsychologie. Göttingen: Hogrefe, S. 345–363.

Schlippe, A. von (2002): Chronische Krankheit im Spannungsfeld zwischen Medizin und Psychologie. Praktische Pädiatrie, Jg. 8, Heft 5, S. 335–342.

Schlippe, A. von (2003): Grundlagen systemischer Beratung. In: Zander, B., Knorr, M. (Hrsg.): Systemische Praxis der Erziehungs- und Familienberatung. Göttingen: Vandenhoeck & Ruprecht, S. 30–54.

Schlippe, A. von (2004): In des Menschen Brust ist Unendlichkeit – Annäherungen an den Gegenstand der Psychologie. In: Wasmuth, W. (Hrsg.): Wo aber bleibt die Seele? Interdisziplinäre Annäherungen. Münster: Lit, S. 57–69.

Schlippe, A. von (2005): Psychoedukative Ansätze und systemische Perspektive. In: Hawellek, C., Schlippe, A. von (Hrsg.): Entwicklung unterstützen – Unterstützung entwickeln. Systemisches Coaching für Eltern nach dem Marte Meo Modell. Göttingen: Vandenhoeck & Ruprecht, S. 242–260.

Schlippe, A. von (2005): Sinn als Lebensaufgabe. Systhema, Jg. 19, Heft 2, S. 131–142.

Schlippe, A. von (2005): Zwischen Handwerk, Kunst, Wissenschaft und Profession. Spannungsfelder systemischer Praxis. In: H. Schindler, A. von Schlippe (Hrsg.): Anwendungsfelder systemischer Praxis. Dortmund: Borgmann, Carl-Auer Systeme, S. 9–24.

Schlippe, A. von (2006): Das »Auftragskarussell« oder auch »Münchhausens Zopf«. In: Fliegel, S., Kämmerer, A. (Hrsg.): Psychotherapeutische Schätze. Tübingen: dgvt, S. 30–36.

Schlippe, A. von (2006): Keine Lust auf diesen blöden Diabetes! Elterliche Präsenz und Typ-1-Diabetes bei Kindern und Jugendlichen. In: Tsirigotis, C., Schlippe, A. von, Schweitzer, J. (Hrsg.): Coaching für Eltern. Mütter, Väter und ihr »Job«. Heidelberg: Carl-Auer Systeme, S. 133–153.

Schlippe, A. von (2006): Praxis zwischen Familienberatung: Familientherapie und Coaching. In: Bauer, P., Brunner, E. J. (Hrsg.): Eltern – eine vergessene pädagogische Provinz? Freiburg: Lambertus, S. 237–256.

Schlippe, A. von (2006): Von der Familientherapie zum systemischen Elterncoaching: Einführung in ein Spannungsfeld. In: Tsirigotis, C., Schlippe, A. von, Schweitzer, J. (Hrsg.): Coaching für Eltern. Mütter, Väter und ihr »Job«. Heidelberg: Carl-Auer Systeme, S. 9–24.

Schlippe, A. von (2007): Bewusst mit Widersprüchen umgehen – Paradoxiemanagement in Familienunternehmen. In: Tomaschek, N. (Hrsg.): Die bewusste Organisation. Steigerung der Leistungsfähigkeit, Lebendigkeit und Innovationskraft von Unternehmen. Heidelberg: Carl-Auer Systeme, S. 145–160.

Schlippe, A. von (2007): Das Balancieren von Paradoxien in Familienunternehmen – Kultur mit Struktur versöhnen. In: Rausch, K. (Hrsg.): Organisation gestalten: Struktur mit Kultur versöhnen. Lengerich: Pabst, S. 109–127.

Schlippe, A. von (2007): Nachfolgeregelung als Aufgabe der Unternehmensführung. Was Führungskräfte brauchen. Neue Landschaft, Jg. 51, Heft 5, S. 18–21.

Schlippe, A. von (2007): Postmoderne Patriarchen: Ambivalentes Profil. Unternehmermagazin, Heft 4, S. 25–26.

Schlippe, A. von (2007): Soziale Störungen und Gewalttätigkeit in der Schule. Lehrerinnen und Lehrer lernen gewaltlosen Widerstand. In: Eikenbusch, G., Brisinski, I. S. von (Hrsg.): Jugendkrisen und Krisenintervention in der Schule. Hamburg: Bergmann und Helbig, S. 27–36.

Schlippe, A. von (2007): Was Führungskräfte brauchen: Nachfolgeregelungen als Aufgabe der Unternehmensführung. Neue Landschaft, Heft 5, S. 18–21.

Schlippe, A. von (2007): Wie können wir ein gemeinsames Drehbuch schreiben, wenn jeder noch im eigenen Kino sitzt? Eine systemische Perspektive auf Partnerschaft und Herkunftsfamilie. Brückenschlag, Heft 23, S. 39–46.

Schlippe, A. von (2007): Zehn »Wittener Thesen«: Auf den Punkt gebracht! Unternehmermagazin, Heft 7–8, S. 16–19.

Schlippe, A. von (2008): Der Blick aus dem Adlerhorst. Reflektierende Positionen in der Teamentwicklung. In: Neumann-Wirsig, H. (Hrsg.): Supervisions-Tools. Bonn, Manager-Seminare: S. 181–187.

Schlippe, A. von (2008): Jugendkrisen aus systemischer Sicht. In: Storck, C. (Hrsg.): Entwicklung, Sozialisation und Identität. Hallbergmoos: Stark.

Schlippe, A. von (2008): Marke Familienunternehmen: Ein implizites Versprechen. Unternehmermagazin, Heft 4, S. 36–27.

Schlippe, A. von (2008): Niemand ist alleine krank: Chronische Krankheit aus der Sicht der systemischen Familienmedizin. Prävention und Rehabilitation, Jg. 20, Heft 2, S. 94–95.

Schlippe, A. von (2008): Systemische Praxis zwischen Handwerk, Kunst, Wissenschaft und Profession. Organisationsberatung, Supervision, Coaching, Jg. 15, Heft 4, S. 455–467.

Schlippe, A. von (2008): Zwischen Ökonomie und Psychologie: Konflikte in Familienunternehmen. Zeitschrift für Konfliktmanagement, Jg. 1, Heft 9, S. 17–21.

Schlippe, A. von (2009): Das Auftragskarussell als Instrument der Fallsupervision. In: H. Neumann-Wirsig (Hrsg.): Supervision-Tools. Bonn: Manager-Seminare, S. 226–234.

Schlippe, A. von (2009): Die Jokerfrage. In: Fliegel, S., Kämmerer, A. (Hrsg.): Psychotherapeutische Schätze II. Tübingen: dgvt, S. 100.

Schlippe, A. von (2009): Keine Gelddruckmaschine. Wir-Magazin, Heft 3.

Schlippe, A. von (2009): Logische Buchhaltung: Vom Anlass über das Anliegen zum Auftrag. In: Fliegel, S., Kämmerer, A. (Hrsg.): Psychotherapeutische Schätze II. Tübingen: dgvt, S. 114–116.

Schlippe, A. von (2009): Reflektierende Positionen. In: Fliegel, S., Kämmerer, A. (Hrsg.): Psychotherapeutische Schätze II. Tübingen: dgvt, S. 137–139.

Schlippe, A. von (2009): Ressourcenkreisel. In: Fliegel, S., Kämmerer, A. (Hrsg.): Psychotherapeutische Schätze II. Tübingen: dgvt, S. 145–147.

Schlippe, A. von (2009): Schwierige Schwingungen: Konflikte in Familienunternehmen. Unternehmermagazin, Jg. 57, Heft 1–2, S. 26–27.

Schlippe, A. von (2010): Familientherapie im Überblick – Basiskonzepte, Formen, Anwendungsmöglichkeiten, 12. Auflage. Paderborn: Junfermann.

Schlippe, A. von (2010): Mit Komplexität umgehen. Gedanken zur Führung von Familienunternehmen. In: Gimeno, A., Baulenas, G., Coma-Cross, J. (Hrsg.): Familienunternehmen führen, Komplexität managen. Göttingen: Vandenhoeck & Ruprecht, S. 9–18.

Schlippe, A. von (2011): Besonderheiten von Familienunternehmen und Unternehmerfamilie. In: Rüsen, T. A. (Hrsg.): Familienunternehmen erfolgreich sanieren. Der Einfluss des Familienfaktors bei Restrukturierungen. Berlin: Erich Schmidt, S. 19–42.

Schlippe, A. von (2011): Paradoxien in Familienunternehmen. Familienunternehmen und Stiftungen, Heft 1, S. 8–13.

Schlippe, A. von (2012): Der Mythos der Macht und Krankheiten der Erkenntnistheorie. In: Schlippe, A. von, Grabbe, M. (Hrsg.): Werkstattbuch Elterncoaching. Elterliche Präsenz und gewaltloser Widerstand in der Praxis. Göttingen: Vandenhoeck & Ruprecht, S. 17–24.

Schlippe, A. von (2012): Auftragskarussell. In: Wirth, J., Kleve, H. (Hrsg.): Lexikon des systemischen Arbeitens. Grundbegriffe der systemischen Praxis, Methodik und Theorie. Heidelberg: Carl-Auer, S. 39–43.

Schlippe, A. von (2012): Konflikte und Konfliktdynamiken in Unternehmerfamilien. Familienunternehmen und Stiftungen, Heft 2, S. 43–48.

Schlippe, A. von (2012): Motivation. Familienunternehmen und Stiftungen, Heft 4, S. 151–152.

Schlippe, A. von (2012): Psychologische Aspekte der Unternehmensnachfolge: Ambivalente Nachfolgesysteme. Familienunternehmen und Stiftungen, Heft 5, S. 171–176.

Schlippe, A. von (2012): Reflektierendes Team. In: Wirth, J., Kleve, H. (Hrsg.): Lexikon des systemischen Arbeitens. Grundbegriffe der systemischen Praxis, Methodik und Theorie. Heidelberg: Carl-Auer, S. 328–331.

Schlippe, A. von (2012): Werte und Wertewandel in Familienunternehmen am Beispiel der Unternehmensnachfolge. In: Hennerkes, B.-H., Augustin, G. (Hrsg.): Wertewandel mitgestalten – gut handeln in Gesellschaft und Wirtschaft. Freiburg: Herder, S. 367–385.

Schlippe, A. von (2012): Intuition: Plädoyer für die Abschaffung eines Begriffs. In: Molter, H., Schindler, R., Schlippe, A. von (Hrsg.): Vom Gegenwind zum Aufwind. Der Aufbruch des systemischen Gedankens. Göttingen: Vandenhoeck & Ruprecht, S. 36–47.

Schlippe, A. von (2013): Der Feind in meinem Haus. Private Wealth: Vermögen, Wohlstand und Werte, Heft 2, S. 98–99.

Schlippe, A. von (2013): Die Konstruktion von Feindbildern. Eine paradoxe »Anleitung«. Konfliktdynamik, Jg. 2, Heft 3, S. 212–221.

Schlippe, A. von (2013): Kein »Mensch-ärgere-dich-nicht«-Spiel: Ein kritischer Blick auf das »Drei-Kreise-Modell« zum Verständnis von Familienunternehmen. In: Schumacher, T. (Hrsg.): Professionalisierung als Passion. Aktualität und Zukunftsperspektiven der systemischen Organisationsberatung. Heidelberg: Carl-Auer, S. 143–164.

Schlippe, A. von (2014): Bevor das Kind in den Brunnen fällt! Konfliktmanagement als Kernaufgabe in Familienunternehmen (Lehrfilm). Stuttgart: Concadora.

Schlippe, A. von (2014): Das Auftragskarussell – Ein Instrument der Klärung eigener Erwartungserwartungen. In: Levold, T., Wirsching, M. (Hrsg.): Systemische Therapie und Beratung. Heidelberg: Carl-Auer, S. 223–226.

Schlippe, A. von (2014): Das kommt in den besten Familien vor. Systemische Konfliktberatung in Familien und Familienunternehmen. Stuttgart: Concadora.

Schlippe, A. von (2014): Gefühle – die unterschätzte Größe. In: Langenscheidt, F., May, P. (Hrsg.): Familienunternehmen. Köln: Deutsche Standards, S. 1–10.

Schlippe, A. von (2014): Konfliktlösung in der Familie. In: Augustin, G., Kirchdörfer, R. (Hrsg.): Familie. Auslaufmodell oder Garant unserer Zukunft? Freiburg: Herder, S. 493–518.

Schlippe, A. von (2014): Systemisches Elterncoaching: Elterliche Präsenz und gewaltloser Widerstand. In: Levold, T., Wirsching, M. (Hrsg.): Systemische Therapie und Beratung. Heidelberg: Carl-Auer, S. 319–324.

Schlippe, A. von (2014): Unternehmensfamilien als Herausforderung für die systemische Beratung. In: Zwack, J., Nicolai, E. (Hrsg.): Systemische Streifzüge. Göttingen: Vandenhoeck & Ruprecht, S. 166–178.

Schlippe, A. von (2014): Vertrauen. Familienunternehmen und Stiftungen, Heft 5, S. 199–201.

Schlippe, A. von (2015): Die Verbindung von Unternehmen und Familie im Familienunternehmen. Neue Landschaft, Heft 3, S. 43–49.

Schlippe, A. von (2015): In bewegten Zeiten mit voller Kraft voraus. Familiendynamik, Jg. 40, Heft 1, S. 74–77.

Schlippe, A. von (2015): Systemisches Denken und Handeln im Wandel. Impulse für systembezogenes Handeln in Beratung und Therapie. Kontext, Jg. 46, Heft 1, S. 6–26.

Schlippe, A. von (2016): In bewegten Zeiten mit voller Kraft voraus. In: Borst, U., Fischer, H., Schlippe, A. von (Hrsg.): Hahnenschrei systemischer Vernunft – Zurück-Geschaut auf 40 Jahre Familiendynamik. Sonderausgabe der Familiendynamik zum 40-jährigen Bestehen der Zeitschrift, S. 31–36.

Schlippe, A. von (2016): In der Gegenwart angekommen: Mit weit gestellter Optik in die Welt blicken. In: Borst, U., Fischer, H., Schlippe, A. von (Hrsg.): Hahnenschrei systemischer Vernunft – Zurück-Geschaut auf 40 Jahre Familiendynamik. Familiendynamik, Sonderheft zum 40-jährigen Bestehen der Zeitschrift, S. 11–15.

Schlippe, A. von (2016): Langsames Crescendo. In: Borst, U., Fischer, H., Schlippe, A. von (Hrsg.): Hahnenschrei systemischer Vernunft – Zurück-Geschaut auf 40 Jahre Familiendynamik. Familiendynamik, Sonderheft zum 40-jährigen Bestehen der Zeitschrift, S. 11–15.

Schlippe, A. von (2017): Beziehung an den Grenzen: Die Paarbeziehung im Werk der Künstler Auguste Rodin und Edgar Degas. Systhema, Jg. 31, Heft 1, S. 9–24.

Schlippe, A. von (2017): Das Auftragskarussell – Ein Instrument der Klärung eigener Erwartungs-Erwartungen. In: Rüsen, T. A., Schlippe, A. von (Hrsg.): Dynamiken in Familie und Unternehmen. Göttingen: Vandenhoeck & Ruprecht, S. 257–262.

Schlippe, A. von (2017): Kein ›Mensch-ärgere-dich-nicht‹-Spiel: Ein kritischer Blick auf das ›Drei-Kreise-Modell‹ zum Verständnis von Familienunternehmen. In: Rüsen, T. A., Schlippe, A. von (Hrsg.): Dynamiken in Familie und Unternehmen. Göttingen: Vandenhoeck & Ruprecht, S. 13–44.

Schlippe, A. von (2017): Beziehung an den Grenzen – Die Paarbeziehung im Werk der Künstler Auguste Rodin und Edgar Degas. Systhema, Jg. 31, Heft 1, S. 9–24.

Schlippe, A. von (2017): Ein Lob auf die Rivalität. Changement, Heft 6, S. 7–8.

Schlippe, A. von (2017): Gute Governance – Für die Familie so selbstverständlich wie für das Unternehmen? Plädoyer für eine kluge Familienstrategie. In: May, P., Bartels, P. (Hrsg.): Governance in Familienunternehmen. Köln: Bundesanzeiger, S. 511–524.

Schlippe, A. von (2017): Lebenswelt des Subjekts. Psychotherapeut, Jg. 63, Heft 2, S. 175–178.

Schlippe, A. von (2017): Ohne Lüge leben? Psychologische Gedanken über Lügen, Lebenslügen und Selbstbetrug. Evangelische Aspekte, Jg. 27, Heft 3, S. 19–21.

Schlippe, A. von (2018): Ein Businessplan für das Juwel: Schräge kommunikative Anschlüsse. Familiendynamik, Jg. 43, Heft 3, S. 248–251.

Schlippe, A. von (2018): Familienunternehmen im Coaching: Spezifische Dynamiken. In: Greif, S., Möller, H., Scholl, W. (Hrsg.): Handbuch Schlüsselkonzepte im Coaching. Heidelberg: Springer, S. 181–189.

Schlippe, A. von (2018): Streit als Wertvernichter. Wie kann er vermieden werden? In: Ebel, K., May, K., Rau, S., Zinkann, R. (Hrsg.): Familienunternehmen – gestern, heute, morgen. Hamburg: Murmann, S. 246–251.

Schlippe, A. von (2018): Übung zur Musterunterbrechung bei Konflikten: Kleine Kreditangebote. Systhema, Jg. 32, Heft 1, S. 67–68.

Schlippe, A. von (2019): »Alles durchwebt von Vermutung ...«. Organisationsberatung, Supervision, Coaching, Jg. 26, Heft 4, S. 557–562.

Schlippe, A. von (2019): Der Begriff der Grenze – ein psychologischer »Bilderbogen«. Systhema, Jg. 33, Heft 3, S. 201–210.

Schlippe, A. von (2019): Die Selbstorganisation eskalierender Konflikte. Reiseberichte aus Dämonistan. In: Fischer, C. (Hrsg.): Kommunikation im Konflikt. München: Beck, S. 43–59.

Schlippe, A. von (2019): Skizze einer Systemtheorie der Neuen Autorität: Was können wir von Unternehmerfamilien lernen? In: Körner, B., Lemme, M., Ofner, St., Recke, T. von der, Seefeldt, C., Thelen, H. (Hrsg.): Neue Autorität. Das Handbuch. Konzeptionelle Grundlagen, aktuelle Arbeitsfelder und neue Anwendungsgebiete. Göttingen: Vandenhoeck & Ruprecht, S. 86–102.

Schlippe, A. von (2020): Die Corona-Krise – Eine psychologische Perspektive. Systhema, Jg. 34, Heft 2, S. 119–131.

Schlippe, A. von (2020): Die Unternehmerfamilie – eine Spezies für sich. In: Rüsen, T. A., Heider, A. K. (Hrsg.): Aktive Eigentümerschaft in Unternehmerfamilien: Gesellschafterkompetenz in Unternehmerfamilien entwickeln und anwenden. Berlin: Erich Schmidt, S. 159 ff.

Schlippe, A. von (2020): »Diese Geschichten müssen unbedingt jungen Menschen weitererzählt werden!« Arist von Schlippe im Gespräch mit Nataly Jung-Hwa Han Vorstandsvorsitzende/Chairwoman des Korea-Verbands, Berlin, über die Aufarbeitung des Schicksals koreanischer »Trostfrauen« im Zweiten Weltkrieg. Familiendynamik, Jg. 44, Heft 3, S. 250–252.

Schlippe, A. von (2020): Dynamiken und Lösungsansätze für Konflikte in Unternehmerfamilien. In: Rüsen, T. A., Heider, A. K. (Hrsg.): Aktive Eigentümerschaft in Unternehmerfamilien: Gesellschafterkompetenz in Unternehmerfamilien entwickeln und anwenden. Berlin: Erich Schmidt, S. 193 ff.

Schlippe, A. von (2020): »Systemisch« ist mehr eine Sicht auf die Welt als eine Therapieform. Kontext, Jg. 51, Heft 1, S. 41–45.

Schlippe, A. von (2020): Über die Verwandlung der Empörung. Familiendynamik, Jg. 45, Heft 1, S. 87.

Schlippe, A. von (2020): Was sagt denn der Würfel dazu? Familiendynamik, Jg. 45, Heft 1, S. 80–81.

Schlippe, A. von, Borst, U. (2017): Sinn als Zentrum systemischer Praxis. Familiendynamik, Jg. 42, Heft 4, S. 257.

Schlippe, A. von, Borst, U., Fischer, H. R. (2014): Wie kann ich in schwierigen therapeutischen Situationen meine Handlungsfähigkeit wiedergewinnen? Ein kleiner »Erste-Hilfe-Kurs«. Familiendynamik, Heft 1, S. 60–63.

Schlippe, A. von, Buberti, C., Groth, T., Plate, M. (2007): Familienunternehmen in Nordrhein-Westfalen – Wettbewerbsvorteil durch Leidenschaft. In: Thoben, C. (Hrsg.): Konjunkturprognose der NRW-Wirtschaftsministerin Christa Thoben: »Wirtschaft 2007«. Düsseldorf: Ministerium für Wirtschaft, Mittelstand und Energie, S. 12–23.

Schlippe, A. von, Buberti, C., Groth, T., Plate, M. (2009): Die zehn Wittener Thesen – Familienunternehmen: Chancen und Risiken einer besonderen Unternehmensform. Praxisleitfaden des Wittener Instituts für Familienunternehmen (WIFU). Witten: WIFU.

Schlippe, A. von, Eberding, A. (2001): Gesundheit und Migration: Konzepte der Beratung und Behandlung von Migranten. In: Marschalck, P., Wiedl, K. H. (Hrsg.): IMIS-Schriften Nr. 10 – Migration und Krankheit. Osnabrück: Universitätsverlag Rasch, S. 261–282.

Schlippe, A. von, El Hachimi, M. (2000): Konzepte interkultureller systemischer Beratung. In: Heimannsberg, B., Schmidt-Lellek, C. (Hrsg.): Interkulturelle Beratung und Mediation. Köln: Edition Humanistische Psychologie, S. 87–114.

Schlippe, A. von, El Hachimi, M. (2000): Systemische Therapie und Supervision in multikulturellen Kontexten. System Familie, Jg. 13, Heft 1, S. 3–13.

Schlippe, A. von, El Hachimi, M. (2003): Crea-Space – Eine Methode zur Entwicklung des kreativen Potenzials in Teams und größeren Gruppen. Organisationsberatung, Supervision, Coaching, Jg. 10, Heft 2, S. 137–144.

Schlippe, A. von, El Hachimi, M., Jürgens, G. (2013): Multikulturelle systemische Praxis, 4. Auflage. Heidelberg: Carl-Auer Systeme.

Schlippe, A. von, Fischer, H.R., Borst, U. (2011): Sympathy for the devil oder: Wie mit unsympathischen Klienten umgehen? Familiendynamik, Jg. 36, Heft 2, S. 154–157.

Schlippe, A. von, Grabbe, M (2012): Werkstattbuch Elterncoaching. Elterliche Präsenz und gewaltloser Widerstand in der Praxis, 3. Auflage. Göttingen: Vandenhoeck & Ruprecht.

Schlippe, A. von, Groth, T. (2006): Familienunternehmen und Beratung: Paradoxien und Dilemmata. In: Deissler, K. G. (Hrsg.): Familienunternehmen beraten. Bielefeld: Transcript, S. 109–125.

Schlippe, A. von, Groth, T. (2007): The Power of Stories – Zur Funktion von Geschichten in Familienunternehmen. Kontext, Jg. 38, Heft 1, S. 26–47.

Schlippe, A. von, Groth, T. (2008): Eine Dekade Forschung: Von Familienunternehmen für Familienunternehmen. Unternehmermagazin, Heft 3, S. 36–37.

Schlippe, A. von, Groth, T. (2019): Unternehmen, Familie, Unternehmerfamilie: Systemtheoretische Perspektiven zur Erweiterung des Drei-Kreis-Denkens. In: Kleve, H., Köllner, T. (Hrsg.): Die Soziologie der Unternehmerfamilie. Grundlagen, Entwicklungslinien, Perspektiven. Wiesbaden: Springer VS, S. 267–277.

Schlippe, A. von, Groth, T., Plate, M. (2011): Entscheidungsfähigkeit sicherstellen: Familienstrategie und Familienmanagement in Familienunternehmen. In: Plate, M.; Groth, T., Ackermann, V., Schlippe, A. von (Hrsg.): Große deutsche Familienunternehmen. Göttingen: Vandenhoeck & Ruprecht, S. 522–562.

Schlippe, A. von, Groth, T., Rüsen, T. A. (2012): Paradoxien der Nachfolge in Familienunternehmen. Konfliktdynamik, Heft 4, S. 288–299.

Schlippe, A. von, Groth, T., Rüsen, T. A. (2017): Die beiden Seiten der Unternehmerfamilie. Familienstrategie über Generationen: Auf dem Weg zu einer Theorie der Unternehmerfamilie. Göttingen: Vandenhoeck & Ruprecht.

Schlippe, A. von, Hawellek, C. (2005): Entwicklung unterstützen – Unterstützung entwickeln: Systemisches Coaching nach dem Marte Meo Modell. Göttingen: Vandenhoeck & Ruprecht.

Schlippe, A. von, Hawellek, C. (2005): Entwicklung unterstützen und Unterstützung entwickeln. Systemisches Coaching nach dem Marte-Meo-Modell. In: Schlippe, A. von, Hawellek, C. (Hrsg.): Entwicklung unterstützen – Unterstützung entwickeln: Systemisches Coaching nach dem Marte-Meo-Modell. Göttingen: Vandenhoeck & Ruprecht, S. 17–34.

Schlippe, A. von, Hermann, F. (2013): The theory of social systems as a framework for understanding family businesses. Family Relations, 62 (3), pp. 384–398.

Schlippe, A. von, Hermann, F. (2016): Conflict in family business in the light of systems theory. In: Hoy, F., Kellermanns, F. (Eds.): The Routledge companion to family business. Oxford: Routledge, S. 367–384.

Schlippe, A. von, Hülsbeck, M. (2016): Psychologische Kontrakte in Familienunternehmen. Zeitschrift für Familienunternehmen und Strategie, Jg. 6, Heft 4, S. 125–130.

Schlippe, A. von, Jansen, T. (2020): Das Erwartungskarussell als Instrument zur Klärung komplexer Situationen im Coaching – vorgestellt am Beispiel der Nachfolge im Familienunternehmen. Konfliktdynamik, Jg. 9, Heft 2, S. 125–131.

Schlippe, A. von, Kellermanns, F. (2008): Emotionale Konflikte in Familienunternehmen. Zeitschrift für KMU und Entrepreneurship, Jg. 56, Heft 1–2, S. 40–58.

Schlippe, A. von, Kellermanns, F. (2013): Mit Konflikten in der Unternehmerfamilie bewusst umgehen. In: Koeberle-Schmid, A., Grottel, B. (Hrsg.): Führung von Familienunternehmen. Ein Praxis-Leitfaden für Unternehmen und Familie. Berlin: Erich Schmid, S. 189–200.

Schlippe, A. von, Kellermanns, F. (2017): Konflikte in Familie und Unternehmen erkennen, managen und vermeiden. In: Rüsen, T. A., Schlippe, A. von (Hrsg.): Dynamiken in Familie und Unternehmen. Göttingen: Vandenhoeck & Ruprecht, S. 237–249.

Schlippe, A. von, Klein, S. (2010): Familienunternehmen – blinder Fleck der Familientherapie? Familiendynamik, Jg. 35, Heft 1, S. 10–21.

Schlippe, A. von, Klein, S. (2011): Familienunternehmen – blinder Fleck der Familientherapie? In: May, P., Rieder, G. (Hrsg.): Familienunternehmen heute. Bonn: Intes, S. 31–50.

Schlippe, A. von, Klein, S. (2017): Familienunternehmen – blinder Fleck der Familientherapie? In: Rüsen, T. A., Schlippe, A. von (Hrsg.): Dynamiken in Familie und Unternehmen. Göttingen: Vandenhoeck & Ruprecht, S. 109–130.

Schlippe, A. von, Kriz, J. (2004): Personzentrierung und Systemtheorie. Göttingen: Vandenhoeck & Ruprecht.

Schlippe, A. von, Lösche, G., Hawellek, C. (2001): Frühkindliche Lebenswelten und Erziehungsberatung: Die Chancen des Anfangs. Münster: Votum.

Schlippe, A. von, Loth, W. (2004): Die therapeutische Beziehung aus systemischer Sicht. Psychotherapie im Dialog, Jg. 5, Heft 4, S. 341–347.

Schlippe, A. von, Nischak, A., El Hachimi, M. (2008): Familienunternehmen verstehen: Gründer, Gesellschafter und Generationen. Göttingen: Vandenhoeck & Ruprecht.

Schlippe, A. von, Ollefs, B. (2018): Erziehen durch gewaltlosen Widerstand. Neue Autorität in der Schule. Pädagogik, Heft 11, S. 40–44.

Schlippe, A. von, Quistorp, S. (2020): Der Preis der Gerechtigkeit – ein Dilemma der Unternehmerfamilie. Kontext – Zeitschrift für systemische Perspektiven, Jg. 51, Heft 3, S. 281–289.

Schlippe, A. von, Rüsen, T. A. (2020): Konflikte und Konfliktdynamiken in Unternehmerfamilien: Empfehlungen zum Umgang mit familieninternen Auseinandersetzungen. Praxisleitfaden des Wittener Instituts für Familienunternehmen (WIFU). Witten: WIFU.

Schlippe, A. von, Rüsen, T. A., Groth, T. (2009): Schriften zu Familienunternehmen Band I. Beiträge zur Theorie des Familienunternehmens. Lohmar, Köln: Eul Josef.

Schlippe, A. von, Rüsen, T. A., Groth, T. (2021): The two sides of the business family: Governance and strategy across generations. Heidelberg: Springer.

Schlippe, A. von, Sabel, T. (2010): Soziales Gewissen: Akquisition von Familienunternehmen. Unternehmermagazin, Jg. 58, Heft 5–6, S. 42–43.

Schlippe, A. von, Schlippe, B. von (2012): Paradoxer Alltag: Ganz normale Verrücktheiten. Stuttgart: Klett-Cotta.

Schlippe, A. von, Schlippe, B. von (2016): Paradoxe Momente... und verwirrte Beziehungen. Stuttgart: Klett-Cotta.

Schlippe, B. von, Schlippe, A. von (2020): Mehr als Unsinn: Eine kleine Erkenntnistheorie des Witzes. Göttingen: Vandenhoeck & Ruprecht.

Schlippe, A. von, Schneewind, K. (2014): Theories from family psychology and family therapy. In: Leif Melin, L., Nordqvist, M., Sharma, P. (Hrsg.): The SAGE Handbook of Family Business. London: Sage, pp. 47–65.

Schlippe, A. von, Schweitzer, J. (2009): Methoden der Intervention in sozialen Systemen. Studienbrief zum Fernstudium »Systemisches Management« an der TU Kaiserslautern.

Schlippe, A. von, Schweitzer, J. (2015): Systemic Interventions. Göttingen: Vandenhoeck & Ruprecht.

Schlippe, A. von, Schweitzer, J. (2016): Lehrbuch der systemischen Therapie und Beratung I: Das Grundlagenwissen, 3. Auflage. Göttingen: Vandenhoeck & Ruprecht.

Schlippe, A. von, Schweitzer, J. (2019): Gewusst wie, gewusst warum. Die Logik systemischer Interventionen. Göttingen: Vandenhoeck & Ruprecht.

Schlippe, A. von, Schweitzer, J. (2019): Systemische Interventionen, 4. Auflage. Göttingen: Vandenhoeck & Ruprecht.

Schlippe, A. von, Schweitzer, J., Baumhauer, J. (2007): Vom Psychotherapeuten zum Konzernvorstand – Etappen eines Lebensweges. Psychotherapie im Dialog, Jg. 8, Heft 3, S. 267–273.

Schlippe, A. von, Senf, W., Köllner, V. (2004): Wie lernen therapeutische Schulen voneinander? Gespräch auf der Fachtagung der Systemischen Gesellschaft am 24.5.2003 in Köln mit dem Thema: »Wie lernen Organisationen?«. Psychotherapie im Dialog, Jg. 5, Heft 1, S. 93–98.

Schlippe, A. von, Theiling, S. (2002): Chronische Erkrankungen des Kindes- und Jugendalters. Ein Beitrag zur systemischen Familienmedizin. In: Wirsching, M., Scheib, P. (Hrsg.): Paar- und Familientherapie. Berlin, Heidelberg: Springer, S. 411–424.

Schlippe, A. von, Theiling, S. (2005): Niemand ist allein krank. Osnabrücker Lesebuch zu chronischen Krankheiten im Kinder- und Jugendalter. Lengerich: Pabst.

Schlippe, A. von, Theiling, S., Lob-Corzilius, T., Szczepanski, R. (2001): The »Luftiku(r)s«: A german concept for supporting children with asthma and their families. Families, Systems and Health, 19 (3), pp. 263–284.

Schulte im Walde, J., Szczepanski, R., Schlippe, A. von (2005): Differentielle Indikation zur Asthmaschulung im Kindes- und Jugendalter. Prävention und Rehabilitation, Jg. 17, Heft 2, S. 52–64.

Schweitzer, J., Schlippe, A. von (2015): Lehrbuch der systemischen Therapie und Beratung II: Das störungsspezifische Wissen, 6. Auflage. Göttingen: Vandenhoeck & Ruprecht.

Schweitzer, J., Schlippe, A. von (2016): Es kann auch alles ganz anders sein: Reframing. Psychologie heute, Jg. 43, Heft 11, S. 24–27.

Schweitzer, J., Schlippe, A. von, Ochs, M. (2007): Theorie und Praxis der systemischen Psychotherapie. In: Staruß, B., Hohaben, F., Caspar, F. (Hrsg.): Lehrbuch Psychotherapie. Göttingen: Hogrefe.

Schweitzer, J., Weinhold, J., Schlippe, A. von (2014): Rituale. In: Levold, T., Wirsching, M. (Hrsg.): Systemische Therapie und Beratung. Heidelberg: Carl-Auer, S. 272–276.

Teigler, L., Bittenbinder, E., Schlippe, A. von (2017): »Man made disasters ...«. Familiendynamik, Jg. 42, Heft 1, S. 1.

Theiling, S., Schlippe, A. von (2003): Diabetesbetreuung bei Kindern und Jugendlichen nach systemisch-familienmedizinischem Konzept. In: Altmeyer, S., Kröger, F. (Hrsg.): Theorie und Praxis der systemischen Familienmedizin. Göttingen: Vandenhoeck & Ruprecht, S. 163–182.

Then-Bergh, C., Schlippe, A. von (2020): Neue Medien und die Eskalation von Konflikten. Konfliktdynamik, Jg. 9, Heft 4 (im Druck).

Tsirigotis, C., Schlippe, A. von, Schweitzer-Rothers, J. (2006): Coaching für Eltern. Mütter, Väter und ihr »Job«. Heidelberg: Carl-Auer Systeme.

Weismeier-Sammer, D., Hermann, F., Schlippe, A. von (2013): Untangling ›familiness‹: A literature review and directions for future research. Entrepreneurship and Innovation, 14 (3), pp. 165–177, doi 10.5367/ijei.2013.0119.

Zwack, M., Kraiczy, N., Schlippe, A. von, Hack, A. (2016): Storytelling and cultural family value transmission: Value perception of stories in family firms. Management Learning, p. 1–25, doi: 10.1177/1350507616659833.

Zwack, M., Schlippe, A. von (2012): Eine kurze Geschichte zur Bedeutung von Geschichten in Organisationen. Systeme, Jg. 26, Heft 1, S. 23–39.

Von Arist von Schlippe betreute wissenschaftliche Arbeiten – Academic Works Supervised by Arist von Schlippe

Laufende Habilitationsprojekte (laufend zum 31.12.2020)

Dr. Thomas Urban: Krisenstrategien und Langlebigkeit von Familienunternehmen aus historischer Perspektive (Kooperation zwischen dem WIFU und der Universität Leipzig)

Laufende Dissertationsprojekte (laufend zum 31.12.2020)

Bohnen, Sina: Die Rolle der Frauen und ihre Handlungsspielräume in Familienunternehmen in historischer Perspektive

Fiedler, Sandra: On the Emotional State of Indebtedness in Family Businesses: Antecedents and Consequences on Next-Generations' Decision Making

Hohenberger, Eva M.: Konfliktdynamik in holokratischen Familienunternehmen – Chancen und Grenzen einer modernen Organisationspraxis

Abgeschlossene Dissertationsprojekte unter Erstbetreuung

Rüsen, Tom A. (2008): Krisen und Krisenmanagement in Familienunternehmen – Eine empirische Untersuchung über Dynamiken akuter Krisen und spezifische Anforderungen an ein externes Krisenmanagement in Familienunternehmen

Neuvians, Nicola (2010): Konfliktmanagement in Familienunternehmen

Zwack, Mirko (2010): Wertevermittlung in Familienunternehmen – Geschichten als Kommunikationsform kultureller Werte

Plate, Markus (2011): Familiness – Kritische Untersuchung eines Konstrukts

Cravotta, Sven (2012): Familyness als strategisch wichtiger Erfolgsparameter – Modelltheoretische Zusammenhänge zur Bestimmung der zentralen Erfolgsfaktoren von Familienunternehmen (Zweitgutachter: Prof. Dr. Reinhard Prügl, Zeppelin Universität)

Freysoldt, Till-Alexander (2012): Beirat in der Krise – eine empirische Untersuchung über die Auswirkungen einer Unternehmenskrise auf die Funktion des Beirats von Familienunternehmen unter besonderer Berücksichtigung der Rollenwahrnehmung der Mitglieder (Zweitgutachter: Prof. Dr. Rudolf Wimmer)

Müller, Götz (2012): Familienunternehmen und Private Equity (Zweitgutachter: Prof. Dr. Rudolf Wimmer)

Schiede, Christian (2012): Advancing Entrepreneurship Scholarship in the Family Business Context: A Case Study Evaluating the STEP Research Project (Zweitgutachterin: Prof. Dr. Ethel Brundin, Jönköping Business School)

Großmann, Steffen (2013): Quantitative Erhebung und Auswertung der Insolvenzquote deutscher Familienunternehmen (Zweitgutachter: Prof. Dr. Rudolf Wimmer)

Sabel, Thomas B. (2013): Private Equity bei mittelständischen Familienunternehmen (Zweitgutachter: Prof. Dr. Andreas Hack)

Löffler, Susanne (2014): Konstruktion und Bedeutung der Identität von Unternehmensfamilien (Zweitgutachter: Prof. Dr. Andreas Hack)

Otten-Pappas, Dominique (2014): Frauen in Familienunternehmen, Töchter in der Nachfolge (Zweitgutachter: Prof. Dr. Andrea Calabrò)

Conrad, Werner (2015): Family Firms and the Internet: How Netpreneurs Succeeded in Outpacing Traditional Family Businesses (Zweitgutachter: Prof. Rainer Kirchdörfer)

Ehrmann, Michael B. (2015): Entwicklung und empirische Überprüfung eines theoretischen Handlungskonzepts für Nachfolgeprozesse in klein- und mittelständischen Familienunternehmen am Beispiel strategischer Finanzierungsentscheidungen (Zweitgutachter: Prof. Dr. Rudolf Wimmer)

Pirmanschegg, Philipp (2015): Andragogische Facetten der innerfamiliären Führungsnachfolge in Familienunternehmen (Zweitgutachter: Prof. Dr. Andreas Hack)

Ammer, Jakob (2016): Zur Handhabung der Binnengrenzen innerhalb des Gesellschafterkreises von Mehr-Generationen-Familienunternehmen (Zweitgutachter: Prof. Dr. Andreas Hack)

Treiber, Thomas (2016): Pfadabhängige Krisenprozesse in Familienunternehmen (Zweitgutachter: Prof. Dr. Andreas Hack)

Kloth, Esther-Marie (2017): »Freiwilligkeitsmythos Unternehmensnachfolge« – Zum Einfluss des Lebensstilkonzepts auf Nachfolgeentscheidungen (Zweitgutachter: Prof. Dr. Andreas Hack)

Megerle, Marcel O. (2017): Unternehmerfamilien – Fortbestand oder Niedergang? Die Lebenspartnerwahl von Unternehmensnachfolgern als familienstrategische Chance im Spiegel ausgewählter Biographien

Daldrup, Michaela A. (2018): Einfluss des vorweggenommenen Eigentumübergangs auf die emotionale Bindung an das Unternehmen

Obermaier, Otto W. (2018): Unternehmer als familienfremde Beiräte

Schmid, Julia-Caroline (2019): Commitment in dynamischen Unternehmerfamilien (Dissertation im Rahmen des Projektes »Familienstrategien über Generationen«)

Wegner, Juliane (2019): Subjektive Gerechtigkeitsvorstellungen und Konflikteskalation in Familienunternehmen

Fittko, Leonie M. (2020): Die Identität großer Unternehmerfamilien. Identitätspflege als Aufgabe in Mehr-Generationen-Familienunternehmen

Abgeschlossene Dissertationsprojekte unter Zweitbetreuung

Wiechers, Ralph (2005): Familienmanagement zwischen Unternehmen und Familie. Zur Handhabung typischer Eigenarten von Unternehmensfamilien und Familienunternehmen (Erstgutachter: Prof. Dr. Rudolf Wimmer, Zweitgutachter: Prof. Dr. Arist von Schlippe)

Fabis, Felix G. (2007): Gesellschaftsvertragliche und individualvertragliche Instrumentarien zur Vermeidung und Lösung von Gesellschafterkonflikten in Familienunternehmen (Erstgutachter: Prof. Dr. Knut W. Lange, Zweitgutachter: Prof. Dr. Arist von Schlippe)

Geiger, Friedemann (2007): Shared Decision Making als Verhandlung von Ungewissheit (Dissertation an der Universität Osnabrück, Zweitgutachter: Prof. Dr. Arist von Schlippe)

Hose, Christian (2007): Auswirkungen der neuen nach Basel II zulässigen bankinternen Ratingverfahren sowohl auf das Anforderungs- und Tätigkeitsprofil als auch auf die Aus- und Weiterbildung der Firmenkundenberater der Kreditinstitute (Erstgutachter: Prof. Dr. Rudolf Wimmer, Zweitgutachter: Prof. Dr. Arist von Schlippe)

Pyschny, Mariusz (2007): Die Kombination eines trust mit einer corporation (Delaware) als Nachfolgemodell für Familienunternehmen – Gestaltungsmöglichkeiten und -grenzen (Erstgutachter: Prof. Dr. Knut W. Lange, Zweitgutachter: Prof. Dr. Arist von Schlippe)

Hinsch, Martin (2008): Die Entwicklung von Kundenbeziehungen in der Nachfolge mittelständischer Familienunternehmen (Dissertation an der Universität Hildesheim, Zweitgutachter: Prof. Dr. Arist von Schlippe)

Schulz, Andre (2008): Diversitätsmanagement als strategische Konzeption der internationalen Unternehmensführung (Zweitgutachter: Prof. Dr. Arist von Schlippe)

Berthold, Florian (2010): Familienunternehmen im Spannungsfeld zwischen Wachstum und Finanzierung (Erstgutachter: Prof. Dr. Rudolf Wimmer, Zweitgutachter: Prof. Dr. Arist von Schlippe)

Eigen, Philip (2010): Strategieentwicklung in kleinen Familienunternehmen der Automobilzulieferindustrie (Erstgutachter: Prof. Wimmer, Zweitgutachter: Prof. Dr. Arist von Schlippe)

Fries, Tobias (2010): Der kontinuierliche Anpassungsprozess von Unternehmen an eine Umgebung in ständigem Wandel (Zweitgutachter: Prof. Dr. Arist von Schlippe)

Prym, Christian (2010): Private Equity in Familienunternehmen (Erstgutachter: Prof. Dr. Rudolf Wimmer, Zweitgutachter: Prof. Dr. Arist von Schlippe)

Rautenberg, Michael (2010): Dialog und Organisation. Systemtheoretische Zugänge (Zweitgutachter: Prof. Dr. Arist von Schlippe)

Wiechern, Rob (2010): »Strategisches Entscheiden in internationalen Unternehmen. Eine systemtheoretische Betrachtung und ihre Konsequenzen für die Theorie und Praxis des internationalen Managements« (Erstgutachter: Prof. Dr. Rudolf Wimmer, Zweitgutachter: Prof. Dr. Arist von Schlippe)

Özergin, Berrin (2011): Service Ingredient Branding (Dissertation am Marketing-Lehrstuhl, Zweitgutachter: Prof. Dr. Arist von Schlippe)

Schmid, Wolfgang (2011): Finanzierung von Innovationen in familienbestimmten Unternehmen – eine empirische Untersuchung (Erstgutachter: Prof. Dr. Thomas Armbrüster, Zweitgutachter: Prof. Dr. Arist von Schlippe)

Wenck, Iris (2011): Wie können Organisationen voneinander lernen? Gegenseitige Unternehmensbesuche als lernfördernde Intervention (Erstgutachter: Prof. Dr. Rudolf Wimmer, Zweitgutachter: Prof. Dr. Arist von Schlippe)

Ballschmieter, Ingo (2012): Die Übertragung des Leitbildes der Nachhaltigkeit auf das Personalmanagement (Erstgutachter: Prof. Dr. André Schmidt, Zweitgutachter: Prof. Dr. Arist von Schlippe

Falk-Becker, Oliver (2012): Formen des Wissens in Unternehmen der nächsten Gesellschaft (Erstgutachter: Prof. Dr. Rudolf Wimmer, Zweitgutachter: Prof. Dr. Arist von Schlippe)

Glatzel, Katrin (2012): Strategieentwicklung in kooperativen Organisationen (Erstgutachter: Prof. Dr. Rudolf Wimmer, Zweitgutachter: Prof. Dr. Arist von Schlippe)

Goll-Kopka, Andrea (2012): Multifamiliengruppen als therapeutisches Angebot bei somatischer Erkrankung und Behinderung (Dissertation an der Universität Oldenburg, Erstgutachter: PD Dr. Joseph Rieforth, Zweitgutachter: Prof. Dr. Arist von Schlippe)

Heidelmann, Kerstin (2012): Kommunikation hybrider Unternehmensleitungen in Veränderungen. Qualitative Erhebung bei lernenden Mehrgenerationen-Familienunternehmen (Dissertation an der Universität Bielefeld, Erstgutachter: Prof. Dr. Dieter Timmermann, Zweitgutachter: Prof. Dr. Arist von Schlippe)

Binder, Andreas (2013): Die Rolle der Informationsnutzung in der frühen Phase von Innovation – Unterschiede zwischen Familienunternehmen und Nicht-Familienunternehmen: Eine empirische Untersuchung im Kontext der chemischen Industrie in Deutschland (Dissertation an der Zeppelin Universität, Erstgutachter: Prof. Dr. Rainer Prügl, Zweitgutachter: Prof. Dr. Arist von Schlippe)

Götzen, Thomas (2013): Familienunternehmen und Management Buyouts (Dissertation an der Universität Liechtenstein, Erstgutachter: Prof. Dr. Urs Baldegger, Zweitgutachter: Prof. Dr. Arist von Schlippe)

Heidelmann, Kerstin (2013): Multifamiliengruppen als therapeutisches Angebot bei somatischer Erkrankung und Behinderung (Dissertation an der Universität Bielefeld, Erstgutachter: Prof. Dr. Frank Zimmermanns, Zweitgutachter: Prof. Dr. Arist von Schlippe)

Kretschmann, Henriette (2013): Agency-theoretische Betrachtung einer IT-Investition bei Entscheidungsdelegation (Erstgutachter: Prof. Dr. Friederike Wall, Zweitgutachter: Prof. Dr. Arist von Schlippe)

Pijanowski, Thomas (2013): Lending Behavior toward Family Firms (Erstgutachter: Prof. Dr. Andreas Hack, Zweitgutachter: Prof. Dr. Arist von Schlippe)

Geyer, Annika E. (2015): Leadership in Family Businesses (Erstgutachter: Prof. Dr. Andreas Hack, Zweitgutachter: Prof. Dr. Arist von Schlippe)

Muraitis, Audris (2015): Gefühle in Familienunternehmen, eine systemtheoretische Perspektive (Erstgutachter: Prof. Dr. Dirk Baecker, Zweitgutachter: Prof. Dr. Arist von Schlippe)

Skopec, Anke (2015): Führungsstile in Familienunternehmen (Erstgutachter: Prof. Dr. Andreas Hack, Zweitgutachter: Prof. Dr. Arist von Schlippe)

Pöll, Julia (2016): The Consequences of Private Equity Financing for Family Firms (Erstgutachter: Prof. Dr. Andreas Hack, Zweitgutachter: Prof. Dr. Arist von Schlippe)

Rosina, Margarete (2016): Power of Communicating the Family Firm Status (Erstgutachter: Prof. Dr. Andreas Hack, Zweitgutachter: Prof. Dr. Arist von Schlippe)

Wittig, Thomas (2016): Crisis and Turnaround in German Medium-sized Enterprises – An Integrated Empirical Study (Erstgutachter: Prof. Dr. Andreas Hack, Zweitgutachter: Prof. Dr. Arist von Schlippe)

Wolf, Sandra (2016): Signaling Family Firm Identity – Family Firm Identification and its Effect on Job Seekers' Perception about a Potential Employer (Erstgutachter: Prof. Dr. Andreas Hack, Zweitgutachter: Prof. Dr. Arist von Schlippe)

Klinken, Philip J. (2018): The Influence of Personality Traits and Motives on Family Business Succession (Zweitgutachter: Prof. Dr. Arist von Schlippe)

Neumueller, Marco H. V. (2019): Family Compliance – Maßnahmen zur Absicherung der Regelkonformität von Familienverfassungen deutscher Unternehmerfamilien (Zweitgutachter: Prof. Dr. Arist von Schlippe)

Diplomarbeiten (2006)

Beratung und Entwicklung einer ideellen Organisation
Das Familienunternehmen am Ende der Pionierphase – Konsequenzen des Generationenwechsels für die Organisation
Wettbewerbsstrategien im Krankenhaussektor – Relevanz | Inhalt | Prozess
Organisation und Abwehr – Theoretische Konzeptualisierung und ihre Anwendung in der Praxis
Kommunikation und Kooperation in multikulturellen Organisationen – Interaktion verschiedener Berufskulturen im Krankenhaus

Diplomarbeiten (2007)

Das Tetralemma der Beratung – Wege der Organisationsberatung – beobachtet
Unternehmertum in Familienunternehmen
Artists in Organizations – Artistic Intervention and Cultural Hacking

Diplom-, Bachelor- und Masterarbeiten (2008)

Nachfolge in Familienunternehmen – Paradoxien und Dilemmata aus der Perspektive des Übergebers
Anreizsysteme für Wissensmanagement in Familienunternehmen
Family Governance in Familienunternehmen

Identifying Factors that Drive Product Innovation in the Context of Family Firms (Betreuung zusammen mit Dipl.-Psych. Markus Plate)
Sensibles Organisieren – Führen in Organisationalen Lernprozessen
The Meaning of Values in the Succession Handover Process of Family-owned Companies
Erfolgsfaktoren bei der Akquisition mittelständischer Familienunternehmen
Succession in Chinese Family Business – An Exploratory Study (Betreuung zusammen mit Dipl.-Psych. Markus Plate)
»Führung in Unternehmungen – Eine Darstellung«

Diplom-, Bachelor- und Masterarbeiten (2009)

Ein Formmodell der Unternehmung als Unternehmensberatung
Unternehmertum in der ersten und zweiten Generation in Familienunternehmen: Gründe für den Unterschied von Gründer- und Nachfolgerunternehmen
Evaluation und Beratung
Management von Konflikten zwischen Muttergesellschaft und ausländischer Tochtergesellschaft in international tätigen Unternehmen
Der Einfluss der Finanz- und Wirtschaftskrise auf die Wahrnehmung von Familienunternehmen in der Bevölkerung
Scaling Social Impact: The Case of Aravind Eye Hospitals
Mitarbeiterbindung in Familienunternehmen
Anreize und Anreizsysteme in jungen Wachstumsunternehmen
Die »Marke Familienunternehmen« in der öffentlichen Wahrnehmung – Ägypten und Deutschland im Vergleich

Diplom-, Bachelor- und Masterarbeiten (2010)

Systemische Interventionen in der Praxis der Mitarbeiterführung
Die gemeinnützige Stiftung, die Familienstiftung und die Stiftung & Co. KG als Ansatz zur Lösung von Problemen im Schnittfeld zwischen Familie, Unternehmen und Gesellschaftern
Potential Risk in Chinese Small and Medium Family Enterprises
Das Value Survey Model in Verbindung mit dem Werte- und Entwicklungsquadrat als gemeinsames Modell zur Analyse von interkulturellen Begegnungen
Familienunternehmen und Nachfolge: Wie versuchen Eltern, die Nachfolgebereitschaft ihrer Kinder zu beeinflussen?
Der Fremdgeschäftsführer im Familienunternehmen
Achtsame Unternehmensführung
Innovationsmanagement – eine systemtheoretische Analyse
Interkulturalität in Familienunternehmen
Mitarbeiterbindung in Familienunternehmen
Probleme im Nachfolgeprozess der zweiten zur dritten Generation in Familienunternehmen
Virtuos führen

Diplom-, Bachelor- und Masterarbeiten (2011)

Atmosphärisches Management: Rhetorik als Instrument der Unternehmensführung in Familienunternehmen
Interkulturalität in Familienunternehmen
Kulturelle Aspekte von Post-Merger-Integrationen: Untersuchung am Beispiel zweier konfessioneller Kinderkliniken (zusammen mit Prof. Bohnet-Joschko)
Nachfolgestrategien in Familienunternehmen
Nachhaltigkeit in Familienunternehmen

Diplom-, Bachelor- und Masterarbeiten (2012)

Familienunternehmen führen – Komplexität managen. Eine systemtheoretische Betrachtung
Enkelfähiger Zusammenhalt einer Unternehmerfamilie
Nachhaltigkeit in Familienunternehmen
Chancen und Schwierigkeiten von Diversity Management am Beispiel von Bosch in Brasilien
Die speziellen Herausforderungen der Nachfolge eines Patchworkfamilienunternehmens
Einheit, Zusammenhalt und Identifikation als Teil der Familienstrategie in Unternehmerfamilien
M&A-Transaktionen in Familienunternehmen – Erfolgsfaktoren für Akquisitionen von Familienunternehmen durch Familienunternehmen

Bachelor- und Masterarbeiten (2013)

Familienexternes Management als Instrument der Strukturentwicklung zur Reduktion von strukturellem Risiko in Familienunternehmen
Der »soziale Fußabdruck« auf Unternehmensebene – Handlungsfelder & Quantifizierungsmöglichkeiten sozialer Nachhaltigkeit
Probleme im Nachfolgeprozess der zweiten zur dritten Generation in Familienunternehmen
Frauen in Führungspositionen: Einflussfaktoren auf die Karrierechancen
Macht der Bilder – Die Anwendung von Visualisierungen in Organisationen. Eine kritische Untersuchung der Möglichkeiten und Grenzen
Strategieentwicklung in Familienunternehmen
Fremdmanagement in Familienunternehmen
Identität in Unternehmerfamilien – eine Untersuchung
Innovationsmanagement – eine systemtheoretische Analyse
Bedeutung des Socioemotional Wealth für die Internationalisierung deutscher Familienunternehmen
Krise, Angst und Organisation

Bachelor- und Masterarbeiten (2014)

Über den Unsicherheitsbegriff in der Strategieentwicklung
Kommunikation schwieriger Nachrichten in Familienunternehmen
Familiencharta – Wege der Implementierung
Einfluss des »Faktors Familienunternehmen« auf die Kaufentscheidung des Kunden am Beispiel der Uhrenbranche
Interne Krisenkommunikation in Familienunternehmen – eine empirische Analyse

Bachelor- und Masterarbeiten (2015)

Konfliktprävention durch Familienverfassungen
Das Erleben sozialer Beschleunigung am Arbeitsplatz. Eine Untersuchung der Auswirkungen auf die intrinsische Motivation.
Logik der Führung im Wandel – Am Beispiel des Familienunternehmens Oetker
How do Family Firms Differ in Applying Design Thinking?
Achtsamkeitstraining in Unternehmen
Affektlogik in eskalierten, internationalen Konflikten
Führungswechsel erfolgreicher gestalten durch systemisches Coaching
Der Einfluss des »Faktors Familienunternehmen« auf die Kaufentscheidung des Kunden
Wie zeigen sich die Konflikte in Familienunternehmen in der Mediation?
Affektlogische und systemtheoretische Perspektiven auf Konflikte und Konflikttransformation
Bearbeitung von Unsicherheit in Familienunternehmen
Bearbeitungsstrategien bei Konflikten in der Unternehmerfamilie
Die Rolle des Systems »Eigentümer« für die Konfliktbewältigung in Unternehmen
Familienstrategie – Wege der Implementierung
Familienverfassungen und deren Zusammenhänge mit den mentalen Modellen eines Familienunternehmens
Kritische Entwicklungspunkte im Entwicklungsverlauf der Entwicklung von Familienstrategie
Markenwelten in Familienunternehmen
Möglichkeiten systemischen Coachings bei Führungswechseln
Neue Medien als Eskalationstreiber in Konflikten der Unternehmerfamilie
Unternehmensentwicklung in Familienunternehmen – Fremdmanagement als Chance
Unternehmenskultur aus systemtheoretischer Perspektive

Bachelor- und Masterarbeiten (2016)

Achtsamkeit in der Arbeitswelt
Burnout und die Verantwortung von Unternehmen für die geistige Gesundheit ihrer Mitarbeiter
Die Sinne des Lebens. Eine Skizzierung
Eigentum als politisches System in Familienunternehmen
Eine empirische Untersuchung zur Wirkung von Familienunternehmen als Arbeitgeber aus Sicht der Generation Y
Entstehung von impliziten und expliziten Family
Erwartungsstrukturen in Familienunternehmen im Umbruch
Familienunternehmenskonflikte: Problemdeterminierte Systeme
Geldpolitik als Interventionsmechanismus – Fluch oder Segen?
Governance Strukturen am Beispiel der Entwicklung eines Familienunternehmens
Hierarchiekompensierende Strukturen und Prozesse hierarchiefreier Unternehmen
Ist Psychological Ownership ein unbedenkliches Konzept zur Motivation von Beschäftigten?
Metaphernanalyse in Nachfolgeprozessen
Sind Fremdgeschäftsführer die besseren Erben? – Neue Wege für Geschäftsführungsstrukturen und Übergabeprozesse
Symmetrische Eskalation in Familienunternehmenskonflikten
Systemtheorie von Familienunternehmen

Bachelor- und Masterarbeiten (2017)

Eine Familie verabschiedet sich von ihrem Unternehmen. Fallstudie zum Ende eines Familienunternehmens

Medientheorie für Familienunternehmen – Eine erste Analyse des Eigentümersystems in Familienunternehmen

Stabübergabe – Wissenstransfer im Generationswechsel

Unternehmenskultur und Transfer von Wissen bei gemischter Geschäftsführung von Familienunternehmen

Von der Komplexität zum Risiko in sozialen Systemen. Eine systemtheoretische Integration von mentalen Modellen und strukturellem Risiko in Familienunternehmen

Welche Rolle spielt die Kommunikation über neue Medien in der Eskalation von Familienunternehmenskonflikten?

Wissensmanagement aus philosophischer, politischer und ökonomischer Perspektive

Bachelor- und Masterarbeiten (2018)

Die funktionale Ausdifferenzierung der Unternehmerfamilie als Form der Paradoxieentfaltung. Eine fundamentaltheoretische Analyse vor dem Hintergrund der Theorie sozialer Systeme

Konstruktive und destruktive Ambivalenzen

Lösungsstrategien am Beispiel des Israel-Palästina Konflikts

Primogenitur in Familienunternehmen – Problem oder Lösung?

Strategische Erneuerung eines mittelständischen Druck- und Medienunternehmens – Wissensmanagement aus philosophischer, politischer und ökonomischer Perspektive

Bachelor- und Masterarbeiten (2019)

Konfliktdynamik und Gewaltlosigkeit

Verzeichnis der Autorinnen und Autoren – List of Authors

Dr. Joseph H. Astrachan
Prof. emerit., Kennesaw State University (U.S.A.), Affiliate Professor, Centre for Family Entrepreneurship and Ownership (CeFEO), Jönköping University (Sweden)
Family Business Fellow, Smith Family Business Initiative, Cornell University (U.S.A.)
Visiting Professor at the Witten Institute for Family Business (WIFU)

Dr. Claudia Binz Astrachan
Dozentin an der Hochschule Luzern – Wirtschaft (Schweiz)
Senior Research Fellow at the Witten Institute for Family Business (WIFU)
Head of Governance, Keyt Consulting (U.S.A.)

Ethel Brundin, PhD
Professor in Entrepreneurship and Business Development
Jönköping International Business School, Jönköping University
Centre for Family Entrepreneurship and Ownership (CeFEO)
Jönköping (Sweden)

Andrea Calabrò, PhD
Director of the IPAG Entrepreneurship & Family Business Center
Full Professor of Family Business & Entrepreneurship, IPAG Business School
Nice (France)
Global Academic Director, STEP Project Global Consortium

James J. Chrisman, PhD
Julia Bennett Rouse Professor of Management
Director Center of Family Enterprise Research
College of Business Administration
Mississippi State University (U.S.A.)
Senior Research Fellow Centre for Entrepreneurship and Family Enterprise
University of Alberta

Prof. Dr. Thomas Clauß
Inhaber des WIFU-Stiftungslehrstuhls für Corporate Entrepreneurship und Digitalisierung in Familienunternehmen
Universität Witten/Herdecke

Sara E. Davis
Doctoral Candidate, College of Business
Mississippi State University (U.S.A.)

Prof. Dr. Hermann Frank
Vorstand des Forschungsinstituts für Familienunternehmen
Stellvertretender Vorstand am Institut für KMU-Management an der Wirtschaftsuniversität Wien
Wien (Österreich)
Gastprofessor am Wittener Institut für Familienunternehmen (WIFU)

Alberto Gimeno Sandig, PhD
Associate Professor at the Department of Strategy and General Management, ESADE Business School
Barcelona (Spain)
Visiting Professor at the Witten Institute for Family Business (WIFU)

Torsten Groth
Systemischer Organisationsberater, Autor und Referent
Simon, Weber and Friends GmbH, Beratung von Familienunternehmen und Unternehmerfamilien
Heidelberg

Prof. Dr. Andreas Hack
Direktor am Institut für Organisation und Personal (IOP)
Universität Bern (Schweiz)
Gastprofessor am Wittener Institut für Familienunternehmen (WIFU)

Sarah Heiligensetzer
Int. zert. Wirtschaftsmediatorin, DACH, Psychologin Mediationssupervisorin

Prof. Dr. Dr. h. c. mult. Brun-Hagen Hennerkes
Seniorpartner der Sozietät Hennerkes, Kirchdörfer & Lorz, Stuttgart
Gründer und langjähriger Vorstandsvorsitzender der Stiftung Familienunternehmen
Honorarprofessor an der Universität Stuttgart

Anita von Hertel
Int. zert. Wirtschaftsmediatorin, DACH, mit Rechtsanwaltszulassung
Leitung des Mediationshauses der Akademie von Hertel, Mediationssupervisorin

Prof. Dr. Marcel Hülsbeck
Inhaber des WIFU-Stiftungslehrstuhls für Management von Familienunternehmen
Universität Witten/Herdecke

Franz W. Kellermanns, PhD
Addison H. & Gertrude C. Reese Endowed Chair in International Business and Professor of Management in the Belk College of Business at the University of North Carolina, Charlotte (U.S.A.)
Holder of a joint appointment with the Center for Family Business at the WHU/Otto Beisheim School of Management, Vallendar (Germany)
Editor of Entrepreneurship Theory and Practice

Prof. Rainer Kirchdörfer
Seniorpartner der Sozietät Hennerkes, Kirchdörfer & Lorz, Stuttgart
Vorstand der Stiftung Familienunternehmen
Honorarprofessor am WIFU-Stiftungslehrstuhl für Recht der Familienunternehmen
Universität Witten/Herdecke

Prof. Dr. Heiko Kleve
Inhaber des WIFU-Stiftungslehrstuhls für Organisation und Entwicklung von Unternehmerfamilien
Akademischer Direktor des Wittener Instituts für Familienunternehmen
Universität Witten/Herdecke
Soziologe und Sozialpädagoge sowie Systemischer Berater, Coach, Supervisor und Mediator

Prof. Dr. Hermut Kormann
Apl. Professor an der Zeppelin Universität, Friedrichshafen, und Honorar-Professor an der Universität Leipzig

Prof. Dr. Jürgen Kriz
Emeritus für Psychotherapie und Klinische Psychologie
Universität Osnabrück

Prof. Dr. Peter May
Gründer von PETERMAY Family Business Consulting, Bonn
Gründer von INTES
Honorarprofessor an der WHU – Otto Beisheim School of Management, Vallendar
Begründer und Präsident der Kommission des Governance Kodex für Familienunternehmen

Dr. Jörg Mittelsten Scheid
Ehrenvorsitzender des Beirats der Vorwerk & Co. KG, Wuppertal

Ruchi Nadkarni
Sustainable Innovation MBA, Grossman School of Business
University of Vermont (U.S.A.)

Torsten M. Pieper, PhD
Associate Professor of Management in the Belk College of Business, University of North Carolina at Charlotte (U.S.A.)
President of the International Family Enterprise Research Academy (IFERA)
Editor-in-Chief of Journal of Family Business Strategy

Dr. Markus Plate
Assistant Professor in Business Administration
Centre for Family Entrepreneurship and Ownership (CeFEO)
Jönköping International Business School, Jönköping University
Jönköping (Sweden)

Prof. Dr. Reinhard Prügl
Wissenschaftlicher Leiter des Friedrichshafener Instituts für Familienunternehmen (FIF) und des »Projekt 2024«
Akademischer Programmleiter des berufsbegleitenden Masterstudiengangs für Führungskräfte und Gesellschafter aus Unternehmerfamilien
Zeppelin Universität
Friedrichshafen

Prof. Dr. Sabine Rau
Partnerin der PETERMAY Family Business Consulting, Bonn
Visiting Professor an der University of Ottawa (Kanada) und an der European School of Management and Technology, Berlin
Gründungsdirektorin des dort angesiedelten Instituts für Hidden Champions

Natalie Rauschendorfer
Doktorandin am Friedrichshafener Institut für Familienunternehmen
Zeppelin Universität
Friedrichshafen

Prof. Dr. Tom Arne Rüsen
Geschäftsführender Direktor des Wittener Instituts für Familienunternehmen (WIFU)
Honorarprofessor der Fakultät für Wirtschaft und Gesellschaft
Universität Witten/Herdecke
Vorstand der WIFU-Stiftung, Witten
Coach und Berater von Familienunternehmen und Unternehmerfamilien

Marc André Scheffler
Doktorand am WIFU-Stiftungslehrstuhl für Corporate Entrepreneurship und Digitalisierung in Familienunternehmen
Universität Witten/Herdecke

Prof. Dr. Christoph Schreiber
Inhaber des WIFU-Stiftungslehrstuhls für Recht der Familienunternehmen
Universität Witten/Herdecke

Pramodita Sharma PhD
Schlesinger-Grossman Chair of Family Business
Grossman School of Business
University of Vermont (U.S.A.)

Prof. Dr. Fritz B. Simon
Psychiater, Psychoanalytiker, Systemischer Familientherapeut und Organisationsberater
Apl. Professor für Führung und Organisation am Wittener Institut für Familienunternehmen
Universität Witten/Herdecke

Dinah Spitzley
Postdoc am Friedrichshafener Institut für Familienunternehmen
Zeppelin Universität
Friedrichshafen

Andreas Steinhübel
Senior Coach (DBVC)
Systemischer Organisationsberater (WIBK)
Geschäftsführer der Steinhübel Coaching GmbH
Osnabrück

Adrian Thomas
Int. zert. Wirtschaftsmediator, DACH, Wirtschaftspychologe, Mediationssupervisor

Prof. Dr. Rudolf Wimmer
Apl. Professor am WIFU-Stiftungslehrstuhl Führung und Dynamik von Familienunternehmen am Wittener Institut für Familienunternehmen
Universität Witten/Herdecke
Geschäftsführender Gesellschafter der osb Wien Consulting GmbH (Österreich)

Renate Wolfram
Sozialpädagogin in der Flüchtlings- und Jugendhilfe
Seit 2020 selbständige Systemische Beraterin

Prof. Dr. Thomas Zellweger
Lehrstuhl für Familienunternehmen
Schweizerisches Institut für Klein- und Mittelunternehmen und Center for Family Business
Universität St. Gallen (Schweiz)
Gastprofessor am Wittener Institut für Familienunternehmen (WIFU)